普通高等学校工程管理专业“十二五”规划教材

建筑工程质量与安全管理

主　编　郭　念
副主编　王艳华　王玉雅　王　芃
主　审　汪成庆

WUHAN UNIVERSITY PRESS
武汉大学出版社

图书在版编目(CIP)数据

建筑工程质量与安全管理/郭念主编．—武汉：武汉大学出版社，2018.7(2021.1 重印)
普通高等学校工程管理专业“十二五”规划教材
ISBN 978-7-307-20314-3

Ⅰ.建…　Ⅱ.郭…　Ⅲ.①建筑工程—工程质量—质量管理—高等学校—教材　②建筑工程—安全管理—高等学校—教材　Ⅳ.TU71

中国版本图书馆 CIP 数据核字(2018)第 145595 号

责任编辑：孙　丽　杨赛君　　责任校对：杜筱娜　　装帧设计：吴　极

出版发行：**武汉大学出版社**　(430072　武昌　珞珈山)
(电子邮箱：whu_publish@163.com　网址：www.stmpress.cn)
印刷：湖北睿智印务有限公司
开本：850×1168　1/16　印张：18.25　字数：487 千字
版次：2018 年 7 月第 1 版　2021 年 1 月第 2 次印刷
ISBN 978-7-307-20314-3　定价：46.00 元

前　言

建筑工程质量与安全管理是项目管理中十分重要的工作，是建筑企业的生命线，关系着企业的生存与发展。本书作为建设工程类专业本科教材，针对本科院校教师教学和学生学习的特点，紧密围绕高等教育专业人才培养目标，以我国本科教育土建类专业指导委员会制定的建筑工程技术和工程管理等应用型专业人才培养方案为依据，充分响应国家"高质量发展"的号召，坚持"目标明确、体系合适、内容创新、言简意赅"的编写原则，按照专业课程教学标准要求组织编写而成。

本书紧跟时代发展，贴近工程实践，内容力求依据充分、简明扼要，以生动的案例说明问题，以现代信息技术展示问题，以精练通俗的语言总结问题，尽量避免盲目堆砌理论性的条文和简单引用规范的条目。本书编写突出了"四个结合"：结合工程实践，案例和图片资料都来自工程或事故现场；结合规范标准，质量与安全分析和防控措施都围绕相关规范标准展开；结合工程建设行业改革发展趋势，让学生了解建筑工程质量与安全管理的新趋势、新技术、新要求，不断开阔知识面；结合案例教学，每个章节都有案例分析和独立思考等。

全书共分 11 章，主要内容包括建设工程项目质量管理概述、质量管理体系、工程项目质量控制系统、地基基础与主体工程施工质量控制、装饰装修工程质量控制、建筑工程项目质量验收、建筑工程安全管理、建筑工程施工安全技术、施工机械与临时用电安全技术、施工现场防火安全管理、安全管理与文明施工。本书既可适于高等院校学生对一般工程质量与安全管理基本知识的学习，使学生逐步树立质量安全意识，掌握预防事故的措施、处理事故的方法，具备解决质量与安全事故的能力，也可以作为工程技术人员加强项目质量与安全管理工作的参考用书。

本书由郭念担任主编，王艳华、王玉雅、王芃担任副主编。具体编写分工如下：郭念编写第 1 章、第 2 章、第 6 章和第 7 章，并负责全书统稿工作；王艳华编写第 3 章和第 8 章；王玉雅编写第 5 章、第 9 章和第 10 章；王芃编写第 4 章和第 11 章。参与编写的人员都具有丰富的工程实践经验和教学经验，部分老师还曾参与工程技术标准的编制工作。

中国市政工程中南设计研究总院有限公司提供了大量的工程案例，武汉建设监理与咨询行业协会会长、武汉华胜工程建设科技有限公司董事长汪成庆担任本书主审，对教材编写提出了宝贵建议，在此一并表示感谢。

本书在编写过程中参考了大量的文献资料，在此对相关作者致以诚挚的谢意，参考文献列于书末。由于编者水平有限，加之时间仓促，书中难免存在疏漏与不妥之处，敬请读者批评指正。

编　者

2018 年 5 月

特别提示

教学实践表明，有效地利用数字化教学资源，对于学生学习能力以及问题意识的培养乃至怀疑精神的塑造具有重要意义。

通过对数字化教学资源的选取与利用，学生的学习从以教师主讲的单向指导模式转变为建设性、发现性的学习，从被动学习转变为主动学习，由教师传播知识到学生自己重新创造知识。这无疑是锻炼和提高学生的信息素养的大好机会，也是检验其学习能力、学习收获的最佳方式和途径之一。

本系列教材在相关编写人员的配合下，逐步配备基本数字教学资源，主要内容包括：

文本：课程重难点、思考题与习题参考答案、知识拓展等。

图片：课程教学外观图、原理图、设计图等。

视频：课程讲述对象展示视频、模拟动画，课程实验视频，工程实例视频等。

音频：课程讲述对象解说音频、录音材料等。

数字资源获取方法：

① 打开微信，点击“扫一扫”。

② 将扫描框对准书中所附的二维码。

③ 扫描完毕，即可查看文件。

更多数字教学资源共享、图书购买及读者互动敬请关注“开动传媒”微信公众号！

目　录

数字资源目录

1 建设工程项目质量管理概述

内容提要

本章主要介绍了建设工程项目质量管理的相关概念，建设工程质量管理的重要性和发展阶段以及基本原则，阐述了建设工程项目各参建方质量责任、政府的质量监督和相关法律法规。

5分钟
看完本章

能力要求

通过本章的学习，学生应掌握建设工程项目质量管理的相关概念和基本原则，熟悉建设工程项目各参建方质量责任，了解建设工程项目质量管理相关法律法规。

1.1 建设工程项目质量管理相关概念

1.1.1 建设工程项目质量的概念

建设工程项目质量是指国家现行的有关法律、法规、技术标准和设计文件及建设项目合同中对建设项目的安全适用、经济、绿色、美观等特性的综合要求，包括功能和使用价值。功能和使用价值质量体现在适用性、可靠性、耐久性、与环境的协调性等方面，它是相对于业主需要而言的，没有统一的标准。工程实体质量包含工序质量、分项工程质量、分部工程质量、单位工程质量等。施工阶段是建设工程项目概念转为实体的关键阶段，是实体质量的决定性环节。

1.1.2 建设工程项目质量管理的概念

建设工程项目质量管理是指为确保项目按照设计者规定的要求满意完成，并保证提高建设工程项目质量而进行的一系列管理活动，包括使整个项目的所有功能活动按照质量目标实施，主要通过质量策划、质量控制、质量保证、质量改进所形成的质量管理体系来实现，目的在于以尽可能低的成本，按既定的工期完成一定数量的、达到质量标准的建设工程项目。

1.1.3 建设工程项目质量的特点

① 建设工程项目质量影响因素多。决策、设计、材料、机械、地形、地质、水文、气象、施工工艺、操作方法、技术措施、管理制度等均直接影响工程项目的质量。

② 容易产生质量波动。

③ 容易产生系统因素变异。材料的规格、品种、性能有误，施工方法不规范，操作不规范，机械故障，设计错误等均会引起系统因素的质量变异。

④ 容易产生第二判断错误。工程项目工序交接多，中间产品多，隐蔽工程多，若不及时检查工程实体，事后再看表面，则容易产生第二判断错误，将不合格产品判定为合格产品。

⑤ 质量检查时不能解体、拆卸。

1.2 建设工程质量管理的重要性和发展过程

1.2.1 建设工程质量管理的重要性

《中华人民共和国建筑法》第一条明确了制定此法的目的，即“为了加强对建筑活动的监督管理，维护建筑市场秩序，保证建筑工程的质量和安全，促进建筑业健康发展”。该法的第三条又再次强调了对建筑活动的基本要求，即“建筑活动应当确保建筑工程质量和安全，符合国家的建筑工程安全标准”。当前，我国经济已从高速增长转向高质量发展阶段，党和政府对高质量发展又提出了新的更高要求。由此可见，建筑工程质量与安全问题在建筑活动中占有重要地位。数十年来几乎所有建筑工地上都悬挂着“百年大计，质量第一”的醒目标语，这实质上是对质量与安全的高度概括。所以，工程项目的质量是项目建设的核心，是决定工程建设成败的关键，它对提高工程项目的经济效益、社会效益和环境效益具有重大意义，直接关系国家财产和人民生命安全，关系着社会主义建设事业的发展。

要确保和提高工程质量，必须加强质量管理工作。如今，质量管理工作已经越来越被人们所重视，大部分企业领导清醒地认识到，高质量的产品和服务是市场竞争的有效手段，是争取用户、占领市场和发展企业的根本保证。但是与国际水平相比，我国的质量水平仍有很大差距。国际标准化组织(ISO)于1987年发布了通用的ISO 9000系列标准(现已采用ISO 9000:2015)。我国等同采用ISO 9000系列标准，发布了GB/T 19000族系列标准(2016年版)。ISO 9000系列标准得到了国际社会和国际组织的认可和采用，已成为世界各国共同遵守的工作规范。

作为建设工程产品的工程项目，投资和耗费的人工、材料、能源都相当大，投资者付出巨大的投资成本，要求获得理想的、满足适用要求的工程产品，以期在预定时间内能发挥作用，为社会经济建设和物质文化生活需求做出贡献。如果工程质量差，不但不能发挥应有的效用，而且会因质量、安全等问题影响国计民生和社会环境安全。因此，要从发展战略的高度来认识质量问题，质量已关乎国家的命运、民族的未来和人民的幸福，质量管理的水平已关系行业的兴衰、企业的命运。

建设工程项目质量，不仅关系工程的适用性，还关系人民生命财产的安全和社会安定。由于施工质量低劣，造成工程质量事故或质量隐患，其后果是不堪设想的。

工程质量事故案例

工程质量直接影响国家经济建设的速度。工程质量差本身就是最大的浪费，一方面需要增加返修、加固、补强等人工、材料、能源的消耗；另一方面还将给用户增加使用过程中的维修、改造费用。同时，低劣的质量必然缩短工程的使用寿命，使用户遭受经济损失。此外，质量低劣还会带来其他的间接损失（如停工、降低使用功能等），给国家和使用者造成浪费，损失会更大。工程质量低劣的原因有很多，一些工程在建造前不进行工程地质勘查或勘测深度不够，或勘测成果质量较差；也有一些工程因设计错误或施工质量低劣，结果房屋尚未交工使用，已出现明显的不均匀沉降、倾斜、变形、裂缝等缺陷。

质量问题所造成的经济损失直接影响我国经济建设的速度。综上所述，可以用“工程质量，人命关天，质量责任，重于泰山”来概括工程质量管理的重要性。

1.2.2 质量管理的发展过程

建设工程项目质量管理是按照一般质量管理历程发展过来的。

1.2.2.1 质量检验管理阶段

20 世纪以前，市场经济处于低级发展时期，当时生产分工粗糙，质量检验主要由工人自己完成。到了 20 世纪，资本主义生产组织日臻完善，生产分工逐渐细化，这是从技术到管理的全面革命时期。美国管理学家泰勒首先提出了用计划、标准化和统一管理三项原则来管理生产，并提出了计划与执行分工、检验与生产分工，建立了终端专职检验。但这都属于“事后检验”，即使全数检验也不能确保质量。因为从本质上来说，质量是生产出来的，而不是检验出来的。

1.2.2.2 统计质量管理阶段

第二次世界大战极大地刺激了美国经济的复苏，军需物资出现了大量质量问题，而“终端检验制”无法解决这些问题。于是，美国政府颁布了三项战时质量控制标准：《质量控制指南》《数据分析用控制图法》《工序控制用控制图法》。这是质量管理中最早的正式的质量控制标准。第二次世界大战以后，美国民用工业也相继采用了这三项标准，并开展了国际合作。这标志着质量管理正式进入了统计质量管理阶段，即把质量管理的重点由生产线的“终端”前移至生产过程的“工序”，把全数检验改为随机抽样检验，用抽样数据的统计分析制作控制图，再用控制图对工序进行加工质量监控，从而杜绝在生产过程中产生大量不合格品。统计质量管理强调对生产制造过程的预防性控制，使质量管理由单纯依靠质量检验事后把关发展到突出质量的预防性控制与事后检验相结合的工序管理，成为对生产过程控制强有力的工具，但统计质量管理过分强调统计方法，忽视组织管理和生产者的能动性，致使人们误认为“质量管理好像就是数理统计方法”“质量管理是少数数学家和学者的事情”，影响质量管理方法的普及，限制了它的发展。

1.2.2.3 现代质量管理阶段

随着质量管理研究和实践的发展,从 20 世纪 60 年代开始,各种质量管理的基本原理和方法开始不断更新,迎来了现代质量管理阶段。

现代质量管理阶段的第一个标志就是全面质量管理思想的提出。费根堡姆于 1961 年在其《全面质量管理》一书中首先提出:“全面质量管理是为了能够在最经济的水平上,并考虑充分满足用户要求的条件下进行市场研究、设计、生产和服务,把企业内各部门研制质量、维持质量和提高质量的活动构成为一体的一种有效体系。”20 世纪 60 年代,世界各国纷纷接受这一全新观念。

现代质量管理阶段的第二个标志是质量管理标准化的发展。经济全球化给质量管理工作带来新的问题,实现产品标准化,成为质量管理发展的一个重要方向。在 20 世纪 70 年代末由欧洲兴起的质量体系标准,逐步发展为质量管理与质量保证标准(即 ISO 9000 族标准),现称质量管理体系标准。

现代质量管理阶段的第三个标志是信息化和可视化技术的发展。随着工程项目的大型化、复杂化、专业化、国际化,其质量的要求也越来越高。在新的技术环境下采用合理的质量管理方法才能推动建筑业高质量发展。项目管理信息系统、建筑信息模型(Building Information Modeling, BIM)等先进技术手段的产生,目标就是实现建设工程全寿命周期中的价值最大化,提高质量精细化管理水平和提升劳动生产率。工程质量不仅包括工程的实体质量,还包括形成实体质量的工作质量。在传统质量管理体系标准的指导下结合 BIM 等信息技术应用,项目工程质量将有巨大的价值提升。BIM 的应用并不是直接作用于某一个作业环节以提高项目质量,而是通过对全寿命周期信息的集成以及全方位协同来减少信息损失,消除信息孤岛,提高问题的可预见性,提高项目各主体(包括用户)的可参与性。比如,应用 BIM 模型,能形象地展示项目建造过程,随时观察项目进展情况,支持工程会议及专业化的各类工程交底工作,对工程项目竣工交付后的物业管理也将会带来极大的方便。利用可视化 4D 模型使参建人员很快理解工程重要节点以及工程施工组织的编排情况、主要的施工方法、总体计划等。

1.3 建设工程项目质量管理的基本原则

(1) 质量第一是根本出发点。

在质量与进度、质量与成本的关系中,要认真贯彻“质量第一”的方针,做到好中求快、好中求省,不能以牺牲建设工程项目质量为代价,盲目追求速度与效益。

(2) 以预防为主的思想。

好的建设工程项目产品是由好的决策、好的规划、好的设计、好的施工所产生的,而不是检查出来的,必须在建设工程项目质量形成的过程中,事先采取各种措施,消灭种种不符合质量要求的因素,使之处于相对稳定的状态。

(3) 为用户服务的思想。

真正好的质量是用户完全满意的质量。要把“一切为了用户”的思想作为一切工作的出发点,贯穿建设工程项目质量形成的各项工作之中,在内部树立“下道工序就是用户”的思想,要求每道工序和每个岗位都要立足于本职工作的质量管理,不给下道工序留麻烦,以保证建设工程项目质量和最终质量能使用户满意。

(4) 一切用数据说话。

依靠确切的数据和资料,应用数理统计方法,对工作对象和建设工程项目实体进行科学的分析和整理,研究建设工程项目质量波动情况,寻找影响建设工程项目质量的主次因素,采取有效的改进措施,掌握保证和提高建设工程项目质量的客观规律。

1.4 建设工程项目质量各参建方责任

建设工程项目具有投资高、规模大、建设周期长、生产环节多、参与方多、影响质量因素多等特点,无论哪个主体或哪个环节出问题,都将导致质量问题的产生。如果建设单位发包给不具备相应资质等级的单位承包工程,或指示施工单位使用不合格的建筑材料、构配件和设备,或勘察单位提供的水文地质资料不准确,或设计单位计算错误,设备选型不准,或施工单位不按图施工,或工程监理单位不严格进行隐蔽工程检查等,都会造成工程质量缺陷,甚至导致重大事故。因此,建设工程项目质量管理最基本的原则和方法就是建立、健全质量责任制,明确各方主体责任地位,根据《国务院办公厅关于促进建筑业持续健康发展的意见》(国办发〔2017〕19 号)的规定,建设单位对建设工程质量负首要责任,勘察、设计、施工单位对建设工程质量负主体责任,工程监理单位项目总监理工程师对工程建设质量负终身责任,有关各方对其本身工作成果负责。

(1) 建设单位的质量责任。

① 根据工程特点和技术要求,按相关规定选择相应资质等级的勘察单位、设计单位和施工单位,在合同中以质量条款明确质量责任,并真实、准确、齐全地提供相关原始资料。

② 应根据工程特点配备相应的质量管理人员。对国家规定强制实行监理的工程项目,需委托相应资质等级的工程监理单位。双方签订监理合同,明确各自的责任。

③ 在工程开工前,负责办理有关施工图设计文件审查、工程施工许可证和工程质量监督手续,组织设计单位及施工单位进行设计交底。在工程施工中,按国家现行有关工程建设法规、技术标准及合同规定,对工程质量进行检查。工程项目竣工后,及时组织设计、施工、工程监理等单位进行施工验收,未经验收备案或验收备案不合格的,不得交付使用。

④ 按合同的约定负责采购、供应的材料和设备,应符合设计文件和合同要求,对发生的质量问题,承担相应责任。

(2) 勘察单位、设计单位的质量责任。

① 必须在其资质等级许可范围内承揽相应任务,不得承揽超越其资质等级许可范围的任务,不得将承揽工程转包或违法分包,也不得以任何形式以其他单位的名义承揽业务或允许其他单位、个人以本单位的名义承揽业务。

② 必须按国家现行规定、工程建设强制性技术标准和合同要求进行勘察、设计,并对所编文件质量负责。勘察单位提供的地质、测量、水文等勘察文件须真实、准确。设计文件应达到国家规定设计深度,注明工程合理使用年限。设计文件中选用的材料和设备,其质量需符合国家规定标准。设计单位就审查合格的施工图文件向施工单位做详细说明,解决施工中对设计提出的问题,负责设计变更。参与工程质量事故分析,并对因设计造成的质量事故,提出相应的技术处理方案。

(3) 施工单位的质量责任。

① 必须在其资质等级许可的范围内承揽相应的施工任务,不得承揽超越其资质等级许可范围的任务,不得将承揽的工程转包或违法分包,也不得以任何形式以其他施工单位的名义承揽工程或允许其他单位、个人以本单位的名义承揽工程。

② 对所承包的工程项目的施工质量负责。应当建立、健全质量管理体系,落实质量责任制,确

定工程项目的项目经理、技术负责人、安全负责人和施工管理负责人。

③ 必须按照工程设计图纸和施工技术规范标准组织施工。未经设计单位同意，不得擅自修改工程设计。施工中必须按照工程设计要求、施工技术规范标准和合同约定进行质量检验，不得偷工减料，不得使用不符合设计和强制性技术标准要求的产品，不得使用未经检验和试验或者检验和试验不合格的产品。

(4) 监理单位的质量责任。

① 应在其资质等级许可的范围内承担工程监理业务，不得超越其资质等级许可的范围或以其他工程监理单位的名义承担工程监理业务，不得转让工程监理业务，不得允许其他单位或个人以本单位的名义承担工程监理业务。

② 应依照法律、法规以及有关技术标准、设计文件和建设工程承包合同与建设单位签订监理合同，代表建设单位对工程质量实施监理，并承担监理责任，包括违法责任和违约责任。工程监理单位有意弄虚作假，降低工程质量标准，造成质量事故的，应承担法律责任。工程监理单位与承包单位串通，牟取非法利益，给建设单位造成损失的，应当与承包单位承担连带赔偿责任。监理单位在责任期内，不按照监理合同约定履行监理职责，给建设单位或其他单位造成损失的，需向建设单位或其他单位赔偿损失。

(5) 材料、设备供应单位的质量责任。

材料、设备供应单位提供材料、设备的质量应符合《建设工程质量管理条例》第十四条、第二十二条、第二十九条的要求，并对材料、设备的质量负责。

工程项目质量责任事故案例

1.5 建设工程项目质量的政府监督

1.5.1 监督管理部门职责划分

(1) 国务院建设行政主管部门对全国的建设工程质量实施统一监督管理。国家铁路、交通、水利等有关部门按照国务院规定的职责分工，负责对全国有关专业建设工程质量进行监督管理。

(2) 县级以上地方人民政府建设行政主管部门对本行政区域内的建设工程质量实施监督管理。县级以上地方人民政府交通、水利等有关部门在各自的职责范围内，负责对本行政区域内的专业建设工程质量进行监督管理。

1.5.2 监督管理的基本原则

(1) 监督的主要目的是保证建设工程使用安全和环境质量。

(2) 监督的基本依据是法律法规和工程建设强制性标准。

(3) 监督的主要方式是政府认可的第三方，即质量监督机构的强制监督。

(4) 监督的主要内容是地基基础、主体结构、环境质量和与此相关的工程建设各方主体的质量行为。

(5) 监督的主要手段是施工许可制度和竣工验收备案制度。

1.5.3　质量监督的性质与法律地位

（1）政府质量监督的性质是政府为了确保建设工程质量，保障公共卫生，保护人民群众生命和财产安全，按国家法律法规、技术标准、规范及其他建设市场行为管理规定的一种监督、检查、管理及执法机构实施行为。政府的监督管理行为是宏观性质的，具体的技术监督可以委托给具有资质的工程质量监督机构进行。

（2）按国务院《建设工程质量管理条例》及中华人民共和国住房和城乡建设部的有关规范性文件规定，建设工程质量监督机构具有以下执法权限。

① 接受政府委托，对建设工程质量进行监督，有权对建设工程建设参与各方行为进行检查。

② 有权对工程质量检查情况进行通报，有权对差劣工程采取开具质量整改单及局部停工通知单等行政措施。

③ 接受政府委托，有权对建设参与各方的违法行为进行行政处罚。

1.5.4　监督管理的职能

政府对建设工程质量监督的职能主要包括以下几个方面：

（1）监督检查施工现场工程建设参与各方主体的质量行为。检查施工现场工程建设各方主体及有关人员的资质或资格；检查勘察、设计、施工、监理单位的质量管理体系和质量责任落实情况；检查有关质量文件、技术资料是否齐全并符合规定。

（2）监督检查工程实体的施工质量，特别是基础、主体结构、主要设备安装等涉及结构安全和使用功能的施工质量。

（3）监督工程质量验收。监督建设单位组织的工程竣工验收的组织形式、验收程序以及在验收过程中提供的有关资料和形成的质量评定文件是否符合有关规定，实体质量是否存在严重缺陷，工程质量验收是否符合国家标准。

1.5.5　工程质量政府监督的实施

（1）受理建设单位对工程质量监督的申报。

在工程项目开工前，监督机构接受建设单位有关建设工程质量监督的申报手续，并对建设单位提供的有关文件进行审查，审查合格，签发有关质量监督文件。建设单位凭工程质量监督文件，向建设行政主管部门申领施工许可证。

（2）开工前的质量监督。

在工程项目开工前，监督机构首先在施工现场召开由参与工程建设各方代表参加的监督会议，公布监督方案，提出监督要求，并进行第一次监督检查工作。检查的重点是参与工程建设各方主体的质量行为，检查的主要内容有：

① 检查参与工程项目建设各方的质量保证体系建立情况，包括组织机构、质量控制方案、措施及质量责任制等制度。

② 审查参与建设各方的工程资质证书和相关人员的资格证书。

③ 审查按建设程序规定的开工前必须办理的各项建设行政手续是否齐全完备。

④ 审查施工组织设计、监理规划等文件以及审批手续。

⑤ 检查的结果及记录保存。

（3）施工过程的质量监督。

① 监督机构按照监督方案对工程项目全过程施工的情况进行不定期的检查。检查的内容主

要有：参与工程建设各方的质量行为及质量责任制的履行情况；工程实体质量和质量控制资料的完成情况，其中对基础和主体结构阶段的施工应每月安排监督检查。

② 对工程项目建设中结构的主要部位（如桩基、基础、主体结构等），除进行常规检查外，应在分部工程验收时进行监督，监督检查验收合格后，方可进行后续工程的施工。建设单位应将施工、设计、监理和建设单位各方分别签字的质量验收证明在验收后 3 d 内报送工程质量监督机构备案。

③ 对在施工过程中发生的质量问题、质量事故进行查处。根据质量监督检查的状况，对查实的问题可签发“质量问题整改通知单”或“局部暂停施工指令单”，对问题严重的单位也可根据问题的性质签发“临时收缴资质证书通知书”等处理意见。

(4) 竣工阶段的质量监督。

在竣工阶段，监督机构主要按规定对工程竣工验收备案工作进行监督。

① 竣工验收前，对质量监督检查中提出的质量问题的整改情况进行复查，了解其整改的情况。

② 竣工验收时，参加竣工验收的会议，对验收的程序及验收的过程进行监督。

③ 编制单位工程质量监督报告，在竣工验收之日起 5 d 内提交到竣工验收备案部门。对不符合验收要求的责令改正，对存在的问题进行处理，并向备案部门提出书面报告。

(5) 建立工程质量监督档案。

建设工程质量监督档案按单位工程建立。要求归档及时，资料记录等各类文件齐全，经监督机构负责人签字后归档，按规定年限保存。

1.6 工程质量管理的相关法律法规

工程质量管理相关法规条文

为了做好工程项目质量管理工作，使我国建设工程项目质量管理逐渐步入法制化、规范化的轨道，近年来我国制定了一系列有关工程质量管理的法律和法规。自 1998 年以来，我国相继颁布了《中华人民共和国建筑法》《建设工程质量管理条例》《工程建设标准强制性条文》《建设工程质量监督机构监督工作指南》《质量管理体系　基础和术语》(GB/T 19000—2016)等一系列最新的法律法规与标准，这一系列法律法规与标准的颁布、施行，进一步强化了工程施工质量管理，保证了国家工程建设的顺利进行。

独立思考

独立思考答案

1-1　什么是建设工程质量管理？建设工程项目质量的特点有哪些？

1-2　简述建设工程质量管理的重要性。

1-3　项目建设单位对项目质量承担哪些责任？

1-4　我国现行的工程质量管理法规有哪些？

1-5　简述建设工程项目质量管理的基本原则。

2 质量管理体系

内容提要

本章主要介绍了质量管理体系的 GB/T 19000 IDT ISO 9000 族标准（以下简称 ISO 9000 族标准）、质量管理的七项管理原则、过程方法、质量管理体系的基础理论、质量管理体系文件的构成以及质量管理体系的建立、运行和认证等内容。

5 分钟
看完本章

能力要求

通过本章的学习，学生应在掌握质量管理体系的 ISO 9000 族标准和质量管理七项管理原则的同时，掌握质量管理体系建立的程序、要求以及质量管理体系运行的评审和考核的方法；应具备按 ISO 9000 族标准或 GB/T 19000 族标准建立质量管理体系且能够有效执行的实际操作能力。

2.1 质量管理体系与 ISO 标准

质量管理体系标准定义为：在质量方面指挥和控制组织的管理体系，通常包括制定质量方针、目标以及质量策划、质量控制、质量保证和质量改进等活动。

质量管理体系
相关标准

ISO 是国际标准化组织的简称，ISO 9000 族标准是 ISO 制定的国际质量管理标准和指南，作为组织建立质量体系的基本要求在世界范围内被广泛采用。我国将其转化后称作 GB/T 19000 族国家标准。

质量管理被誉为提高企业效益和竞争力的最佳途径。随着质量观念的转变，企业对质量和质量管理有了新的认识和追求，从质量控制的实施到全面质量管理的开展以及质量管理体系的应用，有效控制了不合格品数量，降低了质量成本，获得了经济效益。ISO 9000 族标准是一种国际认可的质量管理制度，是世界各国质量管理理论和实践经验的总结，它特别吸取了当代全面质量管理的精髓，在经济贸易中已作为质量保证的共同语言和准则，这为各国质量管理和质量认证事业提供了科学依据。

2.1.1 ISO 9000族标准的产生、发展与构成

20世纪70年代，随着世界经济地区化、集团化、全球化的发展，市场竞争日趋激烈，顾客对质量的期望越来越高，每个组织为了竞争和保持良好的经济效益，努力提高自身的竞争能力以适应市场竞争的需要。各国的质量保证标准又形成了新的贸易壁垒和障碍，这就迫切需要一个国际标准来解决上述问题。于是国际标准化组织(ISO)在英国标准化协会(BSI)的建议下，于1980年5月在加拿大渥太华成立了质量管理和质量保证技术委员会(TC 176)，该会从事研究质量管理和质量保证领域的国际标准化问题。经过6年的研究，总结了世界各国在该领域的经验，首先于1986年6月发布了ISO 8402：1986，名为《质量术语》的国际标准。随后又于1987年3月正式发布了ISO 9000族标准(1987年版)。

该标准发布后受到世界许多国家和地区的欢迎和采用，同时也提出了许多建设性意见。1990年质量管理和质量保证技术委员会(TC 176)着手对标准进行了修改，修改分两个阶段进行：第一阶段为"有限修改"，即在标准结构上不做大的变动，仅对标准的内容进行小范围的修改，经修改的ISO 9000族标准即为1994年版标准；第二阶段为"彻底修改"，即在总体结构和内容上做全面修改。1996年ISO/TC 176(国际标准化组织/质量管理和质量保证技术委员会)开始在世界各国广泛征求标准使用者的意见，了解顾客对标准的修订要求，1997年正式提出了八项质量管理原则，作为2000年版ISO 9000族标准的修订依据和设计思想，经过4年若干稿的修订，于2000年12月15日正式发布了2000年版ISO 9000族标准，即ISO 9000：2000族标准。2005年9月15日国际标准化组织(ISO)发布了第3版《质量管理体系　基础和术语》(ISO 9000：2005)。随着国际贸易发展的需要和标准实施中出现的问题，对系列标准不断进行全面修订，2008年发布了2008年版ISO 9000族标准，2015年发布了2015年版ISO 9000族标准。

综上所述，ISO 9000族标准是由ISO/TC 176编制的，由国际标准化组织(ISO)批准、发布的，有关质量管理和质量保证的一整套国际标准的总称。ISO 9000系列标准的颁布，使各国的质量管理和质量保证活动统一在ISO 9000系列标准的基础上。该标准总结了工业发达国家先进企业的质量管理实践经验，统一了质量管理和质量保证的术语和概念，并对推动组织的质量管理，实现组织的质量目标，消除贸易壁垒，提高产品质量和顾客的满意程度等产生了积极的影响，受到了世界各国的普遍关注和采用。迄今为止，它已被世界150多个国家和地区等同采用为国家标准，成为国际标准化组织(ISO)最成功、最受欢迎的国际标准。

2015年版ISO 9000系列标准的4个核心标准如下：

①《质量管理体系　基础和术语》(ISO 9000:2015)。

②《质量管理体系　要求》(ISO 9001:2015)。

③《追求组织的持续成功　质量管理方法》(ISO 9004:2009)。

④《管理体系审核指南》(ISO 19011:2002)。

2.1.2 2015年版ISO 9000族标准的特点

(1) 该标准可适用于所有产品类别、不同规模和各种类型的组织。

(2) 组织可根据实际需要删减某些质量管理体系要求，但仅限于不影响组织提供满足顾客和适用性法律、法规要求的产品的能力或责任的那部分质量体系要求。

(3) 采用了以过程为基础的质量管理体系模式，强调了过程的联系和相互作用，逻辑性、相关性更强。

(4) 更注重质量管理体系的有效性和持续改进，强调文件应能够为过程带来增值，记录只是证据的一种形式。

(5) 强调了以 ISO 9001 作为要求性标准及 ISO 9004 作为指南性标准的协调一致性，有利于组织业绩的持续改进。

(6) 增强了与环境管理体系标准等其他管理体系标准的相容性，为建立一体化的管理体系创造了有利条件。

2.2 质量管理的七项管理原则

(1) 以顾客为关注焦点。

① 理解含义：质量管理的主要关注点是满足顾客需求并且努力超越顾客的期望。

② 理论依据：组织只有赢得顾客和其他相关方的信任才能获得持续成功。与顾客相互作用的每个方面，都提供了为顾客创造更多价值的机会。理解顾客和其他相关方当前和未来的需求，有助于组织的持续成功。

③ 主要优势：增加顾客价值；提高顾客满意度；增进顾客忠诚度；增加重复性业务；提高组织的声誉；扩展顾客群；增加收入和市场份额。

④ 运行活动：了解从组织获得价值的直接和间接顾客；了解顾客当前和未来的需求和期望；将组织的目标与顾客的需求和期望联系起来；将顾客的需求和期望，在整个组织内予以沟通；为满足顾客的需求和期望，对产品和服务进行策划、设计、开发、生产、支付和支持；测量和监视顾客满意度，并采取适当措施；确定有可能影响顾客满意度的相关方的需求和期望，确定并采取措施；积极管理与顾客的关系，以实现持续成功。

(2) 领导作用。

① 理解含义：各层领导建立统一的宗旨及方向，他们应当创造并保持使员工能够充分实现目标的内部环境。

② 理论依据：统一的宗旨和方向，以及全员参与，能够使组织将战略、方针、过程和资源保持一致，以实现其目标。

③ 主要优势：提高实现组织质量目标的有效性和效率；组织的过程更加协调；改善组织各层次、各职能间的沟通；开发和提高组织及其人员的能力，以获得期望的结果。

④ 运行活动：在整个组织内，就其使命、愿景、战略、方针和过程进行沟通；在组织的所有层次创建并保持共同的价值观和公平、道德的行为模式，培育诚信和正直的文化氛围；鼓励在整个组织范围内履行对质量的承诺；确保各级领导者成为组织人员中的实际楷模；为组织人员提供履行职责所需的资源、培训和权限；激发、鼓励和表彰员工的贡献。

(3) 全员参与。

① 理解含义：整个组织内各级人员的胜任、授权和参与，是提高组织创造价值和提供价值能力的必要条件。

② 理论依据：为了有效和高效地管理组织，各级人员得到尊重并参与其中是极其重要的。通过表彰、授权和提高能力，促进在实现组织的质量目标过程中的全员参与。

③ 主要优势：通过组织内人员对质量目标的深入理解和内在动力的激发以实现其目标；在改进活动中，提高人员的参与程度；促进个人发展，提高个人主动性和创造力；提高员工的满意度；增

强整个组织的信任和协作；促进整个组织对共同价值观和文化的关注。

④ 运行活动：与员工沟通，以增进他们对个人贡献重要性的认识；促进整个组织的协作；提倡公开讨论，分享知识和经验；让员工确定工作中的制约因素，毫不犹豫地主动参与；赞赏和表彰员工的贡献、钻研精神和进步；针对个人目标进行绩效的自我评价；为评估员工的满意度和沟通结果进行调查，并采取适当的措施。

(4) 过程方法。

① 理解含义：当活动被作为相互关联的功能连贯过程进行系统管理时，可更加有效和高效地得到预期的结果。

② 理论依据：质量管理体系是由相互关联的过程所组成的。理解体系是如何产生结果的，能够使组织尽可能地完善体系和绩效。

③ 主要优势：提高关注关键过程和改进机会的能力；通过协调一致的过程体系，始终得到预期的结果；通过过程的有效管理、资源的高效利用及职能交叉障碍的减少，尽可能提高效率；使组织能够向相关方提供关于其一致性、有效性和效率方面的信任。

④ 运行活动：确定体系和过程需要达到的目标；为管理过程确定职责、权限和义务；了解组织的能力，事先确定资源约束条件；确定过程相互依赖的关系，分析个别过程的变更对整个体系的影响；对体系的过程及其相互关系继续管理，有效和高效地实现组织的质量目标；确保获得过程运行和改进的必要信息，并监视、分析和评价整个体系的绩效；对能影响过程输出和质量管理体系整个结果的风险进行管理。

(5) 改进。

① 理解含义：组织总是在管理过程中不断发现存在的短板，并运用一切有效的方法，确保持续改进，提升绩效。

② 理论依据：改进对于组织保持当前的业绩水平，对其内外部条件的变化做出反应并创造新的机会都是非常必要的。

③ 主要优势：改进过程绩效、组织能力和顾客满意度；增加对调查和确定基本原因以及后续的预防和纠正措施的关注程度；提高对内外部的风险和机会的预测和反应能力；增加对增长性和突破性改进的考虑；通过加强学习实现改进，增加改革的动力。

④ 运行活动：促进在组织的所有层次建立改进目标；对各层次员工进行培训，使其懂得如何应用基本工具和方法实现改进目标；确保员工有能力成功地制定改进方案和完成改进项目；开发和部署整个组织实施的改进项目；跟踪、评审和审核改进项目的计划，实施、完成情况和结果；将新产品开发或产品、服务和过程的更改都纳入改进中予以考虑；赞赏和表彰改进。

(6) 循证决策。

① 理解含义：基于数据和信息的分析和评价的决策更有可能产生期望的结果。

② 理论依据：决策是一个复杂的过程，并且总是包含一些不确定因素。它经常涉及多种类型和来源的输入及其解释，而这些解释可能是主观的。但重要的是理解因果关系和潜在的非预期后果。对事实、证据和数据的分析可使决策更加客观，因而更有信心。

③ 主要优势：改进决策过程；改进对实现目标的过程绩效和能力的评估；改进运行的有效性和效率；增强评审、挑战及改变意见和决策的能力；增强证实以往决策有效性的能力。

④ 运行活动：确定、测量和监视证实组织绩效的关键指标；使相关人员能够获得所需的全部数据；确保数据和信息足够准确、可靠和安全；使用适宜的方法对数据和信息进行分析和评价；确保所获得的数据和分析评价的结果准确有效，并予以有效利用；依据证据，凭借经验进行决策并采取措施。

(7)关系管理。

① 理解含义:为了持续成功,组织需要管理与供方等相关方的关系。

② 理论依据:相关方影响组织的绩效。组织管理与所有相关方的关系,以最大限度地发挥其在组织绩效方面的作用。对供方及合作伙伴的关系网的管理是非常重要的。

③ 主要优势:对每一个与相关方有关的机会和限制进行响应,提高组织及其相关方的绩效;对于目标和价值观,与相关方有共同的理解;通过共享资源和能力,以及管理与质量有关的风险,增强为相关方创造价值的能力;使得组织的供应链长期处于稳定的状态,并随着不断地改进,能够持续提供更加稳定的产品和服务;确保整个产品和服务链的良性发展。

④ 运行活动:确定组织和相关方(例如供方、合作伙伴、顾客、投资者、雇员或整个社会)的关系;确定需要优先管理的相关方的关系;建立权衡短期收益与长期合作的关系;收集并与相关方共享信息、专业知识和资源;适当时,测量绩效并向相关方报告,以增强改进的主动性;与供方、合作伙伴及其他相关方共同开展开发和改进活动;鼓励和表彰供方与合作伙伴的改进和成绩。

质量管理七项原则可以作为组织制定质量方针的基础,最高管理者可以运用这些原则领导组织进行业绩改进。事实上,这些原则不仅体现质量管理的基本规律,还适用于组织的全部管理。质量管理原则的提出和应用,为进一步提高组织质量管理的科学性,乃至提高组织管理的科学性创造了条件。研究质量管理七项原则,坚持管理的科学性,将使我国的质量管理提高到一个新的水平。

2.3 质量管理体系基础

质量管理体系提出了质量管理体系的 12 条基础,是七项质量管理原则在质量管理体系中的具体应用。

2.3.1 质量管理体系的理论说明

质量管理体系能够帮助组织提升顾客满意度。顾客要求产品具有满足其需求和期望的特性,这些需求和期望在产品规范中表述,并集中归结为顾客要求。顾客要求可以由顾客以合同方式规定或组织自己确定,在任何情况下,产品是否可接受最终由顾客确定。由于顾客的需求和期望是不断变化的,加上竞争的压力和技术的发展,这些都将促使组织持续地改进产品和过程。

质量管理体系方法鼓励组织分析顾客要求,规定相关的过程,并使其持续受控,以生产顾客能接受的产品。质量管理体系能提供持续改进的框架,以增加顾客和其他相关方满意的机会。质量管理体系还就组织能够提供持续满足要求的产品向组织及其顾客提供信任。

2.3.2 质量管理体系要求与产品要求

GB/T 19000 族标准区分了质量管理体系要求与产品要求。

《质量管理体系　要求》(GB/T 19001—2016)规定了质量管理体系要求,质量管理体系要求是通用的,适用于所有行业或经济领域,无论其提供何种类别的产品。《质量管理体系　要求》(GB/T 19001—2016)本身并不规定产品要求。

产品要求可由顾客规定,或由组织通过预测顾客的要求规定,或由法规规定。在某些情况下,产品要求和有关过程的要求可包含在诸如技术规范、产品标准、过程标准、合同协议和法规要求中。

2.3.3 质量管理体系方法

建立和实施质量管理体系方法包括以下步骤：

(1) 确定顾客和其他相关方的需求和期望；

(2) 建立组织的质量方针和质量目标；

(3) 确定实现质量目标必需的过程和职责；

(4) 确定和提供实现质量目标必需的资源；

(5) 规定测量每个过程的有效性和效率的方法；

(6) 应用这些测量方法确定每个过程的有效性和效率；

(7) 确定防止不合格并消除其产生的原因的措施；

(8) 建立和应用持续改进质量管理体系的过程。

上述方法也适用于保持和改进现有的质量管理体系。采用上述方法的组织，能对其过程能力和产品质量树立信心，为持续改进提供基础，从而提高顾客和其他相关方的满意度。

2.3.4 过程方法

任何使用资源将输入转化为输出的活动或一组活动可视为一个过程。为使组织有效运行，必须识别和管理许多相互关联、相互作用的过程。通常一个过程的输出将直接成为下一个过程的输入。系统地识别和管理组织所应用的过程，特别是这些过程之间的相互作用，称为“过程方法”。

由 GB/T 19000 族标准表述的，以过程为基础的质量管理体系模式如图 2-1 所示。该图表明在向组织提供输入方面相关方起着重要作用。相关方(顾客)的要求形成产品实践过程的输入，而产品实践过程输出的是最终产品。监视相关方满意程度需要评价有关相关方感受的信息，这种信息可以表明其需求和期望已得到满足的程度。图 2-1 中的模式没有表明更详细的过程。

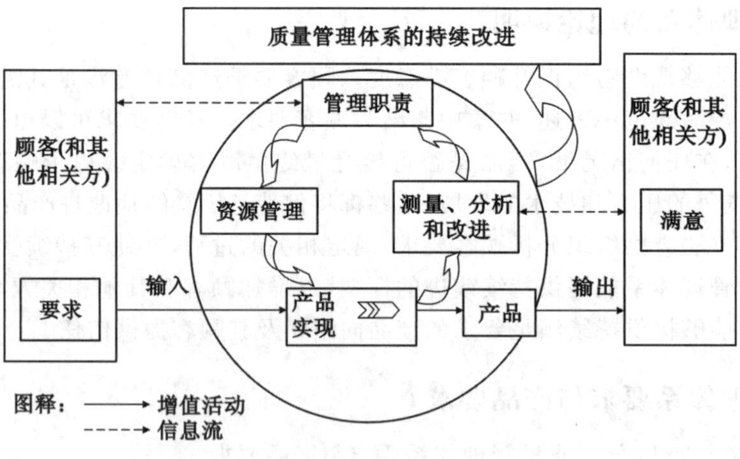

图 2-1 以过程为基础的质量管理体系模式

[注：括号中的陈述不适用于《质量管理体系 要求》(GB/T 19001—2016)。]

2.3.5 质量方针和质量目标

建立质量方针和质量目标为组织提供关注的焦点。两者确定了预期的结果，并帮助组织利用其资源达到预期结果。质量方针为建立和评审质量目标提供了框架。质量目标需要与质量方针的持续改进的承诺相一致，其实现是可测量的。质量目标的实现对产品质量、运行有效性和财务业绩都有积极影响，因此对相关的满意度和信任度也产生积极影响。

2.3.6 最高管理者在质量管理体系中的作用

最高管理者通过其领导作用及各种措施可以创造员工充分参与的环境，质量管理体系能够在这种环境中有效运行。最高管理者可以运用质量管理原则作为发挥以下作用的基础。

(1) 制定并保持组织质量方针和质量目标。

(2) 通过增强员工的质量意识、积极性和参与程度，在整个组织内促进质量方针和质量目标的实现。

(3) 确保整个组织关注顾客要求。

(4) 确保实施适宜的过程以满足顾客和其他相关方要求，并实现质量目标。

(5) 确保建立、实施和保持一个有效的质量管理体系以实现质量目标。

(6) 确保获得必要资源。

(7) 定期评审质量管理体系。

(8) 确定有关质量方针和质量目标的措施。

(9) 确定改进质量管理体系的措施。

2.3.7 形成文件的信息

(1) 文件的价值。

文件能够沟通意图、统一行动，其之使用有助于以下几方面：

① 满足顾客要求的质量改进。

② 提供适宜的培训。

③ 重复性和可追溯性。

④ 提供客观证据。

⑤ 评价质量管理体系的有效性和持续适宜性。

文件的形成本身并不是目的，它是一项增值活动。

(2) 质量管理体系中使用的文件信息类型。

2015 年版 ISO 9000 质量管理体系中使用的文件信息类型包括沟通语言、软件、图示、照片、视频以及纸质文档，可称为形成文件的信息，众多的信息按照一定的规律合在一起可称为档案。我国《档案工作基本术语》(DA/T 1—2000)中档案的最新定义是："档案是组织或个人在以往的社会实践活动中直接形成的清晰的、确定的、具有完整记录作用的固化信息。"档案是由官方机构、半官方机构、非官方机构以及一定的个人、家庭和家族形成的。这里的"文件"是指广义文件，即一切由文字、图表、声像等形式形成的各种材料。文件是档案的素材，档案是文件的组合，档案的形式包括载体、制作手段、表现方式等，从载体来看，有甲骨、金石、缣帛、简册、纸质、胶磁等；从制作手段来看，有刀刻、笔写、印刷、复制、摄影、录音、摄像等；从表现方式来看，有文字、图表、声像等。

每个组织确定其所需文件的数量和详略程度及使用的媒体。这取决于组织的类型和规模、过程的复杂性和相互作用、产品的复杂性、顾客要求、适用的法规要求、经证实的人员能力，以及满足质量管理体系要求所需证实的程度。

2.3.8 质量管理体系评价

(1) 质量管理体系过程的评价。

评价质量管理体系时，应对每一个被评价的过程提出如下 4 个基本问题。

① 过程是否已被识别并适当规定。

② 职责是否已被分配。

③ 程序是否得到实施和保持。

④ 在实现所要求的结果方面，过程是否有效。

综合上述问题的答案，可以确定评价结果。质量管理体系评价，如质量管理体系审核、质量管理体系评审及自我评定，在涉及的范围上可以有所不同，并可包括许多活动。

(2) 质量管理体系审核。

质量管理体系审核用于确定符合质量管理体系要求的程度。审核发现用于评定质量管理体系的有效性和识别改进的机会。

第一，审核用于内部目的，由组织自己或以组织的名义进行，可作为组织声明自我合格的基础。

第二，审核由组织的顾客或由其他人以顾客的名义进行。

第三，审核由外部独立的组织进行，这类组织通常是经认可的、可提供符合相关要求的认证或注册。

由 ISO 19011 提供审核指南。

(3) 质量管理体系评审。

最高管理者的任务之一是就制定质量方针和质量目标，有规则地、系统地评价质量管理体系的适宜性、充分性、有效性和效率。这种评审可包括考虑修改质量方针和质量目标的需求，以响应相关方需求和期望的变化。评审包括确定采取措施的需求。审核报告与其他信息源一同用于质量管理体系的评审。

(4) 自我评定。

组织的自我评定是一种参照质量管理体系或优秀模式，对组织的活动和结果进行的全面和系统的评审。

自我评定可提供一种对组织业绩和质量管理体系成熟程度总的看法。它还有助于识别组织中需要改进的领域，并确定优先开展的事项。

2.3.9 持续改进

持续改进质量管理体系的目的在于增加顾客和其他相关方满意的机会，其包括下述活动。

(1) 分析和评价现状，以识别改进区域。

(2) 确定改进目标。

(3) 寻找可能的解决办法，以实现这些目标。

(4) 评价这些解决办法并做出选择。

(5) 实施选定的解决办法。

(6) 测量、验证、分析和评价实施的结果，以确定这些目标已经实现。

(7) 正式采纳更改。

必要时对结果进行评审，以确定进一步改进的机会。从这种意义上来说，改进是一种持续的活动。顾客和其他相关方的反馈，以及质量管理体系的审核和评审均能用于识别改进的机会。

2.3.10 统计技术的作用

应用统计技术可帮助组织了解变异，从而有助于组织解决问题并提高有效性和效率。这些技术有助于更好地利用可获得的数据进行决策。

在许多活动的状态和结果中，甚至是在明显的稳定条件下，均可观察变异。这种变异可通过产品和过程可测量的特性观察到，并且在产品整个寿命周期（从市场调研到顾客服务和最终处置）的各个阶段，均可看到其存在。

统计技术有助于对这类变异进行测量、描述、分析、解释和建立模型，甚至在数据有限的情况下也可以实现。这种数据的统计分析为更好地理解变异的性质、程度和原因提供帮助，从而有助于解决，甚至防止由变异引起的问题，并促进持续改进。《GB/T 19001—2000 的统计技术指南》(GB/Z 19027—2005)给出了统计技术在质量管理体系中的指南。

2.3.11 质量管理体系与其他管理体系的关注点

质量管理体系是组织管理体系的一部分，它致力于使与质量目标有关的结果适当地满足相关方的需求、期望和要求。组织的质量目标与其他目标，如增长、资金、利润、环境及职业卫生与安全等目标相辅相成。一个组织的管理体系的各个部分，连同质量管理体系可以构成一个整体，从而形成使用共有要素的单一的管理体系，这将有利于策划、资源配置、确定互补的目标并评价组织的整体有效性。组织的管理体系可以对照其要求进行评价，也可以对照国家标准如《质量管理体系　要求》(GB/T 19001—2016)和《环境管理体系　要求及使用指南》(GB/T 24001—2016)的要求进行审核。这些审核可分开进行，也可合并进行。

2.3.12 质量管理体系与建筑施工行业的契合模式

2.3.12.1 管理层应该足够重视和形成意识，体现领导作用

在建筑施工企业实施《质量管理体系　要求》(ISO 9001:2015)，必须得到领导层的充分支持和全面配合，不仅要看到实施《质量管理体系　要求》(ISO 9001:2015)之后带来的管理效用，还应该紧密结合企业质量管理的实际情况贯彻和应用好质量管理体系。督促和指导全员全面参与实施《质量管理体系　要求》(ISO 9001:2015)，把内部的流程、工作机制等环节调动起来，才能发挥实效，取得满意的效果。

2.3.12.2 积极建立完善的系统培训机制

质量管理体系要想在建筑施工企业切实有效地推进与实施，必须建立一支从上到下分层次且充分理解文件并对管理体系的推进与实施抱有高度自觉性的体系管理队伍，而这支队伍的培养与组成必须依靠有效的培训机制，因此可以说建立完善系统的管理体系培训机制是有效实施环境、质量管理体系的前提和准备。就培训工作的具体实施而言，需推行分层次、分岗位的培训模式，也就是说培训应根据培训对象的不同要有针对性，这样才能使培训获得良好的效果，具体内容有三点：(1) 针对企业管理层的培训。企业管理层作为企业质量管理体系推进和实施的核心力量，管理层的素质和水平决定着企业体系管理的水平，因此管理层的培训要达到内部审核员的水平，培训的重点要放在对体系的建立和运行管理上。(2) 对关键岗位人员的培训。企业中关键岗位人员是

体系推进和实施的骨干力量，因此对他们的培训是体系培训工作的重点，在培训要求上只对他们的质量意识进行强化还远远不够，必须培养和激发其在日常工作中主动参与和实施管理体系的能力和意识，并且具备在质量方面出现意外情况时能及时采取正确措施，以防止或避免质量问题出现的能力，此外对关键岗位人员的体系培训还要注重其在实践中发现体系文件的不适用问题并持续改进的能力，培训重点应该围绕运行程序和作业指导文件。(3) 对普通员工的培训。实践证明，企业运行中的很多质量问题的发生都是由于普通员工的质量和环境意识不强，因此，对普通员工的培训重点要放在操作技能、操作程序以及对体系的理解和实施主动性养成等方面。

2.3.12.3 重视建立和完善体系改进机制

质量管理体系在其标准中对以过程方法建立质量管理体系提出了要求，所谓的过程方法，就是以 PDCA 的逻辑思维对质量活动进行计划（Plan）、实施（Do）、检查（Check）、改善（Action）。PDCA 的科学性体现在它的闭环性和循环性，而其先进性在于 PDCA 循环不只是对上一次循环简单的重复，而是在总结的基础上持续改进后的循环，最终实现过程增值的持续改进。这样次次循环，次次改进，循环无穷，改进无穷，这就是质量管理体系追求永无止境和持续改进不断提高产品的能力，不断满足客户的需求。可以说闭环的推进正是体系实施的过程，而实施是持续改进的前提，所以要想获得体系管理良好的实施效果，就要坚持生产、工作环境和产品质量的持续改进工作，其主要的关注点有：

(1) 要收集有关信息并做到准确、及时和有效；

(2) 要注重质量管理体系推进效果分析，找准薄弱环节并跟进整改；

(3) 要注重每个过程中人、机、料、法、环五大要素的有机结合。

2.3.12.4 建立配套奖惩激励机制

一些建筑施工企业在激励方面采取措施少，人员相对不稳定，并且一直在片面地、过分地强调结果的作用，这种模式已经与当前的市场经济环境极为不符。因此要想切实在建筑施工企业推进、实施质量管理体系，就要尽快改变这种现状，尽快建立与市场经济大环境相适应的激励机制，稳定职工队伍，注重过程增值效果。由于奖惩相结合的激励机制的建立符合标准工作环境的要求，同时奖惩相结合的激励机制也会让组织或个人意识到积极参与组织体系运行活动的重要性，更加了解各自工作中的薄弱环节或造成的不良后果和影响，从而使体系的推进和实施程度及效果与个人利益实现之间的互动关系更加紧密，最终达到对各级人员主动、积极参与质量管理体系的实施、保持和持续改进的目标。但需要注意奖惩激励的实施要以体系运行监测和测量结果为依据，要与过程是否增值挂钩。

2.3.12.5 充分利用内部审核的推动作用

内部审核是推进体系深入实施并持续改进和自我评价的主要方法，是按企业内部审核程序对体系的运行是否符合标准和法规的符合性验证。内部审核也称为第一方审核，是以组织自己或以组织的名义开展的，审核对象是组织自己的管理体系。内部审核为有效的管理评审和纠正、预防措施提供信息，开展内部审核可以判定所建立的质量管理体系是否得到了符合性实施。内部审核的要点应该确定为：① 要全面针对标准的所有条款开展内部审核；② 要注重内部审核及评审人员的资质及条件的适应性；③ 要做好内部审核计划的编制及各项原始记录；④ 要坚持实事求是和用数据说话，确保对体系推进程度测量的准确性；⑤ 要充分沟通和确认不合格项并重点关注对不合格项的整改情况与改进措施有效性评价。

目前建筑施工领域已经公布了新版的建筑施工行业的质量管理规范，即《工程建设施工企业质量管理规范》(GB/T 50430—2017)，对建筑施工领域的质量管理基本要求，组织机构和职责，人力资源管理，投标和合同管理，施工机具与设施管理，工程材料、构配件和设备管理，分包管理，工程项目质量管理，工程质量检查与验收，质量管理检查分析、评价与改进做出了更加实际和详细的规定。

目前已有很多施工企业建立了以 GB/T 19001—2016 IDT ISO 9001:2015 和《工程建设施工企业质量管理规范》(GB/T 50430—2017)为基础的质量管理体系，但是真正运行和落实体系标准要求仍有一定差距，所以需要我们不断积累经验和探索下去。

2.3.13 质量管理体系与优秀模式之间的关系

ISO 9000 族标准和优秀模式提出的质量管理体系方法，依据共同的原则，两者具有如下共同特点：

(1) 使组织能够识别它的强项和弱项。

(2) 包含对照通用模式进行评价的规定。

(3) 为持续改进提供基础。

(4) 包含外部承认的规定。

ISO 9000 族标准提出的质量管理体系与优秀模式之间的差别在于它们的应用范围不同。ISO 9000 族标准提出了质量管理体系要求和业绩改进指南，质量管理体系评价可确定这些要求是否得到满足。优秀模式包含能够对组织业绩进行比较评价的准则，并能适用于组织的全部活动和所有相关方，优秀模式评定准则提供了一个组织与其他组织的业绩相比较的基础。

2.4 质量管理体系的构成、实施与运行

《质量管理体系 基础和术语》(GB/T 19000—2016)对质量管理体系文件的重要性做了专门的阐述，要求企业重视质量管理体系文件的编制和使用。编制和使用质量管理体系文件本身是一项具有动态管理要求的活动，因为质量管理体系的建立、健全要从编制完善体系文件开始，质量体系的运行、审核与改进都是依据文件规定而进行的，质量管理实施的结果也必须形成文件，作为证实产品质量符合规定要求及质量管理体系有效的证据。

2.4.1 质量管理体系文件的构成

(1) 质量方针和质量目标。

质量方针和质量目标一般以较为简洁的文字来表述，应反映用户及社会对工程质量的要求及企业相应的质量水平和服务承诺。

(2) 质量手册。

质量手册是规定企业组织建立质量管理体系的文件，对企业质量体系做了系统、完整和概要的描述，作为企业质量管理体系的纲领性文件，具有指令性、系统性、协调性、先进性、可行性和可

检查性的特点。其内容一般有企业的质量方针、质量目标，组织结构及质量职责，体系要素或基本控制程序，质量手册的评审、修改和控制的管理办法。

(3) 程序文件。

质量管理体系程序文件是质量手册的支持性文件，是企业各职能部门落实质量手册要求而规定的细则。企业为落实质量管理工作而建立的各项管理标准、规章制度等都属于程序文件的范畴。一般企业都应制定的通用性管理程序为文件控制程序、质量记录管理程序、内部审核程序、不合格品控制程序、纠正措施控制程序及预防措施控制程序。

各企业程序文件的内容及详略可视企业情况而定，一般有以下 6 个方面的程序为通用性管理程序，各类企业都应在程序文件中制定。

① 文件控制程序。

② 质量记录管理程序。

③ 内部审核程序。

④ 不合格品控制程序。

⑤ 预防措施控制程序。

⑥ 纠正措施控制程序。

除以上 6 个程序以外，涉及产品质量形成过程各环节控制的程序文件不做统一规定，可视企业质量控制的需要而制订。为确保过程的有效运行和控制，在程序文件的指导下，尚可按管理需要编制相关文件，如作业指导书、操作手册、具体工程的质量计划等。

(4) 质量记录。

质量记录是阐明所取得的结果或提供所完成活动的证据文件。它是产品质量水平和企业质量管理体系中各项质量活动结果的客观反映，应如实加以记录，用以证明达到了合同所要求的产品质量，并证明对合同中提出的质量保证要求予以满足的程度。

质量记录应以规定的形式和程序进行，且字迹清晰、内容完整，并按所记录的产品和项目进行标识，记录应注明日期并经授权人员签字、盖章或做其他审定后方能生效。它应完整地反映质量活动实施、验证和评审的情况，并记载关键活动的过程参数，具有可追溯性的特点。质量记录应安全地储存和维护，一旦发生问题，应能通过记录查明情况，找出原因和责任者，有针对性地采取防止问题重复发生的有效措施。

2.4.2 质量管理体系的建立与运行

(1) 质量管理体系的建立。

质量管理体系的建立是企业按照七项质量管理原则，在确定市场及顾客需求的前提下，制定企业的质量方针、质量目标、质量手册、程序文件及质量记录等体系文件，确定企业在生产(或服务)全过程的作业内容、程序要求和工作标准，并将质量目标分解落实到相关层次、相关岗位的职能和职责中，形成企业质量管理体系执行系统的一系列工作。质量管理体系的建立还包含组织不同层次的员工培训，它使体系工作的执行要求为员工所了解，为形成全员参与的企业质量管理体系的运行创造了条件。

质量管理体系的建立需识别并提供实现质量目标和持续改进所需的资源，包括人员、基础设施、环境、信息等。

（2）质量管理体系的运行。

质量管理体系的运行是指生产及服务的全过程中按质量管理文件体系制订的程序、标准、工作要求及目标分解的岗位职责进行操作运行。

质量体系文件编制完成后，质量体系进入试运行阶段。其目的是通过试运行，考验质量体系文件的有效性和协调性，并对暴露出来的问题采取改进措施和纠正措施，以达到进一步完善质量体系文件的目的。在质量体系试运行过程中，要重点做好以下工作：

① 有针对性地宣传贯彻质量体系文件，使全体职工认识新建立或完善的质量体系是对过去质量体系的变革，是为了与国际标准接轨，要适应这种变革就必须认真学习，贯彻质量体系文件。

② 实践是检验真理的唯一标准。体系文件通过试运行必然会出现一些问题，全体职工应将在实践中出现的问题和改进意见如实地反映给有关部门，以便采取纠正措施。

③ 将体系试运行中暴露出的问题，如体系设计不周、项目不全等进行协调、改进。

④ 加强信息管理，不仅是体系试运行本身的需要，也是保证试运行成功的关键。所有与质量活动有关的人员都应按体系文件要求，做好质量信息的收集、分析、传递、反馈、处理和归档等工作。

2.5 企业质量管理体系的认证与监督

2.5.1 质量管理体系的认证

（1）质量管理体系认证的特征。

① 认证的对象是质量体系而不是工程实体。

② 认证的依据是质量保证模式标准，而不是工程的质量标准。

③ 认证的结论不是证明工程实体是否符合有关技术标准，而是质量体系是否符合标准，是否具有按规范要求保证工程质量的能力。

④ 认证合格标志只能用于宣传，不能用于工程实体。

⑤ 认证由第三方进行，与第一方（供方或承包单位）和第二方（需方或业主）既无行政隶属关系，也无经济上的利益关系，以确保认证工作的公正性。

（2）质量管理体系认证的意义。

质量认证制度是由第三方认证机构对企业的质量体系做出正确、可靠的评价，使社会对企业产品建立信心。它对供方、需方、社会和国家的利益都有重要意义。

质量管理体系认证的意义包括：

① 提高供方企业的质量信誉。

② 促进企业完善质量体系。

③ 增强企业的国际市场竞争能力。

④ 减少社会重复检验和检查费用。

⑤ 有利于保护消费者权益。

⑥ 有利于法规的实施。

2.5.2 质量管理体系的申报及批准程序

(1) 申请和受理。

必须是具有法人资格的企业,同时按照 GB/T 19001—2016 IDT ISO 9001:2015 系列标准、《工程建设施工企业质量管理规范》(GB/T 50430—2017)以及其他国际公认的质量体系规范建立了文件化的质量管理体系,并且在生产经营全过程得到落实贯彻的才可提出申请。申请单位按照要求填写申请书,认证机构经严格审查符合要求后接受申请,不符合则不接受申请。审查结果均以书面通知书的形式发出。

(2) 审核。

认证机构派出审核组对申请方质量管理体系进行检查和评定,包括文件审查、现场审核,并写出审核报告。

(3) 审批和注册发证。

审核报告经过认证机构全面仔细的审查后,符合标准者批准并予以注册,发放认证证书。认证证书的内容包括:证书号、注册企业名称和地址、认证和质量体系覆盖产品的范围、评价依据及质量保证模式标准与说明、发证机构、签发人和签发日期。

2.5.3 获准认证后的维持与监督管理

企业获准认证的有效期是三年。企业获准认证后应通过经常性的内部审核,维持质量管理体系的有效性,并接受认证机构的监督管理,具体内容如下。

(1) 企业通报。

认证合格的企业质量管理体系文件一旦发生较大的变化,需向认证机构通告,认证机构接到通知后视情况进行必要的监督检查。

(2) 监督检查。

认证机构对认证合格的企业的维持情况要进行定期和不定期的监督检查,定期检查一般为每年一次,不定期检查视需要临时安排。

(3) 认证注销。

认证注销是一种自愿行为,在企业体系发生变化或证书有效期届满时未提出申请的情况下,持证者提出注销的,认证机构予以注销,收回体系认证证书。

(4) 认证暂停。

认证暂停是认证机构对获证企业质量管理体系不符合认证要求时采取的警告措施,暂停期间企业不得用认证体系证书做宣传。企业采取纠正措施满足规定条件后,认证机构撤销认证暂停,否则将撤销认证注册,收回合格证书。

(5) 认证撤销。

当获证企业发生重大不符合规定的情况或在认证暂停期间没有进行整改,或发生其他构成撤销体系认证资格情况时,认证机构有权做出撤销认证的决定,企业可以提出申诉。撤销认证的企业一年后可重新提出认证申请。

(6) 复评。

认证合格有效期满前,企业如果愿意继续延长,可向认证机构提出复评申请。

（7）重新换证。

在认证有效期内，出现体系认证标准的变更、体系认证范围变更、体系证书持有者变更时，可按规定重新换证。

质量管理体系在涉外工程项目管理中的应用

独立思考

2-1　什么是ISO 9000族标准？

2-2　质量管理体系的基础有哪些？

2-3　质量管理原则是什么？

2-4　质量管理体系文件一般由哪些内容构成？

2-5　质量管理体系建立的具体要求有哪些？

2-6　企业质量体系认证的意义有哪些？

2-7　建筑施工企业如何与《质量管理体系　要求》(ISO 9001:2015)相结合？

独立思考答案

3 工程项目质量控制系统

5 分钟
看完本章

内容提要

本章主要介绍了工程项目质量控制系统的基本概念、原则及方法等，重点介绍影响施工项目质量的主要因素，即人、机械、材料、方法、环境的控制。

能力要求

通过本章的学习，学生应掌握工程项目质量控制系统的基本概念、原则、基本要求，以及工程项目质量控制的对策、方法和手段，特别是通过对影响工程项目质量控制的五大因素的分析和学习，进一步认识控制 4M1E 因素的重要性，并掌握 4M1E 因素的控制方法。

3.1 工程项目质量控制系统概述

3.1.1 工程项目质量控制系统的概念

所谓质量控制，是指为实现预定的质量目标，根据规定的质量标准对控制对象进行观察和检测，并将观测的实际结果与计划或标准对比，对偏差采取相应调整的方法和措施。工程项目质量控制系统则是针对控制对象（产品或项目）形成的一整套质量控制方法和措施，亦指形成的相应的计算机质量控制软件系统。工程项目质量控制系统是面向工程项目而建立的质量控制系统。

3.1.2 工程项目质量控制系统与企业质量管理体系的区别

（1）范围不同。

工程项目质量控制系统只用于特定的工程项目质量控制，同一企业不同的工程项目则有不同的质量控制系统；企业的质量管理体系是针对企业整体范围来建立的，适用于整个企业的质量管理。

(2) 主体不同。

工程项目质量控制系统涉及工程项目实施中所有的质量责任主体，质量控制系统的各个环节都有质量责任人；企业质量管理体系的主体资格是企业组织本身，是一个整体达到质量管理体系标准的主体概念，它通过质量管理体系中的程序文件、质量记录和规章制度等来约束和控制工程质量。

(3) 目标不同。

工程项目质量控制系统的控制目标是工程项目的质量标准，这些标准除由建设方(业主)提出的要求外，都属于已颁布的各种国家、行业规范，基本上是量化指标。企业质量管理体系的目标是由企业根据自身情况提出，除引用国家、行业标准外，也可以由企业自己提出。

(4) 时效不同。

工程项目质量控制系统与工程项目管理组织是相互依存的，随着工程项目的进展和结束，工程项目质量控制系统的作用也随之发挥和停止，即和项目一样，属于一次性的；质量管理体系是对企业组织而言的，只要企业存在，能够持续保证质量管理体系的有效性，就可以使质量管理体系一直保持下去。

(5) 评价不同。

工程项目质量控制系统是企业与项目部共同为控制项目的质量而建立的，一般只做自我评价与诊断，根据经验在实践中不断修正，不进行第三方认证；企业质量管理体系是国际通用标准，需由具有专业资质的机构进行审核认证。

3.2 工程项目质量控制系统的建立与运行

3.2.1 工程项目质量控制系统的建立

3.2.1.1 建立工程项目质量控制系统的原则

(1) 分层次规划原则。

工程项目质量控制系统可分为两个层次，第一层次是建设单位和工程总承包单位，分别对整个建设项目和总承包工程项目进行相关范围的质量控制系统设计；第二层次是设计单位、施工单位(含分包商和建设监理单位等)，在建设单位和总承包工程项目质量管理控制系统的框架内，进行各自责任范围内的质量控制系统设计，使总框架更加丰富、具体和明确。

(2) 总目标分解原则。

按照建设标准和工程项目质量总体目标的要求，把总目标分成若干分目标，分解到各个责任主体，并由合同加以确定，由各责任主体制订具体的质量计划，确定控制措施和方法。

(3) 质量责任制原则。

与项目经理负责制一样，贯彻质量控制按谁实施谁负责，并使工程项目质量与责任人经济利益挂钩的原则。

(4) 系统有效性原则。

系统有效性原则要求做到整体系统和局部系统的组织、人员、资源和措施落实到位。

3.2.1.2 建立工程项目质量控制系统的程序

① 确定控制系统各层面组织的工程质量负责人及其管理职责，形成控制系统网络架构。

② 确定控制系统组织的领导关系、报告审批及信息流转程序。

③ 制订质量控制工作制度，包括质量控制例会制度、协调制度、验收制度和质量责任制度等。

④ 部署各质量主体编制相关质量计划，并按规定程序完成质量计划的审批，形成质量控制依据。

⑤ 研究并确定控制系统内部质量职能交叉衔接的界面划分和管理方式。

3.2.2 工程项目质量控制系统的运行

工程项目质量控制系统建立后将进入运行状态，运行正常与成功的关键是系统的机制设计，成功的机制设计还需要严格的执行和实施。工程项目质量控制系统的运行与其他任何系统的运行一样，都需要在运行过程中不断地修正和完善，任何特定的工程项目质量控制系统都可能随工程项目本身不同、所处环境条件不同而使控制参数、特征及控制条件有所不同，但系统运行的基本方式、机制是基本相同的。

3.2.2.1 控制系统运行的基本方式

工程项目质量控制系统的基本运行方式是按照 PDCA 循环原理，首先制订详细的项目质量计划，作为系统控制的依据；然后实施质量计划，包含计划行动方案的交底和按计划规定的方法展开作业技术活动两个环节；接着对质量计划实施过程进行自我检查、相互检查和监督检查；最后针对检查结果分析原因，采取纠正措施，保证产品或服务质量的形成并控制系统的正常运行。

3.2.2.2 控制系统运行的机制

(1) 控制系统运行的动力机制。

工程项目质量控制系统的活力在于它的运行机制，而运行机制的核心是动力机制，动力机制则来源于利益机制，因此利益机制是关键。由于建设工程项目一般是由多个主体参加的，其质量控制的动力是受其利益分配影响的，遵循这一原则来形成工程项目质量控制系统的动力机制是非常重要的。

(2) 控制系统运行的约束机制。

工程项目质量控制系统的约束机制取决于外部监控效力和自我约束能力，外部监控效力来自实施主体外部的推动和检查监督，自我约束能力则是指质量责任主体和质量活动主体的经营理念、质量意识、职业道德及技术能力的发挥。这两方面的约束机制是质量控制系统正确运行的保障。自我约束能力要靠提高员工素质、加强质量文化建设等来形成；外部监控效力则需通过严格执行有关建设法规来保证。

(3) 控制系统运行的反馈机制。

工程项目质量控制系统的运行状态和运行结果信息，需要及时反馈以对系统的控制能力进行评价，以便使系统控制主体进一步做出处理决策，调整或修改系统控制参数，达到预定的控制目标。对此，质量管理人员应力求系统反馈信息准确、及时和不失真。

3.3 工程项目质量控制方法

3.3.1 PDCA 循环原理

工程项目质量控制是一个持续过程，首先在提出项目质量目标的基础上，制订质量控制计划，包括实现该计划需采取的措施；然后将计划加以实施，特别要在组织上加以落实，真正将工程项目质量控制的计划措施落到实处；其次在实施过程中，还要经常检查、监测，以评价检查结果与计划是否一致；最后对出现的工程质量问题进行处理，对暂时无法处理的质量问题重新进行分析，进一步采取措施加以解决。这一过程的原理即为 PDCA 循环。PDCA 循环又称戴明环，是美国质量管理专家戴明博士首先提出的。PDCA 循环是工程项目质量管理应遵循的科学程序。其质量管理活动的全部过程就是质量计划的制订和组织实现的过程，这个过程按照 PDCA 循环，不停顿地、周而复始地运转。

PDCA 由英语单词 Plan（计划）、Do（执行）、Check（检查）和 Action（处理）的首字母组成，PDCA循环就是按照这样的顺序进行质量管理，并且循环不止地进行下去的科学程序。工程项目质量管理活动的运转，离不开管理循环的转动，也就是说，改进与解决质量问题，赶超先进水平的各项工作，都要运用 PDCA 循环的科学程序。无论是提高工程施工质量，还是降低不合格率，都要先提出目标，即质量提高到什么程度，不合格率降低多少。这就要有个计划，这个计划不仅包括目标，还包括实现这个目标需要采取的措施。计划制订之后，就要按照计划进行检查，看是否实现了预期效果，有没有达到预期的目标。通过检查找出问题和原因，最后就要进行处理，将经验和教训制定成标准，形成制度。

PDCA 循环作为工程项目质量管理体系运转的基本方法，其实施需要监测、记录大量工程施工数据资料，并综合运用各种管理技术和方法。一个 PDCA 循环一般都要经历四个阶段（图 3-1）、八个步骤（图 3-2）。

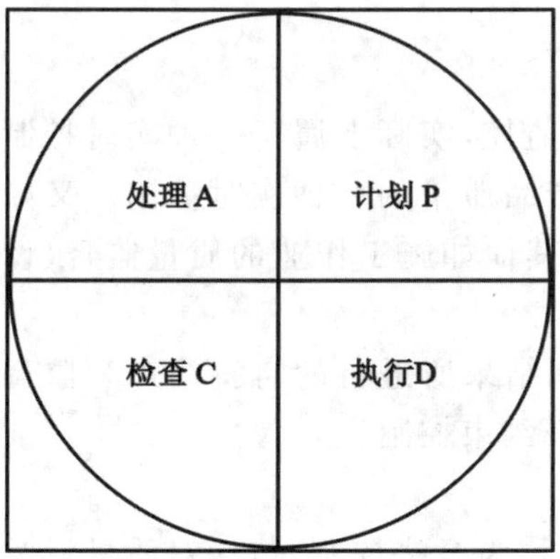

图 3-1 PDCA 循环的四个阶段

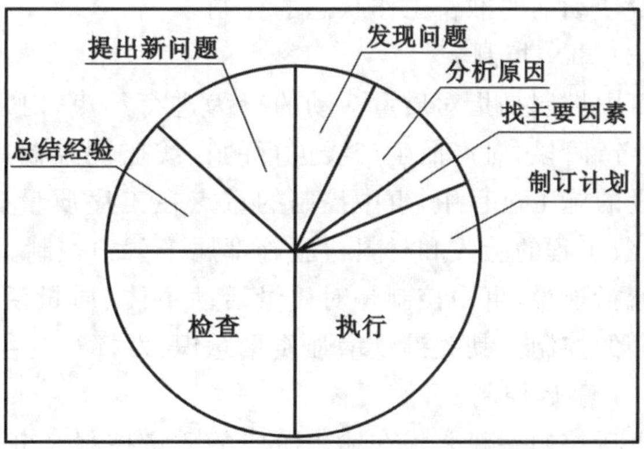

图 3-2 PDCA 循环的八个步骤

在实施 PDCA 循环时，工程项目的质量控制重点是要做好施工准备、施工、验收和服务全过程的质量监督，抓好全过程的质量控制，确保工程质量目标达到预定的要求，具体措施如下：

① 将质量目标逐层分解到分部工程、分项工程，并落到部门、班组和个人。以指标控制为目的，以要素控制为手段，以体系活动为基础，保证在组织上全面落实。

② 实行质量责任制。项目经理是工程施工质量的第一责任人，各工程队长是本队施工质量的第一责任人，质量保证工程师和责任工程师是各专业质量责任人，各部门负责人要按分工认真履行质量职责。

③ 每周组织一次质量大检查，一切用数据说话，实施质量奖惩，激励施工人员，使施工人员具有自觉性和责任心。

④ 每周召开一次质量分析会，汇总并分析各部门、各单位反馈的各种不合格信息，采取纠正和预防措施，排除质量隐患。

⑤ 质检部门及质检人员根据公司质量管理制度可以行使质量否决权。

⑥ 施工全过程执行业主要求和有关工程质量管理及质量监督的各种制度和规定，对各部门检查发现的任何质量问题应及时制订整改措施，并进行整改，直至合格为止。

3.3.2 工程项目质量控制三阶段原理

工程项目质量控制，是一个持续管理的过程。从工程项目立项开始到竣工验收属于工程项目建设阶段的质量控制，项目投产后到项目生命期结束属于项目生产（或经营）阶段的质量控制。两者在质量控制内容上有较大的不同，但不管是建设阶段的质量控制，还是经营阶段的质量控制，从控制工作的开展与控制对象实施的时间关系来看，都可分为事前控制、事中控制和事后控制三种。

（1）事前控制。

事前控制强调质量目标的计划预控，并按质量计划进行质量活动前的准备工作状态的控制。如在施工过程中，事前控制重点在于施工准备工作，且贯穿于施工全过程。首先，要熟悉和审查工程项目的施工图纸，做好项目建设地点的自然条件、技术经济条件的调查分析，完成项目施工图预算、施工预算和项目的组织设计等技术准备工作；其次，做好器材、施工机具、生产设备的物资准备工作；再次，要组成项目组织机构，核查进场人员技术资质、施工单位质量管理体系；最后，编制季节性施工措施，制定施工现场管理制度，组织施工现场准备方案等。

可以看出，事前控制的内涵包括两个方面：一是注重质量目标的计划预控，二是按质量计划进行质量活动前的准备工作状态的控制。

（2）事中控制。

事中控制是指对质量活动的行为进行约束，对质量进行监控，实际上属于一种实时控制。如项目生产阶段，对产品生产线进行的在线监测控制，即是对产品质量的一种实时控制。又如在项目建设的施工过程中，事中控制的重点在工序质量监控上。其他如施工作业的质量监督、设计变更、隐蔽工程的验收和材料检验等都属于事中控制。

概括地说，事中控制是对质量活动主体、质量活动过程和结果所进行的自我约束和监督检查两方面的控制。其关键是增强质量意识，发挥行为主体的自我约束控制。

（3）事后控制。

事后控制一般是指在输出阶段的质量控制。事后控制也称为合格控制，包括对质量活动结果的评价认定和对质量偏差的纠正。如工程项目竣工验收进行的质量控制，即属于工程项目质量的事后控制。项目生产阶段的产品质量检验也属于产品质量的事后控制。

3.3.3 工程项目质量的三全控制原理

工程项目质量的三全控制原理来自全面质量管理（Total Quality Control，TQC）的思想，是指企业组织的质量管理应该做到全面、全过程和全员参与。在工程项目质量管理中应用这一原理，对工程项目的质量控制同样具有重要的理论和实践指导意义。

(1) 全面质量控制。

工程项目质量的全面控制可以从纵、横两个方面来理解。从纵向的组织管理角度来看，质量总目标的实现有赖于项目组织的上层、中层、基层乃至一线员工的通力协作，其中高层管理能否全力支持和参与起着决定性的作用。从项目各部门职能间的横向配合来看，要保证和提高工程项目质量，必须使项目组织的所有质量控制活动构成为一个有效的整体。广义地说，横向的协调配合包括业主、勘察设计、施工及分包、材料设备供应、监理等相关方。全面质量控制就是要求项目各相关方都有明确的质量控制活动内容。当然，从纵向看，各层次活动的侧重点不同。上层管理侧重于质量决策，制订项目整体的质量方针、质量目标、质量政策和质量计划，并统一组织、协调各部门、各环节、各类人员的质量控制活动；中层管理则要贯彻落实领导层的质量决策，运用一定的方法找到各部门的关键、薄弱环节或必须解决的重要事项，确定本部门的目标和对策，更好地执行各自的质量控制职能；基层管理则要求每个员工都要严格地按标准、规范进行施工和生产，相互间进行分工合作，互相支持协助，开展群众合理化建议和质量管理小组活动，建立和健全项目的全面质量控制体系。

(2) 全过程质量控制。

任何产品或服务的质量，都有一个产生、形成和实现的过程。从全过程的角度来看，质量产生、形成和实现的整个过程是由多个相互联系、相互影响的环节组成的，每个环节都或轻或重地影响最终的质量状况。为了保证和提高质量，就必须把影响质量的所有环节和因素都控制起来。工程项目的全过程质量控制主要有项目策划与决策过程、勘察设计过程、施工采购过程、施工组织与准备过程、检测设备控制与计量过程、施工生产的检验试验过程、工程质量的评定过程、工程竣工验收与交付过程以及工程回访维修过程等。全过程质量控制必须体现如下两个思想：

① 预防为主、不断改进的思想。根据这一基本思想，全过程质量控制要求把管理工作的重点，从“事后把关”转移到“事前预防”上来；强调预防为主、不断改进的思想。

② 为顾客服务的思想。顾客有内部和外部之分，外部的顾客可以是项目的使用者，也可以是项目的开发商；内部的顾客是项目组织的部门和人员。实行全过程质量控制要求项目所有各相关利益者都必须树立为顾客服务的思想。内部顾客满意是外部顾客满意的基础。因此，在项目组织内部要树立“下道工序是顾客”“努力为下道工序服务”的思想，使全过程的质量控制一环扣一环，贯穿整个项目过程。

(3) 全员参与控制。

全员参与工程项目的质量控制是工程项目各方面、各部门、各环节工作质量的综合反映。其中任何一个环节、任何一个人的工作质量都会不同程度地、直接或间接地影响工程项目的形成质量或服务质量。因此，全员参与质量控制，才能实现工程项目的质量控制目标，生产顾客满意的产品。其主要工作包括：

工程项目质量控制案例

① 必须抓好全员的质量教育和培训。

② 要实施各部门、各级各类人员的质量责任制，明确任务和职权，各司其职，密切配合，以形成一个高效、协调、严密的质量管理工作的系统。

③ 要开展多种形式的群众性质量管理活动，充分发挥广大职工的聪明才智和当家做主的主人翁精神，采取多种形式激发全员参与的积极性。

3.4 影响工程项目质量五大因素的控制

建设工程项目质量的影响因素有很多，归纳起来有五个方面，称为 4M1E：人（Man）、机械（Machine）、材料（Material）、方法（Method）和环境（Environment）。

（1）人的控制。

人的因素包括两个方面：一是指直接承担建设工程项目质量的决策者、管理者和作业者；二是指承担建设工程项目策划、决策或实施的建设单位、勘察设计单位、咨询服务机构、工程承包企业等实体组织。人员的素质都将直接或间接地对规划、决策、勘察、设计和施工的质量产生影响。因此，建筑行业实行经营资质管理和各类专业从业人员持证上岗制度是保证人员素质的重要管理措施。

我国实行建筑业企业资质管理制度、执业资格注册制度、作业及管理人员持证上岗制度等，从本质上来说，都是对从事建设工程活动的人的素质和能力进行必要的控制。我国还规定按资质等级承包工程任务，不得越级、不得挂靠、不得转包和违法分包，严禁无证设计、无证施工等，从根本上说也是为了防止因人的资质或资格失控而导致质量的失控。

（2）材料的控制。

材料的控制包括原材料、成品、半成品、构配件等的质量控制。材料质量控制是工程质量的基础。加强材料的质量控制是提高工程质量的重要保证。材料的控制要做到进入现场的工程材料必须有产品合格证、质量保证书或性能检测报告，并符合设计标准要求；凡需复试检测的建筑材料必须复试合格才能使用；使用进口的工程材料必须符合我国相应的质量标准，并持有商检部门签发的商检合格证书；严禁易污染、易反应的材料混放，以免造成材性蜕变；注意设计、施工过程中对材料、构配件、半成品的合理选用，严禁混用、少用、多用，避免造成质量失控。

（3）机械设备的控制。

机械设备的控制包括工程项目设备和施工机械设备的质量控制。工程项目设备是指组成工程实体配套的工艺设备和各类机具，如电梯、泵机、通风空调设备等。它们是工程项目的重要组成部分，其质量直接影响工程使用功能的质量。施工机械设备是工程项目实施的重要物质基础，合理选择和正确使用施工机械设备才能保证施工质量和施工安全。因此，必须对工程项目设备和施工机械设备的购置、检查验收、安装质量和试车运转加以控制。

（4）施工方法的控制。

施工方法的控制主要包括控制施工技术方案、施工工艺、施工技术措施等，重点应做好以下几个方面的工作：首先，施工方案应随工程的进展而不断细化和深化；其次，在选择施工方案时，对主要的施工项目要事先拟订几个可行的方案，找出主要矛盾，明确各方案的优缺点，通过反复论证和比较，选出最佳方案；最后，对主要项目、关键部位和难度较大的项目，如新结构、新材料、大跨度、高大结构部位等，制订方案时应充分考虑可能发生的施工质量问题及其处理方法。

（5）环境因素的控制。

环境因素的控制主要包括现场自然环境条件、施工质量管理环境和施工作业环境的控制。环境因素对工程质量的影响经常是复杂多变的，且具有不确定性，因此必须事先进行深入的调查研究，提前采取措施，充分做好各种准备工作。

① 现场自然环境条件的控制。

现场自然环境条件主要是指工程地质、水文、气象、周边建筑、地下管道线路及其他不可抗力因素等。应从自然环境的特点和规律出发，确定切实可行且具有针对性的技术方案和施工对策，防止地下水、地面水对施工造成不良影响，保证周围建筑和地下管线的安全。从实际条件出发做好冬雨期施工项目的安排和防范措施，加强环境保护和建设公害的治理。

② 施工质量管理环境的控制。

施工质量管理环境是指施工单位的质量保证体系、质量管理制度等。根据承发包的合同结构，理顺各参建施工单位之间的管理关系，建立现场施工组织系统和质量管理的综合运行机制。

工程项目质量控制影响因素案例

③ 施工作业环境的控制。

施工作业环境主要是指施工现场的水电供应、施工照明、通风、安全防护措施、施工场地空间条件和通道、交通运输和道路条件等。这些条件将直接影响施工的顺利进行。施工时应做好施工平面图的合理规划和管理，规范施工现场的机械设备、材料构件、道路管线和各种大型设施的布置，落实现场各种安全防护措施，做出明确标志，保证施工道路的通畅，采取特殊环境下施工作业的通风、照明措施。

独立思考

3-1 进入现场材料控制要点有哪些？

3-2 简述工程项目质量控制系统。

3-3 工程项目质量控制系统和企业质量控制体系有什么不同？

3-4 工程项目质量具有哪些特点？

3-5 工程项目质量控制的目标是什么？

3-6 施工单位质量控制有哪些方法和手段？

3-7 简述 PDCA 循环原理。

独立思考答案

4 地基基础与主体工程施工质量控制

内容提要

5 分钟
看完本章

本章着重介绍了建筑工程中地基与基础工程、砌体工程、钢筋混凝土工程、防水工程、钢结构工程以及木结构工程中常见的质量控制要点及质量验收标准。因篇幅有限,本章将着重讲述所有分项工程中常见的施工质量控制要点、质量验收标准以及验收规范中的相关内容,力求做到学以致用。

能力要求

通过本章的学习,学生应较为全面地了解建筑工程施工中质量控制的操作要点以及质量验收规范中的相关规定,掌握主要分部分项工程质量控制要点及检验标准。

4.1 地基与基础工程质量控制

4.1.1 土方工程质量控制

土方工程是地基与基础分部工程的子分部工程。无支护的土方工程可以划分为土方开挖和土方回填两个分项工程。

4.1.1.1 土方开挖

(1) 土方工程施工前的准备工作。

土方工程施工前的准备工作是一项非常重要的基础性工作,准备工作充分与否,对土方工程施工能否顺利进行起着确定性作用。土方工程施工前的准备工作概括起来主要包括以下几个方面:

① 场地清理。场地清理包括清理地面及地下各种障碍。在施工前应拆除旧建筑;拆迁或改建通信、电力设备,上、下水道以及地下建(构)筑物;迁移树木并去除耕植土及河塘淤泥等。此项工作由业主委托有资质的拆卸公司或建筑施工公司完成,发生费用由业主承担。

② 排除地面水。场地内低洼地区的积水必须排除，同时应注意雨水的排除，使场地保持干燥，以利于土方施工。地面水的排除一般采用排水沟、截水沟、挡水土坝等措施。

③ 修筑临时设施。修筑临时道路及供水、供电等临时设施，做好材料、机具及土方机械的进场工作。

④ 定位放线。土方开挖施工时，应按建筑施工图和测量控制网进行测量放线，开挖前应按设计平面图，认真检查建筑物或构筑物的定位桩或轴线控制桩；按基础平面图和放坡宽度，对基坑的灰线进行轴线和几何尺寸的复核，并认真核查工程的朝向、方位是否符合图样内容；办理工程定位测量记录、基槽验线记录。

(2) 土方开挖过程中的质量控制。

① 土方开挖(图 4-1)时应遵循"开槽支撑，先撑后挖，分层开挖，严禁超挖"的原则，检查开挖的顺序为平面位置、水平标高和边坡坡度。

图 4-1　土方开挖

② 机械开挖时，要采取一定程度的人工清土，将机械挖不到的地方的弃土运到机械作业的半径内，由机械运走。机械开挖到接近槽底时，用水准仪控制标高，预留 200～300 mm 土层进行人工开挖，以防止超挖。

③ 开挖过程中，应经常测量和校核平面位置、水平标高、边坡坡度，并随时观测周围的环境变化。进行地面排水和降低地下水位工作情况的检查和监控。

④ 基坑(槽)挖至设计标高后，不得扰动原土表面，并及时进行地基钎探、垫层等后续工作。

⑤ 严格控制基底标高。如个别地方发生超挖，严禁用虚土回填，处理方法应征得设计单位的同意。

⑥ 雨期施工时，要加强对边坡的保护。可适当放缓边坡或设置支护，同时在坑外侧围挡土堤或开挖水沟，防止地面水流入。冬期施工时，要防止地基受冻。

(3) 土方开挖质量检验。

① 土方开挖前应检查定位放线、排水和降低地下水位系统，合理安排土方运输车的行走路线及弃土场。

② 施工过程中应检查平面位置、水平标高、边坡坡度、压实度、排水、降低地下水位系统，并随时观测周围的环境变化。

③ 临时性挖方的边坡值应符合表 4-1 的规定。

土方开挖工程质量通病及防治办法

表 4-1　　**土方开挖工程质量检验标准**

项目	序号	检验项目	允许偏差或允许值/mm					检验方法	检验数量
			桩基基坑基槽	挖方场地平整		管沟	地(路)面基层		
				人工	机械				
主控项目	1	标高	±50	±30	±50	−50	−50	指挖后的基底标高，用水准仪测量，检查测量记录	桩基按总数抽查10%，但不少于5个，每个不少于2点；基坑每20 m^2取1点，每坑不少于2点；基槽、管沟、排水沟、路面基层每20 m^2取一点，但不少于5点；挖方每30～50 m^2取1点，但不少于5点；场地平整每100～400 m^2取1点，但不少于10点
	2	长度、宽度(由设计中心线向两边量)	+200 −50	+300 −100	+500 −150	+100	—	长度、宽度是指基底宽度、长度。用经纬仪、拉线尺量检验等，检查测量记录	每20 m取1点，每边不少于1点
	3	边坡	符合设计要求或规范规定					观察或用坡度尺检查	每20 m取1点，每边不少于1点
一般项目	1	表面平整度	20	20	50	20	20	表面平整度主要指基底。用2 m靠尺和楔形塞尺检查	每30～50 m^2取1点
	2	基底土性	符合设计或地质报告要求					观察或土样分析，通常请勘察、设计单位来验槽，形成验槽记录	观察或土样分析

④ 土方开挖工程的质量检验标准应符合表 4-1 的规定。

4.1.1.2　土方回填

(1) 材料质量要求。

① 土料：可采用就地挖出的黏性土及塑性指数大于 4 的粉土，土内不得含有松软杂质和耕植土；土料应过筛，其颗粒粒径不应大于 15 mm；回填土含水量要符合压实要求。

② 碎石渣:可用于表层以下的填料,其最大颗粒粒径不大于 50 mm,碾压前宜充分洒水,以提高压实效果。

(2) 施工过程质量控制。

① 土方回填前应清除基底的垃圾、树根等杂物,基底有积水、淤泥时应将其抽除。

② 查验回填土方的土质及含水量是否符合要求,填方土料应按设计要求验收后方可填入。

③ 土方回填过程中,填筑厚度及压实遍数应根据土质、压实系数及所用机具确定。如果无试验依据,应符合表 4-2 的规定。

表 4-2 **填土施工时的分层厚度及压实遍数**

压实机具	分层厚度/mm	每层压实遍数
平碾	250～300	6～8
振动压实机	250～350	3～4
柴油打夯机	250～350	3～4
人工打夯	<200	3～4

(3) 土方回填质量检验。

① 土方回填前应清除基底的垃圾、树根等杂物,抽除坑穴积水、淤泥,验收基底标高。如在耕植土或松土上填方,应在基底压实后再进行。

② 对填方土料应按设计要求验收后方可填入。

③ 填方施工过程中应检查排水措施,每层填筑厚度、含水量控制、压实程度、填筑厚度及压实遍数应根据土质、压实系数及所用机具确定。如无试验依据,应符合表 4-2 的规定。

④ 填方施工结束后,应检查标高、边坡坡度、压实程度等,检验标准应符合表 4-3 的规定。

表 4-3 **土方回填工程质量检验标准**

<table>
<tr><th rowspan="3">项目</th><th rowspan="3">序号</th><th rowspan="3">检验项目</th><th colspan="5">允许偏差或允许值/mm</th><th rowspan="3">检验方法</th><th rowspan="3">检验数量</th></tr>
<tr><th rowspan="2">桩基基坑基槽</th><th colspan="2">挖方场地平整</th><th rowspan="2">管沟</th><th rowspan="2">地(路)面基层</th></tr>
<tr><th>人工</th><th>机械</th></tr>
<tr><td rowspan="2">主控项目</td><td>1</td><td>标高</td><td>−50</td><td>±30</td><td>±50</td><td>−50</td><td>−50</td><td>用水准仪测量回填后的表面标高,检查测量记录</td><td>同土方开挖工程</td></tr>
<tr><td>2</td><td>分层压实系数</td><td colspan="5">符合设计要求</td><td>按规定或环刀法取样测试,不满足要求应随时返工,检查测试记录</td><td>桩基按总数抽查 10%,但不少于 10 个;基坑及管沟回填,每层按 20～50 m取样一组;基坑和室内填土,每层按 100～500 m^{2}取样一组;场地平整填方,每层按 400～900 m^{2}取样 1 组,且不少于 10 组</td></tr>
</table>

土方回填工程质量通病及防治办法

土方工程质量案例

续表

<table>
<tr><th rowspan="3">项目</th><th rowspan="3">序号</th><th rowspan="3">检验项目</th><th colspan="5">允许偏差或允许值/mm</th><th rowspan="3">检验方法</th><th rowspan="3">检验数量</th></tr>
<tr><th rowspan="2">桩基基坑基槽</th><th colspan="2">挖方场地平整</th><th rowspan="2">管沟</th><th rowspan="2">地(路)面基层</th></tr>
<tr><th>人工</th><th>机械</th></tr>
<tr><td rowspan="3">一般项目</td><td>1</td><td>回填土料</td><td colspan="5">符合设计要求</td><td>取样检验或直观鉴别,检查施工、试验记录</td><td>全数检查</td></tr>
<tr><td>2</td><td>分层厚度及含水量</td><td colspan="5">符合设计要求</td><td>用水准仪测量、检查施工记录</td><td>同主控项目 2</td></tr>
<tr><td>3</td><td>表面平整度</td><td>20</td><td>20</td><td>30</td><td>20</td><td>20</td><td>用靠尺、塞尺或水准仪检查</td><td>每 30～50 m^2 取 1 点检查表面平整度</td></tr>
</table>

4.1.2 地基与基础处理工程

地基与基础工程是建筑工程中重要的分部工程,任何一个建筑物或构筑物都是由上部结构、基础和地基三部分组成。基础承受建筑物的全部荷载并将其传递给地基一起向下产生沉降;地基承受基础传来的全部荷载,并随土层深度向下扩散,被压缩而产生了变形。

地基是指基础下面承受建筑物全部荷载的土层,其关键指标是地基每平方米能够承受基础传递下来荷载的能力,称为地基承载力。地基分为天然地基和人工地基,天然地基(图 4-2)是指不经过人工处理能直接承受房屋荷载的地基;人工地基(图 4-3)是指由于土层较软弱或较复杂,必须经过人工处理,提高其承载力,才能承受房屋荷载的地基。

图 4-2 天然地基

基础是指建筑物(构筑物)地面以下墙(柱)的扩大部分,根据埋置深度不同分为浅基础(埋深 5 m 以内)和深基础;根据受力情况分为刚性基础和柔性基础;按基础构造形式分为条形基础、独立基础、桩基础和整体式基础(筏形和箱形)。

图 4-3　人工地基

4.1.2.1　灰土地基、砂和砂石地基

(1) 材料质量要求。

① 土料：优先采用就地挖出的黏土及塑性指数大于 4 的粉土，土内不得含有块状黏土、松软杂质等；土料应过筛，其颗粒粒径不应大于 15 mm，含水量应控制在最优含水量±2%范围内；严禁采用冻土、膨胀土和盐渍土等活动性较强的土料及地表耕植土。

② 石灰：应用Ⅲ级以上新鲜的块灰，氧化钙、氧化镁含量越高越好，使用前消解并过筛，其颗粒粒径不得大于 5 mm，并不得夹有未熟化的生石灰块及其他杂质或有过多的水分。

③ 灰土：石灰、土过筛后，应按设计要求严格控制配合比。灰土拌和应均匀一致，应翻 2～3 次，达到颜色一致。

④ 水泥：选用强度为 42.5 级硅酸盐水泥或普通硅酸盐水泥，其稳定性和强度应经复试合格。

⑤ 砂及砂石：采用中砂、粗砂、碎石、卵石、砾石等材料，所有材料内不得含有草根、垃圾等有机杂质，碎石或卵石的最大粒径不宜大于 50 mm。

(2) 施工过程质量控制。

① 先验槽，将基坑(槽)内的积水、淤泥清除干净，合格后方可铺设。

② 灰土配合比应符合设计规定，一般石灰与土的体积比采用 3∶7 或 2∶8。

③ 分段施工时，不得在转角、柱墩及承重窗间墙下面接缝。接头处应做成斜坡，每层错开 0.5～1 m，并充分捣实。

④ 灰土的干密度或贯入度，应分层进行检验，检验结果必须符合设计要求。

⑤ 施工过程中应严格控制分层铺设的厚度，并检查分段施工时上下两层的搭接长度、夯压遍数、压实参数。灰土分层厚度如表 4-4 所示。

表 4-4　灰土分层厚度

序号	夯实机具	质量/t	厚度/mm	备注
1	石夯、木夯	0.04～0.08	200～250	人力送夯，落距 400～500 mm，每夯搭接半夯
2	轻型夯实机械	—	200～250	蛙式或柴油打夯
3	压路机	机重 6～10	200～300	双轮

⑥ 一层当天夯(压)不完需隔日施工留槎时，在留槎处保留 300～500 mm，虚铺灰工不夯(压)，待次日接槎时与新铺灰土拌和重铺后再夯(压)。

⑦ 须分段施工的灰土地基，留槎位置应避开墙角、柱基及承重的窗间墙位置。上下两层灰土的接缝间距不得小于 500 mm，接槎时应沿槎垂直切齐，接缝处的灰土应充分夯实。

⑧ 灰土基层有高低差时，台阶上下层间压槎宽度应不小于灰土地基厚度。

⑨ 最优含水量可通过击实试验确定，一般为 14%～18%，以“手握成团、落地开花”为好。

⑩ 夯打(压)遍数应根据设计要求的干土密度和现场试验确定，一般不少于3 遍。

⑪ 用蛙式打夯机夯打灰土时，要求后行压前行的半行，循序渐进。用压路机碾压灰土，应使后遍轮压前遍轮印的半轮，循序渐进。用木夯或石夯进行人工夯打灰土时，举夯高度不应小于 600 mm(夯底高过膝盖)。

⑫ 灰土回填每层夯(压)实后，应根据规范进行环刀取样，测出灰土的质量密度达到设计要求时，才能进行上一层灰土的铺摊。压实系数采用环刀法取土检验，压实质量应符合设计要求，压实系数一般取 0.95。

(3) 质量检验。

① 灰土地基。

a. 灰土土料、石灰或水泥(当水泥替代灰土中的石灰时)等材料及配合比应符合设计要求，灰土应搅拌均匀。

b. 施工过程中应检查分层铺设的厚度、分段施工时上下两层的搭接长度、夯实时加水量、夯实遍数、压实系数。施工结束后，应检验灰土地基的承载力。

c. 灰土地基工程质量检验标准与检查方法如表 4-5 所示。

灰土地基、砂和砂石地基工程质量通病及防治办法

表 4-5 **灰土地基工程质量检验标准与检查方法**

项目	序号	检查项目	允许偏差或允许值		检查方法
			单位	数量	
主控项目	1	地基承载力	符合设计要求		由设计提出要求，在施工结束，一定间歇时间后进行灰土地基的承载力检验。具体检验方法可按当地设计单位的习惯、经验等，选用标贯、静力触探、十字板剪切强度及荷载试验等方法，其结果必须符合设计要求
	2	配合比	符合设计要求		土料、石灰或水泥材料质量、配合比、拌和时体积比，应符合设计要求；观察检查，必要时检查材料抽样试验报告
	3	压实系数	符合设计要求		现场实测，常用环刀法取样、贯入仪或动力触探等方法。检查施工记录及灰土压实系数检测报告

续表

项目	序号	检查项目	允许偏差或允许值		检查方法
			单位	数量	
一般项目	1	石灰粒径	mm	≤5	检查筛子及实施情况
	2	土料有机质含量	%	≤5	检查焙烧实验报告和观察检查
	3	土颗粒粒径	mm	≤1	检查筛子及实施情况
	4	含水量（与要求的最优含水量比较）	%	±2	现场观察检查和检查烘干报告
	5	分层厚度偏差（与设计要求比较）	mm	±50	用水准仪和钢尺测量

d. 质量检验数量控制。

(a) 主控项目。

Ⅰ. 每个单位工程不少于 3 点：1000 m^2 以上，每 100 m^2 抽查 1 点；3000 m^2 以上，每 300 m^2 抽查 1 点；独立柱每柱 1 点；基槽每 20 延米 1 点。

Ⅱ. 配合比每工作班至少检查两次。

Ⅲ. 采用环刀法取样应位于每层厚度的 2/3 深度处，大基坑每 50～100 m^2 不应少于 1 点，基槽每 10～20 m 不应少于 1 点；每个独立柱基不应少于 1 点；采用贯入仪或动力触探，每分层检验点间距应小于 4 m。

(b) 一般项目。

基坑每 50～100 m^2 取 1 点，基槽每 10～20 m 取 1 点，且均不少于 5 点；每个独立柱基不少于 1 点。

② 砂和砂石地基。

a. 砂、石等原材料质量、配合比应符合设计要求，砂、石应搅拌均匀。

b. 施工过程中必须检查分层厚度、分段施工时搭接部分的压实情况、加水量、压实遍数、压实系数。施工结束后，应检验砂、石地基的承载力。

c. 砂及砂石地基工程质量检验标准与检查方法如表 4-6 所示。

表 4-6 **砂及砂石地基工程质量检验标准与检查方法**

项目	序号	检查项目	允许偏差或允许值		检查方法
			单位	数量	
主控项目	1	地基承载力	符合设计要求		同灰土地基
	2	配合比	符合设计要求		现场实测体积比或质量比，检查施工记录及抽样试验报告
	3	压实系数	符合设计要求		采用贯入仪、动力触探或灌砂法、灌水法检验，检查试验报告

续表

项目	序号	检查项目	允许偏差或允许值		检查方法
			单位	数量	
一般项目	1	砂石料有机质含量	%	≤5	检查焙烧实验报告和观察检查
	2	砂石料含泥量	%	≤5	现场检查及检查水洗试验报告
	3	砂石料粒径	mm	≤100	检查筛分报告
	4	含水量（与要求的最优含水量比较）	%	±2	检查烘干报告
	5	分层厚度偏差（与设计要求比较）	mm	±50	与设计厚度比较，用水准仪和钢尺检查

d.砂和砂石地基质量检验数量。

(a) 主控项目。

Ⅰ.每个单位工程不少于3点;1000 m^2 以上，每100 m^2 抽查1点;3000 m^2 以上，每300 m^2 抽查1点;独立柱每柱1点;基槽每20延米1点。

Ⅱ.配合比每工作班至少检查两次。

Ⅲ.大基坑每50～100 m^2 不应少于1点，基槽每10～20 m不应少于1点，每个独立柱基不应少于1点，采用贯入仪、动力触探时，每个分层检验点间距应小于4 m。

(b) 一般项目。

基坑每50～100 m^2 取1点，基槽每10～20 m取1点，且均不少于5点;每个独立柱基不少于1点。

4.1.2.2 水泥土搅拌桩地基

水泥土搅拌桩地基是指利用水泥作为固体剂，通过搅拌机械将其与地基土强制搅拌，硬化后构成的地基。这是一种复合地基，桩是主要施工和检验对象。

(1) 原材料质量控制。

① 水泥:宜采用42.5级的普通硅酸盐水泥。水泥进场时，应检查产品标签、生产厂家、产品批号、生产日期等，并按批量、批号取样送检。

② 外掺剂:减水剂选用木质素磺酸钙，早强剂选用三乙醇胺、氯化钙、碳酸钠或水玻璃等材料，掺入量通过试验确定。

(2) 施工过程质量控制。

① 施工现场事先应予平整，必须清除地上、地下一切障碍物。

② 复核测量放线结果。

③ 试桩后确定施工工艺。

④ 作为承重水泥土搅拌桩施工时，设计停灰(浆)面应高出基础设计地面标高300～500 mm(基础埋深大取小值，反之取大值)。在开挖基坑时，应将该施工质量较差段采用手工挖除，以防止发生桩顶与挖土机械碰撞而出现断桩现象。

⑤ 施工前应检查水泥及外掺剂的质量、搅拌机工作性能及各种计量设备(主要是水、水泥浆流量计及其他计量装置,水泥土搅拌桩对水泥流量要求较高,必须在施工机械上配置流量控制仪表,以保证一定的水泥用量)的完好程度。

⑥ 施工过程中必须随时检查施工记录和计量记录(拌浆、输浆、搅拌等应有专人记录,桩深记录误差不大于 100 mm,时间记录误差不大于 5 s),并对照规定的施工工艺对每根桩进行质量评定。检查重点是搅拌机头转数和提升速度、水泥或水泥浆用量、搅拌桩长度和标高、复搅转数和复搅深度、停浆处理方法等。

⑦ 应随时量测搅拌刀头片的直径是否磨损,直径小于 700 mm 时应及时加焊,防止桩径偏小。

⑧ 施工时因故停浆,应将搅拌头下沉至停浆点 500 mm 以下。

⑨ 施工结束后,应检查桩体强度、桩体直径及地基承载力。进行强度检验时,对承重水泥土搅拌桩应取 90 d 后的试件,对支护水泥土搅拌桩应取 28 d 后的试件。

⑩ 强度检验取 90 d 的试样(根据水泥土的特性而定),如工程需要(如作为围护结构用的水泥搅拌桩施工的影响因素较多),检查数量可略多于一般桩基。

(3) 水泥土搅拌桩地基质量检验。

水泥土搅拌桩地基为复合地基,桩是主要施工对象,首先应检验桩的质量,检查方法可按《建筑基桩检测技术规范》(JGJ 106—2014)的规定执行。水泥土搅拌桩地基工程质量检验标准与检验方法见表 4-7。

表 4-7　**水泥土搅拌桩地基工程质量检验标准与检验方法**

项目	序号	检验项目	允许偏差或允许值		检验方法	检验数量
			单位	数量		
主控项目	1	水泥及外掺剂质量	设计要求		按进货批检查水泥出厂质量证明书和现场抽样试验报告,外掺剂按品种、规格查产品合格证书	—
	2	水泥用量	参数指标		逐桩查灰浆泵流量计,计算输入桩内浆液(粉体)的量与设计确定的水泥	抽查总数的 20%,且不得少于 10 根
	3	桩体强度	设计要求		按设计要求进行检查。水泥土桩应在成桩后 7 d 内进行质量跟踪检验,当设计没有规定方法时,可用双管单动取样器钻芯取样,检查试件抗压强度试验报告。承重桩应取 90 d 的试件,支护桩应取 28 d 后的试件	抽查总数的 0.5%～1%,但不应少于 3 根
	4	地基承载力	设计要求		按设计规定方法进行检验或检查复合地基荷载试验和单桩荷载试验报告,荷载试验宜在 28 d 后进行	抽查总数的 0.5%～1%,但不应少于 3 根

水泥土搅拌桩地基工程质量通病及防治办法

续表

项目	序号	检验项目	允许偏差或允许值		检验方法	检验数量
			单位	数量		
一般项目	1	机头提升速度	m/min	≤0.5	每分钟机头上升距离和时间，每桩全程控制	桩顶、桩底、桩位及桩径应全数检查，其余抽检总数的20%，且不少于10根
	2	桩底标高	mm	±200	测机头深度	
	3	桩顶标高	mm	+100，−50	水准仪检查(最上部500 mm不计入)	
	4	桩位偏差	mm	<50	用钢尺量，根据设计桩位位置	
	5	桩径	mm	<0.04D（D为桩径）	浅部开挖桩头(超过停浆面0.5 m)用钢尺量桩直径	
	6	垂直度	%	≤1.5	用经纬仪控制搅拌头轴的垂直度	
	7	搭接	mm	>200	开挖，用钢尺量	

4.1.2.3 水泥粉煤灰碎石桩复合地基

水泥粉煤灰碎石桩(CFG桩)是用长螺旋钻机钻孔或沉管桩机成孔后，将水泥、粉煤灰及碎石混合搅拌后，泵压或经下料斗投入孔内，构成密实的桩体。水泥粉煤灰碎石桩地基是一种复合地基，桩是主要施工和检验对象。

(1) 水泥粉煤灰碎石桩地基质量控制。

① 原材料质量控制。

a. 水泥：应选用42.5级及42.5级以上普通硅酸盐水泥，材料进入现场时，应检查产品标签、生产厂家、产品批号、生产日期、有效期限等，并取样送检，检验合格后方能使用。

b. 粉煤灰：当用振动沉管灌注成桩和长螺旋钻孔灌注成桩施工时，粉煤灰可选用粗灰；当用长螺旋钻孔管内泵压混合料灌注成桩时，为增加混合料和易性及可泵性，宜选用细度Ⅲ级(0.045 mm方孔筛，筛余百分比不大于45%)或Ⅲ级以上等级的粉煤灰。

c. 砂或石屑：中、粗砂粒径以0.5～1 mm为宜，石屑粒径以2.5～10 mm为宜，含泥量不大于5%。

d. 碎石：质地坚硬，粒径以16～31.5 mm为宜，含泥量不大于5%，且不得含泥块。

② 施工过程质量控制。

a. 水泥、粉煤灰、砂石、碎石等原材料应符合设计要求，施工时按实验室提供的配合比配置混合料(采用商品混凝土时应有符合设计要求的商品混凝土出厂合格证)。施工时要严格控制混合料或商品混凝土的坍落度，长螺旋钻孔时，管内压混合料成桩施工的混合料坍落度宜为160～200 mm，振动沉管桩所需的混合料坍落度宜为30～50 mm。

b. 施工前应进行成桩工艺和成桩质量试验。确定工艺参数，包括水泥粉煤灰碎石混合物填充量、钻杆提管速度、电动机工作电流等。

c. 在施工过程中必须随时检查施工记录和计量记录，并对照规定的施工工艺对每根桩进行质量评定。检查重点是桩身混合料的配合比、坍落度和提拔钻杆速度(或提拔套管速度)、成孔深度、混合料灌入量等。

d. 提拔钻杆(或套管)的速度必须与泵入混合料的速度相配，遇到饱和砂土和饱和粉土不得停机待料，否则容易产生缩颈或断桩或爆管现象(长螺旋钻孔，管内压混合料成桩施工时，当混凝土泵停止泵灰后应降低拔管速度)，而且不同土层中提拔的速度不一样，砂性土、砂质黏土、黏土中提拔的速度为 1.2～1.5 m/min，在淤泥质土中应当放慢。桩顶标高应高出设计标高 0.5 m。由沉管方法成孔后，应注意新施工桩对已成桩的影响，避免挤桩。

e. 长螺旋钻孔，管内压混合料成桩施工时，桩顶标高应低于钻机工作面标高，以避免在机械清理停机面的余土时碰撞桩头造成断桩。

f. 成桩过程中，应按规定留置试块。

(2) 水泥粉煤灰碎石桩地基质量检验。

水泥粉煤灰碎石桩地基为复合地基，桩是主要施工对象，首先应检验桩的质量，检查方法可按《建筑基桩检测技术规范》(JGJ 106—2014)的规定执行。水泥粉煤灰碎石桩复合地基工程质量检验标准与检验方法见表 4-8。

水泥粉煤灰碎石桩复合地基工程质量通病及防治办法

表 4-8　　**水泥粉煤灰碎石桩复合地基工程质量检验标准与检验方法**

项目	序号	检验项目	允许偏差或允许值		检验方法	检验数量
			单位	数值		
主控项目	1	原材料	设计要求		查产品合格证书和抽样试验报告	—
	2	桩径	mm	−20	用钢尺量或计算填料量	抽查总数的 20%，且不少于 10 根
	3	桩身强度	设计要求		查 28 d 试块强度试验报告	抽查总数的 0.5%～1%，且不少于 3 根
	4	地基承载力	设计要求		按规定的方法检查，检查试验报告	抽查总数的 0.5%～1%，且不少于 3 根
一般项目	1	桩身完整性	按桩基检测技术要求规范		按桩基检测技术要求规范试验，判定桩身完整情况，检查试验报告	抽查总数的 20%，且不少于 10 根
	2	桩位偏差	满堂布桩，不大于 0.40*D*(*D* 为桩径)		用钢尺、经纬仪、全站仪测量，根据桩位放线检查	
			条基布桩，不大于 0.25*D*			
	3	桩垂直度	%	≤1.5	用经纬仪测桩管垂直度	抽查总数的 20%，且不少于 10 根
	4	桩长	mm	+100.0	用尺量测桩管长度或锤球测孔深	
	5	褥垫层夯填度	≤0.9		用钢尺量	

注：1. 夯填度是指夯实后的褥垫层厚度与虚体厚度的比值。
2. 桩径允许偏差负值是指个别断面。

4.1.3　桩基工程

桩基是一种深基础，桩基一般由设置于土中的桩和承接上部结构的承台组成。桩基工程是地基与基础分部工程的子分部工程。根据类型不同，其可以划分为静力压桩、预应力离心管桩、钢筋混凝土预制桩、钢桩、混凝土灌注桩等分项工程。

4.1.3.1 钢筋混凝土预制桩

钢筋混凝土预制桩是在地面预先制作成形并通过锤击或静压的方法沉至设计标高而形成的桩，如图4-4所示。

(1) 钢筋混凝土预制桩质量控制。

① 原材料质量要求。

a.钢筋混凝土预制桩钢筋骨架质量应符合表4-9的规定。

图 4-4 钢筋混凝土预制桩

表 4-9 钢筋混凝土预制桩钢筋骨架质量检验标准 (单位:mm)

项目	序号	检查项目	允许偏差或允许值/mm	检查方法
主控项目	1	主筋至桩顶距离	±5	用钢尺量
	2	多节桩锚固钢筋位置	5	用钢尺量
	3	多节桩预埋铁件	±3	用钢尺量
	4	主筋保护层厚度	±5	用钢尺量
一般项目	1	主筋间距	±5	用钢尺量
	2	桩尖中心线	10	用钢尺量
	3	箍筋间距	±20	用钢尺量
	4	桩顶钢筋网片	±10	用钢尺量
	5	多节桩锚固钢筋长度	±10	用钢尺量

b.采用工厂生产的成品桩时，要有产品合格证书，成品桩在运输过程中容易碰坏，为此，桩进场后应进行外观及尺寸检查。

② 施工过程质量控制。

a.做好桩定位放线检查复核工作，施工过程中应对每根桩位复核。桩位的放样允许偏差，群桩20 mm，单排桩10 mm。

b. 认真编制和检查钢筋混凝土预制桩的施工技术方案，在施工中选择合适的顺序及打桩速率，特别注意检查当桩距小于 $4d$（d 为桩直径）或桩的规格不同时的沉桩顺序。布桩密集的基础工程应采取必要的措施来减小沉桩的挤土影响。

c. 打桩时，对于桩尖进入坚硬土层的端承桩，以控制贯入度为主，桩尖进入持力层深度或桩尖标高为参考；对于桩尖位于软土层中的摩擦型桩，应以控制桩尖设计标高为主，贯入度可作为参考。

d. 打桩时，采用重锤低速击桩和软桩垫施工，以减小锤击应力。

e. 打桩时，在已有建、构筑物群中，地下管线和交通道路旁施工时，应采取措施防止造成损坏。

f. 静力压桩法施工时，应事前了解施工现场的工程地质情况和检查桩机设备，确保施工顺利进行。

g. 静力压桩，当桩压至接近设计标高时，不可过早停压，应使压桩一次成功，以免造成压不下或超压现象。

h. 在施工过程中必须随时检查施工记录，并对照规定的施工工艺对每根桩进行质量检查。检查重点是桩体垂直度、沉桩情况、桩顶完整状况、接桩质量等，对电焊接桩，重要工程应做10%的焊缝探伤检查。

i. 要保证桩体垂直度，就要认真检查桩机就位情况，保证桩架稳定垂直。在现场应安装测量设备（经纬仪和水准仪），随时观测沉桩的垂直度。

j. 施工机组要在打桩施工记录中详细记录沉桩情况、桩顶完整状况。

k. 接桩时，电焊质量较差易使接头在锤击过程中断开，尤其接头对接的两端面不平整，电焊更不容易保证质量，对重要工程做 X 光拍片检查是完全有必要的。

l. 硫黄胶泥接桩时宜选用半成品硫黄胶泥，检查浇筑温度在 140～150 ℃范围内。

m. 施工结束后，应检验桩承载力及桩体质量。

n. 混凝土桩的龄期，对抗裂性有影响，这是经过长期试验得出的结果。对长桩或总锤击数超过 500 击的锤击桩，应符合桩体强度及 28 d 龄期的双控条件才能开始锤击。对于短桩，锤击数又不多，满足强度要求一项应是可行的。有些工程进度较急，又不是长桩，可以采用蒸养以求短期内达到强度，即可开始沉桩。

(2) 钢筋混凝土预制桩工程质量检验。

钢筋混凝土预制桩工程质量检验标准与检验方法见表 4-10。

钢筋混凝土预制桩工程质量通病及防治措施

表 4-10　**钢筋混凝土预制桩工程质量检验标准与检验方法**

项目	序号	检验项目	允许偏差或允许值		检验方法	检验数量
			单位	数值		
主控项目	1	桩体质量检验	按《建筑基桩检测技术规范》(JGJ 106—2014)		包括桩完整性，裂缝、断桩等。检查检测报告	不少于总桩数的 10%，且不少于 10 根；对设计等级为甲级或地质条件复杂的桩基工程，其抽检数量应不少于总数的 20%且不得少于 10 根，每个柱子承台不得少于 1 根

续表

项目	序号	检验项目		允许偏差或允许值		检验方法	检验数量
				单位	数值		
主控项目	2	桩位偏差/mm	盖有基础梁的桩： (1) 垂直基础梁的中心线； (2) 沿基础梁的中心线	100＋0.01H 150＋0.01H		基坑开挖到设计标高后，放测好轴线，逐桩检查沉桩中心线和设计桩位的偏差。H为施工现场地面标高与桩顶设计标高的距离	全数检查
			桩数为1～3根桩基中的桩	100			
			桩数为4～16根桩基中的桩	1/2桩径或边长			
			桩数大于16根桩基中的桩 (1) 最外边的桩； (2) 中间的桩	1/3桩径或边长 1/2桩径或边长			
			斜桩倾斜度的偏差	不得大于倾斜角正切值的15%		倾斜角为桩的纵向中心线与铅垂线间的夹角	
	3	承载力		按《建筑基桩检测技术规范》(JGJ 106—2014)		检查检测报告	不应少于总桩数的2%，且不少于5根；如采用静荷载试验，数量不少于总桩数的1%，且不应少于3根；总桩数不少于50根，为2根
一般项目	1	砂、石、水泥、钢材等原材料(现场预制时)		符合设计要求		查出厂质保文件和抽样送检试验报告	抽查总桩数的20%，且不少于10根
	2	混凝土配合比及强度(现场预制时)		符合设计要求		检查称量及查试块记录	
	3	成品桩外形		表面平整，颜色均匀，掉角深度小于10 mm，蜂窝面积小于总面积的0.5%		观察检查	
	4	成品桩裂缝(收缩裂缝或起吊、装运、堆放引起的裂缝)		深度小于20 mm，宽度小于0.25 mm，横向裂缝不超过边长的一半		裂缝测定仪，该项对于地下水有侵蚀地区及锤击数超过500击的长桩不适用	
	5	成品桩尺寸：横截面边长 桩顶对角线差 桩尖中心线 桩身弯曲矢高 桩顶平整度		mm mm mm mm mm	±5 ＜10 ＜10 ＜l/1000 ＜2	用钢尺量 用钢尺量 用钢尺量 用钢尺量，l为桩长 用水平尺量	

续表

项目	序号	检验项目			允许偏差或允许值		检验方法	检验数量
					单位	数值		
一般项目	6	电焊接桩	焊缝质量	上下节端部错口： 外径不小于700 mm	mm	$\leqslant 3$	焊缝检测仪	抽查总桩数的20%，且不少于10根
				外径不大于700 mm	mm	$\leqslant 2$	焊缝检测仪	
				焊缝咬边深度	mm	$\leqslant 0.5$	焊缝检测仪	
				焊缝加强层高度	mm	2	钢尺量测，查施工记录	
				焊缝加强层宽度	mm	2	钢尺量测，查施工记录	
				焊缝电焊质量外观	无气孔、无焊瘤及裂缝		目测法直观检查	
				焊缝探伤检验	符合设计要求		现场观测量和探伤检测	
			电焊结束后停歇时间		min	>1.0	秒表测定	
			上下节平面偏差		mm	<10	钢尺现场量测	
			节点弯曲矢高		$<L/1000$		钢尺量测，L为两节桩长	
	7	硫黄胶泥接桩	胶泥浇筑时间		min	<2	秒表测定	全数检查
			浇筑停歇时间		min	>7	秒表测定	
	8	桩顶标高			mm	±50	现场水准仪测定	抽查总桩数的20%
	9	停锤标准			符合设计要求		现场实测或检查沉桩记录	

4.1.3.2 钢筋混凝土灌注桩

(1) 钢筋混凝土灌注桩质量控制。

① 材料质量要求。

a. 粗集料。选用质地坚硬的卵石或碎石，卵石粒径不大于50 mm，碎石不大于40 mm，含泥量不大于2%，无杂质。

b. 细集料。选用质地坚硬的中砂，含泥量不大于5%，无杂物。

c. 水泥。宜用42.5级的普通硅酸盐水泥或硅酸盐水泥，见证复试合格后方准使用，严禁用快硬水泥浇筑水下混凝土。

d. 钢筋。应有出厂合格证，见证复试合格后方准使用。

② 施工过程质量控制。

混凝土灌注桩的质量检验应较其他桩严格，这是工艺本身的要求，由其引发的工程事故也较多，因此监测手段要事先落实。

a. 施工前，施工单位应根据工程具体情况编制专项施工方案；监理单位应编制确实可行的监理实施细则。

b. 灌注桩施工，应先做好建筑物的定位和测量放线工作，施工过程中应对每根桩位复查（特别是定位桩的位置），以确保桩位。

c. 施工前应对水泥、砂、石子、钢材等原材料进行检查，也应对进场的机械设备、施工组织设计中制定的施工顺序、检测手段进行检查。

d. 桩施工前，应进行试成孔。试孔桩的数量每个场地不少于两个，通过试成孔检查核对地质资料、施工参数及设备运转情况。

e. 试孔结束后应检查孔径、垂直度、孔壁稳定性等是否符合设计要求。

f. 检查建筑物位置和工程桩位轴线是否符合设计要求。应对每根桩位复核，桩位的放样允许偏差，群桩 20 mm，单排桩 10 mm。泥浆护壁成孔桩应检查护筒的埋设位置，人工挖孔灌注桩应检查护壁井圈的位置。

g. 在施工过程中必须随时检查施工记录，并对照规定的施工工艺对每根桩进行质量检查。检查重点是成孔、沉渣厚度（二次清孔后的结果）、放置钢筋笼、灌注混凝土等，人工挖孔桩尚应复验孔底持力层土（岩）性，嵌岩桩必须有桩端持力层的岩性报告。

h. 泥浆护壁成孔桩成孔过程要检查钻机就位的垂直度和平面位置，开孔前对钻头直径和钻具长度进行量测，并记录备查，检查护壁泥浆的相对密度及成孔后沉渣的厚度。

i. 人工挖孔桩挖孔过程中要随时检查护壁的位置、垂直度，及时纠偏。上下节护壁的搭接长度大于 50 mm。挖至设计标高后，检查孔壁、孔底情况，及时清除孔壁渣土、淤泥，孔底残渣、积水。

混凝土灌注桩成桩步骤如图 4-5 所示。

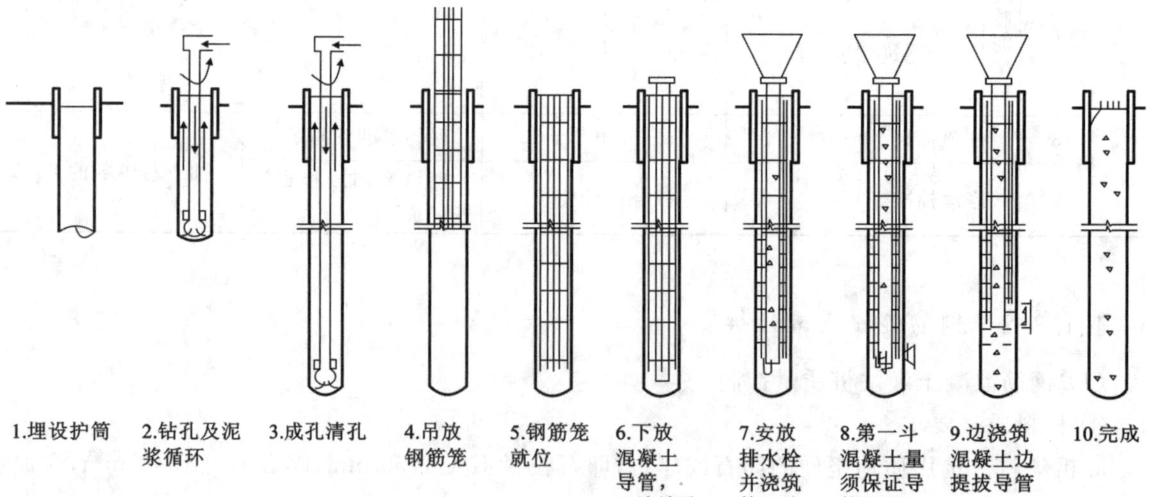

图 4-5 混凝土灌注桩成桩步骤

(2) 钢筋混凝土灌注桩的质量检验。

① 钢筋笼质量检验标准与检验方法见表 4-11。

表 4-11　　**钢筋混凝土灌注桩钢筋笼质量检验标准与检验方法**

项目	序号	检验项目	允许偏差/mm	检验方法	检验数量
主控项目	1	主筋间距	±10	现场钢尺量测笼顶、笼中、笼底三个断面	每个桩均全数检查
	2	长度	±100	现场钢尺量每节钢筋长度(以最短一根主筋为准)相加减去$(n-1)$×主筋搭接长度	每个桩均全数检查
一般项目	1	钢筋材质检验	符合设计要求	抽样送检,查质保书及试验报告	见相关规范要求
	2	箍筋间距	±20	现场钢尺量连续三档,取最大值,每个钢筋笼抽检笼顶、底 1 m 范围和笼中部三处	抽查桩总数的 20%
	3	直径	±10	现场钢尺量测笼顶、笼中、笼底三个断面,每个断面量两个垂直相交直径	抽查桩总数的 20%
	4	主筋保护层厚度	±20 ±10	水下导管灌注混凝土 非水下灌注混凝土	抽查桩总数的 20%

② 钢筋混凝土灌注桩的桩径、垂直度和桩位的允许偏差控制要求见表 4-12。

表 4-12　　**钢筋混凝土灌注桩的桩径、垂直度和桩位的允许偏差表**

序号	成孔方法		桩径允许偏差/mm	垂直度允许偏差/mm	桩位允许偏差/mm	
					1～3 根、单排桩基垂直于中心线方向和群桩基础边桩	条形桩基沿中心线方向和群桩基础的中间桩
1	泥浆护壁钻孔桩	$D\leqslant1000$ mm	±50	<1	$D/6$,且不大于 100	$D/4$,且不大于 150
		$D>1000$ mm	±50		$100+0.01H$	$150+0.01H$
2	套管成孔灌注桩	$D\leqslant500$ mm	−20	<1	70	150
		$D>500$ mm			100	
3	干作业成孔灌注桩		−20	<1	70	150
4	人工挖孔桩	混凝土护壁	+50	<0.5	50	150
		钢套管护壁		<1	100	200

注:1. 桩径允许偏差的负值是指个别断面。
2. 采用复打、反插法施工的桩,其桩径允许偏差不受上表限制。
3. H 为施工现场地面标高与桩顶设计标高的距离,D 为设计桩径。

③ 钢筋混凝土灌注桩工程质量检验标准与检验方法见表 4-13。

钢筋混凝土
灌注桩工程质量
通病及防治措施

表 4-13　**钢筋混凝土灌注桩工程质量检验标准及检验方法**

项目	序号	检验项目	允许偏差或允许值		检验方法	检验数量
			单位	数值		
主控项目	1	桩位	见表 4-12		基坑开挖前量护筒，开挖后量桩中心	全数检查
	2	孔深	mm	+300	只深不浅，用重锤测，或测钻杆、套管长度，嵌岩桩应确保进入设计要求的岩层深度	全数检查
	3	桩体质量检查	符合桩基检测技术规范		按设计要求选用动力法检测，或钻芯取样至桩尖下 500 mm，检查检测报告	设计等级为甲级的桩基或地质条件复杂，且成桩质量可靠性低的灌注桩，抽查数量为总桩数的 30%，且不少于 20 根，其他桩不少于总桩数的 20%，且不少于 10 根；每根柱子承台下不少于 1 根。当柱身完整性差的比例较高时，应扩大检验比例，甚至 100%检验
	4	混凝土强度	符合设计要求		检查试件报告或钻芯取样	每 50 m^3（不足 50 m^3 的桩）必须取 1 组试件，每根桩必须有 1 组试件
	5	承载力	符合桩基检测技术规范		检查桩基检测报告	设计等级为甲级的桩基或地质条件复杂，且成桩质量可靠性低的灌注桩，应采用静荷载试验，抽查数量不少于总桩数的 1%，且不少于 3 根，总桩数为 50 根时，检查数量为 2 根。其他桩采用高应变法检测
一般项目	1	垂直度	见表 4-12		测套管或钻杆，或用超声波探测，干施工时吊锤球	除第 6 项混凝土坍落度的检测按每 50 m^3 1 次或一根桩或一台班不少于 1 次进行外，其余项目为全数检查
	2	桩径	见表 4-12		井径仪或超声波检测，干作业用钢尺量，人工挖孔桩不包括内衬厚度	

续表

<table>
<tr><th rowspan="2">项目</th><th rowspan="2">序号</th><th rowspan="2">检验项目</th><th colspan="2">允许偏差或允许值</th><th rowspan="2">检验方法</th><th rowspan="2">检验数量</th></tr>
<tr><th>单位</th><th>数值</th></tr>
<tr><td rowspan="7">一般项目</td><td>3</td><td>泥浆相对密度
(黏土或砂性土)</td><td colspan="2">1.15~1.20</td><td>清孔后在距孔底 500 mm 处取样,用比重计测</td><td rowspan="7">除第 6 项混凝土坍落度的检测按每 50 m³ 1 次或一根桩或一台班不少于 1 次进行外,其余项目为全数检查</td></tr>
<tr><td>4</td><td>泥浆面标高
(高于地下水位)</td><td>m</td><td>0.5~1.0</td><td>观察</td></tr>
<tr><td>5</td><td>沉渣厚度:
端成桩
摩擦桩</td><td>mm
mm</td><td>≤50
≤150</td><td>用沉渣仪或重锤测量</td></tr>
<tr><td>6</td><td>混凝土坍落度:
水下灌桩
干施工</td><td>mm
mm</td><td>160~220
70~100</td><td>混凝土灌注前用坍落仪测量</td></tr>
<tr><td>7</td><td>钢筋笼安装深度</td><td>mm</td><td>±100</td><td>用钢尺量</td></tr>
<tr><td>8</td><td>混凝土充盈系数</td><td colspan="2">>1</td><td>计量检查每根桩的实际灌注量</td></tr>
<tr><td>9</td><td>桩顶标高</td><td>mm</td><td>+30
−50</td><td>水准仪测量,扣除桩顶浮浆和劣质桩体</td></tr>
</table>

4.2 砌体工程质量控制

砌体工程是指由砖、石块或各种类型砌块通过黏结砂浆组砌而成的工程。砌体工程是建筑安装工程的重要分项工程。在砖混结构中,砌体是承重结构,在框架结构中,砌体是围护填充结构。墙体材料通过砌筑砂浆连成整体,实现对建筑物内部分隔和外部围护、挡风、防水、遮阳等作用。

两千多年前采用烧制黏土砖的砌体结构就出现了。这种采用烧制黏土砖的砌体工程既取材方便,又有保温、隔热、隔声、耐火等良好性能,还可以节约钢材和水泥,且不需要大型施工机械,具有施工组织简单等优点;但它仍存在着施工以手工操作为主,劳动强度大,生产效率低,且自重较大等缺点。黏土砖的生产和使用,还会造成土地资源和能源的浪费,目前多数地区从节约土地资源和能源的角度,已经禁止使用黏土砖,推广采用新型墙体材料,同时还可以改善砌体施工工艺,克服其所存在的缺点。

砌体结构工程施工质量应满足《砌体结构工程施工质量验收规范》(GB 50203—2011)及《砌体结构工程施工规范》(GB 50924—2014)的要求。

4.2.1 砖砌体工程

4.2.1.1 原材料质量控制

(1) 砖。

砖的品种、强度等级必须符合设计要求。用于清水墙、柱表面的砖，应边角整齐、色泽均匀。砌筑时蒸压(养)砖的产品龄期不得少于 28 d。

(2) 砂浆。

① 水泥:水泥进场使用前，应分批对其强度、安定性进行复验。检验批应以同一生产厂家、同一编号为一批。当在使用中对水泥质量有怀疑或水泥出厂超过三个月(快硬性硅酸盐水泥超过一个月)时，应复查试验，并按其结果使用。不同品种、强度等级的水泥不得混合使用。水泥砂浆采用的水泥，其强度等级不宜大于 32.5 级;水泥混合砂浆采用的水泥，其强度等级不宜大于 42.5 级。

② 砂:宜采用中砂，不得含有有害杂质。砂中含泥量，对水泥砂浆和强度等级不小于 M5 的水泥混合砂浆，不得超过 5%;对强度等级小于 M5 的水泥混合砂浆，不应超过 10%。人工砂、山砂及特细砂，经试配应能满足砌筑砂浆技术条件要求。

③ 水:水质应符合国家现行标准《混凝土用水标准》(JGJ 63—2006)的规定。

④ 掺合料:拌制水泥混合砂浆用的石灰膏、粉煤灰和磨细石灰粉等掺合料应符合下列要求。

生石灰熟化成石灰膏时，应用孔洞不大于 3 mm×3 mm 网过滤，熟化期不得少于 7 d;对于磨细生石灰粉，其熟化时间不得少于 2 d。沉淀池中贮存的熟石灰，应防止干燥、冻结和污染。不得采用脱水硬化的石灰膏。消石灰粉不得直接使用于砌筑砂浆中。粉煤灰应符合《用于水泥和混凝土中的粉煤灰》(GB/T 1596—2017)的规定。

⑤ 外加剂:凡在砂浆中掺入有机塑化剂、早强剂、缓凝剂、防冻剂等，应经检验和试配符合要求后，方可使用。有机塑化剂应有砌体强度的型式检验报告。

⑥ 砂浆的品种、强度等级必须符合设计要求。

⑦ 砂浆的稠度应符合表 4-14 的规定。

表 4-14 **砌筑砂浆的稠度选用**

砌体种类	砂浆稠度/mm	砌体种类	砂浆稠度/mm
烧结普通砖砌体	70～90	烧结普通砖平拱式过梁空斗墙，筒拱普通混凝土小型空心砌块砌体，加气混凝土砌块砌体	50～70
轻骨料混凝土小型空心砌块砌体	60～90		
烧结多孔砖，空心砖砌体	60～80	石砌体	30～50

⑧ 砂浆的分层度不得大于 30 mm。

⑨ 水泥砂浆中水泥用量不应小于 200 kg/m^3，水泥混合砂浆中水泥和掺合料总量宜为 300～350 kg/m^3。

⑩ 具有冻融循环次数要求的砌筑砂浆，经冻融试验后，质量损失率不得大于 5%，抗压强度损失率不得大于 25%。

⑪ 水泥混合砂浆不得用于基础等地下潮湿环境中的砌体工程。

(3) 钢筋。

① 用于砌体工程的钢筋品种、强度等级必须符合设计要求,并应有产品合格证书和性能检测报告,进场后应进行复验。

② 设置在潮湿环境或有化学侵蚀性介质的环境中的砌体灰缝内的钢筋应采取防腐措施。

4.2.1.2 砖砌体工程施工质量控制

(1) 砌筑前检查测量放线的测量结果并进行复核。标志板、皮数杆设置位置应准确、牢固。

(2) 检查砂浆拌制的质量。砂浆配合比、和易性应符合设计及施工要求。砂浆应随拌随用,常温下水泥和水泥混合砂浆应分别在 3 h 和 4 h 内用完,温度高于 30 ℃时,应再提前 1 h。

(3) 检查砖的含水率,砖应提前 1～2 d 浇水湿润。现场可断砖以水浸入砖 10～15 mm 为宜。

(4) 施工中应在砂浆拌制地点留置砂浆强度试块,各类型及强度等级的砌筑砂浆每一检验批不超过 250 m^3 的砌体,每台搅拌机应至少制作一组试块(每组 6 块),其标养 28 d 的抗压强度应满足设计要求。

(5) 施工过程随时检查砌体的组砌形式,保证上下皮砖至少错开 1/4 的砖长,避免产生通缝;检查砌体的砌筑方法,并应采取"三皮一吊、五皮一靠"的检查方法,保证墙面的横平竖直;检查砂浆的饱满度,水平灰缝饱满度应达到 80%,竖向灰缝不得出现透明缝、瞎缝和假缝。

(6) 施工过程中应检查转角处和交接处的砌筑及接槎的质量。抗震设防区应按规定在转角和交接部位设置拉结钢筋(拉结钢筋的设置应予以特别关注)。

(7) 设计要求的洞口、管线、沟槽应在砌筑时按设计留设或预埋。超过 300 mm 的洞口上部应设过梁,不得随意在墙体上开洞、凿槽,特别严禁开凿水平槽。

(8) 在砌体上预留的施工洞口,其洞口侧边距墙端不应小于 500 mm,洞口净宽不应超过 1.0 m,并在洞口上部设过梁。

(9) 检查脚手架眼的设置是否符合要求。在下列位置不得留设脚手架眼:半砖厚墙、料石清水墙和砖柱;过梁上与过梁成 60°的三角形范围及过梁净跨 1/2 的高度范围内;门窗洞口两侧200 mm 及转角 450 mm 范围内的砖砌体;宽度小于 1.0 m 的窗间墙;梁及梁垫下及其左右 500 mm 范围内。

(10) 检查构造柱的设置、施工(构造柱与圈梁交接处箍筋间距不均匀是常见的质量缺陷)是否符合设计及施工规范的要求。

(11) 砌体的伸缩缝、沉降缝、防震缝中,不得有混凝土、砂浆块、砖块等杂物。

4.2.1.3 砖砌体工程质量检验

(1) 检验批划分。

砖砌体工程均按楼层、结构缝或施工段划分检验批。

(2) 检验标准与检验方法。

砖砌体工程质量检验标准与检验方法见表 4-15。

砖砌体工程质量通病及防治措施

表 4-15　**砖砌体工程质量检验标准与检验方法**

项目	序号	检验项目	质量标准或允许偏差	检验数量	检验方法
主控项目	1	砖规格、品种、性能、强度等级	符合设计要求和产品标准	每一生产厂家烧结砖15万块、多孔砖5万块、灰砂砖及粉煤灰砖10万块各为一个检验批，抽查数量为一组	查进场试验报告及出厂合格证
	2	砂浆材料规格、品种、性能、配合比及强度等级	符合设计要求	250 m^3 砌体	查试块试验报告
	3	砂浆饱满度	≥80%	每检验批抽查不应少于5处	用百格网检查砖底面与砂浆黏结痕迹面积，每处3块砖，取其平均值
	4	砌体转角处和交接处	应同时砌筑，严禁无可靠措施的内外墙分砌施工。对不能同时砌筑而又必须留置的临时间断处应砌成斜槎，斜槎水平投影长度不应小于高度的2/3	每检验批抽20%接槎，且不应少于5处	观察
	5	临时间断处	非抗震设防及抗震设防6、7度地区，当不能留斜槎时，除转角外可留直槎，必须做成阳槎，并应加设拉结钢筋，按墙厚每120 mm放1φ6(不少于2根)，间距沿墙高不超过500 mm，伸入墙内不小于500 mm(抗震区不小于1000 mm)，末端应留有90°的弯钩。合格标准：留槎正确，拉结筋设置数量、直径正确，竖向间距偏差不超过100 mm，留置长度基本符合规定	每检验批抽20%接槎，且不应少于5处	观察及尺量
	6	轴线位置/mm	≤10	轴线查全部承重墙柱；外墙垂直度全高查阳角，不应少于4处，每层20 m查一处；内墙按有代表性的自然间抽10%，但不应少于3间，每间不应少于2处，柱不少于5根	经纬仪、尺量、拉线量测
	7	垂直度偏差/mm：每层	≤5		2 m托线板检查
		垂直度偏差/mm：全高 ≤10 m	≤10		经纬仪、吊线和尺检查
		垂直度偏差/mm：全高 >10 m	≤20		

续表

<table>
<tr><th>项目</th><th>序号</th><th colspan="2">检验项目</th><th>质量标准或允许偏差</th><th>检验数量</th><th>检验方法</th></tr>
<tr><td rowspan="10">一般项目</td><td>1</td><td colspan="2">组砌方法</td><td>正确,上下错缝,内外搭接,砖柱无包心砌法</td><td>外墙每 20 m 抽查一处,每处 3～5 m,且不应少于 3 处;内墙按有代表性的自然间抽 10%,且不应少于 3 间</td><td>观察检查</td></tr>
<tr><td>2</td><td colspan="2">水平灰缝厚度 10 mm</td><td>±2</td><td>每步脚手架施工的砌体,每 20 m 抽查 1 处</td><td>用尺量 10 皮砖高砌体折算</td></tr>
<tr><td>3</td><td colspan="2">基础顶面和楼面标高</td><td>±15</td><td>不应少于 5 处</td><td>用水平仪和尺检查</td></tr>
<tr><td rowspan="2">4</td><td rowspan="2">表面平整度偏差/mm</td><td>清水墙</td><td>5</td><td rowspan="2">有代表性自然间抽 10%,但不应少于 3 间,每间不应少于 2 处</td><td rowspan="2">用 2 m 靠尺和楔形塞尺检查</td></tr>
<tr><td>混水墙</td><td>8</td></tr>
<tr><td>5</td><td colspan="2">门窗洞口高、宽(后塞口)/mm</td><td>±5</td><td>检验批洞口的 10%,且不应少于 5 处</td><td>用尺检查</td></tr>
<tr><td>6</td><td colspan="2">外墙上下窗口偏移/mm</td><td>20</td><td>检验批的 10%,且不应少于 5 处</td><td>以底层窗口为准,用经纬仪或吊线检查。以中心线计算</td></tr>
<tr><td rowspan="2">7</td><td rowspan="2">水平灰缝平直度/mm</td><td>清水墙</td><td>7</td><td rowspan="3">有代表性自然间抽 10%,但不应少于 3 间,每间不应少于 2 处</td><td rowspan="2">拉 10 m 线和尺检查</td></tr>
<tr><td>混水墙</td><td>10</td></tr>
<tr><td>8</td><td colspan="2">清水墙游丁走缝/mm</td><td>20</td><td>吊线和尺检查,以第一层第一皮砖为准</td></tr>
</table>

4.2.2 填充墙砌体工程

4.2.2.1 填充墙砌体工程质量控制

(1) 填充墙砌体工程原材料要求。

① 施工前应检查填充墙砌体材料,如蒸压加气混凝土砌块、轻骨料混凝土小型空心砌块,要求其产品龄期应超过 28 d,并查看产品出厂合格证书及产品性能检测报告。

② 空心砖、蒸压加气混凝土砌块、轻骨料混凝土小型空心砌块等在运输和装卸过程中,严禁抛掷和倾倒。进场后应按品种、规格分别堆放整齐,堆置高度不宜超过 2 m。加气混凝土砌块应防止雨淋。

③ 施工前要求填充墙砌体砌筑块材应提前 2 d 浇水湿润,以便保证砌筑砂浆的强度及砌体的整体性。

④ 为避免砌筑时产生砂浆流淌或保证砂浆不至失水过快,可控制小砌块的含水率,并应与砌筑砂浆稠度相适应。

⑤ 加气混凝土砌块不得砌于以下部位:

a. 建筑物±0.000 以下部位;

b. 易浸水及潮湿环境中;

c. 经常处于 80 ℃以上高温环境及受化学介质侵蚀的环境中。

(2) 填充墙砌体工程施工质量控制。

① 施工中用轻骨料混凝土小型空心砌块或蒸压加气混凝土砌块砌筑墙体时，要求墙底部应砌烧结普通砖或多孔砖，或普通混凝土小型空心砌块，或现浇混凝土坎台等，其高度不宜小于200 mm。

② 填充墙砌至接近梁、板底时，应留一定空隙，待填充墙砌筑完并应至少间隔 7 d 后，再用烧结砖补砌挤紧，如图 4-6 所示。

图 4-6 填充墙顶部施工工艺

③ 填充墙砌体留置的拉结钢筋或网片的位置应与块体皮数相符合。将其置于灰缝中，埋置长度应符合设计要求，竖向位置偏差不应超过一皮高度。

④ 加气混凝土砌块墙上不得留脚手架眼。

4.2.2.2 填充墙工程质量检验标准与检验方法

填充墙工程质量检验标准与检验方法见表 4-16。

表 4-16 填充墙工程质量检验标准和检验方法

项目	序号	检验项目	质量标准或允许偏差/mm	检验数量	检验方法
主控项目	1	块材强度等级	符合设计要求和产品标准	每一生产厂家烧结砖 15 万块、多孔砖 5 万块、灰砂砖及粉煤灰砖 10 万块各为一个检验批，抽查数量为一组	查进场试验报告及出厂合格证
	2	砂浆强度等级	符合设计要求和产品标准	同一类型、强度等级的砂浆试块不少于 3 组。每一检验批且不超过 250 mm^3 砌体的各种类型及强度等级的砌筑砂浆，每台搅拌机应至少抽检一次(一组 6 块)	查试块试验报告

续表

项目	序号	检验项目	质量标准或允许偏差/mm	检验数量	检验方法
一般项目	1	轴线位移	10	在检验批的标准间中随机抽查10%，但不应少于3间，大面积房间和楼道按两个轴线或每10延长米按1标准间计算	用尺检查
		垂直度 小于或等于3 m	5		用2 m托线板或吊线、尺检查
		垂直度 大于3 m	10		
	2	表面平整度	8		用2 m靠尺和楔形塞尺检查
	3	门窗洞口高、宽（后塞口）	±5	在检验批中抽检10%，且不应少于5处	用尺检查
	4	外墙上、下窗口偏移	20		用经纬仪或吊锤线检查
	5	无混砌现象	蒸压加气混凝土砌块砌体和轻骨料混凝土小型空心砌块砌体不应与其他块材混砌	在检验批中抽检20%，且不应少于5处	外观检查
	6	砂浆饱满度 空心砖砌体 水平	≥80%	每步架子不少于3处，且每处不应少于3块	采用百格网检查块材底面砂浆的黏结痕迹面积
		砂浆饱满度 空心砖砌体 垂直	填满砂浆，不得有透明缝、瞎缝、假缝		
		砂浆饱满度 加气混凝土砌块和轻骨料混凝土小砌块 水平	≥80%		
		砂浆饱满度 加气混凝土砌块和轻骨料混凝土小砌块 垂直	≥80%		
	7	填充墙拉结钢筋或网片位置	应与块体皮数相符合。拉结钢筋或网片应置于灰缝中，埋置长度应符合设计要求，竖向位置偏差不应超过一皮高度	在检验批中抽检20%，且不应少于5处	观察和尺量检查
	8	错缝搭砌	蒸压加气混凝土砌块搭砌长度不应小于砌块长度的1/3；轻骨料混凝土小型空心砌块搭砌长度不应小于90 mm；竖向通缝不应大于2皮		
	9	灰缝厚度、宽度	空心砖、轻骨料混凝土小型空心砌块的砌体灰缝厚度应为8～12 mm；蒸压加气混凝土砌块砌体的水平灰缝厚度及竖向灰缝宽度分别宜为15 mm和20 mm	在检验批的标准间中抽查10%，且不应少于3间	用尺量5皮空心砖或小砌块的高度和2 m砌体长度折算

续表

项目	序号	检验项目	质量标准或允许偏差/mm	检验数量	检验方法
一般项目	10	梁、板底砌法	接近梁、板底时，应留一定空隙，待填充墙砌完并应至少间隔7 d后，再将其补砌挤紧	每验收批抽10%填充墙片（每两柱间的填充墙为一墙片），且不应少于3片墙	观察

4.3 钢筋混凝土工程质量控制

由于现代经济发展的需要，多层、高层建筑物发展得比较迅速，框架结构、框剪结构、剪力墙结构、框筒结构等都是常见的钢筋混凝土结构。这些结构中除有部分框架结构采用预制装配式和部分预制、部分现浇形式外，其余多数采用现浇钢筋混凝土结构。

现浇钢筋混凝土工程应用较普遍，现场浇筑施工是将柱、梁、板、墙等构件按现场设计位置浇筑成为整体结构，即现浇钢筋混凝土整体结构，这种结构的整体性和抗震性好，节点接头简单，用钢量较少，满足现代多层、高层建筑功能需求；但现浇施工模板耗用量大，混凝土浇筑现场运输量大，劳动强度高，属于湿作业，工期较长，因此需加快推广工具式模板、商品混凝土及混凝土输送泵的使用，提高机械化水平。

现浇钢筋混凝土工程施工时，首先要进行模板的支撑、钢筋的成型与绑扎安装，最后进行混凝土的浇筑与养护等工作，涉及多工种的配合。为了确保现浇钢筋混凝土工程的质量，下面介绍其施工过程中钢筋工程、模板工程、混凝土工程的施工质量控制。

混凝土结构工程施工质量应满足《混凝土结构工程施工质量验收规范》(GB 50204—2015)及《混凝土结构工程施工规范》(GB 50666—2011)的要求。

4.3.1 钢筋工程

钢筋工程质量通病及防治措施

4.3.1.1 钢筋原材料及加工

(1) 钢筋原材料质量控制。

① 材料质量要求。

a. 钢筋采购时，混凝土结构所采用的热轧钢筋、热处理钢筋、碳素钢丝、刻痕钢丝和钢绞线的质量，应符合现行国家标准的规定。

b. 钢筋从钢厂发出时，应具有出厂质量证明书或试验报告单，每捆(盘)钢筋均应有标牌。

c. 钢筋进入施工单位的仓库或放置场时，应按炉罐(批)号及直径分批验收。验收内容包括查对标牌，外观检查，之后按有关技术标准的规定抽取试样做机械性能试验，检查合格后方可使用。

d. 钢筋在运输和储存时，必须保留标牌，严格防止混料，并按批分别堆放整齐，无论在检验前还是检验后，都要避免锈蚀和污染。

② 钢筋原材料加工。

a. 仔细查看结构施工图，弄清不同结构件的配筋数量、规格、间距、尺寸等，便于准确加工。

b. 钢筋加工过程中，检查钢筋冷拉的方法和控制参数。钢筋翻样图及配料单中钢筋尺寸、形状应符合设计要求，加工尺寸偏差应符合规定。检查受力钢筋加工时的弯钩和弯折的形状及弯曲半径。检查箍筋末端的弯钩形式。

c. 钢筋加工过程中，若发现钢筋脆断、焊接性能不良或力学性能显著不正常等现象，应立即停止使用，并对该批钢筋进行化学成分检验或其他专项检验，按其检验结果进行技术处理。如果发现力学性能或化学成分不符合要求，则必须作退货处理。

d. 钢筋加工机械须经试运转，调试正常后，才能投入使用。

(2) 钢筋原材料及加工工程质量检验。

a. 钢筋应平直，无损伤，表面不得有裂纹、油污、颗粒状或片状老锈。

b. 钢筋调直宜采用机械方法，也可采用冷拉方法。当采用冷拉方法调直钢筋时，HPB300 级钢筋的冷拉率不应大于 4%，HRB335 级、HRB400 级和 RRB400 级钢筋的冷拉率不应大于 1%。

c. 钢筋进场时，应按现行国家标准《钢筋混凝土用钢　第 2 部分：热轧带肋钢筋》(GB/T 1499.2—2018)的规定抽取试件做力学性能检验，其质量必须符合有关标准的规定。

d. 对有抗震设防要求的框架结构，其纵向受力钢筋的强度应满足设计要求；当设计无具体要求时，对一、二级抗震等级，检验所得的强度实测值应符合下列规定：

(a) 钢筋的抗拉强度实测值与屈服强度实测值的比值不应小于 1.25。

(b) 钢筋的屈服强度实测值与强度标准值的比值不应大于 1.3。

e. 当发现钢筋脆断、焊接性能不良或力学性能显著不正常等现象时，应对该钢筋进行化学成分检验或其他专项检验。

f. 受力钢筋的弯钩和弯折应符合下列规定：

(a) HPB300 级钢筋末端应作 180°弯钩，其弯弧内直径不应小于钢筋直径的 2.5 倍，弯钩的弯后平直部分长度不应小于钢筋直径的 3 倍。

(b) 当设计要求钢筋末端需作 135°弯钩时，HRB335 级、HRB400 级钢筋的弯弧内直径不应小于钢筋直径的 4 倍，弯钩的弯后平直部分长度应符合设计要求。

(c) 钢筋作不大于 90°的弯折时，弯折处的弯弧内直径不应小于钢筋直径的 5 倍。

g. 钢筋加工的形状、尺寸应符合设计要求，其允许偏差应符合表 4-17 的规定。

表 4-17　**钢筋加工的允许偏差**

项目	受力钢筋顺长度方向全长的净尺寸	弯起钢筋的弯折位置	箍筋内净尺寸
允许偏差/mm	±10	±20	±5

钢筋连接工程质量通病及防治措施

4.3.1.2　钢筋连接工程

(1) 钢筋焊接。

钢筋焊接施工的基本要求如下：

a. 焊工必须有焊工考试合格证，钢筋焊接前，必须根据施工条件进行试焊，合格后方可施焊。

b. 由于钢筋弯曲处内外边缘的应力差异较大，因此焊接接头至钢筋弯曲处的距离不应小于钢筋直径的 10 倍。

c. 受力钢筋采用焊接接头时，设置在同一构件内的焊接接头应相互错开。在任一焊接接头中心至长度为钢筋直径的 35 倍且不小于 500 mm 的区段内，同一根钢筋不得有两个接头。

d. 对于轴心受拉和小偏心受拉杆，以及直径大于 32 mm 的轴心受压和偏心受压柱中的钢筋接头，均应采用焊接。

e. 对于有抗震要求的受力钢筋接头，宜优先采用焊接或机械连接。

① 电弧焊施工质量检验要求如下：

a. 焊缝表面平整，不得有较大的凹陷、焊瘤。

b. 接头处不得有裂缝。

c. 帮条焊的帮条沿接头中心线纵向偏移不得超过 $0.5d$，接头处钢筋轴线的偏移不得超过 $0.1d$（d 为钢筋直径）且不大于 3 mm。

d. 坡口焊及熔槽帮条焊接头的焊缝加强高度为 2～3 mm。

e. 坡口焊时，预制柱的钢筋外露长度，当钢筋根数少于 14 根时，取250 mm；当钢筋根数大于 14 根时，取 350 mm。

② 电渣压力焊施工质量检验要求如下：

a. 接头焊包均匀，不得有裂纹，钢筋表面无明显烧伤等缺陷。

b. 接头处的钢筋轴线偏移不得超过 $0.1d$，同时不得大于 2 mm。

c. 接头处弯曲不得大于 4°。

d. 四周焊包凸出钢筋表面高度不得小于 4 mm。

(2) 钢筋的机械连接。

① 钢筋直螺纹接头的构造要求。

a. 同一构件内同一截面受力钢筋的接头位置应相互错开。在任一接头中心至长度为钢筋直径 35 倍的区域范围内，有接头的受力钢筋截面面积占受力钢筋总截面面积的百分率应符合下列规定：

(a) 受拉区的受力钢筋接头百分率不宜超过 50%。

(b) 受拉区的受力钢筋受力较小时，A 级接头百分率不受限制。

(c) 接头宜避开有抗震设防要求的框架梁端和柱端的箍筋加密区；当无法避开时，接头应采用 A 级接头，且接头百分率不应超过 50%。

图 4-7 所示为钢筋直螺纹套筒连接。

b. 接头端头距钢筋弯起点不得小于钢筋直径的 10 倍。

c. 不同直径钢筋连接时，一次对接钢筋直径规格差别不宜超过两级。

图 4-7 钢筋直螺纹套筒连接

d. 钢筋连接套处的混凝土保护层厚度，除了要满足现行国家标准外，其保护层厚度不得小于 15 mm，且连接套之间的横向净距不宜小于 25 mm。

② 钢筋直螺纹接头施工的操作要点。

a. 操作工人必须持证上岗。

b. 钢筋应先调直再下料，切口端面应与钢筋轴线垂直，不得有马蹄形或挠曲，不得用气割下料。

c. 加工钢筋直螺纹丝头的牙形、螺距等必须与连接套的牙形、螺距相一致，且经配套的量规检测合格。

d. 加工钢筋直螺纹时，应采用水溶液切削润滑液，不得用机油做润滑液或不加润滑液套丝。

e. 已检验合格的丝头应加帽头予以保护。

f. 连接钢筋时，钢筋规格和连接套的规格应一致，并确保钢筋和连接套的丝扣干净、完好无损。

g. 采用预埋接头时，连接套的位置、规格和数量应符合设计要求。带连接套的钢筋应固定牢固，连接套的外露端应有密封盖。

h. 必须用精度为±5%的力矩扳手拧紧接头，且要求每半年用扭力仪检定力矩扳手一次。

i. 连接钢筋时，应对正轴线将钢筋拧入连接套，然后用力矩扳手拧紧。

(3) 钢筋绑扎与安装。

① 钢筋安装前，应进行安全技术交底，并履行有关手续。应根据施工图核对钢筋的品种、规格、尺寸和数量，并落实钢筋安装工序。

② 钢筋安装时应检查钢筋的品种、级别、规格、数量是否符合设计要求，检查钢筋骨架、钢筋网绑扎方法是否正确，是否牢固可靠。

③ 钢筋绑扎时应检查钢筋的交叉点是否用铁丝扎牢，板、墙钢筋网的受力钢筋位置是否准确；双向受力钢筋必须绑扎牢固，绑扎基础底板钢筋应使弯钩朝上，梁和柱的箍筋(除有特殊设计要求外)应与受力钢筋垂直，箍筋弯钩叠合处应沿受力钢筋方向错开放置，梁的箍筋弯钩应放在受压处。

④ 注意控制框架结构节点核心区、剪力墙结构暗柱与连梁交接处梁及柱的箍筋设置是否符合要求。框-剪或剪力墙结构中连梁箍筋在暗柱中的设置是否符合要求。框架梁、柱箍筋加密区长度和间距是否符合要求。框架梁、连梁在柱(墙、梁)中的锚固方式和锚固长度是否符合设计要求。

⑤ 当剪力墙钢筋直径较细时，注意控制钢筋的水平度与垂直度，应当采取适当措施（如增加梯子筋数量等，如图 4-8 所示）确保钢筋位置正确。

图 4-8 梯子筋

⑥ 工程实践中为便于施工，剪力墙中的拉筋加工往往是一端加工成 135°弯钩，另一端暂时加工成 90°弯钩，待拉筋就位后再将 90°弯钩弯扎成型，这时如加工措施不当往往会出现拉筋变形使剪力墙筋骨架减小现象，钢筋安装时应予以控制。

⑦ 工程中常常出现由于墙柱钢筋固定措施不合格，导致下柱（墙）钢筋位置偏离设计要求的现象，隐蔽工程验收时应查验防止墙柱钢筋错位的措施是否得当。

⑧ 钢筋安装时，检查梁、柱箍筋弯钩处是否沿受力钢筋方向相互错开放置，绑扎扣是否按变换方向进行绑扎。

⑨ 钢筋安装完毕后，检查钢筋保护层垫块、马蹬等是否根据钢筋直径、间距和设计要求正确放置。

（4）质量检验。

① 主要项目。

a. 纵向受力钢筋的连接方式应符合设计要求。

b. 在施工现场，应按国家现行标准《钢筋机械连接技术规程》（JGJ 107—2016）、《钢筋焊接及验收规程》（JGJ 18—2012）的规定抽取钢筋机械连接接头、焊接接头试件做力学性能检验，其质量应符合有关规程的规定。

② 一般项目。

a. 钢筋的接头宜设置在受力较小处。同一纵向受力钢筋不宜设置两个或两个以上接头。接头末端至钢筋弯起点的距离不应小于钢筋直径的 10 倍。

b. 当受力钢筋采用机械连接接头或焊接接头时，设置在同一构件内的接头宜相互错开。纵向受力钢筋机械连接接头及焊接接头连接区段的长度为 $35d$（d 为纵向受力钢筋的较大直径）且不应小于 500 mm，凡接头中点位于该连接区段长度内的接头均属于同一连接区段。同一连接区段内，纵向受力钢筋机械连接及焊接连接的接头面积百分率为该区段内有接头的纵向受力钢筋截面面积与全部纵向受力钢筋截面面积的比值。

同一连接区段内，纵向受力钢筋的接头面积百分率应符合设计要求；当设计无具体要求时，应符合下列规定：

(a) 在受拉区不宜大于50%。

(b) 接头不宜设置在有抗震设防要求的框架梁端、柱端的箍筋加密区；当无法避开时，对等强度高质量机械连接接头，不应大于50%。

(c) 直接承受动力荷载的结构构件中，不宜采用焊接接头；当采用机械连接接头时，不应大于50%。

c. 同一构件中相邻纵向受力钢筋的绑扎搭接接头宜相互错开。绑扎搭接接头中钢筋的横向净距不应小于钢筋直径，且不应小于25 mm。

钢筋绑扎搭接接头连接区段的长度为$1.3l_1$（l_1为搭接长度），凡搭接接头中点位于该连接区段长度内的搭接接头均属于同一连接区段。同一连接区段内，纵向钢筋搭接接头面积百分率为该区段内有搭接接头的纵向受力钢筋截面面积与全部纵向受力钢筋截面面积的比值(图4-9)。

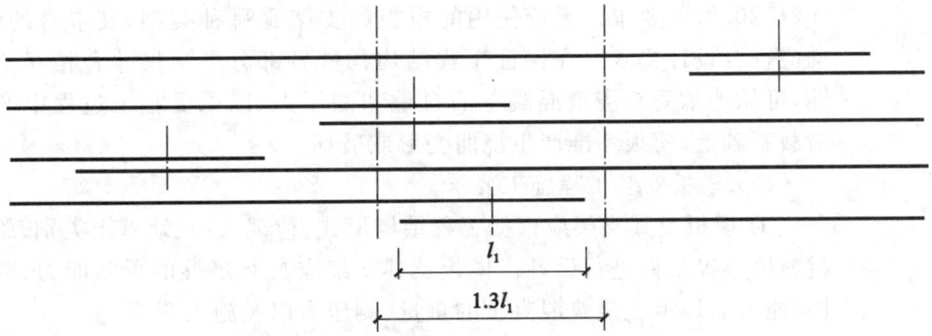

图4-9 钢筋绑扎搭接接头连接区段及接头面积百分率

（注：图中所示搭接接头同一连接区段内的搭接钢筋为两根，当各钢筋直径相同时，接头面积百分率为50%。）

同一连接区段内，纵向受拉钢筋搭接接头面积百分率应符合设计要求；当设计无具体要求时，应符合下列规定：

(a) 对梁类、板类及墙类构件，不宜大于25%。

(b) 对柱类构件，不宜大于50%。

(c) 当工程中确有必要增大接头面积百分率时，对梁类构件，不应大于50%；对其他构件，可根据实际情况放宽。

纵向受力钢筋绑扎搭接接头的最小搭接长度应符合有关规定。

d. 在梁、柱类构件的纵向受力钢筋搭接长度范围内，应按设计要求配置箍筋。当设计无具体要求时，应符合下列规定：

(a) 箍筋直径不应小于搭接钢筋较大直径的25%。

(b) 受拉搭接区段的箍筋间距不应大于搭接钢筋较小直径的5倍，且不应大于100 mm。

(c) 受压搭接区段的箍筋间距不应大于搭接钢筋较小直径的10倍，且不应大于200 mm。

(d) 当柱中纵向受力钢筋直径大于25 mm时，应在搭接接头两个端面外100 mm范围内各设置两个箍筋，其间距宜为50 mm。

4.3.2 模板工程

混凝土结构的模板工程，是混凝土构件成型的一个十分重要的组成部分。现浇混凝土结构使用的模板工程造价约占钢筋混凝土工程总造价的30%，用工量占总用工量的50%。因此，采用先进的模板技术，对于提高工程质量、加快施工速度、提高劳动生产率、降低工程成本和实现文明施工，都具有十分重要的意义。

4.3.2.1 模板安装工程

模板安装工程质量通病及防治办法

(1) 材料质量要求。

模板是使混凝土凝固成型的模具(模型)，混凝土在其内凝结硬化成设计要求的形状，达到使用要求。实际中使用的模板多为钢制或木质，也有采用铝合金及玻璃钢制成的。模板根据形式又可分为木模板、大模板、滑升模板以及台模和永久模板等。模板材料选用应符合《建筑施工模板安全技术规范》(JGJ 162—2008)的要求。无论使用的模板和支架是哪种类型，其本身的强度、刚度均应符合设计要求。在保证工程结构构件各部分形状尺寸和相互位置的正确性，可靠地承受新浇筑混凝土的自重和侧压力，以承受施工过程中产生的各种荷载基础上，模板不准产生挠曲变形或破坏。

(2) 模板安装工程施工要求。

① 模板及其支架应根据工程结构形式、荷载大小、地基土类别、施工设备和材料供应等条件进行设计。模板及其支架应具有足够的承载能力、刚度和稳定性，能可靠地承受浇筑混凝土的重量、侧压力以及施工荷载。

② 一般情况下，模板自下而上安装。在安装过程中要注意模板的稳定，可设置临时支撑稳住模板，待安装完毕且校正无误后方可将其固定牢固。

③ 安装过程中要多检查，注意垂直度、中心线、标高及各部分的尺寸，保证结构部分的几何尺寸和相对位置正确。

④ 墙柱模板安装时应先弹好建筑轴线、楼层的墙身线、门窗洞口位置线及标高线。施工过程中应随时检查测量、放样、弹线工作是否按施工技术方案进行，并进行复核记录。

⑤ 模板应涂刷隔离剂。涂刷隔离剂时，应选取适宜的隔离剂品种，注意不要使用影响结构或妨碍装饰装修工程施工的油性隔离剂。同时由于隔离剂沾污钢筋和混凝土接槎处，可能对混凝土结构受力性能造成明显的不利影响，在涂刷模板隔离剂时，不得沾污钢筋和混凝土接槎处，并应随时全数认真检查。

⑥ 模板的接缝不应漏浆。模板漏浆，会造成混凝土外观蜂窝麻面，直接影响混凝土质量。因此无论采用何种材料制作模板，其接缝都应严密，不漏浆。采用木模板时，由于木材吸水会胀缩，故木模板安装时的接缝不宜过于严密。安装完成后应浇水湿润，使木板接缝闭合。浇水时湿润即可，模板内不应积水。

⑦ 模板安装完后，应检查梁、柱、板交叉处，楼梯间墙面间隙接缝处等，防止有漏浆、错台现象。办理完模板工程预检验收，方准浇筑混凝土。

⑧ 模板安装和浇筑混凝土时，应对模板及其支架进行观察和维护。发生异常情况时，应按施工技术方案及时处理。模板及其支架拆除的顺序及安全措施

应按施工技术方案执行。

(3) 模板安装工程质量检验。

① 模板安装应满足下列要求：

a. 模板的接缝不应漏浆；在浇筑混凝土前，木模板应浇水湿润，但模板内不应有积水。

b. 模板与混凝土的接触面应清理干净并涂刷隔离剂，但不得采用影响结构性能或妨碍装饰工程施工的隔离剂。

c. 浇筑混凝土前，模板内的杂物应清理干净。

d. 对清水混凝土工程及装饰混凝土工程，应使用能达到设计效果的模板。

② 用作模板的地坪、胎模等应平整光洁，不得产生影响构件质量的下沉、裂缝、起砂或起鼓等缺陷。

③ 安装现浇结构的上层模板及其支架时，下层楼板应具有承受上层荷载的承载能力，或加设支架；上、下层支架的立柱应对准，并铺设垫板。

④ 在涂刷模板隔离剂时，不得沾污钢筋和混凝土接槎处。

⑤ 对跨度不大于 4 m 的现浇钢筋混凝土梁、板，其模板应按设计要求起拱；当设计无具体要求时，起拱高度宜为跨度的 1/1000～3/1000。

⑥ 固定在模板上的预埋件、预留孔和预留洞均不得遗漏，且应安装牢固，其偏差应符合表 4-18 的规定。

表 4-18　**预埋件和预留孔、洞的允许偏差**

项目		允许偏差/mm
预埋钢板中心线位置		3
预埋管、预留孔中心线位置		2
插筋	中心线位置	5
	外露长度	+10,0
预埋螺栓	中心线位置	2
	外露长度	+10,0
预留洞	中心线位置	10
	外露长度	+10,0

注：检查中心线位置时，应沿纵、横 2 个方向量测，并取其中的较大值。

⑦ 现浇结构模板安装的允许偏差及检验方法见表 4-19。

表 4-19　**现浇结构模板安装的允许偏差及检验方法**

项目		允许偏差/mm	检验方法
轴线位置		5	钢尺检查
底模上表面标高		±5	水准仪或拉线，钢尺检查
截面内部尺寸	基础	±10	钢尺检查
	柱、墙、梁	+4，−5	钢尺检查
垂直度	层高不大于 5 m	6	经纬仪或吊线，钢尺检查
	层高大于 5 m	8	经纬仪或吊线，钢尺检查
相邻两板表面高低差		2	钢尺检查
表面平整度		5	2 m 靠尺和塞尺检查

注：检查轴线位置时，应沿纵、横 2 个方向量测，并取其中的较大值。

⑧ 预制构件模板安装的允许偏差及检验方法见表4-20。

表4-20　**预制构件模板安装的允许偏差及检验方法**

项目		允许偏差/mm	检验方法
长度	板、梁	±5	钢尺量两角边，取其中较大值
	薄膜梁、桁架	±10	
	柱	0，−10	
	墙板	0，−5	
宽度	板、墙板	0，−5	钢尺量一端及中部，取其中较大值
	梁、薄膜梁、桁架、柱	+2，−5	
高（厚）度	板	+2，−3	钢尺量一端及中部，取其中较大值
	墙板	0，−5	
	梁、薄膜梁、桁架、柱	+2，−5	
侧向弯曲	梁、板、柱	l/1000且不大于15	拉线、钢尺量最大弯曲处
	墙板、薄膜梁、桁架	l/1500且不大于15	
板的表面平整度		3	2 m靠尺和塞尺检查
相邻两板表面高低差		1	钢尺检查
对角线差	板	7	钢尺量两个对角线
	墙板	5	
翘曲	板、墙板	l/1500	测平尺在两端量测
设计起拱	薄膜梁、桁架、梁	±3	拉线、钢尺量跨中

注：l为构件长度，单位为mm。

4.3.2.2　模板拆除工程

模板拆除工程质量通病及防治措施

(1) 模板拆除工程的施工要求。

① 模板及其支架的拆除时间和顺序应事先在施工技术方案中确定，拆模必须按拆模顺序进行，一般是后支的先拆，先支的后拆；先拆非承重部分，后拆承重部分。重大复杂的模板拆除，按专门制定的拆模方案执行。

② 拆模时不要用力过大、过急，拆下来的模板和支撑用料要及时运走、整理。

③ 现浇楼板采用早拆模施工时，经理论计算复核后将大跨度楼板改成支模形式为小跨度的楼板（≤2 m），当浇筑的楼板混凝土实际强度达到50%的设计强度标准值，可拆除模板，保留支架，严禁调换支架。

④ 多层建筑施工，当上层楼板正在浇筑混凝土时，下一层楼板的模板支架不得拆除，再下一层楼板的支架，仅可拆除一部分；跨度在4 m及4 m以上的梁下均应保留支架，其间距不得大于3 m。

⑤ 高层建筑梁、板模板，完成一层结构，其底模及其支架的拆除时间控制，应对所用混凝土的强度发展情况分层进行核算，确保下层梁及楼板混凝土能承受上层全部荷载。

⑥ 拆除前应先清理脚手架上的垃圾杂物，再拆除连接杆件，经检查安全可靠后方可按顺序拆除模板。拆除时要有统一指挥、专人监护，设置警戒区，防止交叉作业，拆下物品及时清运、整修、保养。

⑦ 后张法预应力结构构件，侧模宜在预应力张拉前拆除；底模及支架的拆除应按施工技术方案执行，当无具体要求时，应在结构构件建立预应力之后拆除。

⑧ 后浇带模板的拆除和支顶方法应按施工技术方案执行。

(2) 模板拆除工程质量检验。

① 底模及其支架拆除时的混凝土强度应符合设计要求；当设计无具体要求时，混凝土强度应符合表 4-21 的规定。

表 4-21 **底模拆除时的混凝土强度要求**

构件类型	构件跨度/m	达到设计的混凝土立方体抗压强度标准值的百分率/%
板	≤2	≥50
	>2,≤8	≥75
	>8	≥100
梁、拱、壳	≤8	≥75
	>8	≥100
悬臂构件	—	≥100

② 对后张法预应力混凝土结构构件，侧模宜在预应力张拉前拆除；底模支架的拆除应按施工技术方案执行，当无具体要求时，不应在结构构件建立预应力前拆除。

③ 后浇带模板的拆除和支顶应按施工技术方案执行。

④ 侧模拆除时的混凝土强度应能保证其表面及棱角不受损伤。

⑤ 模板拆除时，不应对楼层形成冲击荷载。拆除的模板和支架宜分散堆放并及时清运。

4.3.3 混凝土工程

4.3.3.1 材料要求

混凝土工程质量通病及防治措施

(1) 水泥。

① 水泥进场时必须有产品合格证、出厂检验报告，并对水泥品种、级别、包装或散装仓号、出厂日期等进行检查验收，对其强度、安定性及其他必要的性能指标进行复试。其质量必须符合《通用硅酸盐水泥》(GB 175—2007)等的规定。

② 当使用中对水泥的质量有怀疑或水泥出厂超过三个月(快硬水泥超过一个月)时，应进行复试，并按复试结果使用。

③ 钢筋混凝土结构、预应力混凝土结构中，严禁使用含氯化物的水泥。

大体积混凝土施工案例

④ 水泥在运输和储存时，应有防潮、防雨措施，防止水泥受潮凝结，结块强度降低，不同品种和强度等级的水泥应分别储存，不得混存混用。

(2) 骨料。

① 混凝土中用的骨料有细骨料(砂)、粗骨料(碎石、卵石)。其质量必须符合国家现行标准《普通混凝土用砂、石质量及检验方法标准》(JGJ 52—2006)的规定。

② 骨料进场时,必须进行复验,按进场的批次和产品的抽样检验方案,检验其颗粒级配、含泥量及粗细骨料的针片状颗粒含量,必要时还应检验其他质量指标。

(3) 水。

拌制混凝土宜采用饮用水;当采用其他水源时,应进行水质试验,水质应符合国家现行标准《混凝土用水标准》(JGJ 63—2006)的规定。

(4) 外加剂。

① 混凝土中掺用的外加剂应有产品合格证、出厂检验报告,并按进场的批次和产品的抽样检验方案进行复验,其质量及应用技术应符合现行国家标准《混凝土外加剂》(GB 8076—2008)、《混凝土外加剂应用技术规范》(GB 50119—2013)等及有关环境保护的规定。

② 预应力混凝土结构中,严禁使用含氯化物的外加剂。钢筋混凝土结构中,当使用含氯化物的外加剂时,混凝土中氯化物的总含量应符合现行国家标准《混凝土质量控制标准》(GB 50164—2011)的规定。选用的外加剂,需要时还应检验其氯化物、硫酸盐等有害物质的含量,经验证确认对混凝土无有害影响时方可使用。

③ 不同品种外加剂应分别存储,做好标记,在运输和存储时不得混入杂物和遭受污染。

(5) 掺合料。

混凝土中使用的掺合料主要是粉煤灰,其掺量应通过试验确定。进场的粉煤灰应有出厂合格证,并应按进场的批次和产品的抽样检验方案进行复试。其质量应符合国家现行标准《粉煤灰混凝土应用技术规范》(GB/T 50146—2014)、《用于水泥、砂浆和混凝土中的粒化高炉矿渣粉》(GB/T 18046—2017)等的规定。

(6) 配合比。

① 混凝土的配合比应根据现场采用的原材料进行配合比设计,再按普通混凝土拌合物性能试验方法等标准进行试验、试配,以满足混凝土强度、耐久性及和易性的要求,不得采用经验配合比。

② 施工前应审查混凝土配合比设计是否满足设计和施工要求,并应经济、合理。

③ 混凝土现场搅拌时应对原材料的计量进行检查,并经常检查坍落度,控制水灰比。

4.3.3.2 混凝土工程施工管理

(1) 混凝土现场搅拌时应对原材料的计量进行检查,并经常检查坍落度,严格控制水灰比。

(2) 检查混凝土搅拌的时间,并在混凝土搅拌后和浇筑地点分别抽样检测混凝土的坍落度,每班至少检查两次,评定时应以浇筑地点的测值为准。

(3) 混凝土施工前检查混凝土的运输设备、道路是否良好、畅通,保证混凝土的连续浇筑和良好的混凝土和易性。运至浇筑地点时的混凝土坍落度应符合规定要求。

(4) 泵送混凝土时应注意以下几个方面的问题:

① 操作人员应持证上岗,应有高度的责任感和良好的职业素质,并能及时处理操作过程中出现的故障。

② 泵与浇筑地点联络畅通。

③ 泵送前应先用水灰比为 0.7 水泥砂浆湿润管道,同时要避免将水泥砂集中浇筑。

④ 泵送过程严禁加水,需要增加混凝土的坍落度时,应加与混凝土相同品种水泥、水灰比相同

的水泥浆。

⑤ 应配专人巡视管道，发现异常及时处理。

⑥ 在梁、板上铺设的水平管道泵送时振动大，应采取相应的措施防止损坏钢筋骨架(网片)。

(5) 混凝土浇筑前检查模板表面是否清理干净，木模板是否浇水湿润。

(6) 混凝土浇筑前检查对已完钢筋工程的必要保护措施，防止钢筋被踩踏，产生位移或钢筋保护层减薄。

(7) 混凝土施工中检查控制混凝土浇筑的方法和质量。一是防止浇筑速度过快，避免在钢筋上面和墙与板、梁与柱交界处出现裂缝；二是防止浇筑不均匀，或接槎处处理不好易形成裂缝。混凝土浇筑应在混凝土初凝前完成，浇筑高度不宜超过 2 m，竖向结构不宜超过 3 m，否则应检查是否采取了相应措施。控制混凝土一次浇筑的厚度，并保证混凝土的连续浇筑。

(8) 浇筑与墙、柱连成一体的梁和板时，应在墙、柱浇筑完毕 1～1.5 h 后，再浇筑梁和板；梁和板宜同时浇筑混凝土。

(9) 浇筑墙、柱混凝土时应注意保护钢筋骨架，防止墙、柱钢筋产生位移。

(10) 浇筑混凝土时，施工缝的留设位置应符合有关规定。

(11) 混凝土浇筑时应检查混凝土振捣情况，保证混凝土振捣密实。防止振捣棒撞击钢筋，使钢筋移位。合理使用混凝土振捣机械，掌握正确的振捣方法，控制振捣时间。

(12) 混凝土施工前应审查施工缝、后浇带处理的施工技术方案。检查施工缝、后浇带留设的位置是否符合规范和设计要求，其处理应符合以下规定。

① 柱，宜留置在基础的顶面、梁或吊车梁牛腿的下面、吊车梁的上面、无梁楼板柱帽的下面。

② 与板连成整体的大截面梁，留置在板底面以下 20～30 mm 处，当板下有梁托时，留置在梁托下部。

③ 单向板，留置在平行于板的短边的任何位置。

④ 有主次梁的楼板宜顺着次梁方向浇筑，施工缝应留置在次梁跨度的中间 1/3 范围内。

⑤ 墙，留置在门洞口过梁跨中 1/3 范围内，也可留在纵横墙的交接处。

⑥ 双向受力楼板、大体积混凝土结构、拱、穹拱、薄壳、蓄水池、斗仓、多层钢架及其他结构复杂的工程，施工缝的位置应按设计要求留置。

(13) 混凝土施工过程中应对混凝土的强度进行检查，在混凝土浇筑地点随机留取标准养护试件和同条件养护试件，其留取的数量应符合要求。

(14) 混凝土浇筑后应检查是否按施工技术方案进行养护，并对养护的时间进行检查落实。

4.3.3.3 混凝土工程施工质量检验

(1) 结构混凝土的强度等级必须符合设计要求。用于检查结构构件混凝土强度的试件，应在混凝土的浇筑地点随机抽取。取样与试件留置应符合下列规定：

① 每拌制 100 盘且不超过 100 m^3 的同配合比的混凝土，取样不得少于 1 次。

② 每工作班拌制的同一配合比的混凝土不足 100 盘时，取样不得少于 1 次。

③ 当一次连续浇筑超过 1000 m^3 时，同一配合比的混凝土每 200 m^3 取样不得少于 1 次。

④ 每一楼层、同一配合比的混凝土，取样不得少于 1 次。

⑤ 每次取样应至少留置 1 组标准养护试件，同条件养护试件的留置组数应根据实际的需要确定。

(2) 对有抗渗要求的混凝土结构，其混凝土试件应在浇筑地点随机取样。同一工程、同一配合比的混凝土，取样不应少于 1 次，留置组数可根据实际需要确定。

(3) 混凝土运输、浇筑及间歇的全部时间不应超过混凝土的初凝时间。同一施工段的混凝土应连续浇筑,并应在底层混凝土初凝之前将上一层混凝土浇筑完毕。

当底层混凝土初凝后浇筑上一层混凝土时,应按施工技术方案中对施工缝的要求进行处理。

(4) 施工缝的位置应在混凝土浇筑前按设计要求和施工技术方案确定。施工缝的处理应按施工技术方案执行。

(5) 混凝土浇筑完毕后,应按施工技术方案及时采取有效的养护措施,并应符合下列规定:

① 应在浇筑完毕后的 12 h 以内对混凝土加以覆盖并保湿养护。

② 混凝土浇水养护的时间,对采用硅酸盐水泥、普通硅酸盐水泥或矿渣硅酸盐水泥拌制的混凝土,不得少于 7 d;对掺用缓凝型外加剂或有抗渗要求的混凝土,不得少于 14 d。

③ 浇水次数应能保持混凝土处于湿润状态,混凝土养护用水应与拌制用水相同。

④ 采用塑料布覆盖养护的混凝土,其敞露的全部表面应覆盖严密,并应保持塑料布内有凝结水。

⑤ 混凝土强度达到 112 N/mm^2 前,不得在其上踩踏或安装模板及支架。

4.4 防水工程质量控制

防水工程施工是建设工程中的重要组成部分。通过对防水材料的合理选择与施工,建筑工程预防浸水和渗漏发生,确保工程建设能够充分发挥使用功能,延长使用寿命。根据防水工程的类型不同,地下防水工程可以划分为防水混凝土工程、卷材防水层工程、涂料防水层工程等。

4.4.1 防水混凝土工程

防水混凝土工程质量通病及防治措施

4.4.1.1 材料质量要求

(1) 水泥。水泥宜采用普通硅酸盐水泥或硅酸盐水泥,其强度等级不应低于 42.5 级,不得使用过期或受潮结块水泥。

(2) 集料。石子采用碎石或卵石,粒径宜为 5～40 mm,含泥量不得大于 1.0%,泥块含量不得大于 0.5%。砂宜用中砂,含泥量不得大于 3.0%,泥块含量不得大于 1.0%。

(3) 水。拌制混凝土所用的水,应采用不含有害物质的洁净水。

(4) 外加剂。外加剂的技术性能,应符合国家或行业标准一等品及其以上的质量要求。

(5) 粉煤灰。粉煤灰的级别不应低于二级,掺量不宜大于 20%;硅粉掺量不应大于 3%;其他掺合料的掺量应通过试验确定。

4.4.1.2　施工过程要求

(1) 施工配合比应通过试验确定，抗渗等级应比设计要求试配要求提高一级。

(2) 拌制混凝土所用材料的品种、规格和用量，每工作班检查不应少于两次。每盘混凝土组成材料计量结果的允许偏差应符合表4-22的规定。

表4-22　混凝土组成材料计量结果的允许偏差

混凝土组成材料	每盘计量/%	累计计量/%
水泥、掺合料	±2	±1
粗、细集料	±3	±0
水、外加剂	±2	±1

(3) 混凝土在浇筑地点的坍落度，每工作班至少检查两次，坍落度试验应符合现行国家标准《普通混凝土拌合物性能试验方法标准》(GB/T 50080—2016)的有关规定。混凝土坍落度允许偏差应符合表4-23的规定。

表4-23　混凝土坍落度允许偏差

要求坍落度/mm	允许偏差/mm
≤40	±10
50～90	±15
>90	±20

(4) 泵送混凝土在交货地点的入泵坍落度，每工作班至少检查两次。混凝土入泵时的坍落度允许偏差应符合表4-24的规定。

表4-24　混凝土入泵时的坍落度允许偏差

所需坍落度/mm	允许偏差/mm
≤40	±20
>100	±30

(5) 若防水混凝土拌合物在运输后出现离析，则必须进行二次搅拌。当坍落度损失后不能满足施工要求时，应加入原水胶比的水泥浆或掺加同品种的减水剂进行搅拌，严禁直接加水。

(6) 防水混凝土的振捣必须采用机械振捣，振捣时间不应少于2 min。掺外加剂的应根据外加剂的技术要求确定搅拌时间。

4.4.1.3　防水混凝土质量检验

(1) 防水混凝土的原材料、配合比及坍落度必须符合设计要求。

(2) 防水混凝土的抗压强度和抗渗性能必须符合设计要求。

(3) 防水混凝土结构的施工缝、变形缝、后浇带、穿墙管、埋设件等的设置和构造必须符合设计要求。

(4) 防水混凝土结构表面应坚实、平整，不得有露筋、蜂窝等缺陷；埋设件位置应准确。

(5) 防水混凝土结构表面的裂缝宽度不应大于 0.2 mm，且不得贯通。

(6) 防水混凝土结构厚度不应小于 250 mm，其允许偏差应为－5～＋8 mm；主体结构迎水面钢筋保护层厚度不应小于 50 mm，其允许偏差应为±5 mm。

4.4.2 卷材防水工程

4.4.2.1 材料质量要求

卷材防水工程质量通病及防治措施

(1) 卷材防水层应采用高聚物改性沥青类防水卷材和合成高分子类防水卷材。所选用的基层处理剂、胶黏剂、密封材料等均应与铺贴的卷材相匹配。

(2) 卷材外观质量、品种规格应符合现行国家标准或行业标准；卷材及其胶黏剂应具有良好的耐水性、耐久性、耐刺穿性、耐腐蚀性和耐菌性。

(3) 材料通常应提供质量证明文件，并按规定现场随机取样进行复检，复检合格方可用于工程。

4.4.2.2 卷材防水工程施工过程要求

防水混凝土和卷材防水层施工案例

(1) 铺贴防水卷材前，基面应干净、干燥，并应涂刷基层处理剂；当基面潮湿时，应涂刷湿固化型胶黏剂或潮湿界面隔离剂。

(2) 基层阴、阳角应做成圆弧或 45°坡角，其尺寸应根据卷材品种确定；在转角处、变形缝、施工缝、穿墙管等部位应铺贴卷材加强层，加强层宽度不应小于 500 mm。

(3) 防水卷材的搭接宽度应符合表 4-25 的要求。铺贴双层卷材时，上、下两层和相邻两幅卷材的接缝应错开 1/3～1/2 幅宽，且两层卷材不得相互垂直铺贴。

表 4-25 防水卷材的搭接宽度

卷材品种	搭接宽度/mm
弹性体改性沥青防水卷材	100
改性沥青聚乙烯胎体防水卷材	100
自粘聚合物改性沥青防水卷材	80
三元乙丙橡胶防水卷材	100/60(胶黏剂/胶黏带)
聚氯乙烯防水卷材	60/80(单焊缝/双焊缝)
	100(胶黏剂)
聚乙烯丙纶复合防水卷材	100(黏结料)
高分子自粘胶膜防水卷材	70/80(自粘胶/胶黏带)

(4) 冷粘法铺贴卷材应符合下列规定：

① 胶黏剂应涂刷均匀，不得露底、堆积；

② 根据胶黏剂的性能，应控制胶黏剂涂刷与卷材铺贴的间隔时间；

③ 铺贴时不得用力拉伸卷材，排除卷材下面的空气，辊压粘贴牢固；

④ 铺贴卷材应平整、顺直，搭接尺寸应准确，不得扭曲、皱褶；

⑤ 卷材接缝部位应采用专用胶黏剂或胶黏带满粘，接缝口应用密封材料封严，其宽度不应小于 10 mm。

(5) 热熔法铺贴卷材应符合下列规定：

① 火焰加热器加热卷材应均匀，不得加热不足或烧穿卷材；

② 卷材表面热熔后应立即滚铺，排除卷材下面的空气，并粘贴牢固；

③ 铺贴卷材应平整、顺直，搭接尺寸应准确，不得扭曲、皱褶；

④ 卷材接缝部位应溢出热熔的改性沥青胶料，并粘贴牢固，封闭严密。

(6) 自粘法铺贴卷材应符合下列规定：

① 铺贴卷材时，应将有黏性的一面朝向主体结构；

② 外墙、顶板铺贴时，排除卷材下面的空气，辊压粘贴牢固；

③ 铺贴卷材应平整、顺直，搭接尺寸应准确，不得扭曲、皱褶和起泡；

④ 立面卷材铺贴完成后，应将卷材端头固定，并应用密封材料封严；

⑤ 低温施工时，宜对卷材和基面采用热风适当加热，然后铺贴卷材。

4.4.2.3 卷材防水工程质量检验

(1) 卷材防水层所用卷材及其配套材料必须符合设计要求。

(2) 卷材防水层在转角处、变形缝、施工缝、穿墙管等部位的做法必须符合设计要求。

(3) 卷材防水层的搭接缝应粘贴或焊接牢固，密封严密，不得有扭曲、褶皱、翘边和起泡等缺陷。

(4) 采用外防外贴法铺贴卷材防水层时，立面卷材接槎的搭接宽度，高聚物改性沥青类卷材应为 150 mm，合成高分子类卷材应为 100 mm，且上层卷材应盖过下层卷材。

(5) 侧墙卷材防水层的保护层与防水层应结合紧密，保护层厚度应符合设计要求。

(6) 卷材搭接宽度的允许偏差应为－10 mm。

4.4.3 涂料防水工程

涂料防水工程质量通病及防治措施

4.4.3.1 材料质量要求

(1) 涂料防水层材料分有机防水涂料和无机防水涂料。前者宜用于结构主体迎水面，后者宜用于结构主体的背水面。

(2) 有机防水涂料应采用反应型、水乳型、聚合物水泥等涂料；无机防水涂料应采用掺外加剂、掺合料的水泥基防水涂料或水泥基渗透结晶型防水涂料。

(3) 有机防水涂料基面应干燥。当基面较潮湿时，应涂刷湿固化型胶黏剂或潮湿界面隔离剂；无机防水涂料施工前，基面应充分润湿，但不得有明水。

4.4.3.2　涂料防水工程施工过程要求

(1) 涂刷施工前,基层表面的气孔、凹凸不平、蜂窝、缝隙、起砂等,应修补处理,基面必须干净,无浮浆、无水珠、不渗水。

(2) 涂料涂刷前应先在基面上涂一层与涂料相溶的基层处理剂。

(3) 多组分涂料应按配合比准确计量,搅拌均匀,并应根据有效时间确定每次配制的用量。

(4) 涂料应分层涂刷或喷涂,涂层应均匀,涂刷应待前遍涂层干燥成膜后进行。每遍涂刷时应交替改变涂层的涂刷方向,同层涂膜的先后搭压宽度宜为30～50 mm。

(5) 涂料防水层的甩槎处接槎宽度不应小于100 mm,接涂前应将其甩槎表面处理干净。

(6) 采用有机防水涂料时,基层阴阳角处应做成圆弧状;在转角处、变形缝、施工缝、穿墙管等部位应增加胎体增强材料和增涂防水涂料,宽度不应小于500 mm。

(7) 胎体增强材料的搭接宽度不应小于100 mm。上、下两层和相邻两幅胎体的接缝应错开1/3幅宽,且上下两层胎体不得相互垂直铺贴。

(8) 涂料防水层完工并经验收合格后应及时做保护层。保护层规定跟卷材防水层相同。

4.4.3.3　涂料防水工程质量检验

(1) 涂料防水层所用的材料及配合比必须符合设计要求。

(2) 涂料防水层的平均厚度应符合设计要求,最小厚度不得小于设计厚度的90%。

(3) 涂料防水层在转角处、变形缝、施工缝、穿墙管等部位的做法必须符合设计要求。

(4) 涂料防水层应与基层黏结牢固,涂刷均匀,不得流淌、鼓包、露槎。

(5) 涂层间夹铺胎体增强材料时,应使防水涂料浸透胎体覆盖完全,不得有胎体外露现象。

(6) 侧墙涂料防水层的保护层与防水层应结合紧密,保护层厚度应符合设计要求。

4.5　钢结构工程质量控制

钢结构工程质量通病及防治措施

4.5.1　钢结构工程原材料质量检验

原材料及成品进场,是指用于钢结构各分项工程施工现场的主要材料、零(部)件、成品件、标准件等产品的进场验收。加强原材料及成品进场的质量控制,有利于从源头上把好钢结构工程质量关。

4.5.1.1 钢结构原材料质量控制

(1) 钢材、钢铸件、焊接材料、连接用紧固件、焊接球、螺栓球、封板、锥头和套筒、涂装材料等的品种、规格、性能等应符合现行国家产品标准和设计要求，使用前必须检查产品质量合格证明文件、中文标志和检验报告；进口的材料应进行商检，其产品质量应符合设计和合同规定标准的要求。

(2) 高强度大六角头螺栓连接副和扭剪型高强度螺栓连接副出厂时应分别随箱带有扭矩系数和紧固力(与拉力)的检验报告，并应检查复检报告。

(3) 工程中所有的钢构件必须有出厂合格证和有关质量证明文件。

(4) 凡标志不清或怀疑有质量问题的材料、钢结构件、重要钢结构主要受力构件、钢材和焊接材料、高强度螺栓、需进行追踪检验的以控制和保证质量可靠性的材料和钢结构等，均应进行抽检。材料质量抽样和检验方法，应符合国家有关标准和设计要求。要能反映该批材料的质量特性。

(5) 材料的代用必须征得设计单位的认可。

4.5.1.2 钢结构原材料质量检验

(1) 检验批划分。

钢结构分项工程是按照主要工种、材料、施工工艺等进行划分的，钢结构分项工程检验批划分遵循以下原则：

① 单层钢结构按变形缝划分；

② 多层及高层钢结构按楼层或施工段划分；

③ 压型金属板工程可按屋面、墙板、楼面等划分。

对于原材料及成品进场时的检验批，原则上应与各分项工程检验批一致，也可以根据工程规模及进料实际情况合并或分解检验批。

(2) 钢材质量检验。

钢材质量检验标准与检验方法见表 4-26。

表 4-26 **钢材质量检验标准与检验方法**

项目	序号	检验项目	检验标准	检验数量	检验方法
主控项目	1	钢结构用钢材、钢铸件的品种、规格、性能	符合设计要求和现行国家产品标准	全数检查	检查质量合格证明文件、中文标志及检验报告等
	2	钢结构工程中承重结构使用的钢材	抗拉强度、伸长率、屈服点、冲击韧性等物理性能，同时还应满足相关化学成分硫、磷、碳的极限含量		
	3	原材料进场时应进行抽样复验钢材	抽样原则：国外进口钢材；钢材混批；板厚不大于 40 mm，且设计有 Z 向性能要求的厚板；建筑结构安全等级为一级，大跨度钢结构中主要受力构件所采用的钢材；设计有复验要求的钢材；对质量有疑义的钢材	全数检查	检查复验报告

续表

项目	序号	检验项目	检验标准	检验数量	检验方法
一般项目	1	钢板厚度及允许偏差	应符合其产品标准的要求	每一品种、规格的钢板抽查5处	用游标卡尺量测
	2	型钢的规格尺寸及允许偏差			
	3	结构用钢材的外观质量	(1) 钢材表面有锈蚀、麻点或划痕等缺陷时，其深度不得大于该钢材厚度负允许偏差值的1/2； (2) 钢材表面锈蚀等级应符合现行国家标准《涂覆涂料前钢材表面处理　表面清洁度的目视评定　第1部分：未涂覆过的钢材表面和全面清除原有涂层后的钢材表面的锈蚀等级和处理等级》(GB/T 8923.1—2011)规定的C级及C级以上； (3) 钢材端边或断口处不应有分层、夹渣等缺陷。对重级工作制和吊车起重量大于或等于50 t的中级工作制焊接吊车梁、吊车桁架或类似结构的钢材，除应有抗拉强度、屈服强度、延伸率和硫、磷含量的合格保证外，还应有常温冲击韧性的合格保证	全数检查	观察

(3) 焊接材料质量检验。

焊接材料质量检验标准和检验方法见表4-27。

表4-27　**焊接材料质量检验标准和检验方法**

项目	序号	检验项目	检验标准	检验数量	检验方法
主控项目	1	焊接材料的品种、规格、性能	符合现行国家产品标准和设计要求	全数检查	检查焊接材料的质量合格证明文件、中文标志及检验报告等，检查复检报告
	2	重要钢结构采用的焊接材料	应进行抽样复检		
一般项目	1	焊钉及焊接瓷环的规格、尺寸及偏差	国家标准《电弧螺柱焊用圆柱头焊钉》(GB/T 10433—2002)中的规定	按量抽查1%，且不应少于10套	用钢尺和游标卡尺量测
	2	焊条外观	不应有药皮脱落、焊芯生锈等缺陷；焊剂不应受潮结块	按量抽查1%，且不应少于10包	观察

注：重要钢结构是指建筑结构安全等级为一级的一、二级焊缝，建筑结构安全等级为二级的一级焊缝，大跨度结构中一级焊缝，重级工作制吊车梁结构中一级焊缝。

(4) 连接用紧固标准件质量检验。

连接用紧固标准件质量检验标准与检验方法见表4-28。

表 4-28 连接用紧固标准件质量检验标准与检验方法

项目	序号	检验项目	检验标准	检验数量	检验方法
主控项目	1	钢结构连接用高强度大六角头螺栓连接副、扭剪型高强度螺栓连接副、钢网架用高强度螺栓、普通螺栓、铆钉、自攻钉、拉铆钉、射钉、锚栓(机械型和化学试剂型)、地脚锚栓等紧固标准件及螺母、垫圈等标准配件	符合现行国家产品标准和设计要求,高强度大六角头螺栓连接副和扭剪型高强度螺栓连接副出厂时应分别随箱带有扭矩系数和紧固轴力(预拉力)的检验报告	全数检查	检查质量合格证明文件、中文标志及检验报告等
	2	高强度大六角头螺栓连接副	应按《钢结构工程施工质量验收标准》(GB 50205—2020)规定检验其扭矩系数,其检验结果应符合规范要求	《钢结构工程施工质量验收标准》(GB 50205—2020)有关规定	检查复检报告
	3	扭剪型高强度螺栓连接副预拉力	符合《钢结构工程施工质量验收标准》(GB 50205—2020)要求		检查复检报告
一般项目	1	高强度螺栓连接副包装及外观	应按包装箱配套供货,包装箱上应标明批号、规格、数量及生产日期。螺栓、螺母、垫圈外观表面应涂油保护,不应出现生锈和沾染赃物现象,螺纹不应损伤	按包装箱数抽查 5% 且不应少于 3 箱	观察
	2	对建筑结构安全等级为一级,跨度 40 m 及 40 m 以上的螺栓球节点钢网架结构,其连接高强度螺栓应进行表面硬度试验	对 8.8 级的高强度螺栓,其硬度应为 HRC21～HRC29;10.9 级高强度螺栓,其硬度应为 HRC32～HRC36,且不得有裂纹或损伤	按规格抽查 8 只	硬度计、10 倍放大镜或磁粉探伤

(5) 焊接球质量检验。

焊接球质量检验标准与检验方法见表 4-29。

表 4-29 焊接球质量检验标准与检验方法

项目	序号	检验项目	检验标准	检验数量	检验方法
主控项目	1	焊接球及制造焊接球所采用的原材料,其品种、规格、性能	应符合现行国家产品标准和设计要求	全数检查	检查质量合格证明文件、中文标志及检验报告等
	2	焊接球焊缝应进行无损检验	其质量应符合设计要求,当设计无要求时应符合规范中规定的二级质量标准	每一规格按数量抽查 5%,且不应少于 3 个	超声波探伤或检查检验报告

续表

项目	序号	检验项目	检验标准	检验数量	检验方法
一般项目	1	焊接球直径、圆度、壁厚减薄量	尺寸及允许偏差应符合规范的规定	每一规格按数量抽查5%,且不应少于3个	用卡尺和测厚仪检查
	2	焊接球表面	应无明显波纹及局部凹凸不平不大于1.5 mm		用弧形套模、卡尺和观察检查

注:焊接球是指焊接空心球,是作为材料产品对待,不是指施工的质量控制,而是指焊接球进场的质量验收。

(6) 螺栓球质量检验。

螺栓球质量检验标准与检验方法见表4-30。

表4-30 **螺栓球质量检验标准与检验方法**

项目	序号	检验项目	检验标准	检验数量	检验方法
主控项目	1	螺栓球及制造螺栓球节点所采用的原材料,其品种、规格、性能	应符合现行国家产品标准和设计要求	全数检查	检查质量合格证明文件、中文标志及检验报告等
	2	螺栓球	不得有过烧、裂纹及褶皱	每种规格抽查5%,且不应少于5只	用10倍放大镜观察和表面探伤
一般项目	1	螺栓球螺纹尺寸、螺纹公差	符合现行国家标准《普通螺纹　基本尺寸》(GB/T 196—2003)中粗牙螺纹的规定,螺纹公差必须符合现行国家标准《普通螺纹　公差》(GB/T 197—2003)中6H级精度的规定		用标准螺纹规检查
	2	螺栓球直径、圆度、相邻两螺栓孔中心线间夹角等尺寸及允许偏差	符合规范的规定	每一规格按数量抽查5%,且不应少于3个	用卡尺和分度头仪检查

(7) 封板、锥头和套筒质量检验。

封板、锥头和套筒质量检验标准与检验方法见表4-31。

表4-31 **封板、锥头和套筒质量检验标准与检验方法**

项目	序号	检验项目	检验标准	检验数量	检验方法
主控项目	1	封板、锥头和套筒及制造封板、锥头和套筒所采用的原料	其品种、规格、性能等应符合现行国家产品标准和设计要求	全数检查	检查质量合格证明文件、中文标志及检验报告等
	2	封板、锥头、套筒外观	不得有裂纹、过烧及氧化皮	每种抽查5%,且不应少于10只	用放大镜观察检查和表面探伤

注:此处封板、锥头和套筒是指成品用于螺栓球打点网架中的材料,是进场质量的验收。

(8) 金属压型板质量检验。

金属压型板质量检验标准与检验方法见表 4-32。

表 4-32 金属压型板质量检验标准与检验方法

项目	序号	检验项目	检验标准	检验数量	检验方法
主控项目	1	金属压型板及制造金属压型板所采用的原材料	其品种、规格、性能等应符合现行国家产品标准和设计要求	全数检查	检查质量合格证明文件、中文标志及检验报告等
	2	压型金属泛水板、包角板和零配件	品种、规格以及防水密封材料的性能应符合现行国家产品标准和设计要求		
一般项目	1	压型金属板	规格尺寸及允许偏差、表面质量、涂层质量等应符合设计要求和规范的规定	每种规格抽查 5%，且不应少于 3 件	观察和用 10 倍放大镜检查及尺量

注:金属压型板包括单层压型金属板、保温板、扣件等屋面、墙面围护板及零配件,是成品进场质量验收项目。

(9) 涂装材料质量检验。

涂装材料质量检验标准与检验方法见表 4-33。

表 4-33 涂装材料质量检验标准与检验方法

项目	序号	检验项目	检验标准	检验数量	检验方法
主控项目	1	钢结构防腐涂料、稀释剂和固化剂	材料的品种、规格、性能等应符合现行国家产品标准和设计要求	全数检查	检查质量合格证明文件、中文标志及检验报告等
	2	钢结构防火涂料	品种和技术性能应符合设计要求,并应经过具有资质的检测机构检测符合国家现行有关标准的规定		
一般项目	1	防腐涂料和防火涂料	型号、名称、颜色及有效期应与其质量证明文件相符,开启后,不应存在结皮、结块、凝胶等现象	按桶数抽查 5%,且不应少于 3 桶	观察

(10) 其他材料质量检验。

其他材料质量检验标准与检验方法见表 4-34。

表 4-34 其他材料质量检验标准与检验方法

项目	序号	检验项目	检验标准	检验数量	检验方法
主控项目	1	钢结构用橡胶垫	品种、规格、性能等应符合现行国家产品标准和设计要求	全数检查	检查质量合格证明文件、中文标志及检验报告等
	2	钢结构工程所涉及的其他特殊材料	品种、规格、性能等应符合现行国家产品标准和设计要求		

钢零件及钢部件工程质量通病及防治措施

4.5.2 钢零件及钢部件工程

4.5.2.1 钢零件及钢部件工程质量控制

主要控制钢材切割面或剪切面的平面度、割纹和缺口的深度、边缘缺棱、型钢端部垂直度、构件几何尺寸偏差、矫正工艺、矫正尺寸及偏差、控制温度、弯曲加工及成型、刨边允许偏差和粗糙度、螺栓孔质量(包括精度、直径、圆度、垂直度、孔距、孔边距等)、管和球的加工质量等,均应符合设计和规范要求。

4.5.2.2 钢零件及钢部件工程质量检验

(1) 切割。

钢材切割面或剪切面应无裂纹、夹渣、分层和大于 1 mm 的缺棱。

检查数量:全数检查。

检验方法:观察或用放大镜及百分尺检查,有疑义时做渗透、磁粉或超声波探伤检查。

其检验的一般项目如下。

① 气割的允许偏差应符合表 4-35 的规定。

检查数量:按切割面数抽查 10%,且不应少于 3 个。

检验方法:观察检查或用钢尺、塞尺检查。

表 4-35 气割的允许偏差

项目	允许偏差/mm	项目	允许偏差/mm
零件宽度、长度	±3.0	割纹深度	0.3
切割面平面度	0.05t,且不应大于 2.0	局部缺口深度	1.0

注:t 为切割面厚度,取 1.0 mm。

② 机械剪切的允许偏差应符合表 4-36 的规定。

检查数量:按切割面数抽查 10%,且不应少于 3 个。

检验方法:观察检查或用钢尺、塞尺检查。

表 4-36 机械剪切的允许偏差

项目	允许偏差/mm	项目	允许偏差/mm
零件宽度、长度	±3.0	型钢端部垂直度	2.0
边缘缺棱	1.0		

(2) 矫正和成型。

① 主控项目。

a. 碳素结构钢在环境温度低于 −16 ℃、低合金结构钢在环境温度低于 −12 ℃时,不应进行冷矫正和冷弯曲。碳素结构钢和低合金结构钢在加热矫正时,加热温度不应超过 900 ℃。低合金结构钢在加热矫正后应自然冷却。

检查数量:全数检查。

检验方法:检查制作工艺报告和施工记录。

b. 当零件采用热加工成型时，加热温度应控制在 900～1000 ℃；碳素结构钢和低合金结构钢在温度分别下降到 700 ℃和 800 ℃之前，应结束加工；低合金结构钢应自然冷却。

检查数量：全数检查。

检验方法：检查制作工艺报告和施工记录。

② 一般项目。

矫正后的钢材表面，不应有明显的凹面或损伤，划痕深度不得大于 0.5 mm，且不应大于该钢材厚度负允许偏差的 1/2。

检查数量：全数检查。

检验方法：观察和实测。

(3) 边缘加工。

① 主控项目。

气割或机械剪切的零件需要进行边缘加工时，其刨削量不应小于 2.0 mm。

检查数量：全数检查。

检验方法：检查工艺报告和施工记录。

② 一般项目。

边缘加工允许偏差应符合表 4-37 的规定。

表 4-37 **边缘加工的允许偏差**

项目	允许偏差
零件宽度、长度	±1.0 μm
加工边垂直度	l/3000，且不应大于 2.0 μm
相邻两边夹角	±6′
加工面垂直度	0.0025t，且不应大于 0.5 μm
加工面表面粗糙度	50 μm

注：l 表示长度，t 表示切割面厚度。

检查数量：按加工面数抽查 10%，且不应少于 3 件。

检验方法：观察和实测。

(4) 管、球加工。

① 主控项目。

a. 螺栓球成型后，不应有裂纹、褶皱、过烧。

检查数量：每种规格抽查 10%，且不应少于 5 个。

检验方法：用 10 倍放大镜观察或表面探伤。

b. 钢板压成半网球后，表面不应有裂纹、褶皱；焊接球其对接坡口应采用机械加工，对接焊缝表面应打磨平整。

检查数量：每种规格抽查 10%，且不应少于 5 个。

检验方法：用 10 倍放大镜观察或表面探伤。

② 一般项目。

a. 螺栓球加工的允许偏差应符合表 4-38 的规定。

检查数量：每种规格抽查 10%，且不应少于 5 个。

检验方法：见表 4-38。

表 4-38　**螺栓球加工的允许偏差**

项目		允许偏差/mm	检验方法
圆度	$d \leqslant 120$ mm	1.5	用卡尺和游标卡尺检查
	$d > 120$ mm	2.5	
同一轴线上两铣平面平行度	$d \leqslant 120$ mm	0.2	用百分表 V 形块检查
	$d > 120$ mm	0.3	
铣平面至球中心距离		±0.2	用游标卡尺检查
相邻两螺栓孔中心线夹角		±30′	用分度头检查
两铣平面与螺栓孔轴线垂直度		$0.005r$	用百分表检查
球毛坯直径	$d \leqslant 120$ mm	+2.0 −1.0	用卡尺和游标卡尺检查
	$d > 120$ mm	+3.0 −1.5	

注：d、r 分别为螺栓球的直径、半径。

b. 焊接球加工的允许偏差应符合表 4-39 的规定。

检查数量：每种规格抽查 10%，且不应少于 5 个。

检验方法：见表 4-39。

表 4-39　**焊接球加工的允许偏差**

项目	允许偏差/mm	检验方法
直径	$\pm 0.005d$ ±2.5	用卡尺和游标卡尺检查
圆度	2.5	用卡尺和游标卡尺检查
壁厚减薄量	$0.13t$，且不应大于 1.5	用卡尺和测厚仪检查
两半球对口错边	1.0	用套模和游标卡尺检查

注：d 为焊接球的直径，t 为厚度。

c. 钢网架（桁架）用钢管杆件加工的允许偏差应符合表 4-40 的规定。

检查数量：每种规格抽查 10%，且不应少于 5 根。

检验方法：见表 4-40。

表 4-40　**钢网架（桁架）用钢管杆件加工的允许偏差**

项目	允许偏差/mm	检验方法
长度	±1.0	用钢尺和百分表检查
端面对管轴的垂直度	$0.005r$	用百分表 V 形块检查
管口曲线	1.0	用套模和游标卡尺检查

注：r 为钢管半径。

（5）制孔。

① 主控项目。

A、B级螺栓孔(Ⅰ类孔)应具有H12的精度，孔壁表面粗糙度 Ra 不应大于12.0 μm。其孔径的允许偏差应符合表4-41的规定。

C级螺栓孔(Ⅱ类孔)，孔壁表面粗糙度 Ra 不应大于25 μm，其允许偏差应符合表4-42的规定。

检查数量：按钢构件数量抽查10%，且不应少于3件。

检验方法：用游标卡尺或孔径量规检查。

表4-41 **A、B级螺栓孔径的允许偏差** (单位:mm)

序号	螺栓公称直径、螺栓孔直径	螺栓公称直径允许偏差	螺栓孔直径允许偏差
1	10～18	0.00 −0.21	+0.18 0.00
2	18～30	0.00 −0.21	+0.21 0.00
3	30～50	0.00 −0.25	+0.25 0.00

表4-42 **C级螺栓孔径的允许偏差**

项目	允许偏差/mm
直径	+1.0 0.0
圆度	2.0
垂直度	0.03t，且不应大于2.0

注：t 表示构件厚度。

② 一般项目。

螺栓孔孔距的允许偏差应符合表4-43的规定。

表4-43 **螺栓孔孔距允许偏差** (单位:mm)

螺栓孔孔距范围	≤500	501～1200	1201～3000	>3000
同一组内任意两孔间距离	±1.0	±1.5	—	—
相邻两组的端孔距离	±1.5	±2.0	±2.5	±3.0

注：1. 在节点中连接板与一根杆件相连的所有螺栓孔为一组；
2. 对接接头在拼接板一侧的螺栓孔为一组；
3. 在两相邻节点或接头间的螺栓孔为一组，但不包括上述所规定的螺栓孔；
4. 受弯构件翼缘上的连接螺栓孔，每米长度范围内的螺栓孔为一组。

检查数量：按钢构件数量抽查10%，且不应少于3件。

检验方法：用钢尺检查。

4.5.3 钢结构焊接工程

钢结构焊接工程质量通病及防治措施

4.5.3.1 钢构件焊接工程

(1) 主控项目。

a. 焊条、焊丝、焊剂、电渣焊熔嘴等焊接材料与母材的匹配应符合设计要求及

《钢结构焊接规范》(GB 50661—2011)的规定。焊条、焊剂、药芯焊丝、熔嘴等在使用前,应按其产品说明书及焊接工艺文件的规定进行烘焙和存放。

检查数量:全数检查。

检验方法:检查质量证明书和烘焙记录。

b.焊工必须经考试合格并取得合格证书。持证焊工必须在其考试合格项目及其认可范围内施焊。

检查数量:全数检查。

检验方法:检查焊工合格证书及其认可范围、有效期。

c.施工单位对其首次采用的钢材、焊接材料、焊接方法、焊后热处理等,应进行焊接工艺评定,并根据评定报告确定焊接工艺。

检查数量:全数检查。

检验方法:检查焊接工艺评定报告。

d.设计要求全焊透的一、二级焊缝应采用超声波探伤进行内部缺陷的检验,超声波探伤不能对缺陷做出判断时,应采用射线探伤,其内部缺陷分级及探伤方法应符合《焊缝无损检测 超声检测 技术、检测等级和评定》(GB/T 11345—2013)的规定。

焊接球节点网架焊缝、螺栓球节点网架焊缝及网管 T、K、Y 形节点相关线焊缝,其内部缺陷分级及探伤方法应符合《钢结构超声波探伤及质量分级法》(JG/T 203—2007)、《钢结构焊接规范》(GB 50661—2011)的规定。

一级、二级焊缝的质量等级及缺陷分级应符合表 4-44 的规定。

检查数量:全数检查。

检验方法:检查超声波或射线探伤记录。

表 4-44 **一、二级焊缝质量等级及缺陷分级**

焊缝质量等级		一级	二级
内部缺陷 超声波探伤	评定等级	Ⅱ	Ⅲ
	检验等级	B 级	B 级
	探伤比例	100%	20%
内部缺陷 射线探伤	评定等级	Ⅱ	Ⅲ
	检验等级	AB 级	AB 级
	探伤比例	100%	20%

注:探伤比例的计数方法应按以下原则确定。

1. 对于工厂制作焊缝,应按每条焊缝计算百分比,且探伤长度应不小于 200 mm,当焊缝长度不足 200 mm 时,应对整条焊缝进行探伤。
2. 对于现场安装焊缝,应按同一类型、同一施焊条件的焊缝条数计算百分比,探伤长度应不小于 200 mm,并应不少于 1 条焊缝。

e.焊缝表面不得有裂纹、焊瘤等缺陷。一级、二级焊缝不得有表面气孔、夹渣、弧坑、裂纹、电弧擦伤等缺陷。且一级焊缝不得有咬边、未焊满、根部收缩等缺陷。

检查数量:每批同类构件抽查 10%,且不应少于 3 件;被抽查构件中,每一类型焊缝按条数抽查 5%,且不应少于 1 条;每条检查 1 处,总抽查数不应少于 10 处。

检验方法:观察或使用放大镜、焊缝量规和钢尺测量,当存在疑义时,采用渗透或磁粉探伤检查。

(2) 一般项目。

a. 对于需要进行焊前预热或焊后热处理的焊缝,其预热温度或后热温度应符合国家现行有关标准的规定或通过工艺试验确定。预热区在焊道两侧,每侧宽度均应大于焊件厚度的1.5倍以上,且不应小于100 mm;后热处理应在焊后立即进行,保温时间应根据板厚按每25 mm板厚1 h确定。

检查数量:全数检查。

检验方法:检查预热、后热施工记录和工艺试验报告。

b. 焊成凹形的角焊缝,焊缝金属与母材间应平缓过渡;加工成凹形的角焊缝,不得在其表面留下切痕。

检查数量:每批同类构件抽查10%,且不应少于3件。

检验方法:观察。

c. 焊缝感观应达到外形均匀、成型较好,焊道与焊道、焊道与基本金属间过渡较平滑,焊渣和飞溅物基本清除干净。

检查数量:每批同类构件抽查10%,且不应少于3件;被抽查构件中,每种焊缝按数量各抽查5%,总抽查数不应少于5处。

检验方法:观察。

4.5.3.2 焊钉(栓钉)焊接工程

(1) 主控项目。

a. 施工单位对其采用的焊钉和钢材焊接应进行焊接工艺评定,其结果应符合设计要求和国家现行有关标准的规定。瓷环应按其产品说明书进行烘焙。

检查数量:全数检查。

检验方法:检查焊接工艺评定报告和烘焙记录。

b. 焊钉焊接后应进行弯曲试验检查,其焊缝和热影响区不应有肉眼可见的裂纹。

检查数量:每批同类构件抽查10%,且不应少于10件;被抽查构件中,每件检查焊钉数量的1%,但不应少于1个。

检验方法:焊钉弯曲30°后用角尺测量和观察。

(2) 一般项目。

焊钉根部焊脚应均匀,焊脚立面的局部未熔合或不足360°的焊脚应进行修补。

检查数量:按总焊钉数量抽查1%,且不应少于10个。

检验方法:观察。

4.5.4 紧固件连接工程

4.5.4.1 普通紧固件连接

(1) 主控项目。

① 普通螺栓作为永久性连接螺栓时,当设计有要求或对其质量有疑义时,应进行螺栓实物最小拉力载荷复验,其结果应符合《紧固件机械性能　螺栓、螺钉和螺柱》(GB/T 3098.1—2010)的规定。

检查数量：每一规格螺栓抽查8个。

检验方法：检查螺栓实物复验报告。

② 连接薄钢板采用的自攻钉、钢拉铆钉、射钉等，其规格、尺寸应与被连接钢板相匹配，其间距、边距等应符合设计要求。

检查数量：按连接节点数抽查1%，且不应少于3个。

检验方法：观察和尺量。

（2）一般项目。

① 永久性普通螺栓紧固应牢固、可靠，外露丝扣不应少于2扣。

检查数量：按连接节点数抽查10%，且不应少于3个。

检验方法：观察或用小锤敲击。

② 自攻螺钉、钢拉铆钉、射钉等与连接钢板应紧固密贴，外观排列整齐。

检查数量：按连接节点数抽查10%，且不应少于3个。

检验方法：观察或用小锤敲击。

4.5.4.2 高强度螺栓连接

（1）主控项目。

① 高强度大六角头螺栓连接副终拧完成1 h后、48 h内应进行终拧扭矩检查。

检查数量：按节点数抽查10%，且不应少于10个；每个被抽查节点按螺栓数抽查10%，且不应少于2个。

② 扭剪型高强度螺栓连接副终拧后，除因构造原因无法使用专用扳手终拧掉梅花头者外，未在终拧中拧掉梅花头的螺栓数不应大于该节点螺栓数的5%。对所有梅花头未拧掉的扭剪型高强度螺栓连接副应采用扭矩法或转角法进行终拧并做标记，且进行终拧扭矩检查。

检查数量：按节点数抽查10%，但不应少于10个节点，被抽查节点中梅花头未拧掉的扭剪型高强度螺栓连接副全数进行终拧扭矩检查。

（2）一般项目。

① 高强度螺栓连接副的施拧顺序和初拧、复拧扭矩应符合设计要求和《钢结构高强度螺栓连接技术规程》(JGJ 82—2011)的规定。

检查数量：全数检查资料。

检验方法：检查扭矩扳手标定记录和螺栓施工记录。

② 高强度螺栓连接副终拧后，螺栓丝扣应外露2～3扣，其中允许有10%的螺栓丝扣外露1扣或4扣。

检查数量：按节点数抽查5%，且不应少于10个。

检验方法：观察。

③ 高强度螺栓连接摩擦面应保持干燥、整洁，不应有飞边、毛刺、焊接飞溅物、焊疤、氧化铁皮、污垢等，除设计要求外，摩擦面不应涂漆。

检查数量：全数检查。

检验方法：观察。

④ 高强度螺栓应自由穿入螺栓孔。高强度螺栓孔不应采用气割扩孔，扩孔数量应征得设计单位同意，扩孔后的孔径不应超过$1.2d$（d为螺栓直径）。

检查数量：被扩螺栓孔全数检查。

检验方法：观察及用卡尺检查。

⑤ 螺栓球节点网架总拼完成后，高强度螺栓与球节点应紧固连接，高强度螺栓拧入螺栓球内的螺纹长度不应小于 1.0d(d 为螺栓直径)，连接处不应出现间隙、松动等未拧紧情况。

检查数量：按节点数抽查 5%，且不应少于 10 个。

检验方法：普通扳手及尺量控制。

4.5.5 钢构件组装工程

4.5.5.1 焊接 H 型钢

其检验的一般项目如下。

焊接 H 型钢的翼缘板拼接缝和腹板拼接缝的间距不应小于 200 mm。翼缘板拼接长度不应小于 2 倍板宽；腹板拼接宽度不应小于 300 mm，长度不应小于 600 mm。

检查数量：全数检查。

检验方法：观察和用钢尺检查。

4.5.5.2 组装

(1) 主控项目。

吊车梁和吊车桁架不应下挠。

检查数量：全数检查。

检验方法：构件直立，在两端支承后，用水准仪和钢尺检查。

(2) 一般项目。

① 顶紧接触面应有 75%以上的面积紧贴。

检查数量：按接触面的数量抽查 10%，且不应少于 10 个。

检验方法：用 0.3 mm 厚的塞尺检查，其塞入面积应小于 25%，边缘间隙不应大于 0.8 mm。

② 桁架结构杆件轴线交点错位的允许偏差不得大于 3.0 mm。

检查数量：按构件数抽查 10%，且不应少于 3 个；每个抽查构件按节点数抽查 10%，且不应少于 3 个节点。

检验方法：尺量。

4.5.5.3 端部铣平及安装焊缝坡口

(1) 主控项目。

端部铣平的允许偏差应符合表 4-45 的规定。

表 4-45 端部铣平的允许偏差

项目	允许偏差/mm
两端铣平时构件长度	±2.0
两端铣平时零件长度	±0.5
铣平面的平面度	0.3
铣平面对轴线的垂直度	l/1500

注：l 表示构件长度，下表同。

检查数量：按铣平面数量抽查10%，且不应少于3个。

检验方法：用钢尺、角尺、塞尺等检查。

(2) 一般项目。

① 安装焊缝坡口的允许偏差应符合表4-46的规定。

表4-46 安装焊缝坡口的允许偏差

项目	允许偏差
坡口角度	±5°
钝边	±1.0 mm

检查数量：按坡口数量抽查10%，且不应少于3条。

检验方法：用焊缝量规检查。

② 外露铣平面应做防锈保护。

检查数量：全数检查。

检验方法：观察。

4.5.5.4 钢构件外形尺寸

其检验的主控项目如下。

钢构件外形尺寸主控项目的允许偏差应符合表4-47的规定。

表4-47 钢构件外形尺寸主控项目的允许偏差

项目	允许偏差/mm
单层柱、梁、桁架受力支托(支承面)表面至第一个安装孔距离	±1.0
多节柱铣平面至第一个安装孔距离	±1.0
实腹梁两端最外侧安装孔距离	±3.0
构件连接处的截面几何尺寸	±3.0
柱、梁连接处的腹板中心线偏移	2.0
受压构件(杆件)弯曲矢高	l/1000，且不应大于10.0

检查数量：全数检查。

检验方法：用钢尺检查。

4.5.6 钢构件预拼装工程

其检验的主控项目如下。

高强度螺栓和普通螺栓连接的多层板叠，应采用试孔器进行检查，并应符合下列规定：

① 当采用比孔公称直径小1.0 mm的试孔器检查时，每组孔的通过率不应小于85%。

② 当采用比螺栓公称直径大0.3 mm的试孔器检查时，通过率应为100%。

检查数量：按预拼装单元全数检查。

检验方法：用试孔器检查。

4.5.7 单层钢结构安装工程

4.5.7.1 基础和支承面

(1) 主控项目。

① 建筑物的定位轴线、基础轴线和标高,地脚螺栓的规格及其紧固应符合设计要求。

检查数量:按柱基数抽查 10%,且不应少于 3 个。

检验方法:用经纬仪、水准仪、全站仪和钢尺现场实测。

② 基础顶面直接作为柱的支承面和基础顶面预埋钢板或支座作为柱的支承面时,其支承面、地脚螺栓(锚栓)位置的允许偏差应符合表 4-48 的规定。

表 4-48 支承面、地脚螺栓(锚栓)位置的允许偏差

项目		允许偏差/mm
支承面	标高	±3.0
	水平度	$l/1000$
地脚螺栓(锚栓)	螺栓中心偏移	5.0
预留孔中心偏移		10.0

检查数量:按柱基数抽查 10%,且不应少于 3 个。

检验方法:用经纬仪、水准仪、全站仪、水平尺和钢尺实测。

③ 采用坐浆垫板时,坐浆垫板的允许偏差应符合表 4-49 的规定。

表 4-49 坐浆垫板的允许偏差

项目	允许偏差/mm
顶面标高	0.0 −3.0
水平度	$l/1000$
位置	20.0

检查数量:资料全数检查。按柱基数抽查 10%,且不应少于 3 个。

检验方法:用水准仪、全站仪、水平尺和钢尺现场实测。

④ 采用杯口基础时,杯口尺寸的允许偏差应符合表 4-50 的规定。

表 4-50 杯口尺寸的允许偏差

项目	允许偏差/mm
底面标高	0.0 −5.0
杯口深度 H	±5.0
杯口垂直度	$H/100$,且不应大于 10.0
位置	10.0

检查数量:按基础数抽查 10%,且不应少于 4 处。

检验方法:观察及尺寸检查。

(2) 一般项目。

地脚螺栓(锚栓)尺寸的允许偏差应符合表4-51的规定。地脚螺栓(锚栓)的螺纹应受到保护。

表4-51 地脚螺栓(锚栓)尺寸的允许偏差

项目	允许偏差/mm
螺栓(锚栓)露出长度	+30.0 0.0
螺纹长度	+30.0 0.0

检查数量:按柱基数抽查10%,且不应少于3个。

检验方法:用钢尺现场实测。

4.5.7.2 安装和校正

(1) 主控项目。

① 钢构件应符合设计要求。运输、堆放和吊装等造成的钢构件变形及涂层脱落,应进行矫正和修补。

检查数量:按构件数抽查10%,且不应少于3个。

检验方法:用拉线、钢尺现场实测或观察。

② 设计要求顶紧的节点,接触面不应小于70%紧贴,且边缘最大间隙不应大于0.8 mm。

检查数量:按节点数抽查10%,且不应少于3个。

检验方法:用钢尺及0.3 mm和0.8 mm厚的塞尺现场实测。

(2) 一般项目。

① 钢柱等主要构件的中心线及标高基准点等标记应齐全。

检查数量:按同类构件数抽查10%,且不应少于3件。

检验方法:观察。

② 当钢桁架(或梁)安装在混凝土柱上时,其支座中心对定位轴线的偏差不应大于10 mm;当采用大型混凝土屋面板时,钢桁架(或梁)间距的偏差不应大于10 mm。

检查数量:按同类构件数抽查10%,且不应少于3榀。

检验方法:用拉线和钢尺现场实测。

③ 现场焊缝组对间隙的允许偏差应符合表4-52的规定。

检查数量:按同类节点数抽查10%,且不应少于3个。

检验方法:尺量。

表4-52 现场焊缝组对间隙的允许偏差

项目	允许偏差/mm
无垫板间隙	+3.0 0.0
有垫板间隙	+3.0 −2.0

④ 钢结构表面应干净,结构主要表面不应有疤痕、泥沙等污垢。

检查数量:按同类构件数抽查 10%,且不应少于 3 件。

检验方法:观察。

4.5.8 多层及高层钢结构安装工程

安装和校正工程的检验标准和检验方法如下。

(1) 主控项目。

① 钢构件应符合设计要求。运输、堆放和吊装等造成的钢构件变形及涂层脱落,应进行矫正和修补。

检查数量:按构件数抽查 10%,且不应少于 3 个。

检验方法:用拉线、钢尺现场实测或观察。

② 设计要求顶紧的节点,接触面不应小于 70%紧贴,且边缘最大间隙不应大于 0.8 mm。

检查数量:按节点数抽查 10%,且不应少于 3 个。

检验方法:用钢尺及 0.3 mm 和 0.8 mm 厚的塞尺现场实测。

(2) 一般项目。

① 钢结构表面应干净,结构主要表面不应有疤痕、泥沙等污垢。

检查数量:按同类构件数抽查 10%,且不应少于 3 件。

检验方法:观察。

② 钢柱等主要构件的中心线及标高基准点等标记应齐全。

检查数量:按同类构件数抽查 10%,且不应少于 3 件。

检验方法:观察。

③ 当钢构件安装在混凝土柱上时,其支座中心对定位轴线的偏差不应大于 10 mm;当采用大型混凝土屋面板时,钢梁(或桁架)间距的偏差不应大于 10 mm。

检查数量:按同类构件数抽查 10%,且不应少于 3 榀。

检验方法:用拉线和钢尺现场实测。

④ 多层及高层钢结构中现场焊缝组对间隙的允许偏差应符合表 4-52 的规定。

检查数量:按同类节点数抽查 10%,且不应少于 3 个。

检验方法:尺量。

4.5.9 钢网架结构安装工程

4.5.9.1 支承面顶板和支承垫块

其检验的主控项目如下。

① 钢网架结构支座定位轴线的位置、支座锚栓的规格应符合设计要求。

检查数量:按支座数抽查 10%,且不应少于 4 处。

检验方法:用经纬仪和钢尺实测。

② 支承面顶板的位置、标高、水平度以及支座锚栓位置的允许偏差应符合表 4-53 的规定。

表 4-53　**支承面顶板、支座锚栓位置的允许偏差**

项目		允许偏差/mm
支承面顶板	位置	15.0
	顶面标高	0 −3.0
	顶面水平度	l/1000
支座锚栓	中心偏移	±5.0

检查数量:按支座数抽查10%,且不应少于4处。

检验方法:用经纬仪、水准仪、水平尺和钢尺实测。

③ 支承垫块的种类、规格、摆放位置和朝向,必须符合设计要求和国家现行有关标准的规定。橡胶垫块与刚性垫块之间或不同类型刚性垫块之间不得互换使用。

检查数量:按支座数抽查10%,且不应少于4处。

检验方法:观察和用钢尺实测。

④ 网架支座锚栓的紧固应符合设计要求。

检查数量:按支座数抽查10%,且不应少于4处。

检验方法:观察。

4.5.9.2　总拼与安装

(1) 主控项目。

① 小拼单元的允许偏差应符合表4-54的规定。

表 4-54　**小拼单元的允许偏差**

项目			允许偏差/mm
节点中心偏移			2.0
焊接球节点与钢管中心的偏移			1.0
杆件轴线的弯曲矢高			L_1/1000,且不应大于5.0
锥体型小拼单元	弦杆长度		±2.0
	锥体高度		±2.0
	上弦杆对角线长度		±3.0
平面桁架型小拼单元	跨长	≤24 m	+3.0 −7.0
		>24 m	+5.0 −10.0
	跨中高度		±3.0
	跨中拱度	设计要求起拱	±L/5000
		设计未要求起拱	+10.0

注:L_1为杆件长度,L为跨长。

检查数量:按单元数抽查5%,且不应少于5个。

检验方法:用钢尺和拉线等辅助量具实测。

② 中拼单元的允许偏差应符合表4-55的规定。

表4-55 中拼单元的允许偏差

项目		允许偏差/mm
单元长度不大于20 m,拼接长度	单跨	±10.0
	多跨连续	±5.0
单元长度大于20 m,拼接长度	单跨	±20.0
	多跨连续	±10.0

检查数量:全数检查。

检验方法:用钢尺和辅助量具实测。

③ 对于建筑结构安全等级为一级、跨度40 m及40 m以上的公共建筑钢网架结构,当有设计要求时,应按下列项目进行节点承载力试验,其结果应符合以下规定。

a. 焊接球节点应按设计指定规格的球及其匹配的钢管焊接成试件,进行轴心拉、压承载力试验,其试验破坏荷载值大于或等于1.6倍设计承载力为合格。

b. 螺栓球节点应按设计指定规格的球最大螺栓孔螺纹进行抗拉强度荷载试验,当达到螺栓的设计承载力时,螺孔、螺纹及封板仍完好无损为合格。

检查数量:每项试验做3个试件。

检验方法:在万能试验机上进行检验,检查试验报告。

④ 钢网架结构总拼完成及屋面工程完成后,应分别测量其挠度值,且所测的挠度值不应超过相应设计值的1.15倍。

检查数量:对跨度24 m及24 m以下的钢网架结构,测量下弦中央一点;对跨度24 m以上钢网架结构,测量下弦中央一点及各向下弦跨度的四等分点。

检验方法:用钢尺和水准仪实测。

(2) 一般项目。

① 钢网架结构安装完成后,其节点及杆件表面应干净,不应有明显的疤痕、泥沙和污垢。螺栓球节点应将所有接缝用油腻子填嵌严密,并将多余螺孔封口。

检查数量:按节点及杆件数抽查5%,且不应少于10个节点。

检验方法:观察。

② 钢网架结构安装完成后,其安装的允许偏差应符合表4-56的规定。

检查数量:除杆件弯曲矢高按杆件数抽查5%外,其余全数检查。

检验方法:见表4-56。

表4-56 钢网架结构安装的允许偏差

项目	允许偏差/mm	检验方法
纵向、横向长度	$L/2000$,且不应大于30.0 $-L/2000$,且不应小于-30.0	用钢尺实测
支座中心偏移	$L/3000$,且不应大于30.0	用钢尺和经纬仪实测

续表

项目	允许偏差/mm	检验方法
周边支承网架相邻支座高差	L/400,且不应大于 15.0	用钢尺和水准仪实测
支座最大高差	30.0	
多点支撑网架相邻支座高差	L_1/800,且不应大于 30.0	

注:1. L 为纵向、横向长度;
2. L_1 为相邻支座间距。

4.5.10 压型金属板工程

4.5.10.1 压型金属板制作

(1) 主控项目。

① 压型金属板成型后,其基板不应有裂纹。

检查数量:按计件数抽查 5%,且不应少于 10 件。

检验方法:观察和用 10 倍放大镜检查。

② 有涂层、镀层压型金属板成型后,涂、镀层不应有肉眼可见的裂纹、剥落和擦痕等缺陷。

检查数量:按计件数抽查 5%,且不应少于 10 件。

检验方法:观察。

(2) 一般项目。

① 压型金属板的尺寸允许偏差应符合表 4-57 的规定。

表 4-57 压型金属板的尺寸允许偏差

项目			允许偏差/mm
波距			±2.0
波高	压型钢板	截面高度不大于 70 mm	±1.5
		截面高度大于 70 mm	±2.0
侧向弯曲	在测量长度 l_1 的范围内		20.0

注:l_1 为测量长度,是指板长扣除两端各 0.5 m 后的实际长度(小于 10 m)或扣除后任选的 10 m 长度。

检查数量:按计件数抽查 5%,且不应少于 10 件。

检验方法:用拉线和钢尺检查。

② 压型金属板成型后,表面应干净,不得有明显凹凸和皱褶。

检查数量:按计件数抽查 5%,且不应少于 10 件。

检验方法:观察。

③ 压型金属板施工现场制作的允许偏差应符合表 4-58 的规定。

表 4-58 压型金属板施工现场制作的允许偏差

项目		允许偏差
压型金属板的覆盖宽度	截面高度不大于 70 mm	+10.0 mm,−2.0 mm
	截面高度大于 70 mm	+6.0 mm,−2.0 mm

续表

项目		允许偏差
板长		±9.0 mm
横向剪切偏差		6.0 mm
泛水板、包角板尺寸	板长	±6.0 mm
	折弯面宽度	±3.0 mm
	折弯面夹角	2°

4.5.10.2 压型金属板安装

(1) 主控项目。

① 压型金属板、泛水板和包角板等应固定可靠、牢固，防腐涂料涂刷和密封材料敷设应完好，连接件数量、间距应符合设计要求和国家现行有关标准规定。

检查数量：全数检查。

检验方法：观察及尺量。

② 压型金属板应在支承构件上可靠搭接，搭接长度应符合设计要求，且不应小于表 4-59 所规定的数值。

表 4-59 **压型金属板在支承构件上的搭接长度**

项目		搭接长度/mm
截面高度大于 70 mm		375
截面高度不大于 70 mm	屋面坡度小于 1/10	250
	屋面坡度不小于 1/10	200
墙面		120

检查数量：按搭接部位总长度抽查 10%，且不应小于 10 m。

检验方法：观察和用钢尺检查。

③ 组合楼板中压型钢板与主体结构(梁)的锚固支承长度应符合设计要求，且不应小于 50 mm，端部锚固件连接应可靠，设置位置应符合设计要求。

检查数量：沿连接纵向长度抽查 10%，且不应小于 10 m。

检验方法：观察和用钢尺检查。

(2) 一般项目。

① 压型金属板安装应平整、顺直，板面不应有施工残留物和污物。檐口和墙面下端应呈直线，不应有未经处理的错钻孔洞。

检查数量：按面积抽查 10%，且不应小于 10 m^2。

检验方法：观察。

② 压型金属板安装的允许偏差应符合表 4-60 的规定。

表 4-60　**压型金属板安装的允许偏差**　(单位:mm)

项目		允许偏差
屋面	檐口与屋脊的平行度	12.0
	压型金属板波纹线对屋脊的垂直度	L/800,且不应大于 25.0
	檐口相邻两块压型金属板端部错位	6.0
	压型金属板卷边板件最大波浪高	4.0
墙面	墙板波纹线的垂直度	H/800,且不应大于 25.0
	墙板包角板的垂直度	H/800,且不应大于 25.0
	相邻两块压型金属板的下端错位	6.0

注:1. L 为屋面半坡或单坡长度;
2. H 为墙面高度。

检查数量:檐口与屋脊的平行度,按长度抽查 10%,且不应小于 10 m;其他项目,每 20 m 长度应抽查 1 处,不应少于 2 处。

检验方法:用拉线、吊线和钢尺检查。

4.5.11　钢结构涂装工程

4.5.11.1　钢结构防腐涂料涂装

(1) 主控项目。

① 涂装前钢材表面除锈应符合设计要求和国家现行有关标准的规定。处理后的钢材表面不应有焊渣、焊疤、灰尘、油污、水和毛刺等。

检查数量:按构件数抽查 10%,且同类构件不应少于 3 件。

检验方法:用铲刀检查和用《涂覆涂料前钢材表面处理　表面清洁度的目视评定　第 1 部分:未涂覆过的钢材表面和全面清除原有涂层后的钢材表面的锈蚀等级和处理等级》(GB/T 8923.1—2011)规定的图片对照观察检查。

② 涂料、涂装遍数、涂层厚度均应符合设计要求。

检查数量:按构件数抽查 10%,且同类构件不应少于 3 件。

检验方法:用干漆膜测厚仪检查。每个构件检测 5 处,每处的数值为 3 个相距 50 mm 测点涂层干漆膜厚度的平均值。

(2) 一般项目。

① 构件表面不应误涂、漏涂,涂层不应脱皮和返锈等。涂层应均匀,无明显皱皮、流坠、针眼和气泡等。

检查数量:全数检查。

检验方法:观察。

② 当钢结构处在有腐蚀介质环境或外露且设计有要求时,应进行涂层附着力测试,在检测范围内,当涂层完整程度达到 70%以上时,涂层附着力达到合格质量标准的要求。

检查数量:按构件数抽查 1%,且不应少于 3 件,每件测 3 处。

检验方法:按照《漆膜划圈试验》(GB/T 1720—2020)或《色漆和清漆　漆膜的划格试验》(GB/

T 9286—1998)的规定执行。

③ 涂装完成后,构件的标志、标记和编号应清晰、完整。

检查数量:全数检查。

检验方法:观察。

4.5.11.2 钢结构防火涂料涂装

(1) 主控项目。

① 涂装前钢材表面除锈及防锈底漆涂装应符合设计要求和国家现行有关标准的规定。

检查数量:按构件数量抽查10%,且同类构件不应少于3件。

检验方法:表面除锈用铲刀检查和用《涂覆涂料前钢材表面处理　表面清洁度的目视评定　第1部分:未涂覆过的钢材表面和全面清除原有涂层后的钢材表面的锈蚀等级和处理等级》(GB/T 8923.1—2011)规定的图片对照观察、检查。底漆涂料用干漆膜测厚仪检查,每个构件检查5处,每处的数值为3个相距50 mm测点涂层干漆膜厚度的平均值。

② 钢结构防火涂料的黏结强度、抗压强度应符合《钢结构防火涂料应用技术规范》(CECS 24:1990)的规定。检查方法应符合《建筑构件耐火试验方法　第1部分:通用要求》(GB/T 9978.1—2008)的规定。

检验数量:每使用100 t或不足100 t薄涂型防火涂料应抽检一次黏结强度,每使用500 t或不足500 t厚涂型防火涂料应抽检一次黏结强度和抗压强度。

检验方法:检查复验报告。

③ 薄涂型防火涂料的涂层厚度应符合有关耐火极限的设计要求。厚涂型防火涂料涂层的厚度,80%及80%以上面积应符合有关耐火极限的设计要求,且最薄处厚度不应低于设计要求的85%。

检查数量:按同类构件数抽查10%,且均不应少于3件。

检验方法:用涂层厚度测量仪、测针和钢尺检查。

④ 薄涂型防火涂料涂层表面裂纹宽度不应大于0.5 mm,厚涂型防火涂料涂层表面裂纹宽度不应大于1 mm。

检查数量:按同类构件数抽查10%,且均不应少于3件。

检验方法:观察和用尺量。

(2) 一般项目。

① 防火涂料涂装基层不应有油污、灰尘和泥沙等污垢。

检查数量:全数检查。

检验方法:观察。

② 防火涂料不应有误涂、漏涂,涂层应闭合,无脱层、空鼓、明显凹陷、粉化松散和浮浆等外观缺陷,乳突已剔除。

检查数量:全数检查。

检验方法:观察。

4.5.11.3 钢结构分部分项竣工验收

(1) 钢结构分部工程合格质量标准应符合下列规定:

① 各分项工程质量均应符合合格质量标准;

② 质量控制资料和文件应完整；
③ 有关安全及功能的检验和见证检测结果应符合相应合格质量标准的要求；
④ 有关观感质量应符合相应合格质量标准的要求。
(2) 钢结构分部工程竣工应提供下列文件和记录：
① 钢结构工程竣工图纸及相关设计文件；
② 施工现场质量管理检查记录；
③ 有关安全及功能的检验和见证检测项目检查记录；
④ 有关观感质量检验项目检查记录；
⑤ 分部工程所含各分项工程质量验收记录；
⑥ 分项工程所含各检验批质量验收记录；
⑦ 强制性条文检验项目检查记录及证明文件；
⑧ 隐蔽工程检验项目检查验收记录；
⑨ 原材料、成品质量合格证明文件、中文标志及性能检测报告；
⑩ 不合格项的处理记录及验收记录；
⑪ 重大质量、技术问题实施方案及验收记录；
⑫ 其他有关文件和记录。

4.6 木结构工程质量控制

4.6.1 术语

(1) 方木、原木结构。

方木、原木结构是承重构件由方木(含板材)或原木制作的结构。

(2) 齿连接。

齿连接是在木构件上开凿齿槽并与另一木构件抵承，利用其承压和抗剪能力传递构件间作用力的一种连接形式。

(3) 胶合木结构。

胶合木结构是承重构件由层板胶合木制作的结构。

(4) 层板胶合木。

层板胶合木是以木板层叠胶合而成的木材产品，简称胶合木，也称结构用集成材。按层板，其分为普通层板胶合木、目测分等层板胶合木和机械分等层板胶合木。

(5) 指接。

指接是木材接长的一种连接形式，是将两块木板端头用铣刀切削成相互啮合的指形序列，涂胶加压成为长板。

(6) 规格材。

规格材是由原木锯解成截面宽度和高度在一定范围内，尺寸系列化的锯材，并经干燥、刨光、定级和标识后的一种木产品。

(7) 轻型木结构。

轻型木结构是由规格材和木基结构板，通过钉连接制作的剪力墙与横隔(楼盖、屋盖)所构成的木结构，多用于1～3层房屋。

(8) 墙骨。

墙骨是轻型木结构墙体中的竖向构件，是主要的受压构件，并保证覆面板平面外的稳定和整体性。

(9) 搁栅。

搁栅是一种较小截面尺寸的受弯木构件(包括工字形木搁栅)，用于楼盖或顶棚，分别称为楼盖搁栅和顶棚搁栅。

(10) 木基结构板材。

木基结构板材是将原木旋切成单板或将木材切削成木片经胶合热压制成的承重板材，包括结构胶合板和定向木片板，可用于轻型木结构的墙面、楼面和屋面的覆盖板。

(11) 结构复合木材。

结构复合木材是将原木旋切成单板或切削成木片，施胶加压而成的一类木基结构用材，包括旋切板胶合木、平行木片胶合木、层叠木片胶合木及定向木片胶合木等。

(12) 工字形木搁栅。

工字形木搁栅是用锯材或结构复合木材做翼缘、定向木片板或结构胶合板做腹板制作的工字形截面受弯构件。

(13) 齿板。

齿板是用镀锌钢板冲压成多齿的连接件，能传递构件间的拉力和剪力，主要用于由规格材制作的木桁架节点的连接。

(14) 防腐剂。

防腐剂是能毒杀木腐菌、昆虫、凿船虫以及其他侵害木材生物的化学药剂。

(15) 载药量。

载药量是木构件经防腐剂加压处理后，能长期保持在木材内部的防腐剂量，按每立方米的千克数计算。

(16) 透入度。

透入度是木构件经防腐剂加压处理后，防腐剂透入木构件按毫米计的深度或占边材的百分率。

4.6.2 方木和原木结构

(1) 主控项目。

① 方木、原木结构的形式、结构布置和构件尺寸，应符合设计文件的规定。

检查数量：全数检查。

检验方法：实物与施工设计图对照、丈量。

② 结构用木材应符合设计文件的规定，并具有产品质量合格证书。

检查数量：全数检查。

检验方法：实物与设计文件对照，检查质量合格证书、标识。

③ 方木、原木及板材的材质等级不应低于表4-61的规定，不得采用普通商品材质的等级标准替代。

表 4-61　　方木、原木及板材的材质等级

项次	构件名称	材质等级
1	受拉或拉弯构件	I_a
2	受弯或压弯构件	II_a
3	受压构件及次要受弯构件(如吊顶小龙骨)	III_a

检查数量:全数检查。

④ 各类构件制作时及构件进场时木材的平均含水率,应符合下列规定:

a.原木或方木不应大于25%。

b.板材及规格材不应大于20%。

c.受拉构件的连接板不应大于18%。

d.处于通风条件不畅环境下的木构件的木材,不应大于20%。

检查数量:每一检验批每一树种每一规格等级木材随机抽取5根。

⑤ 钉连接、螺栓连接节点的连接件(钉、螺栓)的规格、数量,应符合设计文件的规定。

检查数量:全数检查。

检验方法:目测、丈量。

(2) 一般项目。

① 木构件受压接头的位置应符合设计文件的规定,并采用承压面垂直于构件轴线的双盖板连接(平接头),两侧盖板厚度均不应小于对接构件宽度的50%,高度应与对接构件高度一致。承压面应锯平并彼此顶紧,局部缝隙不应超过1 mm。螺栓直径、数量、排列应符合设计文件的规定。

检查数量:全数检查。

检验方法:目测、丈量,检查交接检验报告。

② 屋盖结构支撑系统的完整性应符合设计文件规定。

检查数量:全数检查。

检查方法:对照设计文件丈量实物,检查交接检验报告。

4.6.3 胶合木结构

(1) 主控项目。

① 胶合木结构的结构形式、结构布置和构件截面尺寸,应符合设计文件的规定。

检查数量:全数检查。

检验方法:实物与设计文件对照、丈量。

② 结构用层板胶合木的类别、强度等级和组坯方式,应符合设计文件的规定,并应有产品质量合格证书和产品标识,同时应有满足产品标准规定的胶缝完整性检验和层板指接强度检验合格证书。

检查数量:全数检查。

检验方法:实物与证明文件对照。

③ 各连接节点的连接件类别、规格和数量应符合设计文件的规定。桁架端节点齿连接胶合木端部的受剪面及螺栓连接中的螺栓位置,不应与漏胶胶缝重合。

检查数量:全数检查。

检验方法：目测、丈量。

（2）一般项目。

① 胶合木结构的外观质量应符合规定，对于外观要求为C级的胶合木构件截面，其尺寸允许偏差和层板错位应符合表4-62的要求。

表4-62 外观要求为C级的胶合木构件截面尺寸和层板错位的允许偏差 （单位：mm）

截面的高度或宽度	截面高度或宽度的允许偏差	错位的最大值
h 或 $b<100$	±2	4
$100\leqslant h$ 或 $b<300$	±3	5
h 或 $b\geqslant 300$	±6	6

② 金属节点构造、用料规格及焊缝质量应符合设计文件的规定。除设计文件另有规定外，与其相连的各构件轴线应相交于金属节点的合力作用点，与各构件相连的连接类型应符合设计文件的规定。

检查数量：全数检查。

检验方法：目测、丈量。

4.6.4 轻型木结构

（1）主控项目。

① 轻型木结构的承重墙（包括剪力墙）、柱、楼盖、屋盖布置、抗倾覆措施及屋盖抗掀起措施等，应符合设计文件的规定。

检查数量：全数检查。

检验方法：实物与设计文件对照。

② 进场规格材应有产品质量合格证书和产品标识。

检查数量：全数检查。

检验方法：实物与证书对照。

③ 轻型木结构各类构件所用规格材的树种、材质等级和规格，以及覆面板的种类和规格，应符合设计文件的规定。

检查数量：全数检查。

检验方法：实物与设计文件对照，检查交接报告。

④ 规格材的平均含水率不应大于20%。

检查数量：每一检验批每一树种每一规格等级规格材随机抽取5根。

⑤ 金属连接件应冲压成型，并应具有产品质量合格证书和材质合格保证。镀锌防锈层厚度不应小于275 g/m^2。

检查数量：全数检查。

检验方法：实物与产品质量合格证书对照检查。

⑥ 轻型木结构各类构件间连接的金属连接件的规格、钉连接的用钉规格与数量，应符合设计文件的规定。

检查数量：全数检查。

检验方法：目测、丈量。

(2) 一般项目。

轻型木结构的保温措施和隔汽层的设置等,应符合设计文件的规定。

检查数量:全数检查。

检验方法:对照设计文件检查。

4.6.5 木结构的防护

(1) 一般规定。

① 木结构的防护包括木结构的防腐、防虫和防火。

② 阻燃剂、防火涂料以及防腐、防虫等药剂,不得危及人畜安全,不得污染环境。

(2) 主控项目。

① 所使用的防腐、防虫药剂及防火涂料和阻燃剂应符合设计文件表明的木构件(包括胶合木构件等)使用环境类别和耐火等级,且有质量合格证书的证明文件。

检查数量:全数检查。

检验方法:实物对照,检查检验报告。

② 经化学药剂防腐处理后进场的每批次木构件都应进行透入度见证检验。

检查数量:每检验批随机抽取5～10根构件,均匀地钻取20个(油性药剂)或48个(水性药剂)芯样。

检验方法:见《木结构试验方法标准》(GB/T 50329—2012)。

③ 木结构中外露钢构件及未做镀锌处理的金属连接件,应按设计文件的规定采取防锈蚀措施。

检查数量:全数检查。

检验方法:实物与设计文件对照。

(3) 一般项目。

① 经防护处理的木构件,其防护层有损伤或因局部加工而造成防护层缺损时,应进行修补。

检查数量:全数检查。

检验方法:根据设计文件与实物对照检查,检查交接报告。

② 木结构外墙的防护构造措施应符合设计文件的规定。

检查数量:全数检查。

检验方法:根据设计文件与实物对照检查,检查交接报告。

4.6.6 木结构子分部工程验收

(1) 木结构子分部工程质量验收的程序应符合《建筑工程施工质量验收统一标准》(GB 50300—2013)的有关规定。

(2) 检验批及木结构分项工程质量验收应符合下列规定:

① 检验批主控项目检验结果应全部合格。

② 检验批一般项目检验结果应有80%以上的检查点合格,且最大偏差不应超过允许偏差的1.2倍。

③ 木结构分项工程所含检验批检验结果均应合格,且有各检验批质量验收的完整记录。

(3) 木结构子分部工程质量验收应符合下列规定:

① 子分部工程所含分项工程的质量验收均应合格。

② 子分部工程所含分项工程的质量资料和验收记录应完整。

③ 安全功能检测项目的资料应完整，抽检的项目均应合格。

④ 外观质量验收应符合《建筑工程施工质量验收统一标准》(GB 50300—2013)的规定。

(4) 木结构工程施工质量不合格时，应按《建筑工程施工质量验收统一标准》(GB 50300—2013)的有关规定进行处理。

独立思考

独立思考答案

4-1 工程发生超挖时应如何处理？回填土不密实的原因及防治方法是什么？

4-2 怎样做好大体积混凝土温控措施？

4-3 土地基和强夯地基的质量控制要点有哪些？

4-4 如何控制配筋砌体工程的质量？

4-5 防水工程具体有哪几项工程？各自保证施工质量的施工要点有哪些？

4-6 钢结构焊接工程和多层及高层钢结构安装工程的质量控制要点分别是什么？

5 装饰装修工程质量控制

5分钟
看完本章

内容提要

本章介绍了建筑装饰装修工程中常见的质量控制要点及质量验收标准，着重讲述所有装饰装修分项工程中常见的施工质量控制要点、质量验收标准以及验收规范中的相关内容，力求做到学以致用。

能力要求

通过本章的学习，学生应较为全面地了解装饰装修施工过程中质量控制的操作要点以及质量验收规范中的相关规定，掌握主要分部分项工程质量控制要点及检验标准。

5.1 建筑装饰装修工程施工质量的过程验收

5.1.1 分部、分项工程的划分

建筑装饰装修工程是建筑工程的重要组成部分，按施工工艺和装修部位划分，主要包括地面、抹灰、门窗、吊顶、轻质隔墙、饰面板（砖）、幕墙、涂饰、裱糊与软包、细部工程等10个子分部工程56个分项工程。

5.1.2 检验批的验收

(1) 检验批量。

建筑装饰装修工程的检验批可根据施工、质量控制和验收的需要，按楼层、施工段、变形缝等进行划分。一般按楼层划分检验批，对于工程量较少的分项工程可统一划分为一个检验批。

(2) 合格条件。

① 质量控制资料：具有完整的施工操作依据、质量检查记录。

② 主控项目：抽样样本均应符合《建筑装饰装修工程质量验收标准》(GB 50210—2018)中主控项目的规定。

③ 一般项目：抽查样本的80%以上应符合《建筑装饰装修工程质量验收标准》(GB 50210—2018)中一般项目的规定，其余样本不存在影响使用功能或明显影响装饰效果的缺陷。其中，有允许偏差的检验项目，其最大偏差不得超过规范规定的允许偏差的1.5倍。

5.1.3 分项工程、子分部工程、分部工程的验收

(1) 分项工程验收。

所含各检验批部位、区段的质量均应达到《建筑装饰装修工程质量验收标准》(GB 50210—2018)的规定。

(2) 子分部工程验收。

所含各分项工程的质量均应验收合格，并应符合下列规定：

① 应具备《建筑装饰装修工程质量验收标准》(GB 50210—2018)各子分部工程规定检验的文件和记录。

② 应具备有关安全和功能的检测项目的合格报告。

③ 观感质量应符合《建筑装饰装修工程质量验收标准》(GB 50210—2018)各分项工程中一般项目的要求。

(3) 分部工程验收。

所含各子分部工程的质量均应验收合格，并应按上述有关子分部工程验收中第①～③条的规定逐一核查。

5.2 建筑装饰装修工程施工质量的竣工验收

5.2.1 分部工程完工后验收

建筑装饰装修分部工程由总承包单位施工时，按分部工程验收；由分包单位施工时，装饰装修工程分包单位应按《建筑工程施工质量验收统一标准》(GB 50300—2013)规定的程序检查评定。建筑装饰装修工程分包单位对承建的项目检验时，总承包单位应参加，检验合格后，分包单位应将工程的有关资料移交给总包单位。

5.2.2 单位(子单位)工程竣工验收

当建筑工程只有装饰装修分部工程时，该工程应作为单位工程验收。若建筑装饰装修单位工程按施工段由几个施工单位负责施工，当其中某施工单位所负责的子单位工程已按设计完成，并经自行检验合格，也可按规定的程序组织正式验收，办理交工手续。在整个单位工程全部验收时，已验收的子单位工程验收资料应作为单位工程验收的附件。

5.3 建筑地面工程的施工质量控制

5.3.1 概述

(1) 术语。

① 建筑地面。

建筑地面是建筑物底层地面(地面)和楼层地面(楼面)的总称。

② 面层。

面层是直接承受各种物理和化学作用的建筑地面表面层。

③ 结合层。

结合层是面层与下一构造层相联结的中间层。

④ 基层。

基层是面层下的构造层,包括填充层、隔离层、找平层、垫层和基土等。

⑤ 填充层。

填充层是在建筑地面上起隔声、保温、找坡和暗敷管线等作用的构造层。

⑥ 隔离层。

隔离层是防止建筑地面上各种液体或地下水、潮气渗透地面等的构造层;仅防止地下潮气透过地面时,可称作防潮层。

⑦ 找平层。

找平层是在垫层、楼板上或填充层(轻质、松散材料)上起整平、找坡或加强作用的构造层。

⑧ 垫层。

垫层是承受并传递地面荷载于基土上的构造层。

⑨ 基土。

基土是底层地面的地基土层。

⑩ 缩缝。

缩缝是防止水泥混凝土垫层当气温降低时产生不规则裂缝而设置的收缩缝。

⑪ 伸缝。

伸缝是防止水泥混凝土垫层当气温升高时在缩缝边缘产生挤碎或拱起而设置的伸胀缝。

⑫ 纵向缩缝。

纵向缩缝是平行于混凝土施工流水作业方向的缩缝。

⑬ 横向缩缝。

横向缩缝是垂直于混凝土施工流水作业方向的缩缝。

(2) 基本规定。

① 建筑地面工程子分部工程、分项工程的划分按表 5-1 执行。

表 5-1　　**建筑地面子分部工程、分项工程划分表**

<table>
<tr><th>分部工程</th><th colspan="2">子分部工程</th><th>分项工程</th></tr>
<tr><td rowspan="6">建筑装饰装修工程</td><td rowspan="6">地面</td><td rowspan="2">整体面层</td><td>基层：基土、灰土垫层、砂垫层和砂石垫层、碎石垫层和碎砖垫层、三合土垫层、炉渣垫层、水泥混凝土垫层、找平层、隔离层、填充层</td></tr>
<tr><td>面层：水泥混凝土面层、水泥砂浆面层、水磨石面层、水泥钢（铁）屑面层、防油渗面层、不发火（防爆的）面层</td></tr>
<tr><td rowspan="2">板、块面层</td><td>基层：基土、灰土垫层、砂垫层和砂石垫层、碎石垫层和碎砖垫层、三合土垫层、炉渣垫层、水泥混凝土垫层、找平层、隔离层、填充层</td></tr>
<tr><td>面层：砖面层（陶瓷锦砖、缸砖、陶瓷地砖和水泥花砖面层）、大理石面层和花岗石面层、预制板块面层（水泥混凝土板块、水磨石板块面层）、料石面层（条石、块石面层）、塑料板面层、活动地板面层、地毯面层</td></tr>
<tr><td rowspan="2">木、竹面层</td><td>基层：基土、灰土垫层、砂垫层和砂石垫层、碎石垫层和碎砖垫层、三合土垫层、炉渣垫层、水泥混凝土垫层、找平层、隔离层、填充层</td></tr>
<tr><td>面层：实木地板面层（条材、块材面层）、实木复合地板面层（条材、块材面层）、中密度（强化）复合地板面层（条材面层）、竹地板面层</td></tr>
</table>

② 建筑地面工程施工质量的检验应符合下列规定：

a. 基层（各构造层）和各类面层的分项工程的施工质量验收应按每一层次或每层施工段（或变形缝）作为检验批，高层建筑的标准层可按每 3 层（不足 3 层按 3 层计）作为检验批。

b. 每检验批应以各子分部工程的基层（各构造层）和各类面层所划分的分项工程按自然间（或标准间）检验，抽查数量应随机检验不应少于 3 间；不足 3 间，应全数检查；其中走廊（过道）应以 10 延长米为 1 间计算，工业厂房（按单跨计）、礼堂、门厅应以两个轴线为 1 间计算。

c. 有防水要求的建筑地面子分部工程的分项工程施工质量，每检验批抽查数量应按其房间总数随机检验不应少于 4 间；不足 4 间，应全数检查。

③ 建筑地面工程完工后，施工质量验收应在建筑施工企业自检合格的基础上，由监理单位组织有关单位对分项工程、子分部工程进行检验。检验方法应符合下列规定：

a. 允许偏差应采用钢尺、2 m 靠尺、楔形塞尺、坡度尺和水准仪检查；

b. 空鼓应采用敲击的方法检查；

c. 有防水要求建筑地面的基层（各构造层）和面层，应采用泼水或蓄水方法检查，蓄水时间不得少于 24 h；

d. 各类面层（含不需铺设部分或局部面层）表面的裂纹、脱皮、麻面和起砂等缺陷，应采用观察的方法检查。

④ 建筑地面工程完工后，应对面层采取保护措施。

5.3.2 基层铺设

（1）一般规定。

基层包括基土、垫层、找平层、隔离层和填充层等分项工程。

基层铺设前，其下一层表面应干净，无积水。

卫生间渗漏水案例

基层的标高、坡度、厚度等应符合设计要求。基层表面应平整，其允许偏差应符合表 5-2 的规定。

表 5-2　**基层表面的允许偏差和检验方法**

项次	项目	允许偏差												检验方法
		基土	垫层					找平层			填充层		隔离层	
						毛地板								
		土	砂、砂石、碎石、碎砖	灰土、混凝土、三合土、炉渣、水泥混凝土	木搁栅	拼花实木地板、拼花实木复合地板面层	其他种类面层	用沥青玛琋脂做结合层，铺设拼花木板、板块面层	用水泥砂浆做结合层，铺设板块面层	用胶黏剂做结合层，铺设拼花木板、塑料板、强化复合地板、竹地板面层	松散材料	板、块材料	防水、防潮、防油渗	
1	表面平整度/mm	15	15	10	3	3	5	3	5	2	7	5	3	用 2 m 靠尺和楔形塞尺检查
2	标高/mm	0 −50	±20	±10	±5	±5	±8	±5	±8	±4	±4	±4		用水准仪检查
3	坡度	不大于房间相应尺寸的 1/500，且不大于 30°												用坡度尺检查
4	厚度	在个别地方不大于设计厚度的 1/10												用钢尺检查

(2) 基土的检验内容及方法见表 5-3。

表 5-3　**基土的检验内容及方法**

项目	检验内容及标准	检验方法
主控项目	基土严禁用淤泥、腐殖土、冻土、耕植土、膨胀土和含有有机物质大于 8% 的土作为填土	观察和检查土质记录
	基土应均匀、密实，压实系数应符合设计要求，设计无要求时，不应小于 0.90	观察和检查试验记录
一般项目	基土表面的允许偏差应符合表 5-2 的规定	应按表 5-2 中的检验方法检验

(3) 灰土垫层的检验内容及方法见表 5-4。

表 5-4　**灰土垫层的检验内容及方法**

项目	检验内容及标准	检验方法
主控项目	灰土体积比应符合设计要求	观察和检查配合比通知单记录
一般项目	熟化石灰颗粒粒径不得大于 5 mm；黏土(或粉质黏土、粉土)内不得含有有机物质，颗粒粒径不得大于 15 mm	观察和检查材质合格记录
	灰土垫层表面的允许偏差应符合表 5-2 的规定	应按表 5-2 中的检验方法检验

（4）砂垫层和砂石垫层的检验内容及方法见表 5-5。

表 5-5　**砂垫层和砂石垫层的检验内容及方法**

项目	检验内容及标准	检验方法
主控项目	砂和砂石不得含有草根等有机杂质。砂应采用中砂，石子最大粒径不得大于垫层厚度的 2/3	观察和检查材质合格证明文件及检测报告
	砂垫层和砂石垫层的干密度（或贯入度）应符合设计要求	观察和检查试验记录
一般项目	表面不应有砂窝、石堆等质量缺陷	观察
	砂垫层和砂石垫层表面的允许偏差应符合表 5-2 的规定	应按表 5-2 中的检验方法检验

（5）碎石垫层和碎砖垫层。

① 主控项目。

a. 碎石的强度应均匀，最大粒径不应大于垫层厚度的 2/3；碎砖不应采用风化、疏松、夹有有机杂质的砖料，颗粒粒径不应大于 60 mm。

检验方法：观察和检查材质合格证明文件及检测报告。

b. 碎石、碎砖垫层的密实度应符合设计要求。

检验方法：观察和检查试验记录。

② 一般项目。

碎石、碎砖垫层的表面允许偏差应符合表 5-2 的规定。

检验方法：应按表 5-2 中的检验方法检验。

（6）三合土垫层。

① 主控项目。

a. 熟化石灰颗粒粒径不得大于 5 mm；砂应用中砂，并不得含有草根等有机物质；碎砖不应采用风化、疏松和含有有机杂质的砖料，颗粒粒径不应大于 60 mm。

检验方法：观察和检查材质合格证明文件及检测报告。

b. 三合土的体积比应符合设计要求。

检验方法：观察和检查配合比通知单。

② 一般项目。

三合土垫层表面的允许偏差应符合表 5-2 的规定。

检验方法：应按表 5-2 中的检验方法检验。

（7）炉渣垫层。

① 主控项目。

a. 炉渣内不应含有有机杂质和未燃尽的煤块，颗粒粒径不宜大于 40 mm，且颗粒粒径在 5 mm 及 5 mm 以下的颗粒，不得超过总体积的 40%；熟化石灰颗粒粒径不得大于 5 mm。

检验方法：观察和检查材质合格证明文件及检测报告。

b. 炉渣垫层的体积比应符合设计要求。

检验方法：观察和检查配合比通知单。

② 一般项目。

a.炉渣垫层与其下一层结合牢固,不得有空鼓和松散炉渣颗粒。

检验方法:观察和用小锤轻击。

b.炉渣垫层表面的允许偏差应符合表5-2的规定。

检验方法:应按表5-2中的检验方法检验。

(8) 水泥混凝土垫层。

① 主控项目。

a.水泥混凝土垫层采用的粗骨料,其最大粒径不应大于垫层厚度的2/3,含泥量不应大于2%;砂为中粗砂,其含泥量不应大于3%。

检验方法:观察和检查材质合格证明文件及检测报告。

b.混凝土的强度等级应符合设计要求,且不应小于C10。

检验方法:观察和检查配合比通知单及检测报告。

② 一般项目。

水泥混凝土垫层表面的允许偏差应符合表5-2的规定。

检验方法:应按表5-2中的检验方法检验。

(9) 找平层。

找平层的检验内容及方法见表5-6。

表5-6 **找平层的检验内容及方法**

项目	检验内容及标准	检验方法
主控项目	找平层采用碎石或卵石的粒径不应大于其厚度的2/3,含泥量不应大于2%;砂为中粗砂,其含泥量不应大于3%	观察和检查材质合格证明文件及检测报告
	水泥砂浆体积比或水泥混凝土强度等级应符合设计要求,且水泥砂浆体积比不应小于1∶3(或相应的强度等级);水泥混凝土强度等级不应小于C15	观察和检查配合比通知单及检测报告
	有防水要求的建筑地面工程的立管、套管、地漏处严禁渗漏,坡向应正确,无积水	观察和蓄水、泼水检验及用坡度尺检查
一般项目	找平层与其下一层结合牢固,不得有空鼓	用小锤轻击
	找平层表面应密实,不得有起砂、蜂窝和裂缝等缺陷	观察
	找平层的表面允许偏差应符合表5-2的规定	应按表5-2中的检验方法检验

(10) 隔离层。

隔离层的检验内容及方法见表5-7。

表5-7 **隔离层的检验内容及方法**

项目	检验内容及标准	检验方法
主控项目	隔离层材质必须符合设计要求和国家产品标准的规定	观察和检查材质合格证明文件、检测报告

续表

项目	检验内容及标准	检验方法
主控项目	厕浴间和有防水要求的建筑地面必须设置防水隔离层。楼层结构必须采用现浇混凝土或整块预制混凝土板，混凝土强度等级不应小于C20；楼板四周除门洞外，应做混凝土翻边，其高度不应小于120 mm。施工时结构层标高和预留孔洞位置应准确，严禁乱凿洞	观察和用钢尺检查
	水泥类防水隔离层的防水性能和强度等级必须符合设计要求	观察和检查检测报告
	防水隔离层严禁渗漏，坡向应正确，排水通畅	观察，蓄水、泼水检验，用坡度尺检查并检查检验记录
一般项目	隔离层厚度应符合设计要求	观察检查和用钢尺检查
	隔离层与其下一层黏结牢固，不得有空鼓；防水涂层应平整、均匀，无脱皮、起壳、裂缝、鼓泡等缺陷	用小锤轻击和观察
	隔离层表面的允许偏差应符合表5-2的规定	应按表5-2中的检验方法检验

(11) 填充层。

① 主控项目。

a. 填充层的材料质量必须符合设计要求和国家产品标准的规定。

检验方法：观察和检查材质合格证明文件、检测报告。

b. 填充层的配合比必须符合设计要求。

检验方法：观察和检查配合比通知单。

② 一般项目。

a. 松散材料填充层铺设应密实，板块状材料填充层应压实，无翘曲。

检验方法：观察。

b. 填充层表面的允许偏差应符合表5-2的规定。

检验方法：应按表5-2中的检验方法检验。

5.3.3 整体面层铺设

(1) 一般规定。

整体面层包括水泥混凝土（含细石混凝土）面层、水泥砂浆面层、水磨石面层、水泥钢（铁）屑面层、防油渗面层和不发火（防爆的）面层等。

整体面层的允许偏差和检验方法应符合表5-8的规定。

表5-8 **整体面层的允许偏差和检验方法**

项次	项目	允许偏差/mm						检验方法
		水泥混凝土面层	水泥砂浆面层	普通水磨石面层	高级水磨石面层	水泥钢(铁)屑面层	防油渗面层和不发火(防爆的)面层	
1	表面平整度	5	4	3	2	4	5	用2 m靠尺和楔形塞尺检查

续表

项次	项目	允许偏差/mm						检验方法
		水泥混凝土面层	水泥砂浆面层	普通水磨石面层	高级水磨石面层	水泥钢(铁)屑面层	防油渗面层和不发火(防爆的)面层	
2	踢脚线上口平直	4	4	3	3	4	4	拉 5 m 线和用钢尺检查
3	缝格平直	3	3	3	2	3	3	

(2) 水泥混凝土面层。

① 主控项目。

a. 水泥混凝土采用的粗骨料,其最大粒径不应大于面层厚度的 2/3,细石混凝土面层采用的石子粒径不应大于 15 mm。

检验方法:观察和检查材质合格证明文件及检测报告。

b. 面层的强度等级应符合设计要求,且水泥混凝土面层强度等级不应小于 C20;水泥混凝土垫层兼面层强度等级不应小于 C15。

检验方法:检查配合比通知单及检测报告。

c. 面层与下一层应结合牢固,无空鼓、裂纹。

检验方法:用小锤轻击。

注:空鼓面积不应大于 400 cm^2,且每自然间(标准间)不多于 2 处可不计。

② 一般项目。

a. 面层表面不应有裂纹、脱皮、麻面、起砂等缺陷。

检验方法:观察。

b. 面层表面的坡度应符合设计要求,不得有倒泛水和积水现象。

检验方法:观察,采用泼水或坡度尺检查。

c. 水泥砂浆踢脚线与墙面应紧密结合,高度一致,出墙厚度均匀。

检验方法:用小锤轻击,用钢尺检查和观察。

注:局部空鼓长度不应大于 300 mm,且每自然间(标准间)不多于 2 处可不计。

d. 楼梯踏步的宽度、高度应符合设计要求。楼层梯段相邻踏步高度差不应大于 10 mm,每踏步两端宽度差不应大于 10 mm;旋转楼梯梯段的每踏步两端宽度的允许偏差为 5 mm。楼梯踏步的齿角应整齐,防滑条应顺直。

检验方法:观察和用钢尺检查。

e. 水泥混凝土面层的允许偏差应符合表 5-8 的规定。

检验方法:应按表 5-8 中的检验方法检验。

(3) 水泥砂浆面层。

① 主控项目。

a. 水泥采用硅酸盐水泥、普通硅酸盐水泥,其强度等级不应低于 32.5 级,不同品种、不同强度等级的水泥严禁混用;砂应为中粗砂,当采用石屑时,其粒径应为 1～5 mm,且含泥量不应大于 3%。

检验方法:观察和检查材质合格证明文件及检测报告。

b.水泥砂浆面层的体积比(强度等级)必须符合设计要求,且体积比应为 1∶2,强度等级不应小于 M15。

检验方法:检查配合比通知单和检测报告。

c.面层与下一层应结合牢固,无空鼓、裂纹缺陷。

检验方法:用小锤轻击。

注:空鼓面积不应大于 400 cm^2,且每自然间(标准间)不多于 2 处可不计。

② 一般项目。

a.面层表面的坡度应符合设计要求,不得有倒泛水和积水现象。

检验方法:观察和采用泼水或坡度尺检查。

b.面层表面应洁净,无裂纹、脱皮、麻面、起砂等缺陷。

检验方法:观察。

c.踢脚线与墙面应紧密结合、高度一致,出墙厚度应均匀。

检验方法:用小锤轻击,用钢尺检查和观察。

注:局部空鼓长度不应大于 300 mm,且每自然间(标准间)不多于 2 处可不计。

d.楼梯踏步的宽度、高度应符合设计要求。楼层梯段相邻踏步高度差不应大于 10 m,每踏步两端宽度差不应大于 10 mm;旋转楼梯梯段的每踏步两端宽度的允许偏差为 5 mm。楼梯踏步的齿角应整齐,防滑条应顺直。

检验方法:观察和用钢尺检查。

e.水泥砂浆面层的允许偏差应符合表 5-8 的规定。

检验方法:应按表 5-8 中的检验方法检验。

(4) 水磨石面层。

① 主控项目。

a.水磨石面层的石粒,应采用坚硬可磨的白云石、大理石等岩石加工而成,石粒应洁净,无杂物,其粒径除特殊要求外应为 6～15 mm;水泥强度等级不应低于 32.5 级;颜料应采用耐光、耐碱的矿物原料,不得使用酸性颜料。

检验方法:观察和检查材质合格证明文件。

b.水磨石面层拌合料的体积比应符合设计要求,且为 1∶2.5～1∶1.5(水泥∶石粒)。

检验方法:检查配合比通知单和检测报告。

c.面层与下一层结合应牢固,无空鼓、裂纹缺陷。

检验方法:用小锤轻击。

注:空鼓面积不应大于 400 cm^2,且每自然间(标准间)不多于 2 处可不计。

② 一般项目。

a.面层表面应光滑,无明显裂纹、砂眼和磨纹;石粒密实,显露均匀;颜色图案一致,不混色;分格条牢固、顺直和清晰。

检验方法:观察。

b.踢脚线与墙面应紧密结合,高度一致,出墙厚度均匀。

检验方法:用小锤轻击,用钢尺检查和观察。

注:局部空鼓长度不大于 300 mm,且每自然间(标准间)不多于 2 处可不计。

c.楼梯踏步的宽度、高度应符合设计要求。楼层梯段相邻踏步高度差不应大于 10 mm，每踏步两端宽度差不应大于 10 mm；旋转楼梯梯段的每踏步两端宽度的允许偏差为 5 mm。楼梯踏步的齿角应整齐，防滑条应顺直。

检验方法：观察和用钢尺检查。

d.水磨石面层的允许偏差应符合表 5-8 的规定。

检验方法：应按表 5-8 中的检验方法检验。

(5) 水泥钢(铁)屑面层。

① 主控项目。

a.水泥强度等级不应低于 32.5 级；钢(铁)屑的粒径应为 1～5 mm；钢(铁)屑中不应有其他杂质，使用前应去油除锈，冲洗干净并干燥。

检验方法：观察和检查材质合格证明文件及检测报告。

b.面层和结合层的强度等级必须符合设计要求，且面层抗压强度不应小于 40 MPa；结合层体积比为 1∶2(相应的强度等级不应小于 M15)。

检验方法：检查配合比通知单和检测报告。

c.面层与下一层结合必须牢固，无空鼓现象。

检验方法：用小锤轻击。

② 一般项目。

a.面层表面坡度应符合设计要求。

检验方法：用坡度尺检查。

b.面层表面不应有裂纹、脱皮、麻面等缺陷。

检验方法：观察。

c.踢脚线与墙面应结合牢固、高度一致，出墙厚度应均匀。

检验方法：用小锤轻击，用钢尺检查和观察。

d.水泥钢(铁)屑面层的允许偏差应符合表 5-8 的规定。

检验方法：应按表 5-8 中的检验方法检验。

(6) 防油渗面层。

① 主控项目。

a.防油渗混凝土所用的水泥应采用普通硅酸盐水泥，其强度等级应不低于 32.5 级；碎石应采用花岗石或石英石，严禁使用松散多孔和吸水率大的石子，粒径为 5～15 mm，其最大粒径不应大于 20 mm，含泥量不应大于 1%；砂应为中砂，洁净，无杂物，其细度模数应为 2.3～2.6；掺入的外加剂和防油渗剂应符合产品质量标准。防油渗涂料应具有耐油、耐磨、耐火和黏结性能。

检验方法：观察和检查材质合格证明文件及检测报告。

b.防油渗混凝土的强度等级和抗渗性能必须符合设计要求，且强度等级不应小于 C30；防油渗涂料抗拉黏结强度不应小于 0.3 MPa。

检验方法：检查配合比通知单和检测报告。

c.防油渗混凝土面层与下一层应结合牢固，无空鼓现象。

检验方法：用小锤轻击。

d.防油渗涂料面层与基层应黏结牢固，严禁有起皮、开裂、漏涂等缺陷。

检验方法：观察。

② 一般项目。

a. 防油渗面层表面坡度应符合设计要求,不得有倒泛水和积水现象。

检验方法:观察和泼水或用坡度尺检查。

b. 防油渗混凝土面层表面不应有裂纹、脱皮、麻面和起砂现象。

检验方法:观察。

c. 踢脚线与墙面应紧密结合,高度一致,出墙厚度均匀。

检验方法:用小锤轻击,用钢尺检查和观察。

d. 防油渗面层的允许偏差应符合表 5-8 的规定。

检验方法:应按表 5-8 中的检验方法检验。

(7) 不发火(防爆的)面层。

① 主控项目。

a. 不发火(防爆的)面层采用的碎石应选用大理石、白云石或其他石料加工而成,并以金属或石料撞击时不发生火花为合格;砂应质地坚硬、表面粗糙,其粒径宜为 0.15～5 mm,含泥量不应大于 3%,有机物含量不应大于 0.5%;水泥应采用普通硅酸盐水泥,其强度等级不应低于 32.5 级;面层分格的嵌条应采用不发生火花的材料配制。配制时应随时检查,不得混入金属或其他易发生火花的杂质。

检验方法:观察和检查材质合格证明文件及检测报告。

b. 不发火(防爆的)面层的强度等级应符合设计要求。

检验方法:检查配合比通知单和检测报告。

c. 面层与下一层应结合牢固,无空鼓、裂纹缺陷。

检验方法:用小锤轻击。

注:空鼓面积不应大于 400 cm^2,且每自然间(标准间)不多于 2 处可不计。

d. 不发火(防爆的)面层的试件,必须检验合格。

检验方法:检查检测报告。

② 一般项目。

a. 面层表面应密实,无裂缝、蜂窝、麻面等缺陷。

检验方法:观察。

b. 踢脚线与墙面应紧密结合、高度一致,出墙厚度应均匀。

检验方法:用小锤轻击,用钢尺检查和观察。

c. 不发火(防爆的)面层的允许偏差应符合表 5-8 的规定。

检验方法:应按表 5-8 中的检验方法检验。

5.3.4 板、块面层铺设

(1) 一般规定。

板、块面层包括砖面层、大理石面层和花岗石面层、预制板块面层、料石面层、塑料板面层、活动地板面层和地毯面层。

板、块面层的允许偏差和检验方法应符合表 5-9 的规定。

表 5-9　　板、块面层的允许偏差和检验方法

项次	项目	允许偏差/mm											检验方法
		陶瓷锦砖面层、高级水磨石板、陶瓷地砖面层	缸砖面层	水泥花砖面层	水磨石板块面层	大理石面层和花岗石面层	塑料板面层	水泥混凝土板块面层	碎拼大理石、碎拼花岗石面层	活动地板面层	条石面层	块石面层	
1	表面平整度	2.0	4.0	3.0	3.0	1.0	2.0	4.0	3.0	2.0	10.0	10.0	用 2 m 靠尺和楔形塞尺检查
2	缝格平直	3.0	3.0	3.0	3.0	2.0	3.0	3.0	—	2.5	8.0	8.0	拉 5 m 线和用钢尺检查
3	接缝高低差	0.5	1.5	0.5	1.0	0.5	0.5	1.5	—	0.4	2.0	—	用钢尺和楔形塞尺检查
4	踢脚线上口平直	3.0	4.0	—	4.0	1.0	2.0	4.0	1.0	—	—	—	拉 5 m 线和用钢尺检查
5	板块间隙宽度	2.0	2.0	2.0	2.0	1.0	—	6.0	—	0.3	5.0	—	用钢尺检查

(2) 砖面层。

① 主控项目。

a. 面层所用板块的品种、质量必须符合设计要求。

检验方法:观察和检查材质合格证明文件及检测报告。

b. 面层与下一层的结合(黏结)应牢固,无空鼓现象。

检验方法:用小锤轻击。

注:凡单块砖边角有局部空鼓,且每自然间(标准间)不超过总数的 5%可不计。

② 一般项目。

a. 砖面层的表面应洁净,图案清晰,色泽一致,接缝平整,深浅一致,周边顺直。板块无裂纹、掉角和缺楞等缺陷。

检验方法:观察。

b. 面层邻接处的镶边用料及尺寸应符合设计要求,边角整齐、光滑。

检验方法:观察和用钢尺检查。

c. 踢脚线表面应洁净,高度一致,结合牢固,且出墙厚度一致。

检验方法:观察和用小锤轻击及用钢尺检查。

d. 楼梯踏步和台阶板块的缝隙宽度应一致,齿角整齐;楼层梯段相邻踏步高度差不应大于 10 mm;防滑条应顺直。

检验方法：观察和用钢尺检查。

e. 面层表面的坡度应符合设计要求，不倒泛水，无积水；与地漏、管道结合处应严密牢固，无渗漏。

检验方法：观察，采用泼水或坡度尺及蓄水检查。

f. 砖面层的允许偏差应符合表 5-9 的规定。

检验方法：应按表 5-9 中的检验方法检验。

(3) 大理石面层和花岗石面层。

① 主控项目。

a. 大理石、花岗石面层所用板块的品种、质量应符合设计要求。

检验方法：观察和检查材质合格记录。

b. 面层与下一层应结合牢固，无空鼓现象。

检验方法：用小锤轻击。

注：凡单块板块边角有局部空鼓，且每自然间(标准间)不超过总数的 5%可不计。

② 一般项目。

a. 大理石、花岗石面层的表面应洁净、平整，无磨痕，且应图案清晰，色泽一致，接缝均匀，周边顺直，镶嵌正确，板块无裂纹、掉角、缺楞等缺陷。

检验方法：观察。

b. 踢脚线表面应洁净，高度一致，结合牢固，且出墙厚度一致。

检验方法：观察和用小锤轻击及用钢尺检查。

c. 楼梯踏步和台阶板块的缝隙宽度应一致，齿角整齐，楼层梯段相邻踏步高度差不应大于 10 mm，防滑条应顺直、牢固。

检验方法：观察和用钢尺检查。

d. 面层表面的坡度应符合设计要求，不倒泛水，无积水；与地漏、管道结合处应严密牢固，无渗漏。

检验方法：观察，采用泼水或坡度尺及蓄水检查。

e. 大理石和花岗石面层(或碎拼大理石、碎拼花岗石)的允许偏差应符合表 5-9 的规定。

检验方法：应按表 5-9 中的检验方法检验。

(4) 预制板块面层。

① 主控项目。

a. 预制板块的强度等级、规格、质量应符合设计要求；水磨石板块尚应符合《建筑装饰用水磨石》(JC/T 507—2012)的规定。

检验方法：观察和检查材质合格证明文件及检测报告。

b. 面层与下一层应结合牢固，无空鼓现象。

检验方法：用小锤轻击。

注：凡单块板块料边角有局部空鼓，且每自然间(标准间)不超过总数的 5%可不计。

② 一般项目。

a. 预制板块表面应无裂缝、掉角、翘曲等明显缺陷。

检验方法：观察。

b. 预制板块面层应平整洁净、图案清晰、色泽一致、接缝均匀、周边顺直、镶嵌正确。

检验方法：观察。

c. 面层邻接处的镶边用料尺寸应符合设计要求，边角整齐、光滑。

检验方法：观察和用钢尺检查。

d. 踢脚线表面应洁净，高度一致，结合牢固，出墙厚度一致。

检验方法：观察和用小锤轻击及用钢尺检查。

e. 楼梯踏步和台阶板块的缝隙宽度一致，齿角整齐；楼层梯段相邻踏步高度差不应大于10 mm；防滑条应顺直。

检验方法：观察和用钢尺检查。

f. 水泥混凝土板块面层和水磨石板块面层的允许偏差应符合表 5-9 的规定。

检验方法：应按表 5-9 中的检验方法检验。

(5) 料石面层。

料石面层采用天然条石和块石在结合层上铺设。

① 主控项目。

a. 面层材质应符合设计要求，条石的强度等级应大于 MU60，块石的强度等级应大于 MU30。

检验方法：观察和检查材质合格证明文件及检测报告。

b. 面层与下一层应结合牢固，无松动。

检验方法：观察和用小锤轻击。

② 一般项目。

a. 条石面层应组砌合理，无十字缝，铺砌方向和坡度应符合设计要求；块石面层石料缝隙应相互错开，通缝不超过两块石料。

检验方法：观察和用坡度尺检查。

b. 条石面层和块石面层的允许偏差应符合表 5-9 的规定。

检验方法：应按表 5-9 中的检验方法检验。

(6) 塑料板面层。

① 主控项目。

a. 塑料板面层所用的塑料板块和卷材的品种、规格、颜色、等级应符合设计要求和现行国家标准的规定。

检验方法：观察和检查材质合格证明文件及检测报告。

b. 面层与下一层的黏结应牢固，无翘边、脱胶、溢胶。

检验方法：观察和用小锤敲击及用钢尺检查。

注：卷材局部脱胶处面积不应大于 20 cm^2，且相隔间距不小于 50 cm 可不计；凡单块板块料边角局部脱胶处且每自然间(标准间)不超过总数的 5%者可不计。

② 一般项目。

a. 塑料板面层应表面洁净，图案清晰，色泽一致，接缝严密、美观。拼缝处的图案、花纹吻合，无胶痕；与墙边交接严密，阴阳角收边方正。

检验方法：观察。

b. 板块的焊接，焊缝应平整、光洁，无焦化变色、斑点、焊瘤和起鳞等缺陷，其凹凸允许偏差为±0.6 mm。焊缝的抗拉强度不得小于塑料板强度的 75%。

检验方法：观察和检查检测报告。

c. 镶边用料应尺寸准确、边角整齐、拼缝严密、接缝顺直。

检验方法：用钢尺检查和观察。

d.塑料板面层的允许偏差应符合表5-9的规定。

检验方法:应按表5-9中的检验方法检验。

(7) 活动地板面层。

① 主控项目。

a.面层材质必须符合设计要求,且应具有耐磨、防潮、阻燃、耐污染、耐老化和导静电等特点。

检验方法:观察和检查材质合格证明文件及检测报告。

b.活动地板面层应无裂纹、掉角和缺楞等缺陷。行走无声响、无摆动。

检验方法:观察和脚踩。

② 一般项目。

a.活动地板面层应排列整齐、表面洁净、色泽一致、接缝均匀、周边顺直。

检验方法:观察。

b.活动地板面层的允许偏差应符合表5-9的规定。

检验方法:应按表5-9中的检验方法检验。

(8) 地毯面层。

① 主控项目。

a.地毯的品种、规格、颜色、花色、胶料和辅料及其材质必须符合设计要求和国家现行地毯产品标准的规定。

检验方法:观察和检查材质合格证明文件。

b.地毯表面应平服,拼缝处粘贴牢固、严密平整、图案吻合。

检验方法:观察。

② 一般项目。

a.地毯表面不应起鼓、起皱、翘边、卷边、显拼缝、露线,无毛边,绒面毛顺,光泽一致,毯面干净,无污染和损伤。

检验方法:观察。

b.地毯同其他面层连接处、收口处和墙边、柱子周围应顺直、压紧。

检验方法:观察。

5.3.5 木、竹面层铺设

(1) 一般规定。

木、竹面层包括实木地板面层、实木复合地板面层、中密度(强化)复合地板面层、竹地板面层等(包括免刨免漆类)。

木、竹面层的允许偏差应符合表5-10的规定。

表5-10 **木、竹面层的允许偏差和检验方法**

项次	项目	允许偏差/mm				检验方法
		实木地板面层			实木复合地板面层、中密度(强化)复合地板面层、竹地板面层	
		松木地板	硬木地板	拼花地板		
1	板面缝隙宽度	1.0	0.5	0.2	0.5	用钢尺检查

续表

项次	项目	允许偏差/mm				检验方法
		实木地板面层			实木复合地板面层、中密度(强化)复合地板面层、竹地板面层	
		松木地板	硬木地板	拼花地板		
2	表面平整度	3.0	2.0	2.0	2.0	用 2 m 靠尺和楔形塞尺检查
3	踢脚线上口平齐	3.0	3.0	3.0	3.0	拉 5 m 线,不足 5 m 拉通线和用钢尺检查
4	板面拼缝平直	3.0	3.0	3.0	3.0	
5	相邻板材高差	0.5	0.5	0.5	0.5	用钢尺和楔形塞尺检查
6	踢脚线与面层的拼缝	1.0				用楔形塞尺检查

(2) 实木地板面层。

① 主控项目。

a. 实木地板面层所采用的材质和铺设时的木材含水率必须符合设计要求。木搁栅、垫木和毛地板等必须做防腐、防蛀处理。

检验方法:观察和检查材质合格证明文件及检测报告。

b. 木搁栅安装应牢固、平直。

检验方法:观察,脚踩。

c. 面层铺设应牢固,黏结无空鼓。

检验方法:观察、脚踩或用小锤轻击。

② 一般项目。

a. 实木地板面层应刨平、磨光,无明显刨痕和毛刺等现象;图案清晰,颜色均匀一致。

检验方法:观察,手摸和脚踩。

b. 面层缝隙应严密,接头位置应错开,表面洁净。

检验方法:观察。

c. 拼花地板接缝应对齐,粘钉严密;缝隙宽度均匀、一致;表面洁净,无溢胶。

检验方法:观察。

d. 踢脚线表面应光滑,接缝严密,高度一致。

检验方法:观察和用钢尺检查。

e. 实木地板面层的允许偏差应符合表 5-10 的规定。

检验方法:应按表 5-10 中的检验方法检验。

(3) 实木复合地板面层。

① 主控项目。

a. 实木复合地板面层所采用的条材和块材,其技术等级及质量应符合设计要求。木搁栅、垫木和毛地板等必须做防腐、防蛀处理。

检验方法:观察和检查材质合格证明文件及检测报告。

b. 木搁栅安装应牢固、平直。

检验方法:观察,脚踩。

c. 面层铺设应牢固，粘贴无空鼓。

检验方法：观察，脚踩或用小锤轻击。

② 一般项目。

a. 实木复合地板面层图案和颜色应符合设计要求，且图案清晰，颜色一致，板面无翘曲。

检验方法：观察，用 2 m 靠尺和楔形塞尺检查。

b. 面层的接头应错开，缝隙严密，表面洁净。

检验方法：观察。

c. 踢脚线表面光滑，接缝严密，高度一致。

检验方法：观察和用钢尺检查。

d. 实木复合地板面层的允许偏差应符合表 5-10 的规定。

检验方法：应按表 5-10 中的检验方法检验。

(4) 中密度(强化)复合地板面层。

① 主控项目。

a. 中密度(强化)复合地板面层所采用的材料，其技术等级及质量要求应符合设计要求。木搁栅、垫木和毛地板等应做防腐、防蛀处理。

检验方法：观察和检查材质合格证明文件及检测报告。

b. 木搁栅安装应牢固、平直。

检验方法：观察，脚踩。

c. 面层铺设应牢固。

检验方法：观察，脚踩。

② 一般项目。

a. 中密度(强化)复合地板面层图案和颜色应符合设计要求，且图案清晰，颜色一致，板面无翘曲。

检验方法：观察，用 2 m 靠尺和楔形塞尺检查。

b. 面层的接头应错开，缝隙严密，表面洁净。

检验方法：观察。

c. 踢脚线表面应光滑，接缝严密，高度一致。

检验方法：观察和用钢尺检查。

d. 中密度(强化)复合木地板面层的允许偏差应符合表 5-10 的规定。

检验方法：应按表 5-10 中的检验方法检验。

(5) 竹地板面层。

① 主控项目。

a. 竹地板面层所采用的材料，其技术等级和质量应符合设计要求。木搁栅、毛地板和垫木等应做防腐、防蛀处理。

检验方法：观察和检查材质合格证明文件及检测报告。

b. 木搁栅安装应牢固、平直。

检验方法：观察，脚踩。

c. 面层铺设应牢固，粘贴无空鼓。

检验方法：观察，脚踩或用小锤轻击。

② 一般项目。

a. 竹地板面层品种与规格应符合设计要求，板面无翘曲。

检验方法：观察，用 2 m 靠尺和楔形塞尺检查。

b. 面层缝隙应均匀，接头位置错开，表面洁净。

检验方法：观察。

c. 踢脚线表面应光滑，接缝均匀，高度一致。

检验方法：观察和用钢尺检查。

d. 竹地板面层的允许偏差应符合表 5-10 的规定。

检验方法：应按表 5-10 中的检验方法检验。

5.3.6 分部（子分部）工程验收

（1）建筑地面工程子分部工程质量验收应检查下列工程质量文件和记录：

① 建筑地面工程设计图纸和变更文件等；

② 原材料的出厂检验报告和质量合格保证文件、材料进场检（试）验报告（含抽样报告）；

③ 各层的强度等级、密实度等试验报告和测定记录；

④ 各类建筑地面工程施工质量控制文件；

⑤ 各构造层的隐蔽验收及其他有关验收文件。

（2）建筑地面工程子分部工程质量验收应检查下列安全和功能项目：

① 有防水要求的建筑地面子分部工程的分项工程施工质量的蓄水检验记录，并抽查复验认定；

② 建筑地面板、块面层铺设子分部工程和木、竹面层铺设子分部工程采用的天然石材、胶黏剂、沥青胶结料和涂料等材料证明资料。

（3）建筑地面工程子分部工程观感质量综合评价应检查下列项目：

① 变形缝的位置和宽度以及填缝质量应符合规定；

② 室内建筑地面工程按各子分部工程经抽查分别做出评价；

③ 楼梯、踏步等工程项目经抽查分别做出评价。

5.4 建筑装饰装修工程质量验收的具体实施

5.4.1 术语

装饰装修工程质量事故案例

（1）建筑装饰装修。

建筑装饰装修是为保护建筑物的主体结构、完善建筑物的使用功能和美化建筑物，采用装饰装修材料或饰物，对建筑物的内外表面及空间进行的各种处理过程。

（2）基体。

基体是建筑物的主体结构或围护结构。

（3）基层。

基层是直接承受装饰装修施工的面层。

(4) 细部。

细部是建筑装饰装修工程中局部采用的部件或饰物。

5.4.2 抹灰工程

(1) 一般规定。

① 抹灰工程验收时应检查下列文件和记录:

a. 抹灰工程的施工图、设计说明及其他设计文件。

b. 材料的产品合格证书、性能检测报告、进场验收记录和复验报告。

c. 隐蔽工程验收记录。

d. 施工记录。

② 各分项工程的检验批应按下列规定划分:

a. 相同材料、工艺和施工条件的室外抹灰工程每 500～1000 m^2 应划分为一个检验批,不足 500 m^2 也应划分为一个检验批。

b. 相同材料、工艺和施工条件的室内抹灰工程每 50 个自然间(大面积房间和走廊按抹灰面积 30 m^2 为一间)应划分为一个检验批,不足 50 间也应划分为一个检验批。

③ 检查数量应符合下列规定:

a. 室内每个检验批应至少抽查 10%,并不得少于 3 间;不足 3 间时应全数检查。

b. 室外每个检验批每 100 m^2 应至少抽查 1 处,每处不得小于 10 m^2。

(2) 一般抹灰工程。

一般抹灰工程分为普通抹灰和高级抹灰。

① 主控项目。

a. 抹灰前基层表面的尘土、污垢、油渍等应清除干净,并应洒水润湿。

检验方法:检查施工记录。

b. 一般抹灰所用材料的品种和性能应符合设计要求。水泥的凝结时间和安定性复验应合格。砂浆的配合比应符合设计要求。

检验方法:检查产品合格证书、进场验收记录、复验报告和施工记录。

c. 当抹灰总厚度大于或等于 35 mm 时,应采取加强措施。不同材料基体交接处表面的抹灰,应采取防止开裂的加强措施,当采用加强网时,加强网与各基体的搭接宽度不应小于 100 mm。

检验方法:检查隐蔽工程验收记录和施工记录。

d. 抹灰层与基层之间及各抹灰层之间必须黏结牢固,抹灰层应无脱层、空鼓,面层应无爆灰和裂缝。

检验方法:观察,用小锤轻击及检查施工记录。

② 一般项目。

a. 一般抹灰工程的表面质量应符合下列规定:

(a)普通抹灰表面应光滑、洁净,接槎平整,分格缝应清晰。

(b)高级抹灰表面应光滑、洁净,颜色均匀,无抹纹,分格缝和灰线应清晰、美观。

检验方法:观察,手摸。

b. 护角、孔洞、槽、盒周围的抹灰表面应整齐、光滑,管道后面的抹灰表面应平整。

检验方法:观察。

c. 抹灰层的总厚度应符合设计要求,水泥砂浆不得抹在石灰砂浆层上,罩面石膏灰不得抹在水泥砂浆层上。

检验方法：检查施工记录。

d. 抹灰分格缝的设置应符合设计要求，宽度和深度应均匀，表面应光滑，棱角应整齐。

检验方法：观察，尺量检查。

e. 有排水要求的部位应做滴水线(槽)。滴水线(槽)应整齐、顺直，滴水线应内高外低，滴水槽的宽度和深度均不应小于 10 mm。

检验方法：观察，尺量检查。

f. 一般抹灰工程质量的允许偏差和检验方法应符合表 5-11 的规定。

表 5-11 一般抹灰工程质量的允许偏差和检验方法

项次	项目	允许偏差/mm		检验方法
		普通抹灰	高级抹灰	
1	立面垂直度	4	3	用 2 m 垂直检测尺检查
2	表面平整度	4	3	用 2 m 靠尺和塞尺检查
3	阴、阳角方正	4	3	用直角检测尺检查
4	分格条(缝)直线度	4	3	拉 5 m 线，不足 5 m 拉通线，用钢直尺检查
5	墙裙、勒脚上口直线度	4	3	拉 5 m 线，不足 5 m 拉通线，用钢直尺检查

注：1. 普通抹灰，本表第 3 项阴角方正可不检查；
2. 顶棚抹灰，本表第 2 项表面平整度可不检查，但应平顺。

(3) 装饰抹灰工程。

① 主控项目。

a. 抹灰前基层表面的尘土、污垢、油渍等应清除干净，并洒水润湿。

检验方法：检查施工记录。

b. 装饰抹灰工程所用材料的品种和性能应符合设计要求，水泥的凝结时间和安定性复验应合格，砂浆的配合比应符合设计要求。

检验方法：检查产品合格证书、进场验收记录、复验报告和施工记录。

c. 抹灰工程应分层进行。当抹灰总厚度大于或等于 35 mm 时，应采取加强措施。不同材料基体交接处表面的抹灰，应采取防止开裂的加强措施；当采用加强网时，加强网与各基体的搭接宽度不应小于 100 mm。

检验方法：检查隐蔽工程验收记录和施工记录。

d. 各抹灰层之间及抹灰层与基体之间必须黏结牢固，抹灰层应无脱层、空鼓和裂缝。

检验方法：观察，用小锤轻击及检查施工记录。

② 一般项目。

a. 装饰抹灰工程的表面质量应符合下列规定：

(a) 水刷石表面应石粒清晰、分布均匀、紧密平整、色泽一致，并无掉粒和接槎痕迹。

(b) 斩假石表面剁纹应均匀顺直、深浅一致，应无漏剁处；阳角处应横剁并留出宽窄一致的不剁边条，棱角应无损坏。

(c) 干粘石表面应色泽一致，不露浆、不漏粘，石粒应黏结牢固、分布均匀，阳角处应无明显黑边。

(d) 假面砖表面应平整，沟纹清晰、留缝整齐、色泽一致，应无掉角、脱皮、起砂等缺陷。

检验方法：观察，手摸。

b. 装饰抹灰分格条（缝）的设置应符合设计要求，宽度和深度应均匀，表面应平整、光滑，棱角应整齐。

检验方法：观察。

c. 有排水要求的部位应做滴水线（槽）。滴水线（槽）应整齐、顺直，滴水线应内高外低，滴水槽的宽度和深度均不应小于 10 mm。

检验方法：观察，尺量。

d. 装饰抹灰工程质量的允许偏差和检验方法应符合表 5-12 的规定。

表 5-12　**装饰抹灰工程质量的允许偏差和检验方法**

项次	项目	允许偏差/mm				检验方法
		水刷石	斩假石	干粘石	假面砖	
1	立面垂直度	5	4	5	5	用 2 m 垂直检测尺检查
2	表面平整度	3	3	5	4	用 2 m 靠尺和塞尺检查
3	阳角方正	3	3	4	4	用直角检测尺检查
4	分格条（缝）直线度	3	3	3	3	拉 5 m 线，不足 5 m 拉通线，用钢直尺检查
5	墙裙、勒脚上口直线度	3	3	—	—	拉 5 m 线，不足 5 m 拉通线，用钢直尺检查

（4）清水砌体勾缝工程。

① 主控项目。

a. 清水砌体勾缝所用水泥的凝结时间和安定性复验应合格。砂浆的配合比应符合设计要求。

检验方法：检查复验报告和施工记录。

b. 清水砌体勾缝应无漏勾。勾缝材料应黏结牢固，无开裂。

检验方法：观察。

② 一般项目。

a. 清水砌体勾缝应横平竖直，交接处应平顺，宽度和深度应均匀，表面应压实抹平。

检验方法：观察，尺量。

b. 灰缝应颜色一致，砌体表面应洁净。

检验方法：观察。

5.4.3 门窗工程

（1）门窗产品。

平开铝合金门有 50、55、70 系列，推拉铝合金门有 70、90 系列，铝合金地弹门有 70、100 系列；平开铝合金窗有 40、50、70 系列，推拉铝合金窗有 55、60、70、90、901 系列。

塑钢门有平开门、推拉门、固定门，平开门有 50、58 系列，推拉门有 80、85、85A、95 系列，固定门有 50、58 系列。

塑钢窗有固定窗、平开窗、中悬窗、推拉窗，固定窗有 45、50、58 系列，平开窗有 45、45A、50、58 系列，中悬窗有 50、58 系列，推拉窗有 75、80、85、85A、95、95A 系列。

(2) 门窗玻璃。

① 中空玻璃除应符合《中空玻璃》(GB/T 11944—2012)的规定外,尚应符合下列规定:

a. 单腔中空玻璃气体层厚度宜为 12 mm,玻璃厚度不应小于 5 mm;两腔中空玻璃,室外侧中空气体层厚度不宜小于 9 mm,外片玻璃厚度应不小于 5 mm。中空玻璃的单片玻璃厚度相差不宜大于 2 mm。

b. 间隔条应连续折弯成型,接头插件个数应不大于 2 个,宜采用暖边间隔条;干燥剂应选用 3A 分子筛,并符合《3A 分子筛》(GB/T 10504—2017)的规定。

c. 中空腔内宜充惰性气体。

d. 应采用双道密封胶密封,且两道密封胶相容。内道密封应采用丁基热熔密封胶;外道密封,隐框、半隐框窗应用硅酮结构密封胶,有框窗宜采用聚硫类密封胶,也可采用硅酮密封胶。外道密封胶宽度应不小于 5 mm,内道丁基胶层宽度应不小于 3 mm。隐框、半隐框窗用中空玻璃胶层宽度应按《玻璃幕墙工程技术规范》(JGJ 102—2003)的规定计算确定。

e. 露点应低于 −40 ℃。

② 低辐射镀膜玻璃(简称 Low-E 玻璃),除应符合《镀膜玻璃　第 2 部分:低辐射镀膜玻璃》(GB/T 18915.2—2013)的有关规定外,由真空磁控溅射法(离线法)生产的 Low-E 玻璃尚应符合下列规定:

a. 应加工成中空或真空玻璃使用,且镀膜面应朝向中空气体层或真空层;

b. 在加工成中空玻璃时应除去玻璃边部与密封胶接触部位的镀膜,腔内不宜设置美景条、内遮阳。

③ 夹层玻璃应采用聚乙烯醇缩丁醛(PVB)胶片干法加工合成,并符合现行国家标准《建筑用安全玻璃　第 3 部分:夹层玻璃》(GB 15763.3—2009)的规定,且夹层玻璃的单片玻璃厚度相差不宜大于 2 mm。

④ 钢化玻璃应符合《建筑用安全玻璃　第 2 部分:钢化玻璃》(GB 15763.2—2005)的规定。

⑤ 真空玻璃应符合《真空玻璃》(JC/T 1079—2020)的规定。

(3) 一般规定。

① 门窗工程验收时应检查下列文件和记录:

a. 门窗工程的施工图、设计说明及其他设计文件。

b. 材料的产品合格证书、性能检测报告、进场验收记录和复验报告。

c. 特种门及其附件的生产许可文件。

d. 隐蔽工程验收记录。

e. 施工记录。

② 各分项工程的检验批应按下列规定划分:

a. 同一品种、类型和规格的木门窗、金属门窗、塑料门窗及门窗玻璃每 100 樘应划分为一个检验批,不足 100 樘也应划分为一个检验批。

b. 同一品种、类型和规格的特种门每 50 樘应划分为一个检验批,不足 50 樘也应划分为一个检验批。

③ 检查数量应符合下列规定:

a. 木门窗、金属门窗、塑料门窗及门窗玻璃,每个检验批应至少抽查 5%,并不得少于 3 樘,不足 3 樘时应全数检查;高层建筑的外窗,每个检验批应至少抽查 10%,并不得少于 6 樘,不足 6 樘时应全数检查。

b.特种门每个检验批应至少抽查50%,并不得少于10樘,不足10樘时应全数检查。

(4) 木门窗制作与安装工程。

木门窗由于不节能,在实际工程中已很少使用,此处不再赘述(详细内容请扫描右侧二维码获取)。

木门窗制作与安装工程

(5) 金属门窗安装工程。

① 主控项目。

a.金属门窗的品种、类型、规格、尺寸、性能、开启方向、安装位置、连接方式及铝合金门窗的型材、壁厚应符合设计要求。金属门窗的防腐处理及填嵌、密封处理应符合设计要求。

检验方法:观察,尺量,检查产品合格证书、性能检测报告、进场验收记录和复验报告,检查隐蔽工程验收记录。

b.金属门窗框和副框的安装必须牢固。预埋件的数量、位置、埋设方式、与框的连接方式必须符合设计要求。

检验方法:手扳,检查隐蔽工程验收记录。

c.金属门窗扇必须安装牢固,并应开关灵活、关闭严密,无倒翘。推拉门窗扇必须有防脱落措施。

检验方法:观察,开启和关闭检查,手扳检查。

d.金属门窗配件的型号、规格、数量应符合设计要求,安装应牢固,位置应正确,功能应满足使用要求。

检验方法:观察,开启和关闭检查,手扳检查。

② 一般项目。

a.金属门窗表面应洁净、平整、光滑,色泽一致,无锈蚀。大面应无划痕、碰伤。漆膜或保护层应连续。

检验方法:观察。

b.铝合金门窗推拉门窗扇开关力应不大于100 N。

检验方法:用弹簧秤检查。

c.金属门窗框与墙体之间的缝隙应填嵌饱满,并采用密封胶密封。密封胶表面应光滑、顺直,无裂纹。

检验方法:观察,轻敲门窗框,检查隐蔽工程验收记录。

d.金属门窗扇的橡胶密封条或毛毡密封条应安装完好,不得脱槽。

检验方法:观察,开启和关闭检查。

e.有排水孔的金属门窗,排水孔应畅通,位置和数量应符合设计要求。

检验方法:观察。

f.钢门窗安装的留缝限值、允许偏差和检验方法应符合表5-13的规定。

表 5-13 **钢门窗安装的留缝限值、允许偏差和检验方法**

<table>
<tr><th>项次</th><th colspan="2">项目</th><th>留缝限值/mm</th><th>允许偏差/mm</th><th>检验方法</th></tr>
<tr><td rowspan="2">1</td><td rowspan="2">门窗槽口宽度、高度</td><td>≤1500 mm</td><td>—</td><td>2.5</td><td rowspan="2">用钢尺检查</td></tr>
<tr><td>>1500 mm</td><td>—</td><td>3.5</td></tr>
<tr><td rowspan="2">2</td><td rowspan="2">门窗槽口对角线长度差</td><td>≤2000 mm</td><td>—</td><td>5</td><td rowspan="2">用钢尺检查</td></tr>
<tr><td>>2000 mm</td><td>—</td><td>6</td></tr>
<tr><td>3</td><td colspan="2">门窗框的正、侧面垂直度</td><td>—</td><td>3</td><td>用 1 m 垂直检测尺检查</td></tr>
<tr><td>4</td><td colspan="2">门窗横框的水平度</td><td>—</td><td>3</td><td>用 1 m 水平尺和塞尺检查</td></tr>
<tr><td>5</td><td colspan="2">门窗横框标高</td><td>—</td><td>5</td><td>用钢尺检查</td></tr>
<tr><td>6</td><td colspan="2">门窗竖向偏离中心</td><td>—</td><td>4</td><td>用钢尺检查</td></tr>
<tr><td>7</td><td colspan="2">双层门窗内外框间距</td><td>—</td><td>5</td><td>用钢尺检查</td></tr>
<tr><td>8</td><td colspan="2">门窗框、扇配合间隙</td><td>≤2</td><td>—</td><td>用塞尺检查</td></tr>
<tr><td>9</td><td colspan="2">无下框时门扇与地面间留缝</td><td>4～8</td><td>—</td><td>用塞尺检查</td></tr>
</table>

g. 铝合金门窗安装的允许偏差和检验方法应符合表 5-14 的规定。

表 5-14 **铝合金门窗安装的允许偏差和检验方法**

<table>
<tr><th>项次</th><th colspan="2">项目</th><th>允许偏差/mm</th><th>检验方法</th></tr>
<tr><td rowspan="2">1</td><td rowspan="2">门窗槽口宽度、高度</td><td>≤1500 mm</td><td>1.5</td><td rowspan="2">用钢尺检查</td></tr>
<tr><td>>1500 mm</td><td>2</td></tr>
<tr><td rowspan="2">2</td><td rowspan="2">门窗槽口对角线长度差</td><td>≤2000 mm</td><td>3</td><td rowspan="2">用钢尺检查</td></tr>
<tr><td>>2000 mm</td><td>4</td></tr>
<tr><td>3</td><td colspan="2">门窗框的正、侧面垂直度</td><td>2.5</td><td>用垂直检测尺检查</td></tr>
<tr><td>4</td><td colspan="2">门窗横框的水平度</td><td>2</td><td>用 1 m 水平尺和塞尺检查</td></tr>
<tr><td>5</td><td colspan="2">门窗横框标高</td><td>5</td><td>用钢尺检查</td></tr>
<tr><td>6</td><td colspan="2">门窗竖向偏离中心</td><td>5</td><td>用钢尺检查</td></tr>
<tr><td>7</td><td colspan="2">双层门窗内外框间距</td><td>4</td><td>用钢尺检查</td></tr>
<tr><td>8</td><td colspan="2">推拉门窗扇与框搭接量</td><td>1.5</td><td>用钢直尺检查</td></tr>
</table>

h. 涂色镀锌钢板门窗安装的允许偏差和检验方法应符合表 5-15 的规定。

表 5-15 **涂色镀锌钢板门窗安装的允许偏差和检验方法**

<table>
<tr><th>项次</th><th colspan="2">项目</th><th>允许偏差/mm</th><th>检验方法</th></tr>
<tr><td rowspan="2">1</td><td rowspan="2">门窗槽口宽度、高度</td><td>≤1500 mm</td><td>2</td><td rowspan="2">用钢尺检查</td></tr>
<tr><td>>1500 mm</td><td>3</td></tr>
<tr><td rowspan="2">2</td><td rowspan="2">门窗槽口对角线长度差</td><td>≤2000 mm</td><td>4</td><td rowspan="2">用钢尺检查</td></tr>
<tr><td>>2000 mm</td><td>5</td></tr>
</table>

续表

项次	项目	允许偏差/mm	检验方法
3	门窗框的正、侧面垂直度	3	用垂直检测尺检查
4	门窗横框的水平度	3	用1 m水平尺和塞尺检查
5	门窗横框标高	5	用钢尺检查
6	门窗竖向偏离中心	5	用钢尺检查
7	双层门窗内外框间距	4	用钢尺检查
8	推拉门窗扇与框搭接量	2	用钢直尺检查

(6) 塑钢门窗安装工程。

① 主控项目。

a. 塑钢门窗的品种、类型、规格、尺寸、开启方向、安装位置、连接方式及填嵌密封处理应符合设计要求,内衬增强型钢的壁厚及设置应符合国家现行产品标准的质量要求。

检验方法:观察,尺量,检查产品合格证书、性能检测报告、进场验收记录和复验报告,检查隐蔽工程验收记录。

b. 塑钢门窗框、副框和扇的安装必须牢固。固定片或膨胀螺栓的数量与位置应正确,连接方式应符合设计要求。固定点应距窗角、中横框、中竖框 150～200 mm,固定点间距应不大于600 mm。

检验方法:观察,手扳,检查隐蔽工程验收记录。

c. 塑钢门窗拼樘料内衬增强型钢的规格、壁厚必须符合设计要求,型钢应与型材内腔紧密吻合,其两端必须与洞口固定牢固。窗框必须与拼樘料连接紧密,固定点间距应不大于 600 mm。

检验方法:观察,手扳,尺量,检查进场验收记录。

d. 塑钢门窗扇应开关灵活,关闭严密,无倒翘。推拉门窗扇必须有防脱落措施。

检验方法:观察,开启和关闭检查,手扳检查。

e. 塑钢门窗配件的型号、规格、数量应符合设计要求,安装应牢固,位置应正确,功能应满足使用要求。

检验方法:观察、手扳和尺量。

f. 塑钢门窗框与墙体间缝隙应采用闭孔弹性材料填嵌饱满,表面应采用密封胶密封。密封胶应黏结牢固,表面应光滑、顺直,无裂纹。

检验方法:观察,检查隐蔽工程验收记录。

② 一般项目。

a. 塑钢门窗表面应洁净、平整、光滑,大面应无划痕、碰伤。

检验方法:观察。

b. 塑钢门窗扇的密封条不得脱槽,旋转窗间隙应基本均匀。

c. 塑钢门窗扇的开关力应符合下列规定:

(a) 平开门窗扇平铰链的开关力应不大于 80 N;滑撑铰链的开关力应不大于 80 N,并不小于 30 N。

(b) 推拉门窗扇的开关力应不大于 100 N。

检验方法:观察和用弹簧秤检查。

d. 玻璃密封条与玻璃及玻璃槽口的接缝应平整,不得卷边、脱槽。

检验方法：观察。

e. 排水孔应畅通，位置和数量应符合设计要求。

检验方法：观察。

f. 塑钢门窗安装的允许偏差和检验方法应符合表5-16的规定。

表5-16　　塑钢门窗安装的允许偏差和检验方法

<table>
<tr><th>项次</th><th colspan="2">项目</th><th>允许偏差/mm</th><th>检验方法</th></tr>
<tr><td rowspan="2">1</td><td rowspan="2">门窗槽口宽度、高度</td><td>≤1500 mm</td><td>2</td><td rowspan="2">用钢尺检查</td></tr>
<tr><td>>1500 mm</td><td>3</td></tr>
<tr><td rowspan="2">2</td><td rowspan="2">门窗槽口对角线长度差</td><td>≤2000 mm</td><td>3</td><td rowspan="2">用钢尺检查</td></tr>
<tr><td>>2000 mm</td><td>5</td></tr>
<tr><td>3</td><td colspan="2">门窗框的正、侧面垂直度</td><td>3</td><td>用1 m垂直检测尺检查</td></tr>
<tr><td>4</td><td colspan="2">门窗横框的水平度</td><td>3</td><td>用1 m水平尺和塞尺检查</td></tr>
<tr><td>5</td><td colspan="2">门窗横框标高</td><td>5</td><td>用钢尺检查</td></tr>
<tr><td>6</td><td colspan="2">门窗竖向偏离中心</td><td>5</td><td>用钢直尺检查</td></tr>
<tr><td>7</td><td colspan="2">双层门窗内外框间距</td><td>4</td><td>用钢尺检查</td></tr>
<tr><td>8</td><td colspan="2">同樘平开门窗相邻扇高度差</td><td>2</td><td>用钢直尺检查</td></tr>
<tr><td>9</td><td colspan="2">平开门窗铰链部位配合间隙</td><td>+2，-1</td><td>用塞尺检查</td></tr>
<tr><td>10</td><td colspan="2">推拉门窗扇与框搭接量</td><td>+1.5，-2.5</td><td>用钢直尺检查</td></tr>
<tr><td>11</td><td colspan="2">推拉门窗扇与竖框平行度</td><td>2</td><td>用1 m水平尺和塞尺检查</td></tr>
</table>

(7) 特种门安装工程。

① 主控项目。

a. 特种门的质量和各项性能应符合设计要求。

检验方法：检查生产许可证、产品合格证书和性能检测报告。

b. 特种门的品种、类型、规格、尺寸、开启方向、安装位置及防腐处理应符合设计要求。

检验方法：观察，尺量，检查进场验收记录、隐蔽工程验收记录。

c. 带有机械装置、自动装置或智能化装置的特种门，其机械装置、自动装置或智能化装置的功能应符合设计要求和有关标准的规定。

检验方法：启动机械装置、自动装置或智能化装置，观察。

d. 特种门的安装必须牢固。预埋件的数量、位置、埋设方式、与框的连接方式必须符合设计要求。

检验方法：观察，手扳，检查隐蔽工程验收记录。

e. 特种门的配件应齐全，位置应正确，安装应牢固，功能应满足使用要求和特种门的各项性能要求。

检验方法：观察，手扳，检查产品合格证书、性能检测报告和进场验收记录。

② 一般项目。

a. 特种门的表面装饰应符合设计要求。

检验方法：观察。

b. 特种门的表面应洁净，无划痕、碰伤。

检验方法：观察。

c. 推拉自动门安装的留缝限值、允许偏差和检验方法应符合表5-17的规定。

表5-17 推拉自动门安装的留缝限值、允许偏差和检验方法

项次	项目		留缝限值/mm	允许偏差/mm	检验方法
1	门槽口宽度、高度	≤1500 mm	—	1.5	用钢尺检查
		>1500 mm	—	2	
2	门槽口对角线长度差	≤2000 mm	—	2	用钢尺检查
		>2000 mm	—	2.5	
3	门框的正、侧面垂直度		—	1	用1 m垂直检测尺检查
4	门构件装配间隙		—	0.3	用塞尺检查
5	门梁导轨水平度		—	1	用1 m水平尺和塞尺检查
6	下导轨与门梁导轨平行度		—	1.5	用钢尺检查
7	门扇与侧框间留缝		1.2～1.8	—	用塞尺检查
8	门扇对口缝		1.2～1.8	—	用塞尺检查

d. 推拉自动门的感应时间限值和检验方法应符合表5-18的规定。

表5-18 推拉自动门的感应时间限值和检验方法

项次	项目	感应时间限值/s	检验方法
1	开门响应时间	≤0.5	用秒表检查
2	堵门保护延时	16～20	用秒表检查
3	门扇全开启后保持时间	13～17	用秒表检查

e. 旋转门安装的允许偏差和检验方法应符合表5-19的规定。

表5-19 旋转门安装的允许偏差和检验方法

项次	项目	允许偏差/mm		检验方法
		金属框架玻璃旋转门	木质旋转门	
1	门扇正、侧面垂直度	1.5	1.5	用1 m垂直检测尺检查
2	门扇对角线长度差	1.5	1.5	用钢尺检查
3	相邻扇高度差	1	1	用钢尺检查
4	扇与圆弧边留缝	1.5	2	用塞尺检查
5	扇与上顶间留缝	2	2.5	用塞尺检查
6	扇与地面间留缝	2	2.5	用塞尺检查

(8) 门窗玻璃安装工程。

门窗玻璃安装工程包括平板、吸热、反射、中空、夹层、夹丝、磨砂、钢化、压花玻璃等玻璃安装工程。

① 主控项目。

a. 玻璃的品种、规格、尺寸、色彩、图案和涂膜、朝向应符合设计要求。单块玻璃面积大于 1.5 m^2 时应使用安全玻璃。

检验方法：观察，检查产品合格证书、性能检测报告和进场验收记录。

b. 门窗玻璃裁割尺寸应正确。安装后的玻璃应牢固，不得有裂纹、损伤和松动。

检验方法：观察和用小锤轻敲。

c. 玻璃的安装方法应符合设计要求。固定玻璃的钉子或钢丝卡的数量、规格应保证玻璃安装牢固。

检验方法：观察和检查施工记录。

d. 镶钉木压条接触玻璃处，应与裁口边缘平齐。边缘紧贴，割角应整齐。

检验方法：观察。

e. 密封条与玻璃、玻璃槽口的接触应紧密、平整。密封胶与玻璃、玻璃槽口的边缘应黏结牢固、接缝平齐。

检验方法：观察。

f. 带密封条的玻璃压条，其密封条必须与玻璃全部贴紧，压条与型材之间应无明显缝隙，压条接缝应不大于 0.5 mm。

检验方法：观察和尺量。

② 一般项目。

a. 玻璃表面应洁净，不得有腻子、密封胶、涂料等污渍。中空玻璃内、外表面均应洁净，玻璃中空层内不得有灰尘和水蒸气。

检验方法：观察。

b. 门窗玻璃不应直接接触型材。单面镀膜玻璃的镀膜层及磨砂玻璃的磨砂面应朝向室内。中空玻璃的单面镀膜玻璃应在最外层，镀膜层应朝向室内。

检验方法：观察。

c. 腻子应填抹饱满，黏结牢固；腻子边缘与裁口应平齐。固定玻璃的卡子不应在腻子表面显露。

检验方法：观察。

5.4.4 吊顶工程

(1) 一般规定。

① 吊顶工程验收时应检查下列文件和记录：

a. 吊顶工程的施工图、设计说明及其他设计文件。

b. 材料的产品合格证书、性能检测报告、进场验收记录和复验报告。

c. 隐蔽工程验收记录。

d. 施工记录。

② 各分项工程的检验批应按下列规定划分：同一品种的吊顶工程每 50 间（大面积房间和走廊按吊顶面积 30 m^2 为一间）应划分为一个检验批，不足 50 间也应划分为一个检验批。

③ 检查数量应符合下列规定：每个检验批应至少抽查 10%，并不得少于 3 间；不足 3 间时应全数检查。

(2) 暗龙骨吊顶工程。

暗龙骨吊顶工程包括以轻钢龙骨、铝合金龙骨、木龙骨等为骨架，以石膏板、金属板、矿棉板、木板、塑料板或格栅等为饰面材料的暗龙骨吊顶。

① 主控项目。

a. 吊顶标高、尺寸、起拱和造型应符合设计要求。

检验方法：观察和尺量。

b. 饰面材料的材质、品种、规格、图案和颜色应符合设计要求。

检验方法：观察，检查产品合格证书、性能检测报告、进场验收记录和复验报告。

c. 暗龙骨吊顶工程的吊杆、龙骨和饰面材料的安装必须牢固。

检验方法：观察，手扳，检查隐蔽工程验收记录和施工记录。

d. 吊杆、龙骨的材质、规格、安装间距及连接方式应符合设计要求。金属吊杆、龙骨应经过表面防腐处理，木吊杆、龙骨应进行防腐、防火处理。

检验方法：观察，尺量，检查产品合格证书、性能检测报告、进场验收记录和隐蔽工程验收记录。

e. 石膏板的接缝应按其施工工艺标准进行板缝防裂处理。安装双层石膏板时，面层板与基层板的接缝应错开，且不得在同一根龙骨上接缝。

检验方法：观察。

② 一般项目。

a. 饰面材料表面应洁净，色泽一致，不得有翘曲、裂缝及缺损。压条应平直，宽窄一致。

检验方法：观察和尺量。

b. 饰面板上的灯具、烟感器、喷淋头、风口箅子等设备的位置应合理、美观，与饰面板的交接应吻合、严密。

检验方法：观察。

c. 金属吊杆、龙骨的接缝应均匀一致，角缝应吻合，表面应平整，无翘曲、锤印。木质吊杆、龙骨应顺直，无劈裂、变形。

检验方法：检查隐蔽工程验收记录和施工记录。

d. 吊顶内填充吸声材料的品种和铺设厚度应符合设计要求，并应有防散落措施。

检验方法：检查隐蔽工程验收记录和施工记录。

e. 暗龙骨吊顶工程安装的允许偏差和检验方法应符合表 5-20 的规定。

表 5-20 **暗龙骨吊顶工程安装的允许偏差和检验方法**

项次	项目	允许偏差/mm				检验方法
		纸面石膏板	金属板	矿棉板	木板、塑料板、格栅	
1	表面平整度	3	2	2	2	用 2 m 靠尺和塞尺检查
2	接缝直线度	3	1.5	3	3	拉 5 m 线，不足 5 m 拉通线，用钢直尺检查
3	接缝高低差	1	1	1.5	1	用钢直尺和塞尺检查

(3) 明龙骨吊顶工程。

明龙骨吊顶工程包括以轻钢龙骨、铝合金龙骨、木龙骨等为骨架，以石膏板、金属板、矿棉板、塑料板、玻璃板或格栅等为饰面材料的明龙骨吊顶。

① 主控项目。

a. 吊顶标高、尺寸、起拱和造型应符合设计要求。

检验方法：观察和尺量。

b. 饰面材料的材质、品种、规格、图案和颜色应符合设计要求。当饰面材料为玻璃板时，应使用安全玻璃或采取可靠的安全措施。

检验方法：观察，检查产品合格证书、性能检测报告和进场验收记录。

c. 饰面材料的安装应稳固严密。饰面材料与龙骨的搭接宽度应大于龙骨受力面宽度的2/3。

检验方法：观察，手扳和尺量。

d. 吊杆、龙骨的材质、规格、安装间距及连接方式应符合设计要求。金属吊杆、龙骨应进行表面防腐处理，木龙骨应进行防腐、防火处理。

检验方法：观察，尺量，检查产品合格证书、进场验收记录和隐蔽工程验收记录。

e. 明龙骨吊顶工程的吊杆和龙骨安装必须牢固。

检验方法：手扳，检查隐蔽工程验收记录和施工记录。

② 一般项目。

a. 饰面材料表面应洁净，色泽一致，不得有翘曲、裂缝及缺损。饰面板与明龙骨的搭接应平整、吻合，压条应平直，宽窄一致。

检验方法：观察和尺量。

b. 饰面板上的灯具、烟感器、喷淋头、风口箅子等设备的位置应合理、美观，与饰面板的交接应吻合、严密。

检验方法：观察。

c. 金属龙骨的接缝应平整、吻合，颜色一致，不得有划伤、擦伤等表面缺陷。木质龙骨应平整、顺直，无劈裂。

检验方法：观察。

d. 吊顶内填充吸声材料的品种和铺设厚度应符合设计要求，并应有防散落措施。

检验方法：检查隐蔽工程验收记录和施工记录。

e. 明龙骨吊顶工程安装的允许偏差和检验方法应符合表5-21的规定。

表5-21 **明龙骨吊顶工程安装的允许偏差和检验方法**

项次	项目	允许偏差/mm				检验方法
		石膏板	金属板	矿棉板	塑料板、玻璃板	
1	表面平整度	3	2	3	2	用2 m靠尺和塞尺检查
2	接缝直线度	3	2	3	3	拉5 m线，不足5 m拉通线，用钢直尺检查
3	接缝高低差	1	1	2	1	用钢直尺和塞尺检查

5.4.5 轻质隔墙工程

(1) 一般规定。

轻质隔墙包括板材隔墙、骨架隔墙、活动隔墙、玻璃隔墙等。

① 轻质隔墙工程验收时应检查下列文件和记录：

a. 轻质隔墙工程的施工图、设计说明及其他设计文件。

b. 材料的产品合格证书、性能检测报告、进场验收记录和复验报告。

c. 隐蔽工程验收记录。

d. 施工记录。

② 各分项工程的检验批应按下列规定划分：同一品种的轻质隔墙工程，每 50 间(大面积房间和走廊按轻质隔墙的墙面 30 m^2 为一间)应划分为一个检验批，不足 50 间也应划分为一个检验批。

(2) 板材隔墙工程。

板材隔墙包括复合轻质墙板、石膏空心板、预制或现制的钢丝网水泥板等。

① 主控项目。

a. 隔墙板材的品种、规格、性能、颜色应符合设计要求。有隔声、隔热、阻燃、防潮等特殊要求的工程，板材应有相应性能等级的检测报告。

检验方法：观察，检查产品合格证书、进场验收记录和性能检测报告。

b. 安装隔墙板材所需预埋件、连接件的位置、数量及连接方法应符合设计要求。

检验方法：观察，尺量，检查隐蔽工程验收记录。

c. 隔墙板材安装必须牢固。现制钢丝网水泥隔墙与周边墙体的连接方法应符合设计要求，并应连接牢固。

检验方法：观察和手扳。

d. 隔墙板材所用接缝材料的品种及接缝方法应符合设计要求。

检验方法：观察，检查产品合格证书和施工记录。

② 一般项目。

a. 隔墙板材安装应垂直、平整，位置正确，板材不应有裂缝或缺损。

检验方法：观察和尺量。

b. 板材隔墙表面应平整、光滑、洁净，色泽一致，接缝应均匀、顺直。

检验方法：观察和手摸。

c. 隔墙上的孔洞、槽、盒应位置正确，套割方正，边缘整齐。

检验方法：观察。

d. 板材隔墙安装的允许偏差和检验方法应符合表 5-22 的规定。

表 5-22 板材隔墙安装的允许偏差和检验方法

项次	项目	允许偏差/mm				检验方法
		复合轻质墙板		石膏空心板	钢丝网水泥板	
		金属夹芯板	其他复合板			
1	立面垂直度	2	3	3	3	用 2 m 垂直检测尺检查
2	表面平整度	2	3	3	3	用 2 m 靠尺和塞尺检查
3	阴、阳角方正	3	3	3	4	用直角检测尺检查
4	接缝高低差	1	2	2	3	用钢直尺和塞尺检查

(3) 骨架隔墙工程。

骨架隔墙包括以轻钢龙骨、木龙骨等为骨架，以纸面石膏板、人造木板、水泥纤维板等为墙面板的隔墙。

① 主控项目。

a. 骨架隔墙所用龙骨、配件、墙面板、填充材料及嵌缝材料的品种、规格、性能和木材的含水率应符合设计要求。有隔音、隔热、阻燃、防潮等特殊要求的工程，材料应有相应性能等级的检测报告。

检验方法：观察，检查产品合格证书、进场验收记录、性能检测报告和复验报告。

b. 骨架隔墙工程边框龙骨必须与基体结构连接牢固，并应平整、垂直、位置正确。

检验方法：手扳，尺量，检查隐蔽工程验收记录。

c. 骨架隔墙中龙骨间距和构造连接方法应符合设计要求。骨架内设备管线的安装、门窗洞口等部位加强龙骨应安装牢固、位置正确，填充材料的设置应符合设计要求。

检验方法：检查隐蔽工程验收记录。

d. 木龙骨及木墙面板的防火和防腐处理必须符合设计要求。

检验方法：检查隐蔽工程验收记录。

e. 骨架隔墙的墙面板应安装牢固，无脱层、翘曲、折裂及缺损。

检验方法：观察和手扳。

f. 墙面板所用接缝材料的接缝方法应符合设计要求。

检验方法：观察。

② 一般项目。

a. 骨架隔墙表面应平整、光滑、洁净，色泽一致，无裂缝，接缝应均匀、顺直。

检验方法：观察和手摸。

b. 骨架隔墙上的孔洞、槽、盒应位置正确，套割吻合，边缘整齐。

检验方法：观察。

c. 骨架隔墙内的填充材料应干燥，填充应密实、均匀，无下坠现象。

检验方法：用小锤轻敲和检查隐蔽工程验收记录。

d. 骨架隔墙安装的允许偏差和检验方法应符合表 5-23 的规定。

表 5-23 **骨架隔墙安装的允许偏差和检验方法**

项次	项目	允许偏差/mm		检验方法
		纸面石膏板	人造木板、水泥纤维板	
1	立面垂直度	3	4	用 2 m 垂直检测尺检查
2	表面平整度	3	3	用 2 m 靠尺和塞尺检查
3	阴、阳角方正	3	3	用直角检测尺检查
4	接缝直线度	—	3	拉 5 m 线，不足 5 m 拉通线，用钢直尺检查
5	压条直线度	—	3	拉 5 m 线，不足 5 m 拉通线，用钢直尺检查
6	接缝高低差	1	1	用钢直尺和塞尺检查

(4) 活动隔墙工程。

① 主控项目。

a. 活动隔墙所用墙板、配件等材料的品种、规格、性能和木材的含水率应符合设计要求。有阻燃、防潮等特性要求的工程，材料应有相应性能等级的检测报告。

检验方法：观察，检查产品合格证书、进场验收记录、性能检测报告和复验报告。

b.活动隔墙轨道必须与基体结构连接牢固，且位置应正确。

检验方法：尺量，手扳。

c.活动隔墙用于组装、推拉和制动的构配件必须安装牢固、位置正确，推拉必须安全、平稳、灵活。

检验方法：尺量，手扳，推拉。

d.活动隔墙制作方法、组合方式应符合设计要求。

检验方法：观察。

② 一般项目。

a.活动隔墙表面应色泽一致、平整、光滑、洁净，线条应顺直、清晰。

检验方法：观察和手摸。

b.活动隔墙上的孔洞、槽、盒应位置正确，套割吻合，边缘整齐。

检验方法：观察和尺量。

c.活动隔墙推拉应无噪声。

检验方法：推拉。

d.活动隔墙安装的允许偏差和检验方法应符合表 5-24 的规定。

表 5-24 **活动隔墙安装的允许偏差和检验方法**

项次	项目	允许偏差/mm	检验方法
1	立面垂直度	3	用 2 m 垂直检测尺检查
2	表面平整度	2	用 2 m 靠尺和塞尺检查
3	接缝直线度	3	拉 5 m 线，不足 5 m 拉通线，用钢直尺检查
4	接缝高低差	2	用钢直尺和塞尺检查
5	接缝宽度	2	用钢直尺检查

(5) 玻璃隔墙工程。

① 主控项目。

a.玻璃隔墙工程所用材料的品种、规格、性能、图案和颜色应符合设计要求。玻璃板隔墙应使用安全玻璃。

检验方法：观察，检查产品合格证书、进场验收记录和性能检测报告。

b.玻璃砖隔墙的砌筑或玻璃板隔墙的安装方法应符合设计要求。

检验方法：观察。

c.玻璃砖隔墙砌筑中埋设的拉结筋必须与基体结构连接牢固，且位置应正确。

检验方法：手扳，尺量，检查隐蔽工程验收记录。

d.玻璃板隔墙的安装必须牢固。玻璃板隔墙胶垫的安装应正确。

检验方法：观察，手推，检查施工记录。

② 一般项目。

a.玻璃隔墙表面应色泽一致、平整、洁净、清晰、美观。

检验方法：观察。

b. 玻璃隔墙接缝应横平竖直,玻璃应无裂痕、缺损和划痕。

检验方法:观察。

c. 玻璃板隔墙嵌缝及玻璃砖隔墙勾缝应密实、平整、均匀、顺直、深浅一致。

检验方法:观察。

d. 玻璃隔墙安装的允许偏差和检验方法应符合表5-25的规定。

表5-25 **玻璃隔墙安装的允许偏差和检验方法**

项次	项目	允许偏差/mm		检验方法
		玻璃砖	玻璃板	
1	立面垂直度	3	2	用2 m垂直检测尺检查
2	表面平整度	3	—	用2 m靠尺和塞尺检查
3	阴、阳角方正	—	2	用直角检测尺检查
4	接缝直线度	—	2	拉5 m线,不足5 m拉通线,用钢直尺检查
5	接缝高低差	3	2	用钢直尺和塞尺检查
6	接缝宽度	—	1	用钢直尺检查

5.4.6 饰面板(砖)工程

(1) 一般规定。

① 饰面板(砖)工程验收时应检查下列文件和记录:

a. 饰面板(砖)工程的施工图、设计说明及其他设计文件。

b. 材料的产品合格证书、性能检测报告、进场验收记录和复验报告。

c. 后置埋件的现场拉拔检测报告。

d. 外墙饰面砖样板件的黏结强度检测报告。

e. 隐蔽工程验收记录。

f. 施工记录。

② 各分项工程的检验批应按下列规定划分:

a. 相同材料、工艺和施工条件的室内饰面板(砖)工程,每50间(大面积房间和走廊按施工面积30 m^2 为一间)应划分为一个检验批,不足50间也应划分为一个检验批。

b. 相同材料、工艺和施工条件的室外饰面板(砖)工程每500～1000 m^2 应划分为一个检验批,不足500 m^2 也应划分为一个检验批。

③ 检查数量应符合下列规定:

a. 室内每个检验批应至少抽查10%,并不得少于3间;不足3间时应全数检查。

b. 室外每个检验批每100 m^2 应至少抽查一处,每处不得小于10 m^2。

(2) 饰面板安装工程。

① 主控项目。

a. 饰面板的品种、规格、颜色和性能应符合设计要求,木龙骨、木饰面板和塑料饰面板的燃烧性能等级应符合设计要求。

检验方法:观察,检查产品合格证书、进场验收记录和性能检测报告。

b. 饰面板孔、槽的数量、位置和尺寸应符合设计要求。

检验方法：检查进场验收记录和施工记录。

c. 饰面板安装工程的预埋件(或后置埋件)、连接件的数量、规格、位置、连接方法和防腐处理必须符合设计要求。后置埋件的现场拉拔强度必须符合设计要求。饰面板安装必须牢固。

检验方法：手扳，检查进场验收记录、现场拉拔检测报告、隐蔽工程验收记录和施工记录。

② 一般项目。

a. 饰面板表面应平整、洁净、色泽一致，无裂痕和缺损。石材表面应无泛碱等污染。

检验方法：观察。

b. 饰面板嵌缝应密实、平直，宽度和深度应符合设计要求，嵌填材料色泽应一致。

检验方法：观察和尺量。

c. 采用湿作业法施工的饰面板工程，石材应进行防碱背涂处理。饰面板与基体之间的灌注材料应饱满、密实。

检验方法：用小锤轻击，检查施工记录。

d. 饰面板上的孔洞应套割吻合，边缘应整齐。

检验方法：观察。

e. 饰面板安装的允许偏差和检验方法应符合表 5-26 的规定。

表 5-26 **饰面板安装的允许偏差和检验方法**

项次	项目	允许偏差/mm							检验方法
		石材			瓷板	木材	塑料	金属	
		光面	剁斧石	蘑菇石					
1	立面垂直度	2	3	3	2	1.5	2	2	用 2 m 垂直检测尺检查
2	表面平整度	2	3	—	1.5	1	3	3	用 2 m 靠尺和塞尺检查
3	阴、阳角方正	2	4	4	2	1.5	3	3	用直角检测尺检查
4	接缝直线度	2	4	4	2	1	1	1	拉 5 m 线，不足 5 m 拉通线，用钢直尺检查
5	墙裙、勒脚上口直线度	2	3	3	2	2	2	2	拉 5 m 线，不足 5 m 拉通线，用钢直尺检查
6	接缝高低差	0.5	3	—	0.5	0.5	1	1	用钢直尺和塞尺检查
7	接缝宽度	1	2	2	1	1	1	1	用钢直尺检查

(3) 饰面板粘贴工程。

① 主控项目。

a. 饰面砖的品种、规格、图案、颜色和性能应符合设计要求。

检验方法：观察，检查产品合格证书、进场验收记录、性能检测报告和复验报告。

b. 饰面砖粘贴工程的找平、防水、黏结和勾缝材料及施工方法应符合设计要求及国家现行产品标准和工程技术标准的规定。

检验方法：检查产品合格证书、复验报告和隐蔽工程验收记录。

c. 饰面砖粘贴必须牢固。

检验方法：检查样板件黏结强度检测报告和施工记录。

d. 满粘法施工的饰面砖工程应无空鼓、裂缝。

检验方法：观察和用小锤轻击。

② 一般项目。

a. 饰面砖表面应平整、洁净、色泽一致，无裂痕和缺损。

检验方法：观察。

b. 阴、阳角处搭接方式、非整砖使用部位应符合设计要求。

检验方法：观察。

c. 墙面突出物周围的饰面砖应整砖套割吻合，边缘应整齐。墙裙、贴脸突出墙面的厚度应一致。

检验方法：观察和尺量。

d. 饰面砖接缝应平直、光滑，填嵌应连续、密实；宽度和深度应符合设计要求。

检验方法：观察和尺量。

e. 有排水要求的部位应做滴水线（槽）。滴水线（槽）应顺直，流水坡向应正确，坡度应符合设计要求。

检验方法：观察和用水平尺检查。

f. 饰面砖粘贴的允许偏差和检验方法应符合表 5-27 的规定。

表 5-27 饰面砖粘贴的允许偏差和检验方法

项次	项目	允许偏差/mm		检验方法
		外墙面砖	内墙面砖	
1	立面垂直度	3	2	用 2 m 垂直检测尺检查
2	表面平整度	4	3	用 2 m 靠尺和塞尺检查
3	阴、阳角方正	3	3	用直角检测尺检查
4	接缝直线度	3	2	拉 5 m 线，不足 5 m 拉通线，用钢直尺检查
5	接缝高低差	1	0.5	用钢直尺和塞尺检查
6	接缝宽度	1	1	用钢直尺检查

5.4.7 幕墙工程

(1) 一般规定。

① 幕墙工程验收时应检查下列文件和记录：

a. 幕墙工程的施工图、结构计算书、设计说明及其他设计文件。

b. 建筑设计单位对幕墙工程设计的确认文件。

c. 幕墙工程所用各种材料、五金配件、构件及组件的产品合格证书、性能检测报告、进场验收记录和复验报告。

d. 幕墙工程所用硅酮结构胶的认定证书和抽查合格证明，进口硅酮结构胶的商检证，国家指定检测机构出具的硅酮结构胶相容性和剥离黏结性试验报告，石材用密封胶的耐污染性试验报告。

e. 后置埋件的现场拉拔强度检测报告。

f. 幕墙的抗风压性能、空气渗透性能、雨水渗透性能及平面变形性能检测报告。

g. 打胶、养护环境的温度、湿度记录，双组分硅酮结构胶的混匀性试验记录及拉断试验记录。

h. 防雷装置测试记录。

i. 隐蔽工程验收记录。

j. 幕墙构件和组件的加工制作记录，幕墙安装施工记录。

② 各分项工程的检验批应按下列规定划分：

a. 相同设计、材料、工艺和施工条件的幕墙工程每 500～1000 m^2 应划分为一个检验批，不足 500 m^2 也应划分为一个检验批。

b. 同一单位工程的不连续的幕墙工程应单独划分检验批。

c. 对于异型或有特殊要求的幕墙，检验批的划分应根据幕墙的结构、工艺特点及幕墙工程规模，由监理单位（或建设单位）和施工单位协商确定。

③ 检查数量应符合下列规定：

a. 每个检验批每 100 m^2 应至少抽查一处，每处不得小于 10 m^2。

b. 对于异型或有特殊要求的幕墙工程，应根据幕墙的结构和工艺特点，由监理单位（或建设单位）和施工单位协商确定。

（2）玻璃幕墙工程。

① 主控项目。

a. 玻璃幕墙工程所使用的各种材料、构件和组件的质量，应符合设计要求及国家现行产品标准和工程技术规范的规定。

检验方法：检查材料、构件、组件的产品合格证书、进场验收记录、性能检测报告和材料的复验报告。

b. 玻璃幕墙的造型和立面分格应符合设计要求。

检验方法：观察和尺量。

c. 玻璃幕墙使用的玻璃应符合下列规定：

(a)幕墙应使用安全玻璃，玻璃的品种、规格、颜色、光学性能及安装方向应符合设计要求。

(b)幕墙玻璃的厚度不应小于 6.0 mm，全玻幕墙肋玻璃的厚度不应小于 12 mm。

(c)幕墙的中空玻璃应采用双道密封，明框幕墙的中空玻璃应采用聚硫密封胶及丁基密封胶；隐框和半隐框幕墙的中空玻璃应采用硅酮结构密封胶及丁基密封胶；镀膜面应在中空玻璃的第 2 面或第 3 面上。

(d)幕墙的夹层玻璃应采用聚乙烯醇缩丁醛(PVB)胶片干法加工合成的夹层玻璃。点支承玻璃幕墙夹层玻璃的夹层胶片(PVB)厚度不应小于 0.76 mm。

(e)钢化玻璃表面不得有损伤，小于 8.0 mm 厚度的钢化玻璃应进行引爆处理。

(f)所有幕墙玻璃均应进行边缘处理。

检验方法：观察，尺量，检查施工记录。

d. 玻璃幕墙与主体结构连接的各种预埋件、连接件、紧固件必须安装牢固，其数量、规格、位置、连接方法和防腐处理应符合设计要求。

检验方法：观察，检查隐蔽工程验收记录和施工记录。

e. 各种连接件、紧固件的螺栓应有防松动措施，焊接连接应符合设计要求和焊接规范的规定。

检验方法：观察，检查隐蔽工程验收记录和施工记录。

f. 隐框或半隐框玻璃幕墙，每块玻璃下端应设置两个铝合金或不锈钢托条，其长度不应小于 100 mm，厚度不应小于 2 mm，托条外端应低于玻璃外表面 2 mm。

检验方法：观察，检查施工记录。

g. 明框玻璃幕墙的玻璃安装应符合下列规定：

(a)玻璃槽口与玻璃的配合尺寸应符合设计要求和技术标准的规定。

(b)玻璃与构件不得直接接触，玻璃四周与构件凹槽底部应保持一定的空隙，每块玻璃下部应至少放置两块宽度与槽口宽度相同、长度不小于 100 mm 的弹性定位垫块；玻璃两边嵌入量及空隙应符合设计要求。

(c)玻璃四周橡胶条的材质、型号应符合设计要求，镶嵌应平整，橡胶条长度应比边框内槽长 1.5%～2.0%，橡胶条在转角处应斜面断开，并应用黏结剂黏结牢固后嵌入槽内。

检验方法：观察和检查施工记录。

h. 高度超过 4 m 的全玻幕墙应吊挂在主体结构上，吊(夹)具应符合设计要求，玻璃与玻璃、玻璃与玻璃肋之间的缝隙，应采用硅酮结构密封胶填嵌严密。

检验方法：观察，检查隐蔽工程验收记录和施工记录。

i. 点支承玻璃幕墙应采用带万向头的活动不锈钢爪，其钢爪间的中心距离应大于 250 mm。

检验方法：观察和尺量。

j. 玻璃幕墙四周、玻璃幕墙内表面与主体结构之间的连接节点、各种变形缝、墙角的连接节点应符合设计要求和技术标准的规定。

检验方法：观察，检查隐蔽工程验收记录和施工记录。

k. 玻璃幕墙应无渗漏。

检验方法：在易渗漏部位进行淋水检查。

l. 玻璃幕墙结构胶和密封胶的打注应饱满、密实、连续、均匀，无气泡，宽度和厚度应符合设计要求和技术标准的规定。

检验方法：观察，尺量，检查施工记录。

m. 玻璃幕墙开启窗的配件应齐全，安装应牢固，安装位置和开启方向、角度应正确；开启应灵活，关闭应严密。

检验方法：观察，手扳检查，开启和关闭检查。

n. 玻璃幕墙的防雷装置必须与主体结构的防雷装置可靠连接。

检验方法：观察，检查隐蔽工程验收记录和施工记录。

② 一般项目。

a. 玻璃幕墙表面应平整、洁净，整幅玻璃的色泽应均匀一致，不得有污染和镀膜损坏。

检验方法：观察。

b. 每平方米玻璃的表面质量和检验方法应符合表 5-28 的规定。

表 5-28 **每平方米玻璃的表面质量和检验方法**

项次	项目	质量要求	检验方法
1	明显划伤和长度大于 100 mm 的轻微划伤	不允许	观察
2	长度不大于 100 mm 的轻微划伤	≤8 条	用钢尺检查
3	擦伤总面积	≤500 mm²	用钢尺检查

c. 一个分格铝合金型材的表面质量和检验方法应符合表 5-29 的规定。

表 5-29 一个分格铝合金型材的表面质量和检验方法

项次	项目	质量要求	检验方法
1	明显划伤和长度大于 100 mm 的轻微划伤	不允许	观察
2	长度不大于 100 mm 的轻微划伤	≤2 条	用钢尺检查
3	擦伤总面积	≤500 mm²	用钢尺检查

d. 明框玻璃幕墙的外露框或压条应横平竖直，颜色、规格应符合设计要求，压条安装应牢固。单元玻璃幕墙的单元拼缝或隐框玻璃幕墙的分格玻璃拼缝应横平竖直、均匀一致。

检验方法：观察，手扳，检查进场验收记录。

e. 玻璃幕墙的密封胶缝应横平竖直、深浅一致、宽窄均匀、光滑顺直。

检验方法：观察和手摸。

f. 防火、保温材料填充应饱满、均匀，表面应密实、平整。

检验方法：检查隐蔽工程验收记录。

g. 玻璃幕墙隐蔽节点的遮封装修应牢固、整齐、美观。

检验方法：观察和手扳。

h. 明框玻璃幕墙安装的允许偏差和检验方法应符合表 5-30 的规定。

表 5-30 明框玻璃幕墙安装的允许偏差和检验方法

<table>
<tr><th>项次</th><th colspan="2">项目</th><th>允许偏差/mm</th><th>检验方法</th></tr>
<tr><td rowspan="4">1</td><td rowspan="4">幕墙垂直度</td><td>幕墙高度小于或等于 30 m</td><td>10</td><td rowspan="4">用经纬仪检查</td></tr>
<tr><td>幕墙高度大于 30 m 且小于或等于 60 m</td><td>15</td></tr>
<tr><td>幕墙高度大于 60 m 且小于或等于 90 m</td><td>20</td></tr>
<tr><td>幕墙高度大于 90 m</td><td>25</td></tr>
<tr><td rowspan="2">2</td><td rowspan="2">幕墙水平度</td><td>幕墙幅宽小于或等于 35 m</td><td>5</td><td rowspan="2">用水平仪检查</td></tr>
<tr><td>幕墙幅宽大于 35 m</td><td>7</td></tr>
<tr><td>3</td><td colspan="2">构件直线度</td><td>2</td><td>用 2 m 靠尺和塞尺检查</td></tr>
<tr><td rowspan="2">4</td><td rowspan="2">构件水平度</td><td>构件长度小于或等于 2 m</td><td>2</td><td rowspan="2">用水平仪检查</td></tr>
<tr><td>构件长度大于 2 m</td><td>3</td></tr>
<tr><td>5</td><td colspan="2">相邻构件错位</td><td>1</td><td>用钢直尺检查</td></tr>
<tr><td rowspan="2">6</td><td rowspan="2">分格框
对角线长度差</td><td>对角线长度小于或等于 2 m</td><td>3</td><td rowspan="2">用钢尺检查</td></tr>
<tr><td>对角线长度大于 2 m</td><td>4</td></tr>
</table>

i. 隐框、半隐框玻璃幕墙安装的允许偏差和检验方法应符合表 5-31 的规定。

表 5-31　　隐框、半隐框玻璃幕墙安装的允许偏差和检验方法

项次	项目		允许偏差/mm	检验方法
1	幕墙垂直度	幕墙高度小于或等于 30 m	10	用经纬仪检查
		幕墙高度大于 30 m 且小于或等于 60 m	15	
		幕墙高度大于 60 m 且小于或等于 90 m	20	
		幕墙高度大于 90 m	25	
2	幕墙水平度	层高小于或等于 3 m	3	用水平仪检查
		层高大于 3 m	5	
3	幕墙表面平整度		2	用 2 m 靠尺和塞尺检查
4	板材立面垂直度		2	用垂直检测尺检查
5	板材上沿水平度		2	用 1 m 水平尺和钢直尺检查
6	相邻板材板角错位		1	用钢直尺检查
7	阳角方正		2	用直角检测尺检查
8	接缝直线度		3	拉 5 m 线，不足 5 m 拉通线，用钢直尺检查
9	接缝高低差		1	用钢直尺和塞尺检查
10	接缝宽度		1	用钢直尺检查

(3) 金属幕墙工程。

① 主控项目。

a. 金属幕墙工程所使用的各种材料和配件，应符合设计要求及国家现行产品标准和工程技术规范的规定。

检验方法：检查产品合格证书、性能检测报告、材料进场验收记录和复验报告。

b. 金属幕墙的造型和立面分格应符合设计要求。

检验方法：观察和尺量。

c. 金属面板的品种、规格、颜色、光泽及安装方向应符合设计要求。

检验方法：观察和检查进场验收记录。

d. 金属幕墙主体结构上的预埋件、后置埋件的数量、位置及后置埋件的拉拔力必须符合设计要求。

检验方法：检查拉拔力检测报告和隐蔽工程验收记录。

e. 金属幕墙的金属框架立柱与主体结构预埋件的连接、立柱与横梁的连接、金属面板的安装必须符合设计要求，安装必须牢固。

检验方法：手扳，检查隐蔽工程验收记录。

f. 金属幕墙的防火、保温、防潮材料的设置应符合设计要求，并应密实、均匀，厚度一致。

检验方法：检查隐蔽工程验收记录。

g. 金属框架及连接件的防腐处理应符合设计要求。

检验方法：检查隐蔽工程验收记录和施工记录。

h. 金属幕墙的防雷装置必须与主体结构的防雷装置可靠连接。

检验方法:检查隐蔽工程验收记录。

i. 各种变形缝、墙角的连接节点应符合设计要求和技术标准的规定。

检验方法:观察,检查隐蔽工程验收记录。

j. 金属幕墙的板缝注胶应饱满、密实、连续、均匀,无气泡,宽度和厚度应符合设计要求和技术标准的规定。

检验方法:观察,尺量,检查施工记录。

k. 金属幕墙应无渗漏。

检验方法:在易渗漏部位进行淋水检查。

② 一般项目。

a. 金属板表面应平整、洁净、色泽一致。

检验方法:观察。

b. 金属幕墙的压条应平直、洁净,接口严密、安装牢固。

检验方法:观察和手扳。

c. 金属幕墙的密封胶缝应横平竖直、深浅一致、宽窄均匀、光滑顺直。

检验方法:观察。

d. 金属幕墙上的滴水线、流水坡向应正确、顺直。

检验方法:观察和用水平尺检查。

e. 每平方米金属板的表面质量和检验方法应符合表 5-32 的规定。

表 5-32 **每平方米金属板的表面质量和检验方法**

项次	项目	质量要求	检验方法
1	明显划伤和长度大于 100 mm 的轻微划伤	不允许	观察
2	长度小于或等于 100 mm 的轻微划伤	≤8 条	用钢尺检查
3	擦伤总面积	≤500 mm^2	用钢尺检查

f. 金属幕墙安装的允许偏差和检验方法应符合表 5-33 的规定。

表 5-33 **金属幕墙安装的允许偏差和检验方法**

项次	项目		允许偏差/mm	检验方法
1	幕墙垂直度	幕墙高度小于 30 m	10	用经纬仪检查
		幕墙高度大于 30 m 且小于或等于 60 m	15	
		幕墙高度大于 60 m 且小于或等于 90 m	20	
		幕墙高度大于 90 m	25	
2	幕墙水平度	层高不大于 3 m	3	用水平仪检查
		层高大于 3 m	5	
3	幕墙表面平整度		2	用 2 m 靠尺和塞尺检查
4	板材立面垂直度		3	用垂直检测尺检查
5	板材上沿水平度		2	用 1 m 水平尺和钢直尺检查
6	相邻板材板角错位		1	用钢直尺检查

续表

项次	项目	允许偏差/mm	检验方法
7	阳角方正	2	用直角检测尺检查
8	接缝直线度	3	拉 5 m 线,不足 5 m 拉通线,用钢直尺检查
9	接缝高低差	1	用钢直尺和塞尺检查
10	接缝宽度	1	用钢直尺检查

(4) 石材幕墙工程。

① 主控项目。

a. 石材幕墙工程所用材料的品种、规格、性能和等级,应符合设计要求及国家现行产品标准和工程技术规范的规定。石材的弯曲强度不应小于 8.0 MPa,吸水率应小于 0.8%。石材幕墙的铝合金挂件厚度不应小于 4.0 mm,不锈钢挂件厚度不应小于 3.0 mm。

检验方法:观察,尺量,检查产品合格证书、性能检测报告、材料进场验收记录和复验报告。

b. 石材幕墙的造型、立面分格、颜色、光泽、花纹和图案应符合设计要求。

检验方法:观察。

c. 石材孔、槽的数量、深度、位置、尺寸应符合设计要求。

检验方法:检查进场验收记录或施工记录。

d. 石材幕墙主体结构上的预埋件和后置埋件的位置、数量及后置埋件的拉拔力必须符合设计要求。

检验方法:检查拉拔力检测报告和隐蔽工程验收记录。

e. 石材幕墙的金属框架立柱与主体结构预埋件的连接、立柱与横梁的连接、连接件与金属框架的连接、连接件与石材面板的连接必须符合设计要求,安装必须牢固。

检验方法:手扳和检查隐蔽工程验收记录。

f. 金属框架和连接件的防腐处理应符合设计要求。

检验方法:检查隐蔽工程验收记录。

g. 石材幕墙的防雷装置必须与主体结构防雷装置可靠连接。

检验方法:观察,检查隐蔽工程验收记录和施工记录。

h. 石材幕墙的防火、保温、防潮材料的设置应符合设计要求,填充应密实、均匀、厚度一致。

检验方法:检查隐蔽工程验收记录。

i. 各种结构变形缝、墙角的连接节点应符合设计要求和技术标准的规定。

检验方法:检查隐蔽工程验收记录和施工记录。

j. 石材表面和板缝的处理应符合设计要求。

检验方法:观察。

k. 石材幕墙的板缝注胶应饱满、密实、连续、均匀,无气泡,板缝宽度和厚度应符合设计要求和技术标准的规定。

检验方法:观察,尺量,检查施工记录。

l. 石材幕墙应无渗漏。

检验方法:在易渗漏部位进行淋水检查。

② 一般项目。

a. 石材幕墙表面应平整、洁净，无污染、缺损和裂痕；颜色和花纹应协调一致，无明显色差和修痕。

检验方法：观察。

b. 石材幕墙的压条应平直、洁净，接口严密、安装牢固。

检验方法：观察和手扳。

c. 石材接缝应横平竖直、宽窄均匀；阴、阳角石板压向应正确，板边合缝应顺直；凸凹线出墙厚度应一致，上、下口应平直；石材面板上洞口、槽边应套割吻合，边缘应整齐。

检验方法：观察和尺量。

d. 石材幕墙的密封胶缝应横平竖直、深浅一致、宽窄均匀、光滑顺直。

检验方法：观察。

e. 石材幕墙上的滴水线、流水坡向应正确、顺直。

检验方法：观察和用水平尺检查。

f. 每平方米石材的表面质量和检验方法应符合表 5-34 的规定。

表 5-34　**每平方米石材的表面质量和检验方法**

项次	项目	质量要求	检验方法
1	裂痕、明显划伤和长度大于 100 mm 的轻微划伤	不允许	观察
2	长度不大于 100 mm 的轻微划伤	≤8 条	用钢尺检查
3	擦伤总面积	≤500 mm²	用钢尺检查

g. 石材幕墙安装的允许偏差和检验方法应符合表 5-35 的规定。

表 5-35　**石材幕墙安装的允许偏差和检验方法**

项次	项目		允许偏差/mm		检验方法
			光面	麻面	
1	幕墙垂直度	幕墙高度不大于 30 m	10		用经纬仪检查
		幕墙高度大于 30 m 且不大于 60 m	15		
		幕墙高度大于 60 m 且不大于 90 m	20		
		幕墙高度大于 90 m	25		
2	幕墙水平度		3		用水平仪检查
3	板材立面垂直度		3		用水平仪检查
4	板材上沿水平度		2		用 1 m 水平尺和钢直尺检查
5	相邻板材板角错位		1		用钢直尺检查
6	幕墙表面平整度		2	3	用垂直检测尺检查
7	阳角方正		2	4	用直角检测尺检查
8	接缝直线度		3	4	拉 5 m 线，不足 5 m 拉通线，用钢直尺检查
9	接缝高低差		1	—	用钢直尺和塞尺检查
10	接缝宽度		1	2	用钢直尺检查

5.4.8 涂饰工程

(1) 一般规定。

① 涂饰工程验收时应检查下列文件和记录：

a. 涂饰工程的施工图、设计说明及其他设计文件。

b. 材料的产品合格证书、性能检测报告和进场验收记录。

c. 施工记录。

② 各分项工程的检验批应按下列规定划分：

a. 室外涂饰工程每一栋楼的同类涂料涂饰的墙面每 500～1000 m^2 应划分为一个检验批，不足 500 m^2 也应划分为一个检验批。

b. 室内涂饰工程同类涂料涂饰的墙面每 50 间(大面积房间和走廊按涂饰面积 30 m^2 为一间)应划分为一个检验批，不足 50 间也应划分为一个检验批。

③ 检查数量应符合下列规定：

a. 室外涂饰工程每 100 m^2 应至少检查一处，每处不得小于 10 m^2。

b. 室内涂饰工程每个检验批应至少抽查 10%，并不得少于 3 间；不足 3 间时应全数检查。

(2) 水性涂料涂饰工程。

水性涂料包括乳液型涂料、无机涂料、水溶性涂料等。

① 主控项目。

a. 水性涂料涂饰工程所用涂料的品种、型号和性能应符合设计要求。

b. 水性涂料涂饰工程的颜色、图案应符合设计要求。

检验方法：观察。

c. 水性涂料涂饰工程应涂饰均匀、黏结牢固，不得漏涂、透底、起皮和掉粉。

检验方法：观察和手摸。

② 一般项目。

a. 薄涂料的涂饰质量和检验方法应符合表 5-36 的规定。

表 5-36 薄涂料的涂饰质量和检验方法

项次	项目	普通涂饰	高级涂饰	检验方法
1	颜色	均匀一致	均匀一致	观察
2	泛碱、咬色	允许少量	不允许	
3	流坠、疙瘩	允许少量	不允许	
4	砂眼、刷纹	允许少量砂眼，刷纹通顺	无砂眼，无刷纹	
5	装饰线、分色线直线度允许偏差/mm	2	1	拉 5 m 线，不足 5 m 拉通线，用钢直尺检查

b. 厚涂料的涂饰质量和检验方法应符合表 5-37 的规定。

表 5-37 厚涂料的涂饰质量和检验方法

项次	项目	普通涂饰	高级涂饰	检验方法
1	颜色	均匀一致	均匀一致	观察
2	泛碱、咬色	允许少量	不允许	
3	点状分布	—	疏密均匀	

c. 复层涂料的涂饰质量和检验方法应符合表 5-38 的规定。

表 5-38 复层涂料的涂饰质量和检验方法

项次	项目	质量要求	检验方法
1	颜色	均匀一致	观察
2	泛碱、咬色	不允许	
3	喷点疏密程度	均匀，不允许连片	

d. 涂层与其他装修材料和设备衔接处应吻合，界面应清晰。

检验方法：观察。

(3) 溶剂型涂料涂饰工程。

溶剂型涂料包括丙烯酸酯涂料、聚氨酯丙烯酸涂料、有机硅丙烯酸涂料等溶剂型涂料。

① 主控项目。

a. 溶剂型涂料涂饰工程所选用涂料的品种、型号和性能应符合设计要求。

检验方法：检查产品合格证书、性能检测报告和进场验收记录。

b. 溶剂型涂料涂饰工程的颜色、光泽、图案应符合设计要求。

检验方法：观察。

c. 溶剂型涂料涂饰工程应涂饰均匀、黏结牢固，不得漏涂、透底、起皮和反锈。

检验方法：观察和手摸。

② 一般项目。

a. 色漆的涂饰质量和检验方法应符合表 5-39 的规定。

表 5-39 色漆的涂饰质量和检验方法

项次	项目	普通涂饰	高级涂饰	检验方法
1	颜色	均匀一致	均匀一致	观察
2	光泽、光滑	光泽基本均匀 光滑，无手挡感	光泽均匀一致 光滑	观察、手摸
3	刷纹	刷纹通顺	无刷纹	观察
4	裹棱、流坠、皱皮	明显处不允许	不允许	观察
5	装饰线、分色线 直线度允许偏差/mm	2	1	拉 5 m 线，不足 5 m 拉通线， 用钢直尺检查

注：无光色漆不检查光泽。

b. 清漆的涂饰质量和检验方法应符合表 5-40 的规定。

表 5-40 **清漆的涂饰质量和检验方法**

项次	项目	普通涂饰	高级涂饰	检验方法
1	颜色	基本一致	均匀一致	观察
2	木纹	棕眼刮平、木纹清楚	棕眼刮平、木纹清楚	观察
3	光泽、光滑	光泽基本均匀 光滑,无手挡感	光泽均匀一致 光滑	观察、手摸
4	刷纹	无刷纹	无刷纹	观察
5	裹棱、流坠、皱皮	明显处不允许	不允许	观察

c.涂层与其他装修材料和设备衔接处应吻合,界面应清晰。

检验方法:观察。

(4) 美术涂饰工程。

美术涂饰包括套色涂饰、滚花涂饰、仿花纹涂饰等室内外美术涂饰。

① 主控项目。

a.美术涂饰所用材料的品种、型号和性能应符合设计要求。

检验方法:观察,检查产品合格证书、性能检测报告和进场验收记录。

b.美术涂饰工程应涂饰均匀、黏结牢固,不得漏涂、透底、起皮、掉粉和反锈。

检验方法:观察和手摸。

c.美术涂饰的套色、花纹和图案应符合设计要求。

检验方法:观察。

② 一般项目。

a.美术涂饰表面应洁净,不得有流坠现象。

检验方法:观察。

b.仿花纹涂饰的饰面应具有被模仿材料的纹理。

检验方法:观察。

c.套色涂饰的图案不得移位,纹理和轮廓应清晰。

检验方法:观察。

独立思考答案

独立思考

5-1 装饰装修工程可分为哪几项?

5-2 建筑地面工程子分部工程、分项工程是如何划分的?

5-3 请说明下列术语的含义:建筑地面、面层、结合层、基层、基土、缩缝、伸缝。

5-4 一般抹灰工程的施工质量控制要点有哪些?

5-5 简述门窗工程验收的一般规定。

6 建筑工程项目质量验收

内容提要

建筑工程施工质量验收，是质量管理工作的重要内容。本章重点介绍了建筑工程质量验收的标准、方法以及程序，同时对工程项目的保修以及质量事故相关问题的处理也做了阐述。

5分钟
看完本章

能力要求

通过本章的学习，学生应掌握建筑工程施工中质量验收的验收层次、组织程序、评定标准；具有对一般工程进行质量验收划分的能力，能够规范填写有关质量验收表格，能够根据施工质量检验标准对所验工程的工程质量做出正确评价。

6.1 建筑工程项目质量验收基本知识

6.1.1 建筑工程质量验收的重要性

工程建设是我国国民经济建设的支柱产业之一。工程建设的质量涉及人民生命财产的安全，涉及人民生活和工作环境的改善，涉及建筑物使用功能和社会功能，因此工程质量备受关注。建筑工程质量的检查与验收是保证工程质量的重要手段，是切实做好建筑工程质量管理工作的必要的技术保证，是建筑工程施工管理的一项重要内容。

建筑产品的形成是一个复杂的动态过程，在施工过程中，由于受到各种波动因素的影响，工程质量不可避免地存在不同程度的波动，当其超过规范允许的偏差范围时，就会产生不合格品。所以，在施工过程中对建筑产品（检验批、分项工程、分部工程、单位工程）进行检验，把工程质量从“事后把关”转移到“事先预防”上来，把不合格品消灭在形成过程中，这是企业实施质量方针的需要，又是确保国家利益和顾客利益的需要，还是企业减小经济损失、提高市场竞争力的需要，更是确保人民生命财产安全的需要。

6.1.2 参与建筑工程质量验收的主体

在建筑工程质量的检查验收中，如施工单位进行的“三检”及监理单位、建设单位参与的验收，检测单位进行的验证性检验，监督机构进行的监督检查等，各方均根据自己的职责与立场，通过旁站监督、抽样检查、复测等形式，从不同角度参加验收，相互合作、相互制约，对工程质量控制发挥积极的作用。

(1) 建设单位。

建设方是建筑物的所有者和使用者，是工程建设的重要责任主体，是工程建设过程和建设效果的负责方，拥有按法律、法规选定勘察、设计、施工、监理单位和确定建设项目的投资、规模、功能、外观使用材料和设备等权利。建设单位应按国家现行工程建设的法律、法规、技术标准及工程建设合同的规定，定期或不定期地对工程质量进行监督和检查。当没有委托监理单位时，应参与检验批、分项工程、分部(子分部)工程等的验收。当项目工程施工委托监理单位时，建设单位应参与项目工程的质量检查，同时应组织单位工程的竣工验收。

(2) 监理单位。

监理方受建设单位的委托，承担着工程建设重要的主体责任，行使施工监督、控制工程质量并参与各层次的检查和验收工作的权利。

监理方在工程建设的实施过程中，对施工单位已经完成并自检合格的项目须进行抽查，进行质量确认，并形成验收文件；同时在施工过程中应采取巡视、旁站、平行检验等手段，对隐蔽工程以及下一道工序完成后难以检查的重点施工部位，进行监督检查。监理工程师的质量检查是对承包单位作业质量的复核与确认，是验收。

(3) 施工单位。

施工方是建筑工程施工的责任主体，是建筑产品的生产方，也是工程建设质量责任的重要主体。其生产行为对工程建设质量起关键性作用。工程施工质量的验收均应在施工方自行检查的基础上进行，故施工方应进行各层次的检查。检查合格后再与有关单位一起参与验收。

施工方对检验批、分项工程、分部(子分部)工程、单位(子单位)工程应按操作标准(企业标准)等进行自行检查并评定结果。

施工方质量检查体系表现在以下几点：

① 作业活动的作业者在作业结束后必须自检。

② 不同工序交接、转换必须由相关人员交接检查。

③ 承包单位专职质检员的专检。

(4) 设计(勘察)单位。

设计(勘察)方作为建筑工程责任主体，提出建筑物设计文件及质量要求，对涉及安全和重要使用功能的(子)分部工程，设计(勘察)方应参与验收。设计(勘察)方参与单位工程的竣工验收。

勘察单位通过一系列的勘察工作提交工程勘察报告，作为设计的依据之一。在施工阶段，勘察单位参加一定阶段的勘察配合及其验收工作，对施工过程中出现的地质问题要进行跟踪服务，特别是要参加验槽、基础工程验收及与地基基础有关的工程事故的处理工作。

设计单位主要根据建设单位的意图，利用自己的设计和技术手段将意图转化成可以施工的图纸。在施工阶段，图纸要接受施工的检验，设计人员要参与到施工中去，解决图纸中的未尽事宜，参与验槽、基础验收、主体验收和竣工验收等工作，以保证工程项目质量的实现。

(5) 其他机构。

在工程建设过程中，除上述单位外，检测机构、质量监督机构也在一定程度上、一定范围内参与或影响着工程项目的施工质量检查与验收。

① 质量监督机构。

我国实行的是建设工程质量监督管理制度。工程质量监督管理的主体是各级政府建设行政主管部门和其他有关部门。但由于工程建设周期长、环节多、点多面广，工程质量监督工作是一项专业技术性强且很繁杂的工作，政府部门不可能亲自进行日常检查工作。因此，工程质量监督管理由建设行政主管部门或其他有关部门委托的工程质量监督机构具体实施。

建设工程质量监督机构通过制定质量监督工作方案，检查施工现场工程建设各方主体的质量行为，检查建设工程实体质量和监督工程质量验收，以对建设工程质量进行控制。

② 检测机构。

工程质量检测机构是对建设工程、建设构件、制品及现场所用的有关建筑材料、设备质量进行检测的法定单位。它在建设行政主管部门领导和标准化管理部门指导下开展检测工作，其出具的检测报告具有法定效力。法定的检测机构对本地区正在施工的建设工程所用的材料、混凝土、砂浆和建筑构件等进行随机抽样检测，向本地建设工程质量主管部门和质量监督部门提出抽样报告和建议。

目前，见证检测已经成为工程质量管理中通行的一种方式，在下列三种情况下应进行见证检测：国家规定应进行见证检测时；合同约定应进行见证检测时；对材料的质量发生争议需要进行仲裁时。

对于需要进行见证检测的材料或试件，应由监理单位或建设单位具有见证资格的人员(即见证员)监督，由施工单位有取样资格的人员(即取样员)随机抽取一定数量的材料或试件，在见证员的旁站监督下押送或封样送往检测单位。见证员、取样员须持证上岗。

6.2 建筑工程项目质量验收标准

6.2.1 施工质量验收的依据

(1) 工程施工承包合同。

工程施工承包合同所规定的有关施工质量方面的条款，既是发包方所要求的施工质量目标，又是承包方对施工质量责任的明确承诺，理所当然成为施工质量验收的重要依据。

(2) 工程施工图纸。

由发包方确认并提供的工程施工图纸，以及按规定程序和手续实施变更的设计和施工变更图纸，是工程施工合同文件的组成部分，也是直接指导施工和进行施工质量验收的重要依据。

(3) 工程施工质量验收统一标准(简称“统一标准”)。

工程施工质量验收统一标准是国家标准，如由中华人民共和国住房和城乡建设部、中华人民共和国国家质量监督检验检疫总局联合发布的《建筑工程施工质量验收统一标准》(GB 50300—2013)，规范了全国建筑工程施工质量验收的基本规定、验收的划分、验收的标准以及验收的组织和程序。根据我国现行的工程建设管理体制，国务院各工业交通部门负责对全国专业建设工程质量进行监督管理，因此其相应的专业建设工程施工质量验收统一标准，是各专业工程建设施工质量验收的依据。

(4) 专业工程施工质量验收规范(简称“验收规范”)。

专业工程施工质量验收规范是在工程施工质量验收统一标准的指导下，结合专业工程的特点和要求进行编制的，它是施工质量验收统一标准的进一步深化和具体化，作为专业工程施工质量验收的依据。“验收规范”和“统一标准”必须配合使用。

(5) 建设法律法规、管理标准和技术标准。

现行的建设法律法规、管理标准和相关的技术标准是制定施工质量验收“统一标准”和“验收规范”的依据，而且其中强调了相应的强制性条文。因此，它也是组织和指导施工质量验收、评判工程质量责任行为的重要依据。

6.2.2 施工质量验收的基本规定

6.2.2.1 施工质量验收规范体系

(1) 建筑工程质量验收标准的组成。

建筑工程涉及的专业众多，其工种和施工工序相差也很大，因此需要有相应的专业验收规范才能解决实际工程验收的问题，据此，我国编制或修订了15本专业验收规范。此外，为解决各专业验收规范之间的统一和协调问题，以及汇总各专业验收而进行的最终的单位工程竣工验收，编制了一本具有基础性和指导性作用的标准——《建筑工程施工质量验收统一标准》(GB 50300—2013)。这样就形成了由《建筑工程施工质量验收统一标准》(GB 50300—2013)和15项建筑专业工程施工质量验收规范(专业“验收规范”)组成的建筑工程施工质量验收规范体系。

(2)《建筑工程施工质量验收统一标准》(GB 50300—2013)。

《建筑工程施工质量验收统一标准》(GB 50300—2013)规定了：

① 建筑工程施工现场质量管理和质量控制的要求；

② 提出了检验批质量检验的抽样方案要求；

③ 确定了建筑工程施工质量验收划分、合格判定及验收程序的原则；

④ 规定了各专业验收规范编制的统一原则；

⑤ 对单位工程质量验收的内容、方法和程序等做出了具体的规定。

15项专业“验收规范”

(3) 15项建筑专业工程施工质量验收规范(即“验收规范”)规定了：

① 分项工程检验批的划分、主控项目和一般项目质量指标的设置、合格判定；

② 对建筑材料、构配件和设备的进场复检要求；

③ 涉及结构安全和使用功能检测项目的要求。

(4) 现行建筑工程质量验收规范的特点。

现行建筑工程质量验收规范与原验收标准相比，有以下特点：

① 体现“验评分离、强化验收、完善手段、过程控制”的指导思想；

② 同一个对象只有一个标准，避免了交叉，便于执行；

③ 新验收标准只有一个“合格”的质量等级，取消“优良”等级；

④ 落实了《中华人民共和国建筑法》和《建设工程质量管理条例》的规定，明确了各方的责任。

6.2.2.2 施工质量验收的基本规定

(1) 建筑工程施工质量验收的要求。

① 工程质量验收均应在施工单位自行检查评定的基础上进行。

② 参加工程施工质量验收的各方人员应该具备规定的资格。

③ 检验批的质量应按主控项目和一般项目验收。

④ 对涉及结构安全、节能、环境保护和主要使用功能的试块及材料，应在进场时或施工中按规定进行见证检验。

⑤ 隐蔽工程应在隐蔽前由施工单位通知监理单位进行验收，并应形成验收文件，验收合格后方可继续施工。

⑥ 对涉及结构安全、节能、环境保护和使用功能的重要分部工程应在验收前按规定进行抽样检验。

⑦ 工程外观质量应由验收人员通过现场检查后共同确认。

(2) 专项验收要求的规定。

专项验收按相应专业验收规范的要求进行。为适应建筑工程行业的发展，鼓励新技术的推广应用，保证建筑工程验收的顺利进行，当专业验收规范对工程中的验收项目未做出相应规定时，应由建设单位组织监理、设计、施工等相关单位制定专项验收要求。涉及结构安全、节能、环境保护等项目的专项验收要求应由建设单位组织专家论证。

(3) 特殊情况下调整抽样复验、试验数量的规定。

符合下列条件之一时，可按相关专业验收规范的规定适当调整抽样复验、试验数量，调整后的抽样复验、试验方案应由施工单位编制，并报监理单位审核确定。

① 同一项目中由相同施工单位施工的多个单位工程，使用同一生产厂家的同品种、同规格、同批次的材料、构配件、设备等，如果按每一个单位工程分别进行复验，势必造成重复而浪费人力、物力，因此可适当调整抽样复检、试验的数量。

② 同一施工单位在现场加工的成品、半成品、构配件用于同一项目中的多个单位工程中时，可适当调整抽样复验、试验数量。但对施工安装后的工程质量应按分部工程的要求进行检测试验，不能减少抽样数量。

③ 在同一项目中，针对同一抽样对象的已有检验成果可以重复利用。如混凝土结构的隐蔽工程检验批和钢筋工程检验批，就有很多相同之处，可以重复利用检验成果，但须分别填写验收资料。

(4) 施工现场质量管理的规定。

《建筑工程施工质量验收统一标准》(GB 50300—2013)对施工现场提出四项要求：一是施工现场质量管理应有相应的施工技术标准，即操作依据，如企业标准、施工工艺、操作规程等；二是应有健全的施工质量管理体系，按照施工质量管理的要求规范建立相应的机构、制度，并赋予其相应的职权，以保证质量控制措施的落实；三是应有施工质量检验制度，包括材料、设备的进场检验验收，施工过程的检验、试验，竣工验收时的抽查检测，要有具体的规定、明确的检验项目和制度等；四是提出了综合施工质量水平评定考核制度，将企业资质、人员素质、工程实体质量及前三项的要求形成综合效果和成效，包括工程质量的总体评价、企业的质量效益等。其目的是通过综合评价，不断提高施工管理水平。施工现场质量管理检查记录应由施工单位按表6-1填写,总监理工程师(建设单位项目负责人)进行检查,并做出检查结论。其每次检查的主要内容见表6-1。施工现场质量管理检查的内容属于事前管理。为了保证工程质量达到预定的质量目标,应予以重点控制。

表6-1 施工现场质量管理检查记录表

<table>
<tr><td>工程名称</td><td colspan="2"></td><td colspan="2">施工许可证(开工证)</td><td colspan="2"></td></tr>
<tr><td>建设单位</td><td colspan="2"></td><td colspan="2">项目负责人</td><td colspan="2"></td></tr>
<tr><td>设计单位</td><td colspan="2"></td><td colspan="2">项目负责人</td><td colspan="2"></td></tr>
<tr><td>监理单位</td><td colspan="2"></td><td colspan="2">总监理工程师</td><td colspan="2"></td></tr>
<tr><td>施工单位</td><td colspan="2"></td><td>项目经理</td><td></td><td>项目技术负责人</td><td></td></tr>
<tr><td>序号</td><td colspan="2">项目</td><td colspan="4">内容</td></tr>
<tr><td>1</td><td colspan="2">现场质量管理制度</td><td colspan="4">工程报建、工程项目总承包负责、技术交底、工序交接、样板引路、质量检查、质量奖惩、质量例会、质量问题处理、成品保护、施工挂牌制度</td></tr>
<tr><td>2</td><td colspan="2">质量责任制</td><td colspan="4">岗位责任组织机构及责任</td></tr>
<tr><td>3</td><td colspan="2">主要专业工种操作上岗证书</td><td colspan="4">项目经理、技术负责人、测量工、塔吊司机、起重工、钢筋工、混凝土工、机械工、焊工、瓦工、防水工、电工</td></tr>
<tr><td>4</td><td colspan="2">分包方资质与对
分包单位的管理制度</td><td colspan="4">资质审查、管理制度</td></tr>
<tr><td>5</td><td colspan="2">施工图审查情况</td><td colspan="4">审查报告,审查、批准书号</td></tr>
<tr><td>6</td><td colspan="2">地质勘查资料</td><td colspan="4">地质勘查报告书</td></tr>
<tr><td>7</td><td colspan="2">施工组织设计、施工方案及审批</td><td colspan="4">施工组织设计的编写、审核、批准</td></tr>
<tr><td>8</td><td colspan="2">施工技术标准</td><td colspan="4">执行国家标准、执行企业标准、批准程序、批准日期、执行日期、批准编号及名称</td></tr>
<tr><td>9</td><td colspan="2">工程质量检验制度</td><td colspan="4">原材料进场检查、工序交接检验、施工过程试验、竣工抽查检验制度</td></tr>
<tr><td>10</td><td colspan="2">搅拌站及计量设置</td><td colspan="4">有管理制度和计量设施精度及控制措施</td></tr>
<tr><td>11</td><td colspan="2">现场材料、设备存放与管理</td><td colspan="4">钢材、水泥、砂石、玻璃、瓷砖的管理办法</td></tr>
<tr><td colspan="7">检查结论:
总监理工程师:
(建设单位项目负责人)　　　　年　月　日</td></tr>
</table>

6.3 建筑工程项目质量验收层次划分

建筑工程质量检查与验收是一项十分重要的工作,工程从合同签订后进行施工准备到竣工交付使用,要经过若干阶段、若干工序、多种专业工种的配合。如前所述,一般可按结构分解的原则将工程施工质量验收划分为单位(子单位)工程、分部(子分部)工程、分项工程、检验批四个层次。

6.3.1 施工质量验收层次划分的作用

(1) 有利于工程质量处于受控状态。

划分验收层次，有利于工程施工质量的过程控制和最终把关，确保工程质量符合有关标准，使工程质量处于受控状态。

(2) 有利于工程质量管理有序、验收步骤分明。

根据工程特点，将整个过程按结构分解的原则分解成各个相对独立的单元体，这使得整个过程易于管理，便于验收。

(3) 有利于提高工程质量验收的科学性、规范性和准确性。

经过划分后的工程，在一个工程中，各工种及设备机组、各系统、各区段的划分相对统一，验收也更有条理了。

(4) 有利于为工程竣工验收提供真实有效的资料。

由于划分了验收层次，施工质量得到了有效的控制，发现质量问题容易分清责任并及时分析、解决，同时便于进行质量评定。

6.3.2 施工质量验收层次划分的原则

根据《建筑工程施工质量验收统一标准》(GB 50300—2013)的要求，建筑工程质量验收应划分为单位(子单位)工程、分部(子分部)工程、分项工程和检验批，如表 6-2～表 6-5 所示。

表 6-2 单位(子单位)工程、分部(子分部)工程及分项工程的划分原则

名称	划分原则及要求
单位工程	单位工程的划分应按照下列原则确定： (1) 具备独立施工条件并能形成独立使用功能的建筑物及构筑物为一个单位工程。 (2) 建筑规模较大的单位工程，可将其能形成独立使用功能的部分划分为一个子单位工程
分部工程	分部工程的划分应按下列原则确定： (1) 分部工程的划分应按专业性质、建筑部位确定。 (2) 当分部工程较大或较复杂时，可按材料种类、施工特点、施工程序、专业系统及类别等划分为若干子分部工程
分项工程	分项工程应按主要工种、材料、施工工艺、设备类别等进行划分

表 6-3 建筑工程分部工程、分项工程的划分

序号	分部工程	子分部工程	分项工程
1	地基与基础	无支护土方	土方开挖、土方回填
		有支护土方	排桩、降水、排水、地下连续墙、锚杆、土钉墙、水泥土桩、沉井与沉箱、钢及混凝土支撑
		地基与基础处理	灰土地基、砂和砂石地基、碎砖三合土地基、土工合成材料地基、粉煤灰地基、重锤夯实地基、强夯地基、振冲地基、砂桩地基、预压地基、高压喷射注浆地基、土和灰土挤密桩地基、注浆地基、水泥粉煤灰碎石桩地基、夯实水泥土桩地基
		桩基	锚杆静压桩及静力压桩、预应力离心管桩、钢筋混凝土预制桩、钢桩、混凝土灌注桩(成孔、钢筋笼、清孔、水下混凝土灌注)

续表

<table>
<tr><th>序号</th><th>分部工程</th><th colspan="2">子分部工程</th><th>分项工程</th></tr>
<tr><td rowspan="5">1</td><td rowspan="5">地基与基础</td><td colspan="2">地下防水</td><td>防水混凝土，水泥砂浆防水层，卷材防水层，涂料防水层，金属板防水层，塑料板防水层，细部构造，喷锚支护，复合式衬砌，地下连续墙，盾构法隧道；渗排水、盲沟排水，隧道，坑道排水；预注浆、后注浆，衬砌裂缝注浆</td></tr>
<tr><td colspan="2">混凝土基础</td><td>模板、钢筋、混凝土，后浇带混凝土，混凝土结构缝处理</td></tr>
<tr><td colspan="2">砌体基础</td><td>砖砌体，混凝土砌块砌体，配筋砌体，石砌体</td></tr>
<tr><td colspan="2">劲钢(管)混凝土</td><td>劲钢(管)焊接、劲钢(管)与钢筋的连接，混凝土</td></tr>
<tr><td colspan="2">钢结构</td><td>焊接钢结构、栓接钢结构，钢结构制作，钢结构安装，钢结构涂装</td></tr>
<tr><td rowspan="6">2</td><td rowspan="6">主体结构</td><td colspan="2">混凝土结构</td><td>模板，钢筋，混凝土，预应力、现浇结构，装配式结构</td></tr>
<tr><td colspan="2">劲钢(管)混凝土结构</td><td>劲钢(管)焊接、螺栓连接、劲钢(管)与钢筋的连接，劲钢(管)制作、安装，混凝土</td></tr>
<tr><td colspan="2">砌体结构</td><td>砖砌体，混凝土小型空心砌块砌体，石砌体，填充墙砌体，配筋砖砌体</td></tr>
<tr><td colspan="2">钢结构</td><td>钢结构焊接，紧固件连接，钢零部件加工，单层钢结构安装，多层及高层钢结构安装，钢结构涂装，钢构件组装，钢构件预拼装，钢网架结构安装，压型金属板</td></tr>
<tr><td colspan="2">木结构</td><td>方木和原木结构、胶合木结构、轻型木结构，木构件防护</td></tr>
<tr><td colspan="2">网架和索膜结构</td><td>网架制作，网架安装，索膜安装，网架防火、防腐涂料</td></tr>
<tr><td rowspan="8">3</td><td rowspan="8">建筑装饰装修</td><td rowspan="6">地面</td><td rowspan="2">整体面层</td><td>基层：基土、灰土垫层、砂垫层和砂石垫层、碎石垫层和碎砖垫层、三合土及四合土垫层、炉渣垫层、水泥混凝土垫层和陶粒混凝土垫层、找平层、隔离层、填充层、绝热层</td></tr>
<tr><td>面层：水泥混凝土面层、水泥砂浆面层、水磨石面层、硬化耐磨面层、防油渗面层、不发火(防爆)面层、自流平面层、涂料面层、塑胶面层、地面辐射供暖的整体面层</td></tr>
<tr><td rowspan="2">板块面层</td><td>基层：基土、灰土垫层、砂垫层和砂石垫层、碎石垫层和碎砖垫层、三合土及四合土垫层、炉渣垫层、水泥混凝土垫层和陶粒混凝土垫层、找平层、隔离层、填充层、绝热层</td></tr>
<tr><td>面层：砖面层(陶瓷锦砖、缸砖、陶瓷地砖和水泥花砖面层)、大理石面层和花岗石面层、预制板块面层(水泥混凝土板块、水磨石板块、人造石板块面层)、料石面层(条石、块石面层)、塑料板面层、活动地板面层、金属板面层、地毯面层、地面辐射供暖的板块面层</td></tr>
<tr><td rowspan="2">木、竹面层</td><td>基层：基土、灰土垫层、砂垫层和砂石垫层、碎石垫层和碎砖垫层、三合土及四合土垫层、炉渣垫层、水泥混凝土垫层和陶粒混凝土垫层、找平层、隔离层、填充层、绝热层</td></tr>
<tr><td>面层：实木地板、实木集成地板、竹地板面层(条材、块材面层)、实木复合地板面层(条材、块材面层)、浸渍纸层压木质地板面层(条材、块材面层)、软木类地板面层(条材、块材面层)、地面辐射供暖的木板面层</td></tr>
<tr><td colspan="2">抹灰</td><td>一般抹灰、装饰抹灰、清水砌体勾缝</td></tr>
<tr><td colspan="2">门窗</td><td>木门窗制作与安装、金属门窗安装、塑料门窗安装、特种门安装、门窗玻璃安装</td></tr>
</table>

续表

序号	分部工程	子分部工程	分项工程
3	建筑装饰装修	吊顶	暗龙骨吊顶、明龙骨吊顶
		轻质隔墙	板材隔墙、骨架隔墙、活动隔墙、玻璃隔墙
		饰面板(砖)	饰面板安装、饰面砖粘贴
		幕墙	玻璃幕墙、金属幕墙、石材幕墙
		涂饰	水性涂料涂饰、溶剂型涂料涂饰、美术涂饰
		裱糊与软包	裱糊、软包
		细部	橱柜制作与安装,窗帘盒、窗台板和暖气罩制作与安装,门窗套制作与安装,护栏和扶手制作与安装,花饰制作与安装
4	屋面工程	基层与保护	找坡层,找平层,隔汽层,隔离层,保护层
		保温与隔热	板状材料保温层,纤维材料保温层,喷涂硬泡聚氨酯保温层,现浇泡沫混凝土保温层,种植隔热层,架空隔热层,蓄水隔热层
		防水与密封	卷材防水层,涂膜防水层,复合防水层,接缝密封防水
		瓦面与板面	烧结瓦和混凝土瓦铺装,沥青瓦铺装,金属板铺装,玻璃采光顶铺装
		细部构造	檐口、檐沟和天沟、女儿墙和山墙、落水口、变形缝、伸出屋面管道、屋面出入口、反梁过水孔、设施基座、屋脊、屋顶窗
5	建筑给水、排水及采暖	室内给水系统	给水管道及配件安装,室内消火栓系统安装,给水设备安装,管道防腐、绝热
		室内排水系统	排水管道及配件安装、雨水管道及配件安装
		室内热水供应系统	管道及配件安装、辅助设备安装、防腐、绝热
		卫生器具安装	卫生器具安装、卫生器具给水配件安装、卫生器具排水管道安装
		室内采暖系统	管道及配件安装、辅助设备及散热器安装、金属辐射板安装、低温热水地板辐射采暖系统安装、系统水压试验及调试、防腐、绝热
		室外给水管网	给水管道安装、消防水泵接合器及室外消火栓安装、管沟及井室
		室外排水管网	排水管道安装、排水管沟与井池
		室外供热管网	管道及配件安装、系统水压试验及调试、防腐、绝热
		建筑中水系统及游泳池系统	建筑中水系统管道及辅助设备安装、游泳池水系统安装
		供热锅炉及辅助设备安装	锅炉安装,辅助设备及管道安装,安全附件安装,烘炉、煮炉和试运行,换热站安装,防腐、绝热

续表

序号	分部工程	子分部工程	分项工程
6	建筑电气	室外电气	架空线路及杆上电气设备安装，变压器、箱式变电所安装，成套配电柜、控制柜(屏、台)和动力、照明配电箱(盘)及控制柜安装，电线、电缆导管和线槽敷设，电线、电缆穿管和线槽敷设，电缆头制作、导线连接和线路电气试验，建筑物外部装饰灯具、航空障碍标志灯和庭院路灯安装，建筑照明通电试运行，接地装置安装
		变配电室	变压器、箱式变电所安装，成套配电柜、控制柜(屏、台)和动力、照明配电箱(盘)安装，裸母线、封闭母线，插接式母线安装，电缆沟内和电缆竖井内电缆敷设，电缆头制作、导线连接和线路电气试验，接地装置安装，避雷引下线和变配电室接地干线敷设
		供电干线	裸母线、封闭母线、插接式母线安装，桥架安装和桥架内电缆敷设，电缆沟内和电缆竖井内电缆敷设，电线、电缆导管和线槽敷设，电线、电缆穿管和线槽敷线，电缆头制作、导线连接和线路电气试验
		电气动力	成套配电柜、控制柜(屏、台)和动力、照明配电箱(盘)及控制柜安装，低压电动机、电加热器及电动执行机构检查、接线，低压电气动力设备检测、试验和空载试运行，桥架安装和桥架内电缆敷设，电线、电缆导管和线槽敷设，电线、电缆穿管和线槽敷线，电缆头制作、导线连接和线路电气试验，插座、开关、风扇安装
		电气照明安装	成套配电柜、控制柜(屏、台)和动力、照明配电箱(盘)安装，电线、电缆导管和线槽敷设，电线、电缆穿管和线槽敷线，槽板配线，钢索配线，电缆头制作、导线连接和线路电气试验，普通灯具安装，专用灯具安装，插座、开关、风扇安装，建筑照明通电试运行
		备用和不间断电源安装	成套配电柜、控制柜(屏、台)和动力、照明配电箱(盘)安装，柴油发电机组安装，不间断电源的其他功能单元安装，裸母线、封闭母线、插接式母线安装，电线、电缆导管和线槽敷设，电线、电缆穿管和线槽敷线，电缆头制作、导线连接和线路电气试验，接地装置安装
		防雷及接地安装	接地装置安装，避雷引下线和变配电室接地干线敷设，建筑物等电位联结，接闪器安装
7	智能建筑	通信网络系统	通信系统、卫星及有线电视系统、公共广播系统
		办公自动化系统	计算机网络系统、信息平台及办公自动化应用软件、网络安全系统
		建筑设备监控系统	空调与通风系统、变配电系统、照明系统、给水排水系统、热源和热交换系统、冷冻和冷却系统、电梯和自动扶梯系统、中央管理工作站与操作分站、子系统通信接口
		火灾报警及消防联动系统	火灾和可燃气体探测系统、火灾报警控制系统、消防联动系统
		安全防范系统	电视监控系统、入侵报警系统、巡更系统、出入口控制(门禁)系统、停车管理系统
		综合布线系统	缆线敷设和终接，机柜、机架、配线架的安装，信息插座和光缆芯线终端的安装
		智能化集成系统	集成系统网络、实时数据库、信息安全、功能接口

续表

序号	分部工程	子分部工程	分项工程
7	智能建筑	电源与接地	智能建筑电源、防雷及接地
		环境	空间环境、室内空调环境、视觉照明环境、电磁环境
		住宅(小区)智能化系统	火宅自动报警及消防联动系统、安全防范系统(含电视监控系统、入侵报警系统、巡更系统、门禁系统、楼宇对讲系统、住户对讲呼救系统、停车管理系统)、物业管理系统(多表现场计量及远程传输系统、建筑设备监控系统、公共广播系统、小区网络及信息服务系统、物业办公自动化系统)、智能家庭信息平台
8	通风与空调	送排风系统	风管与配件制作,部件制作,风管系统安装,空气处理设备安装,消声设备制作与安装,风管与设备防腐,风机安装,系统调试
		防排烟系统	风管与配件制作,部件制作,风管系统安装,防排烟风口、常闭正压风口与设备安装,风管与设备防腐,风机安装,系统调试
		除尘系统	风管与配件制作,部件制作,风管系统安装,除尘器与排污设备安装,风管与设备防腐,风机安装,系统调试
		空调风系统	风管与配件制作,部件制作,风管系统安装,空气处理设备安装,消声设备制作与安装,风管与设备防腐,风机安装,风管与设备绝热,系统调试
		净化空调系统	风管与配件制作,部件制作,风管系统安装,空气处理设备安装,消声设备制作与安装,风管与设备防腐,风机安装,风管与设备绝热,高效过滤器安装,系统调试
		制冷设备系统	制冷机组安装,制冷剂管道及配件安装,制冷附属设备安装,管道及设备的防腐与绝热,系统调试
		空调水系统	管道冷热(媒)水系统安装,冷却水系统安装,冷凝水系统安装,阀门及部件安装,冷却塔安装,水泵及附属设备安装,管道与设备的防腐与绝热,系统调试
9	电梯	电力驱动的曳引式或强制式电梯安装工程	设备进场验收,土建交接检验,驱动主机,导轨,门系统,轿厢,对重(平衡重),安全部件,悬挂装置,随行电缆,补偿装置,电气装置,整机安装验收
		液压电梯安装工程	设备进场验收,土建交接检验,液压系统,导轨,门系统,轿厢,平衡重,安全部件,悬挂装置,随行电缆,电气装置,整机安装验收
		自动扶梯、自动人行道安装工程	设备进场验收,土建交接检验,整机安装验收

表 6-4 **检验批的划分**

类别	内容及要求
检验批的概念	检验批是工程验收的最小单位,是分项工程乃至整个建筑工程质量验收的基础。检验批是施工过程中条件相同并有一定数量的材料、构配件或安装项目,由于其质量基本均匀一致,因此可以作为检验的基础单位,并按批验收

续表

类别	内容及要求
分项工程检验批的划分	分项工程可由一个或若干检验批组成，检验批可根据施工及质量控制和专业验收需要按楼层、施工段、变形缝等进行划分。 分项工程划分成检验批进行验收有助于及时纠正施工中出现的质量问题，确保工程质量，也符合施工实际需要。多层及高层建筑工程中主体分部的分项工程可按楼层或施工段来划分检验批，单层建筑工程中的分项工程可按变形缝等划分检验批；地基基础分部工程中的分项工程一般划分为一个检验批，有地下层的基础工程可按不同地下层划分检验批；屋面分部工程中的分项工程不同楼层屋面可划分为不同的检验批，其他分部工程中的分项工程，一般按楼层划分检验批；对于工程量较少的分项工程可统一划分为一个检验批。安装工程一般按一个设计系统或设备组别划分为一个检验批。室外工程统一划分为一个检验批。散水、台阶、明沟等含在地面检验批中
说明	对于地基基础中的土石方、基坑支护子分部工程及混凝土工程中的模板工程，虽不构成建筑工程实体，但它是建筑工程施工不可缺少的重要环节和必要条件，其施工质量如何，不仅关系能否施工和施工安全，也关系建筑工程的质量，因此将其列入施工验收内容是应该的
注意事项	无论如何划分检验批、分项工程，都要有利于质量控制，能取得较完整的技术数据；而且要防止造成检验批、分项工程的大小过于悬殊，由于抽样方法为按一定的比例抽样，从而影响质量验收结果的可比性

分部(子分部)工程与单位(子单位)工程质量验收记录及填写说明

表 6-5 **室外工程的划分**

单位工程	子单位工程	分部(子分部)工程
室外建筑环境	附属建筑	车棚、围墙、大门、挡土墙、垃圾收集站
	室外环境	建筑小品、道路、亭台、连廊、花坛、场坪绿化
室外安装	给水、排水与采暖	室外给水系统、室外排水系统、室外供热系统
	电气	室外供电系统、室外照明系统

6.4 建筑工程质量验收程序、内容与组织

为了方便施工管理和质量控制，建筑工程划分为单位(子单位)工程、分部(子分部)工程、分项工程和检验批。而工程验收顺序则与此相反，由检验批、分项工程、分部(子分部)工程，而最后完成对单位(子单位)工程的竣工验收。建筑工程质量验收的程序和组织是依法、依规保证工程质量的重要手段，必须严格遵守。

6.4.1 检验批工程质量验收程序与组织

(1) 验收前，施工单位应对施工完成的检验批进行自检，合格后由项目专业质量检查员填写检验批质量验收记录[《建筑工程施工质量验收统一标准》(GB 50300—2013)附录 E]及检验批报审、报验表。

(2) 施工单位将上述记录及报验表报送项目监理机构申请验收。专业监理工程师对所报资料进行审查，并组织施工单位项目专业质量检查员、专业工长等到现场对主控项目和一般项目进行实体检查、验收。

(3) 由于检验批的检查数量较多，当不能进行全数检查时，应当进行随机抽样检验。满足分布均匀、具有代表性的要求，抽样数量不应低于有关专业验收规范的规定。

(4) 对验收合格的检验批，专业监理工程师应在上述检验批质量验收记录、检验批报审表的相应位置上签字确认，准许进行下道工序施工；对验收不合格的检验批，专业监理工程师应要求施工单位进行整改，并在自检合格后重新进行复验。

6.4.2　隐蔽工程质量验收程序与组织

隐蔽工程是指在下道工序施工后将被覆盖或掩盖，不易进行质量检验的工程，如钢筋混凝土中的钢筋工程、地基与基础工程中的混凝土基础和桩基础等。隐蔽工程可能是一个检验批，也可能是一个分项工程或子分部工程，因此可以对应地按检验批或分项工程、子分部工程进行验收。

(1) 隐蔽工程在下一道工序开工前必须进行验收，并按照“隐蔽工程验收控制程序”办理。隐蔽工程自检合格后，施工单位以书面形式报送项目监理机构申请验收。

(2) 专业监理工程师对施工单位递交的隐蔽工程质量验收记录、隐蔽工程报审和报验表进行审查。当隐蔽工程为检验批时，专业监理工程师可组织施工单位项目专业质量检查员、专业工长等到现场进行实体检查、验收，同时应保留照片、影像资料。而对基底、基槽、桩基础等这类隐蔽工程还要有勘察单位、设计单位相关负责人和相关检测单位负责人参加。

(3) 对验收合格的隐蔽工程，专业监理工程师应在施工单位所填报的隐蔽工程质量验收记录、检验批报审表的相应位置签字确认，准许进行下道工序施工；对验收不合格的隐蔽工程，专业监理工程师应要求施工单位进行整改，并在自检合格后重新组织复验。

6.4.3　分项工程质量验收程序与组织

(1) 验收前，施工单位应先对施工完成的分项工程进行自检，合格后填写分项工程质量验收记录[《建筑工程施工质量验收统一标准》(GB 50300—2013)附录 F]、分项工程报审表，并报送项目监理机构申请验收。

(2) 由专业监理工程师组织施工单位项目专业技术负责人等进行分项工程质量验收。

(3) 专业监理工程师应对施工单位填报的资料逐项进行审查，若对分项工程所含某些检验批验收结论有怀疑或异议，应进行相应的检查核实。

(4) 对符合要求的分项工程，施工单位项目专业质量检查员和项目专业技术负责人在相应的质量检验记录、分项工程报审表中相关栏目签字，然后由专业监理工程师签字通过验收。

6.4.4　分部(子分部)工程质量验收程序与组织

(1) 施工单位先对施工完成的分部(子分部)工程进行自检，合格后填写分部(子分部)工程质量验收记录[《建筑工程施工质量验收统一标准》(GB 50300—2013)附录 G]、分部(子分部)工程报审表，并报送项目监理机构申请验收。

(2) 总监理工程师组织相关人员进行验收。其中，施工单位的项目负责人和项目技术负责人等均应参加各类分部(子分部)工程质量验收。考虑地基与基础、主体结构工程要求严格，技术性强，关系整个工程的安全，而建筑节能是基本国策，直接关系国家资源策略、可持续发展等，因此规定勘察、设计单位项目负责人和施工单位技术、质量部门负责人应参加地基与基础分部工程的质量验收；设计单位项目负责人和施工单位技术、质量部门负责人还应参加主体结构、节能分部工程的验收。

(3) 施工单位汇报分部(子分部)工程完成情况，验收人员审查监理、勘察、设计、施工单位的工程验收资料并实地查验工程质量。验收过程中发现的问题由施工单位答复。

(4) 工程参建各方对本分部(子分部)工程的施工活动进行总结并分别阐明各自的验收结论。

(5) 当验收意见一致时，在工程质量监督机构的监督下验收人员应分别在相应的分部(子分部)工程质量验收记录表上签字；当参加验收的各方对工程质量的验收意见不一致时，应当协商提出解决办法，也可申请有关行政主管部门或工程质量监督机构协调办理。

(6) 对验收不合格的分部(子分部)工程，应要求施工单位进行整改，自检合格后重新申请验收。

分部工程质量验收案例

6.4.5 单位(子单位)工程质量验收程序与组织

6.4.5.1 工程预验收

(1) 单位(子单位)工程完工后，施工单位首先要依据施工合同、质量标准、设计图纸等组织有关人员进行自检并对检查结果进行评定。符合要求的单位(子单位)工程可填写单位工程竣工验收报审表[《建筑工程施工质量验收统一标准》(GB 50300—2013)附录 H]，以及质量竣工验收记录、质量控制资料核查记录、安全和功能检验资料核查及观感质量检查记录等资料，并将单位工程竣工验收报审表及有关竣工资料报送项目监理机构申请工程预验收。

(2) 项目监理机构收到预验收申请后，总监理工程师应组织各专业监理工程师审查施工单位提交的单位工程竣工验收报审表及其他有关竣工资料，并对工程质量进行竣工预验收。存在质量问题时，应由施工单位及时整改，整改合格后总监理工程师签认单位工程竣工验收报审表及有关资料。

(3) 单位工程竣工资料应提前报请城建档案馆验收并获得预验收许可。

6.4.5.2 竣工验收

(1) 施工单位向建设单位提交工程竣工验收报告和完整的工程资料，申请工程竣工验收。

(2) 建设单位收到施工单位提交的工程竣工报告后，应由建设单位项目负责人组织监理、设计、施工、勘察等单位项目负责人进行单位(子单位)工程验收。

(3) 在整个单位工程进行验收时，已验收的子单位工程的验收资料应作为单位工程验收的附件。

(4) 单位工程中的分包工程完工后，分包单位应对所承包的工程项目进行自检并应按验收统一标准的程序进行验收。验收时，总包单位应派人参加。分包单位应将所分包工程的质量控制资料整理完整，并移交给总包单位。在竣工验收时，分包单位负责人也应参加验收。

(5) 参建各方当验收意见一致时，验收人员应分别在单位工程质量验收记录表上签字确认。当参建各方对工程质量验收意见不一致时，可请当地建设行政主管部门或工程质量监督机构(也可以是其委托的部门、单位或各方认可的咨询单位)协调处理。

(6) 单位工程质量验收合格后，建设单位应在规定时间内将工程竣工验收报告和竣工资料报县级以上人民政府建设行政主管部门或其他有关部门备案。

6.4.6 其他未列入正式验收的质量检查

除上述各层次的检查验收之外，还有三种未列入正式验收，但必须进行检查的内容。

(1) 施工现场质量管理的检查。

《建筑工程施工质量验收统一标准》(GB 50300—2013)规定了对施工现场质量管理的检查，并作为是否可以开工的条件。尽管这种检查只是对施工单位在管理方面的要求(软件)，而非具体的工程验收(硬件)，但对质量控制而言，仍是十分必要的。

(2) 施工单位对检验批的自检评定。

施工单位的自检评定虽不属于验收的范畴，但却是验收的基础。好的质量是施工操作的结果，实际上是由施工人员所确定的。因此，《建筑工程施工质量验收统一标准》(GB 50300—2013)强调了施工单位在质量控制中的重要作用，希望把质量缺陷消灭在施工过程的萌芽状态。

(3) 竣工前的工程验收报告。

在建筑工程完成施工，进行单位(子单位)工程验收之前，施工单位应先自行组织有关人员进行检查评定，并在认为条件具备的情况下，向建设单位提交工程验收报告。验收不只是建设、监理方的事情，在此又强调了施工单位在质量控制中的作用。在自检基础上进行验收，这体现了施工单位在质量控制和验收中的重要作用。

6.4.7 工程竣工验收备案

《建筑工程施工质量验收统一标准》(GB 50300—2013)规定："单位工程质量验收合格后，建设单位应在规定时间内将工程竣工验收报告和有关文件报建设行政管理部门备案。"

单位工程质量经验收合格后，建设单位应当严格按照国家有关档案管理的规定，及时收集、整理建设项目各环节的文件资料，建立、健全建设项目档案，建设单位应在规定时间内(在工程竣工验收合格之日起15日内)将工程竣工验收报告和有关文件报建设行政管理部门备案，并向其他有关部门移交建设项目档案。

建设工程竣工验收备案制度是加强政府监督管理，防止不合格工程流向社会的一个重要手段。建设单位应依据《建设工程质量管理条例》及中华人民共和国住房和城乡建设部的有关规定，到县级以上人民政府建设行政主管部门或其他有关部门备案；否则，不允许投入使用。

6.5 工程项目的交接、回访与保修

6.5.1 工程项目的交接

工程项目的交接是指对工程项目的质量进行竣工验收之后，由施工单位向建设单位移交项目

所有权的过程。能否交接取决于施工单位所承包的工程项目是否通过竣工验收。因此，交接是建立在竣工验收合格基础上的时间过程。

工程项目经竣工验收合格后，便可办理工程交接手续，即将工程项目的所有权移交给建设单位。交接手续应及时办理，以便使项目早日投产使用，充分发挥投资效益。

在办理工程项目交接前，施工单位要编制竣工结算书，以此向建设单位结算最终拨付的工程价款。而竣工计算书通过监理工程师审核、确认并签字后，才能通过建设银行与施工单位办理工程价款的拨付手续。

在工程项目交接时，还应将成套的工程技术资料进行分类整理、编目建档后移交给建设单位；同时，施工单位还应将在施工中所占用的房屋设施等，移交给建设单位。

6.5.2 工程项目的回访与保修

工程项目在竣工验收、交付使用后，施工单位应编制回访计划，主动对交付使用的工程进行回访。回访一般采用三种形式：一是季节性回访。大多数是雨期回访屋面、墙面的防水情况，冬期回访采暖系统的情况，发现问题，采取有效措施及时加以解决。二是技术性回访。主要是了解在工程施工过程中所采用的新材料、新技术、新工艺、新设备等的技术性能和使用后的效果，发现问题并及时加以补救和解决，同时也便于总结经验，获取科学依据，为改进、完善和推广创造条件。三是保修期满前的回访。这种回访一般是在保修期即将结束之前进行回访。

每次回访结束，执行单位应填写回访记录，主管部门依据回访记录对回访服务的实施效果进行验证。回访记录应包括参加回访的人员、回访发现的质量问题、建设单位的意见、回访单位对发现的质量问题的处理意见、回访主管部门的验收签证。

建设工程施工单位在向建设单位提交工程竣工验收报告时，应当向建设单位出具质量保修书。建设工程质量保修书的内容包括：质量保证项目内容及范围、质量保修期、质量保修责任、质量保修金的支付方法等。

在保修期内，属于施工单位施工过程中造成的质量问题，要负责维修，不留隐患。一般施工项目竣工后，建设单位在施工单位的工程款中保留5%左右，作为保修金，按照合同在保修期满退回施工单位。如属于设计原因造成的质量问题，在征得甲方和设计单位认可后，协助修补，其费用由设计单位承担。

施工单位在接到用户来访、来信的质量投诉后，应立即组织力量维修，发现影响安全的质量问题应及时处理。施工单位对于回访中所发现的质量问题，应组织有关人员进行分析，制定措施，作为进一步改进和提高质量的依据。

重大质量事故案例

对所有的回访和保修都必须予以记录，并提交书面报告，作为技术资料归档。施工单位还应不定期听取用户对工程质量的意见。对于某些质量纠纷或问题应尽量通过协商解决，若无法达成统一意见，则由有关仲裁部门负责仲裁。

6.6 建筑工程质量问题和质量事故处理

6.6.1 工程项目质量问题与质量事故概述

6.6.1.1 工程项目质量问题与质量事故的概念

在工程项目中，凡存在工程质量不符合建筑、安装质量检验验收标准，相关施工与验收规范或设计图纸要求，以及合同规定的质量要求，程度轻微的称为工程质量问题；造成人身伤亡或者重大经济损失的，称为工程质量事故。

根据工程质量事故造成的人员伤亡或者直接经济损失，工程质量事故分为如下 4 个等级：

① 特别重大事故。

特别重大事故是指造成 30 人以上死亡，或者 100 人以上重伤，或者 1 亿元以上直接经济损失的事故。

② 重大事故。

重大事故是指造成 10 人以上 30 人以下死亡，或者 50 人以上 100 人以下重伤，或者 5000 万元以上 1 亿元以下直接经济损失的事故。

③ 较大事故。

较大事故是指造成 3 人以上 10 人以下死亡，或者 10 人以上 50 人以下重伤，或者 1000 万元以上 5000 万元以下直接经济损失的事故。

④ 一般事故。

一般事故是指造成 3 人以下死亡，或者 10 人以下重伤，或者 100 万元以上 1000 万元以下直接经济损失的事故。

本等级划分所称的“以上”包括本数，所称的“以下”不包括本数。

6.6.1.2 工程项目质量问题的特点

① 复杂性。

工程项目质量问题的复杂性主要在于其质量问题的成因可能是单因素、多因素或综合因素，而这些因素可能导致一个相同的质量问题结果，从而使得工程项目质量问题的分析和判断复杂化。

② 隐蔽性。

工程项目质量问题的发生，很多情况下是从隐蔽部位开始的，特别是建筑工程地基基础方面出现的质量问题。在问题出现的初期，可能从建筑物外观无法判断和发现，造成此类质量问题具有一定的隐蔽性。

③ 渐变性。

工程项目质量在项目环境的影响下，将是一个渐变的过程。在质量渐变的过程中，微小的质量问题也可能导致工程项目质量由稳定的量变发展成不稳定的突变，最终导致工程项目发生质量事故。

④ 严重性。

工程项目质量事故的后果一般较为严重，较轻的影响工程项目进度，增加工程费用；严重的使项目成果不能交付使用，或者结构破坏，造成巨大经济损失和人员伤亡。

⑤ 多发性。

工程项目中的有些质量问题在施工中很容易发生，难以控制，所以这类质量问题经常性地发生。如卫生间漏水、预制件出现裂缝、现浇混凝土质量不均或强度不足等问题，在大多数工程项目中都有出现，甚至同一项目中还多次出现。

6.6.1.3 工程项目质量事故产生的原因

引起工程项目质量事故的原因有很多，重要的是能找出其中的主要影响因素，以使采取的技术处理措施能有效地纠正问题。这些原因综合起来有如下几个方面。

(1) 违背建设程序。

项目不经可行性论证，不做调查分析就决策；没有工程地质、水文地质资料就仓促开工；无证设计，无图施工，任意修改设计，不按图纸施工；工程竣工不进行试车运行，不经验收就交付使用等现象，致使不少工程项目留有严重质量隐患。

(2) 工程地质勘查原因。

未认真进行地质勘查，提供的地质资料、数据有误；地质勘查时，钻孔间距太大，不能全面反映地基的实际情况；地质勘查钻孔深度不足，没有查清地下软土层、滑坡、墓穴、孔洞等地层结构；地质勘查报告不详细、不准确等，均会导致采用错误的基础方案，造成地基不均匀沉降、失稳，使上部结构及墙体开裂、破坏、倒塌等。

(3) 未加固处理好地基。

对软弱土、冲填土、杂填土、湿陷性黄土、膨胀土、岩层出露、熔岩或土洞等不均匀地基未进行加固处理或处理不当，均是导致重大质量问题的原因。必须根据不同地基的工程特性，按照地基处理应与上部结构相结合，使其共同工作的原则，从地基处理、设计措施、结构措施、防水措施和施工措施等方面综合考虑处理。

(4) 设计计算问题。

设计考虑不周，结构构造不合理，计算简图不正确，计算载荷取值过小，内力分析有误，沉降缝及伸缩缝设置不当，悬挑结构未进行抗倾覆验算等，都是诱发质量问题的隐患。

(5) 建筑材料及制品不合格。

钢筋物理力学性能不符合标准，水泥受潮、过期、结块、安定性不良，砂石级配不合理、有害物含量过多，混凝土配合比不准，外加剂性能、掺量不符合要求时，均会影响混凝土强度、和易性、密实性、抗掺性，导致混凝土结构出现强度不足、裂缝、渗漏、蜂窝、露筋等质量问题；预制构件断面尺寸不准，支承锚固长度不足，未可靠建立预应力值，钢筋漏放、错位，板面开裂等，必然会出现断裂、垮塌。

(6) 施工和管理问题。

许多工程质量问题，往往是由施工和管理所造成的。

① 不熟悉图纸，盲目施工；图纸未经会审，仓促施工；未经监理、设计部门同意，擅自修改设计；不按图施工，把铰接做成刚接，把简支梁做成连续梁，抗裂结构用光圆钢筋代替变形钢筋等，致使结构裂缝破坏；挡土墙不按图设滤水层，留排水口，致使土压力增大，造成挡土墙倾覆。

② 不按有关施工验收规范施工。如现浇混凝土结构不按规定的位置和方法留设施工缝；不按

规定的强度拆除模板，砌体不按组砌形式砌筑，留直槎不加拉结条，在宽度小于 1 m 的窗间墙上留设脚手眼等。

③ 不按有关操作规程施工。如用插入式振捣器捣实混凝土时，不按插点均布、快插慢拔、上下抽动、层层扣搭的操作方法，致使混凝土振捣不实，整体性差；砖砌体包心砌筑，上下通缝，灰浆不均匀饱满，游丁走缝，不横平竖直等都是导致砖墙、砖柱破坏和倒塌的主要原因。

④ 缺乏基本结构知识。如将钢筋混凝土预制梁倒放安装；将悬臂梁的受拉钢筋放在受压区；结构构件吊点选择不合理，不了解结构使用受力和吊装受力的状态；施工中在楼面超载堆放构件和材料等，均会给质量和安全造成严重的后果。

⑤ 施工管理紊乱，施工方案考虑不周，施工顺序错误。技术组织措施不当，技术交底不清，违章作业。不重视质量检查和验收工作等，都是导致质量问题出现的原因。

(7) 自然条件影响。

施工项目周期长、露天作业多，受自然条件影响大，温度、湿度、日照、雷电、洪水、大风和暴雨等都能造成重大的质量事故，施工中应特别重视，采取有效措施予以预防。

(8) 建筑结构使用问题。

建筑物使用不当，亦会造成质量问题，如不经校核、验算，就在原有建筑物上任意加层；使用荷载超过原设计的容许荷载；任意开槽、打洞，削弱承重结构的截面等。

6.6.2 工程项目质量问题处理

6.6.2.1 工程项目质量问题的分析

工程项目的质量问题多数以质量通病的形式存在。所谓质量通病，是指工程项目中具有普遍性的常见质量问题。对这类问题的特点我们应该认真加以分析，有针对性地进行防治。造成工程项目质量问题的原因主要有以下几点。

① 主观重视程度不高。

由于这类质量问题一般并不严重，甚至可能不导致直接经济损失，因此施工中很多操作人员主观上并不高度重视，造成这类质量问题经常产生。根据这一特点，应在技术人员和操作人员中强调质量观念，培养一丝不苟、严格操作的工作作风。

② 非施工质量原因引起。

施工质量的好坏直接影响工程项目质量问题的发生与否，但有很多质量通病的产生并不仅限于施工质量不好。例如，设计欠合理、构配件本身质量低劣、技术不成熟、工期紧，以及操作人员技术水平低等因素都可能引发质量问题。因此，工程项目质量问题的控制应遵循"三全控制"原理，即全面、全过程、全员对工程项目的质量问题进行监控和管理。

③ 多因素影响。

有些工程项目的质量问题，可能既有设计欠缺和材质差的原因，又有施工不当和使用不当的原因。这类由多因素形成的质量问题，在治理上难度要大于其他质量问题。

6.6.2.2 工程项目质量问题的综合治理

① 制订针对质量问题的专门规划。

对特定的工程施工队伍，要对本企业经常出现的质量问题(通病)进行分析，明确哪些质量通病是普遍、危害性大的，根据发生的原因采取最适合的措施进行治理。根据难易程度，制订专门的综合治理规划，先治理难度小的，后治理难度大的。治理规划要具体，目标要明确，责任要落实，措施要恰当。

② 精心设计，改善因设计问题出现的工程质量通病。

设计单位在易于发生质量通病的部位，应注意结构的合理性，同时加强构造设计，不留任何容易引起质量问题的设计环节。

③ 提高施工人员素质，改善工艺，规范施工。

为减少因施工作业造成的质量问题，首先应努力提高直接作业人员的技术水平和质量意识；还要积极改进施工工艺方法，严格规范施工。在容易出现质量通病的部位，最好设置质量控制点，使整个施工过程的每一个环节都处于严格的质量控制状态。

④ 严格控制原材料、设备、构配件的质量。

由于建筑材料生产品种繁多，施工企业采购的原材料、构配件等要严格查验产品说明书、合格证及技术说明书等，严格抽样，检测合格后才能使用，新产品应具有技术鉴定证书、试验资料及用户报告等。

⑤ 建立质量奖罚机制。

工程项目的质量问题由于存在主观方面的因素，因此除执行国家、行业有关法规标准规定的处罚外，还应建立与项目质量目标挂钩的奖罚机制，充分调动全体施工人员的主观能动性，从思想上树立质量控制意识的自我约束机制，从组织上健全质量优奖劣罚的管理机制，从制度上建立质量效果与经济收入挂钩的联动机制，全方位地防止质量问题的形成和出现。

6.6.3 工程项目质量事故处理

6.6.3.1 事故调查与分析

对工程质量事故的处理，首先要进行细致的现场调查，观察记录全部实况，充分了解与掌握引发质量事故的现象和特征；及时搜集、保存与事故有关的全部设计和施工资料，分析摸清工程施工环境的异常变化；找出可能产生质量事故的所有因素，并进行分析、比较和综合判断，确定最有可能造成质量事故的原因。必要时，进行科学的计算分析或模拟实验予以论证确认。

进行质量事故原因分析时，采取的基本原理是确定质量事故的初始点(即原点)，它是反映质量事故的直接原因，在分析中具有关键作用；围绕原点对现场各种现象和特征进行分析，区别导致同类质量事故的不同原因，逐步揭示质量事故萌生、发展和最终形成的过程；综合考虑原因复杂性，确定诱发质量事故的起源点，即确定真正原因。质量事故的调查与分析结果最终形成调查报告。

6.6.3.2 处理方案的确定

① 处理依据。

质量事故处理的依据包括施工承包合同、设计委托合同、材料设备订购合同；设计文件、质量事故发生部位的施工图；有关的技术文件，如检验单、试验报告、施工记录、施工组织设计、施工日志等；有关的法规、标准和规定等；质量事故调查分析报告。

② 方案类型。

质量事故处理的方案应根据事故的性质、原因、程度采取不同的方案，主要有封闭保护、结构补强和返工重建等。

③ 方案选择。

根据质量事故的具体情况，可先提出几种可行的处理方案对比初选；必要时辅以试验验证，并要结合当地的资源情况，选择具有较好处理效果又便于施工的处理方案；若涉及的技术领域比较广泛、问题较复杂，可请专家论证，按经济、工期、效果等指标综合评判决策。

6.6.3.3 方案实施与鉴定验收

① 实施要求。

严格按处理方案的质量要求进行施工，事故处理现场要有相关质量监督人员（政府监督部门、监理工程师或建设方），处理完后要按有关规定取样检测并验收。检测结果作为质量事故处理报告的附件材料。

② 验收结论。

所有质量事故，包括不需要进行技术处理的都需要提出明确的书面验收结论。书面验收结论一般包括：事故已排除，可以继续施工；隐患已消除，结构安全有保证；经修补处理后，完全能满足使用要求；基本上满足使用要求，但需限制荷载等；其他对耐久性、建筑外观影响的结论等。

③ 责任分析。

对责任的分析应慎重。对短期内难以做出结论的，可提出进一步观测检验意见；对某些问题认识不一致，意见暂时不统一的，应继续调查，以便掌握更充分的资料和数据来支持其结论。

6.6.3.4 处理报告

工程项目质量事故报告的内容一般包括：

① 事故的基本情况。

② 事故的性质和类型。

③ 事故原因的初步分析。

④ 事故的评价。

⑤ 事故责任人员情况。

⑥ 事故处理意见。

工程事故认定和处理报告案例

独立思考

6-1 基础分部工程验收应由谁组织？参加验收的单位有哪些？验收工作有哪些规定？

6-2 工程质量事故发生后，一般按什么程序进行处理？

6-3 简述建筑工程质量检验的重要性。

6-4 施工质量验收层次划分的作用和原则是什么？

6-5 如何划分工程质量事故等级？

独立思考答案

7　建筑工程安全管理

5 分钟
看完本章

内容提要

本章着重介绍了安全生产管理的概念、特点，安全生产管理的方针、制度，建筑安全生产相关法规与行业标准，阐述了建立安全生产管理体系的原则、目标及作用，安全生产责任制，安全生产教育的对象、内容及形式，安全生产技术措施的编制等。

能力要求

通过本章的学习，学生应能够结合工程实际情况分析工程的安全生产特点及不安全因素，能够编制该工程项目安全控制的方法、目标及程序，能够编制安全生产技术措施。

7.1　建筑工程安全生产管理概述

7.1.1　安全与安全生产的概念

7.1.1.1　安全

安全即没有危险、不出事故，是指人的身体健康不受伤害，财产不受损伤，保持完整无损的状态。安全可分为人身安全和财产安全两种情形。

7.1.1.2　安全生产

狭义的安全生产，是指生产过程处于避免人身伤害、物的损坏及其他不可接受的损害风险（危险）的状态。不可接受的损害风险（危险）通常是指超出了法律、法规和规章的要求；超出了安全生产的方针、目标和企业的其他要求；超出了人们普遍接受的（通常是隐含的）要求。

广义的安全生产除了直接对生产过程的控制外，还应包括劳动保护和职业卫生健康。

安全是相对危险的接受程度来判定的，是一个相对的概念。世上没有绝对的安全，任何事都存在不安全因素，即都具有一定的危险性，当危险降低到人们普遍接受的程度时，就认为是安全的。

7.1.2 安全生产管理

7.1.2.1 管理的概念

管理，简单的理解是“管辖”“处理”的意思，是管理者在特定的环境下，为了实现一定的目标，对其所能支配的各种资源进行有效的计划、组织、领导和控制等一系列活动的过程。

7.1.2.2 安全生产管理的概念

在企业管理系统中，含有多个具有某种特定功能的子系统，安全管理就是其中的一个。这个子系统是由企业中有关部门的相应人员组成的。该子系统的主要目的就是通过管理的手段，实现控制事故、消除隐患、减少损失的目的，使整个企业达到最佳的安全水平，为劳动者创造一个安全舒适的工作环境。因而，安全管理的定义为“以安全为目的，进行有关决策、计划、组织和控制方面的活动”。

控制事故可以说是安全管理工作的核心，而控制事故最好的方式就是实施事故预防，即通过管理和技术手段的结合，消除事故隐患，控制不安全行为，保障劳动者的安全，这也是“预防为主”的本质所在。

但根据事故的特性可知，由于受技术水平、经济条件等各方面的限制，有些事故是难以完全避免的。因此，控制事故的第二种手段就是应急措施，即通过抢救、疏散、抑制等手段，在事故发生后控制事故的蔓延，把事故的损失降至最小。

事故总带来损失。对于一个企业来说，一个重大事故在经济上的打击是相当沉重的，有时甚至是致命的。因而在实施事故预防和应急措施的基础上，通过购买财产、工伤、责任等保险，以保险补偿的方式，保证企业的经济平衡和在发生事故后恢复生产的基本能力，也是控制事故的手段之一。

所以，安全管理就是利用管理的活动，将事故预防、应急措施与保险补偿三种手段有机地结合在一起，以达到保障安全的目的。

在企业安全管理系统中，专业安全工作者起着非常重要的作用。他们既是企业内部上下沟通的纽带，更是企业领导者在安全方面的得力助手。在充分掌握资料的基础上，他们为企业安全生产实施日常监管工作，并向有关部门或领导提出安全改造、管理方面的建议。归纳起来，专业安全工作者的工作可分为以下四个部分。

(1) 分析。对事故与损失产生的条件进行判断和估计，并对事故的可能性和严重性进行评价，即进行危险分析与安全评价，这是事故预防的基础。

(2) 决策。确定事故预防和损失控制的方法、程序和规划，在分析的基础上制订合理可行的事故预防、应急措施及保险补偿的总体方案，并向有关部门或领导提出建议。

(3) 信息管理。收集、管理并交流与事故和损失控制有关的资料、情报信息，并及时反馈给有关部门和领导，保证信息的及时交流和更新，为分析与决策提供依据。

(4) 测定。对事故和损失控制系统的效能进行测定和评价,并为取得最佳效果做出必要的改进。

7.1.3 建筑工程安全生产管理的含义

所谓建筑工程安全生产管理,是指为保证建筑生产安全所进行的计划、组织、指挥、协调和控制等一系列管理活动,目的在于保护职工在生产过程中的安全与健康,保证国家和人民的财产不受损失,保证建筑生产任务的顺利完成。建筑工程安全生产管理包括:建设行政主管部门对建筑活动过程中安全生产的行业管理,安全生产行政主管部门对建筑活动过程中安全生产的综合性监督管理,从事建筑活动的主体(包括建筑施工企业、建筑勘察单位、设计单位和工程监理单位)为保证建筑生产活动的安全生产所进行的自我管理等。

7.1.4 安全生产的基本方针

"安全第一、预防为主、综合治理"是我国安全生产管理的基本方针。

《中华人民共和国建筑法》规定:"建筑工程安全生产管理必须坚持安全第一、预防为主的方针。"《中华人民共和国安全生产法》(以下简称《安全生产法》)在总结我国安全生产管理经验的基础上,将"安全第一、预防为主、综合治理"规定为我国安全生产的基本方针。

我国安全生产方针经历了从"安全生产"到"安全生产、预防为主"以及"安全生产、预防为主、综合治理"的产生和发展过程,且强调在生产中要做好预防工作,尽可能地将事故消灭在萌芽状态之中。因此,对于我国安全生产方针的含义,应从这一方针的产生和发展去理解,归纳起来主要有以下几个方面内容:

(1) 安全与生产的辩证关系。在生产建设中,必须用辩证统一的观点处理好安全与生产的关系。这就是说,项目领导者必须善于安排好安全工作与生产工作,特别是在生产任务繁忙的情况下,安全工作与生产工作发生矛盾时,更应处理好两者的关系,不要把安全工作挤掉。越是生产任务忙,越要重视安全,把安全工作搞好,否则,导致工伤事故,既妨碍生产,又影响企业信誉,这是多年来生产实践得出的一条重要经验。

(2) 安全生产工作必须强调"预防为主"。安全生产工作的"预防为主"是现代生产发展的需要。现代科学技术日新月异,而且往往又是多学科综合运用,安全问题十分复杂,稍有疏忽就会酿成事故。"预防为主"就是要在事故前做好安全工作,"防患于未然"。依靠科技进步,加强安全科学管理,搞好科学预测与分析工作,把工伤事故和职业危害消灭在萌芽状态中。"安全第一、预防为主"两者是相辅相成、相互促进的。"预防为主"是实现"安全第一"的基础。要做到"安全第一",首先要搞好预防措施,预防工作做好了,就可以保证安全生产,实现"安全第一",否则"安全第一"就是一句空话,这也是在实践中得出的一条重要经验。

(3) 安全生产工作必须强调"综合治理"。由于现阶段我国安全生产工作出现严峻形势的原因是多方面的,既有安全监管体制和制度方面的原因,也有法律制度不健全的原因,也有科技发展落后的原因,还与整个民族安全文化素质有密切的关系等,因此要做好安全生产工作就要在完善安全生产管理的体制机制、加强安全生产法制建设、推动安全科学技术创新、弘扬安全文化等方面进行综合治理,才能真正做好安全生产工作。

7.1.5 建筑施工安全管理中的不安全因素

7.1.5.1 人的不安全因素

人的不安全因素，是指对安全产生影响的人的方面的因素，即能够使系统发生故障或发生性能不良的事件的人员、个人的不安全因素以及违背设计和安全要求的人的错误行为。人的不安全因素可分为个人的不安全因素和人的不安全行为两个大类。

(1) 个人的不安全因素。

个人的不安全因素是指人员的心理、生理、能力中所具有不能适应工作、作业岗位要求的影响安全的因素。个人的不安全因素主要包括：

① 心理上的不安全因素，指人在心理上具有影响安全的性格、气质和情绪，如急躁、懒散、粗心等。

② 生理上的不安全因素，包括视觉、听觉等感觉器官，体能，年龄，疾病等不适合工作或不满足作业岗位要求的影响因素。

③ 能力上的不安全因素，包括知识技能、应变能力、资格等不能达到工作和作业岗位要求的影响因素。

(2) 人的不安全行为。

人的不安全行为是指造成事故的人为错误，是人为地使系统发生故障或发生性能不良事件的行为，是违背设计和操作规程的错误行为。

人的不安全行为在施工现场的类型，可分为 13 大类：

① 操作失误，忽视安全，忽视警告。

② 造成安全装置失效。

③ 使用不安全设备。

④ 手代替工具操作。

⑤ 物体存放不当。

⑥ 冒险进入危险场所。

⑦ 攀坐不安全位置。

⑧ 在起吊物下作业、停留。

⑨ 在机器运转时进行检查、维修、保养等工作。

⑩ 有分散注意力行为。

⑪ 没有正确使用个人防护用品、用具。

⑫ 不安全装束。

⑬ 对易燃易爆等危险物品处理错误。

人的不安全行为产生的主要原因是：系统、组织的原因，思想责任心的原因，工作的原因。诸多事故分析表明，绝大多数事故不是因技术解决不了造成的，多是违规、违章所致。鉴于安全上降低标准、减少投入，安全组织措施不落实，不建立安全生产责任制，缺乏安全技术措施，没有安全教育、安全检查制度，不做安全技术交底，违章指挥、违章作业、违反劳动纪律等人为的原因，因此必须重视和防止产生人的不安全因素。

7.1.5.2 施工现场物的不安全状态

物的不安全状态是指能导致事故发生的物质条件，包括机械设备等物质或环境所存在的不安全因素。

(1) 物的不安全状态的内容包括：

① 物(包括机器、设备、工具、物质等)本身存在的缺陷。

② 防护保险方面的缺陷。

③ 物的放置方法的缺陷。

④ 作业环境场所的缺陷。

⑤ 外部和自然界的不安全状态。

⑥ 作业方法导致的物的不安全状态。

⑦ 保护器具信号、标志和个体防护用品的缺陷。

(2) 物的不安全状态的类型包括：

① 防护等装置缺乏或有缺陷。

② 设备、设施、工具、附件有缺陷。

③ 个人防护用品用具缺少或有缺陷。

④ 施工生产场地环境不良。

7.1.5.3 管理上的不安全因素

管理上的不安全因素，通常又称为管理上的缺陷，也是事故潜在的不安全因素，作为间接的原因共有以下方面：

① 技术上的缺陷。

② 教育上的缺陷。

③ 生理上的缺陷。

④ 心理上的缺陷。

⑤ 管理工作上的缺陷。

⑥ 教育和社会、历史上的原因造成的缺陷。

7.1.6 建设工程安全生产管理的特点

(1) 安全生产管理涉及面广、涉及单位多。

由于建设工程规模大，生产周期长，生产工艺复杂、工序多，在施工过程中流动作业多，高处作业多，作业位置多变及多工种的交叉作业等，遇到不确定因素多，因此安全管理工作涉及范围大，控制面广。建筑施工企业是安全管理的主体，但安全管理不仅仅是施工单位的责任，材料供应单位、建设单位、勘察设计单位、监理单位以及建设行政主管部门等，也要为安全管理承担相应的责任与义务。

(2) 安全生产管理动态性。

① 建设工程项目的单件性及建筑施工的流动性。建设工程项目的单件性，使得每项工程所处的条件不同，所面临的危险因素和防范措施也会有所改变，员工在转移工地后，熟悉一个新的工作环境需要一定的时间，有些制度和安全技术措施会有所调整，员工同样需要一个熟悉的过程。

② 工程项目施工的分散性。因为现场施工是分散于施工现场的各个部位，尽管有各种规章制

度和安全技术交底的环节，但是面对具体的生产环境时，仍然需要自己的判断和处理，有经验的人员还必须适应不断变化的情况。

③ 产品多样性，施工工艺多变性。建设产品具有多样性，施工生产工艺具有复杂多变性，如一栋建筑物从基础、主体至竣工验收，各道施工工序均有其不同的特性，其不安全因素各不相同。同时，随着工程建设进度，施工现场的不安全因素也在随时变化，要求施工单位必须针对工程进度和施工现场实际情况及时采取安全技术措施和安全管理措施予以保证。

(3) 产品的固定性导致作业环境的局限性。

建筑产品坐落在一个固定的位置上，导致了必须在有限的场地和空间上集中大量的人力、物资、机具来进行交叉作业，导致作业环境的局限性，因而容易产生物体打击等伤亡事故。

(4) 露天作业导致作业条件恶劣性。

建设工程施工大多是在露天空旷的场地上完成的，导致工作环境相当艰苦，容易发生伤亡事故。

(5) 体积庞大带来了施工作业高空性。

建设产品的体积十分庞大，操作工人大多在十几米甚至几百米高空进行作业，因而容易产生高空坠落的伤亡事故。

(6) 手工操作多、体力消耗大、强度高导致个体劳动保护任务艰巨。

在恶劣的作业环境下，施工工人的手工操作多，体能耗费大，劳动时间和劳动强度都比其他行业要大，其职业危害严重，带来了个人劳动保护的艰巨性。

(7) 多工种立体交叉作业导致安全管理的复杂性。

近年来，建筑由低向高发展，劳动密集型的施工作业只能在极其有限空间展开，致使施工作业的空间要求与施工条件的供给的矛盾日益突出，这种多工种的立体交叉作业将导致机械伤害、物体打击等事故增多。

(8) 安全生产管理的交叉性。

建设工程项目是开放系统，受自然环境和社会环境影响很大，安全生产管理需要将工程系统、环境系统及社会系统相结合。

(9) 安全生产管理的严谨性。

安全状态具有触发性，安全管理措施必须严谨，一旦失控，就会造成损失和伤害。

7.1.7 施工现场安全管理的范围与原则

(1) 施工现场安全管理的范围。

安全管理的中心问题，是保护生产活动中人的健康与安全以及财产不受损伤，保证生产顺利进行。

宏观的安全管理概括地讲，包括劳动保护、施工安全技术和职业健康安全，它们是既相互联系又相互独立的三个方面。

① 劳动保护偏重于以法律、法规、规程、条例、制度等形式规范管理或操作行为，从而使劳动者的劳动安全与身体健康得到应有的法律保障。

② 施工安全技术侧重于对“劳动手段与劳动对象”的管理，包括预防伤亡事故的工程技术和安全技术规范、规程、技术规定、标准条例等，以规范物的状态，减轻对人或物的威胁。

③ 职业健康安全着重于施工生产中粉尘、振动、噪声、毒物的管理。通过防护、医疗、保健等措施，保护劳动者的安全与健康，保护劳动者不受有害因素的危害。

(2) 施工现场安全管理的基本原则。

① 管生产的同时管安全。

安全寓于生产之中,并对生产发挥促进与保证作用,安全管理是生产管理的重要组成部分,安全与生产在实施过程中,两者存在着密切联系,没有安全就绝不会有高效益的生产。事实证明,只抓生产忽视安全管理的观念和做法是极其危险和有害的。因此,各级管理人员必须负责管理安全工作,在管理生产的同时管安全。

② 明确安全生产管理的目标。

安全管理的内容是对生产中人、物、环境因素状态的管理,有效地控制人的不安全行为和物的不安全状态,消除或避免事故,达到保护劳动者安全与健康和财物不受损伤的目标。

有了明确的安全生产目标,安全管理就有了清晰的方向。安全管理的一系列工作才可能朝着这一目标有序展开。没有明确的安全生产目标,安全管理就成了一种盲目的行为。盲目的安全管理,人的不安全行为和物的不安全状态就不会得到有效的控制,危险因素依然存在,事故最终不可避免。

③ 必须贯彻"预防为主"的方针。

安全生产的方针是"安全第一、预防为主、综合治理"。"安全第一"是把人身和财产安全放在首位,安全为了生产,生产必须保证人身和财产安全,充分体现"以人为本"的理念。

"预防为主"是实现安全第一的重要手段,采取正确的措施和方法进行安全控制,使安全生产形势向安全生产目标的方向发展。进行安全管理不是处理事故,而是在生产活动中,针对生产的特点,对各生产因素进行管理,有效地控制不安全因素的发生、发展与扩大,把事故隐患消灭在萌芽状态。

④ 坚持"四全"动态管理。

安全管理涉及生产活动中的方方面面,涉及参与安全生产活动的各个部门和每一个人,涉及从开工到竣工交付的全部生产过程,涉及全部的生产时间,涉及一切变化着的生产因素。因此,生产活动中必须坚持全员、全过程、全方位、全天候的动态安全管理。

⑤ 安全管理重在控制。

进行安全管理的目的是预防、消灭事故,防止或消除事故伤害,保护劳动者的安全与健康及财产安全。在安全管理的前四项内容中,虽然都是为了达到安全管理的目标,但是对安全生产因素状态的控制与安全管理的关系更直接,显得更为突出,因此对生产中的人的不安全行为和物的不安全状态的控制,必须看作动态安全管理的重点。事故的发生,是由于人的不安全行为运动轨迹与物的不安全状态运动轨迹的交叉。事故发生的原理也说明了对生产因素状态的控制应该当作安全管理重点。把约束当作安全管理重点是不正确的,是因为约束缺乏带有强制性的手段。

⑥ 在管理中发展、提高。

既然安全管理是在变化着的生产活动中的管理,是一种动态的过程,其管理就意味着是不断发展的、不断变化的,以适应变化的生产活动。然而更为重要的是要不间断地摸索新的规律,总结管理、控制的办法与经验,掌握新的变化后的管理方法,从而使安全管理不断地上升到新的高度。

7.2 建筑工程安全生产相关法规

7.2.1 安全生产法规与技术规范

(1) 安全生产法规。

安全生产法规是指国家关于改善劳动条件,实现安全生产,为保护劳动者在生产过程中的安全和健康而制定的各种法律、法规、规章和规范性文件的总和,是必须执行的法律规范。

(2) 安全技术规范。

安全技术规范是指人们关于合理利用自然力、生产工具、交通工具和劳动对象的行为准则。安全技术规范是强制性的标准。违反规范、规程造成事故,往往会给个人和社会带来严重危害。为了有利于维护社会秩序和工作秩序,把遵守安全技术规范确定为法律义务,有时把它直接规定在法律文件中,使之具有法律规范的性质。

7.2.2 安全生产相关法规与行业标准

作为国民经济的重要支柱产业之一,建筑业的发展对于推动国民经济发展、促进社会进步、提高人民生活水平具有重要意义。建设工程安全是建筑施工的核心内容之一。建设工程安全既包括建筑产品自身安全,也包括其毗邻建筑物的安全,还包括施工人员的人身安全。而建设工程质量最终是通过建筑物的安全和使用情况来体现的。因此,建筑活动的各个阶段、各个环节都必须紧扣建设工程的质量和安全加以规范。我国的立法部门和相关行业结合国情和行业特点制定了许多有关建筑安全的法律法规和行业标准规范,如表 7-1 所示。

表 7-1 **建筑安全相关法律法规和标准规范**

序号	名称	版本号	实施日期
一、法律			
1	中华人民共和国劳动法	主席令第 28 号(2018 年修订)	2018.12.29
2	中华人民共和国消防法	主席令第 6 号(2019 年修订)	2019.4.23
3	中华人民共和国职业病防治法	主席令第 52 号(2018 年修订)	2018.12.29
4	中华人民共和国安全生产法	主席令第 13 号(2014 年修订)	2014.12.1
5	中华人民共和国建筑法	主席令第 46 号(2011 年修订)	2011.7.1
二、法规规章			
1	建设工程安全生产管理条例	国务院令第 393 号	2004.2.1
2	安全生产许可证条例	国务院令第 653 号(2014 年修订)	2014.7.29
3	特殊设备安全监察条例	国务院令第 549 号(2009 年修订)	2009.5.1
4	建设工程质量管理条例	国务院令第 714 号(2019 年修订)	2019.4.23
5	生产安全事故报告和调查处理条例	国务院令第 493 号	2007.6.1

续表

序号	名称	版本号	实施日期
6	国务院关于特大安全事故行政责任追究的规定	国务院令第 302 号	2001.4.21
7	电力安全事故应急处置和调查处理条例	国务院令第 599 号	2011.9.1
8	国务院关于进一步加强安全生产工作的决定	国发〔2004〕2 号	2004.1.9
9	国务院关于进一步加强企业安全生产工作的通知	国发〔2010〕23 号	2010.7.19
10	国家安全生产事故灾难应急预案		2006.1.22
11	安全生产违法行为行政处罚办法	安监总局令 77 号(2015 年修订)	2015.5.1
12	安全生产事故隐患排查治理暂行规定	安监总局令 16 号	2008.2.1
13	生产安全事故应急预案管理办法	应急管理部令 2 号(2019 年修订)	2019.9.1
14	生产安全事故信息报告和处置办法	安监总局令 21 号	2009.7.1
15	建设项目安全设施“三同时”监督管理暂行办法	安监总局令 77 号	2015.5.1
16	危险化学品重大危险源监督管理暂行规定	安监总局令 79 号(2015 年修订)	2015.7.1
17	危险化学品生产企业安全生产许可证实施办法	安监总局令 89 号(2017 年修订)	2017.3.6
18	建筑工程施工许可管理办法	住房城乡建设部令第 42 号(2018 年修订)	2018.9.28
19	建筑施工企业安全生产许可证管理规定	住房城乡建设部令第 23 号(2015 年修订)	2015.1.22
20	建筑起重机械安全监督管理规定	建设部令 166 号	2008.6.1
21	建筑施工特种作业人员管理规定	建质〔2008〕75 号	2008.6.1
22	建筑起重机械备案登记办法	建质〔2008〕76 号	2008.6.1
23	建筑施工企业安全生产管理机构设置及专职安全生产管理人员配备办法	建质〔2008〕91 号	2008.5.13
24	危险性较大的分部分项工程安全管理规定	住房和城乡建设部令第 37 号	2018.6.1
25	建筑工程安全生产监督管理工作导则	建质〔2005〕184 号	2005.10.13
26	建筑工程预防高处坠落事故若干规定	建质〔2003〕82 号	2003.4.17
27	建筑工程预防坍塌事故若干规定	建质〔2003〕82 号	2003.4.17
	三、标准规范		
1	爆炸危险环境电力装置设计规范	GB 50058—2014	2014.10.1

续表

序号	名称	版本号	实施日期
2	建设工程施工现场供用电安全规范	GB 50194—2014	2015.1.1
3	施工现场临时用电安全技术规范	JGJ 46—2005	2005.7.1
4	塔式起重机安全规程	GB 5144—2006	2007.10.1
5	爆破安全规程	GB 6722—2014	2015.7.1
6	起重机械超载保护装置	GB/T 12602—2020	2020.10.1
7	施工企业安全生产管理规范	GB 50656—2011	2012.4.1
8	建设工程施工现场消防安全技术规范	GB 50720—2011	2011.8.1
9	塔式起重机操作使用规程	JG/T 100—1999	1999.6.4
10	建筑施工高处作业安全技术规范	JGJ 80—2016	2016.12.1
11	建筑机械使用安全技术规程	JGJ 33—2012	2012.11.1
12	建筑施工安全检查标准	JGJ 59—2011	2012.7.1
13	液压滑动模板施工安全技术规程	JGJ 65—2013	2014.1.1
14	施工企业安全生产评价标准	JGJ/T 77—2010	2010.11.1
15	龙门架及井架物料提升机安全技术规范	JGJ 88—2010	2011.2.1
16	建筑基坑支护技术规程	JGJ 120—2012	2012.10.1
17	建筑施工门式钢管脚手架安全技术标准	JGJ/T 128—2019	2020.1.1
18	建筑施工扣件式钢管脚手架安全技术规范	JGJ 130—2011	2011.12.1
19	建筑拆除工程安全技术规范	JGJ 147—2016	2017.5.1
20	建筑施工土石方工程安全技术规范	JGJ 180—2009	2009.12.1
21	液压升降整体脚手架安全技术标准	JGJ/T 183—2019	2020.6.1
22	建筑施工作业劳动防护用品配备及使用标准	JGJ 184—2009	2010.6.1
23	建筑起重机械安全评估技术规程	JGJ/T 189—2009	2010.8.1
24	建筑施工塔式起重机安装、使用、拆卸安全技术规程	JGJ 196—2010	2010.7.1
25	建筑施工工具式脚手架安全技术规范	JGJ 202—2010	2010.9.1
26	建筑施工升降机安装、使用、拆卸安全技术规程	JGJ 215—2010	2010.12.1
27	建筑施工起重吊装工程安全技术规范	JGJ 276—2012	2012.6.1

7.2.3 《安全生产法》的适用范围

《安全生产法》的适用范围如图 7-1 所示。

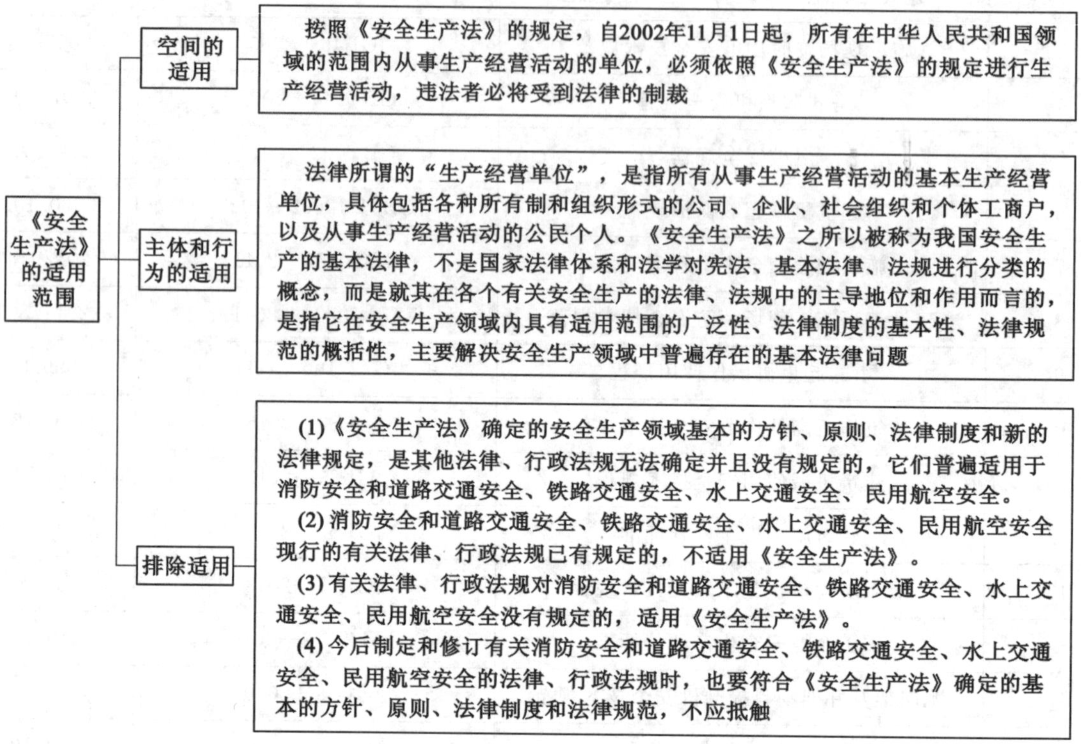

图 7-1 《安全生产法》的适用范围

7.2.4 建筑施工企业安全生产许可证制度

《建筑施工企业安全生产许可证管理规定》于 2004 年 6 月 29 日经第 37 次建设部常务会议讨论通过，并自 2004 年 7 月 5 日起施行，2015 年 1 月 22 日住房和城乡建设部令 23 号修订。

7.2.4.1 安全生产许可证的申请与颁发

(1) 建筑施工企业从事建筑施工活动前，应当依照规定向省级以上的建设主管部门申请领取安全生产许可证。中央管理的建筑施工企业(集团公司、总公司)应当向国务院建设主管部门申请领取安全生产许可证。

(2) 建筑施工企业申请安全生产许可证时，应当向建设主管部门提供下列材料：

① 建筑施工企业安全生产许可证申请表。

② 企业法人营业执照。

③ 具备取得生产许可证规定的相关文件、材料。

建筑施工企业申请安全生产许可证，应当对申请材料实质内容的真实性负责，不得隐瞒有关情况或者提供虚假材料。

(3) 建设主管部门应当自受理建筑施工企业的申请之日起 45 日内审查完毕；经审查符合安全生产条件的，颁发安全生产许可证；不符合安全生产条件的，不予颁发安全生产许可证，书面通知企业并说明理由。企业自接到通知之日起应当进行整改，整改合格后方可再次提出申请。

(4) 安全生产许可证的有效期为3年。安全生产许可证有效期满需要延期的，企业应当于期满前3个月向原安全生产许可证颁发管理机关申请办理延期手续。

企业在安全生产许可证有效期内，严格遵守有关安全生产的法律、法规，未发生死亡事故的，安全生产许可证有效期届满时，经原安全生产许可证颁发管理机关同意，不再审查，安全生产许可证有效期延期3年。

(5) 建筑施工企业变更名称、地址、法定代表人等，应当在变更后10日内，到原安全生产许可证颁发管理机关办理安全生产许可证变更手续。

(6) 建筑施工企业破产、倒闭、撤销的，应当将安全生产许可证交回原安全生产许可证颁发管理机关予以注销。

(7) 建筑施工企业遗失安全生产许可证，应当立即向原安全生产许可证颁发管理机关报告，并在公众媒体上声明作废后，方可申请补办。

(8) 安全生产许可证申请表采用中华人民共和国住房和城乡建设部规定的统一式样。

7.2.4.2 监督管理

(1) 县级以上人民政府建设主管部门应当加强对建筑施工企业安全生产许可证的监督管理。建设主管部门在审核发放施工许可证时，应当对已经确定的建筑施工企业是否有安全生产许可证进行审查，对没有取得安全生产许可证的，不得颁发施工许可证。

(2) 跨省从事建筑施工活动的建筑施工企业有违反《建筑施工企业安全生产许可证管理规定》行为的，由工程所在地的省级人民政府建设主管部门将建筑施工企业在本地区的违法事实、处理结果和处理建议报告安全生产许可证颁发管理机关。

(3) 建筑施工企业取得安全生产许可证后，不得降低安全生产条件，并应当加强日常安全生产管理，接受建设主管部门的监督检查。安全生产许可证颁发管理机关发现企业不再具备安全生产条件的，应当暂扣或者吊销安全生产许可证。

(4) 安全生产许可证颁发管理机关或者其上级行政机关发现有下列情形之一的，可以撤销已经颁发的安全生产许可证。

① 安全生产许可证颁发管理机关工作人员滥用职权、玩忽职守颁发安全生产许可证的。

② 超越法定职权颁发安全生产许可证的。

③ 违反法定程序颁发安全生产许可证的。

④ 对不具备安全生产条件的建筑施工企业颁发安全生产许可证的。

⑤ 依法可以撤销已经颁发的安全生产许可证的其他情形。

依照规定撤销安全生产许可证，建筑施工企业的合法权益受到损害的，建设主管部门应当依法给予赔偿。

(5) 安全生产许可证颁发管理机关应当建立、健全安全生产许可证档案管理制度，并定期向社会公布企业取得安全生产许可证的情况，每年向同级安全生产监督管理部门通报建筑施工企业安全生产许可证颁发和管理情况。

(6) 建筑施工企业不得转让、冒用安全生产许可证或者使用伪造的安全生产许可证。

(7) 建设主管部门工作人员在安全生产许可证颁发、管理和监督检查工作中，不得索取或者接受建筑施工企业的财物，不得谋取其他利益。

(8) 任何单位或者个人对违反《建筑施工企业安全生产许可证管理规定》的行为，有权向安全生产许可证颁发管理机关或者监察机关等有关部门举报。

7.2.4.3 对违反规定的处罚

(1) 建设主管部门工作人员有下列行为之一的，给予降级或撤职的行政处分；构成犯罪的，依法追究刑事责任。

① 向不符合安全生产条件的建筑施工企业颁发安全生产许可证的。

② 发现建筑施工企业未依法取得安全生产许可证擅自从事建筑施工活动，不依法处理的。

③ 发现取得安全生产许可证的建筑施工企业不再具备安全生产条件，不依法处理的。

④ 接到对违反《建筑施工企业安全生产许可证管理规定》行为的举报后，不及时处理的。

⑤ 在安全生产许可证颁发、管理和监督检查工作中，索取或者接受建筑施工企业的财物，或者谋取其他利益的。

(2) 取得安全生产许可证的建筑施工企业，发生重大安全事故的，暂扣安全生产许可证并限期整改。

(3) 建筑施工企业不再具备安全生产条件的，暂扣安全生产许可证并限期整改；情节严重的，吊销安全生产许可证。

(4) 违反《建筑施工企业安全生产许可证管理规定》，建筑施工企业未取得安全生产许可证擅自从事建筑施工活动的，责令其在建项目停止施工，没收违法所得，并处10万元以上、50万元以下的罚款；造成重大安全事故或者其他严重后果、构成犯罪的，依法追究刑事责任。

(5) 违反《建筑施工企业安全生产许可证管理规定》，安全生产许可证有效期满未办理延期手续、继续从事建筑施工活动的，责令其在建项目停止施工，限期补办延期手续，没收违法所得，并处5万元以上、10万元以下的罚款；逾期仍不办理延期手续、继续从事建筑施工活动的，依照上一条的规定处罚。

(6) 违反《建筑施工企业安全生产许可证管理规定》，建筑施工企业转让安全生产许可证的，没收违法所得，处10万元以上、50万元以下的罚款，并吊销安全生产许可证；构成犯罪的，依法追究刑事责任；接受转让的，依照《建筑施工企业安全生产许可证管理规定》第二十四条的规定处罚。

(7) 违反《建筑施工企业安全生产许可证管理规定》，建筑施工企业隐瞒有关情况或者提供虚假材料申请安全生产许可证的，不予受理或者不予颁发安全生产许可证，并给予警告，1年内不得申请安全生产许可证。建筑施工企业以欺骗、贿赂等不正当手段取得安全生产许可证的，撤销安全生产许可证，3年内不得再次申请安全生产许可证；构成犯罪的，依法追究刑事责任。

(8)《建筑施工企业安全生产许可证管理规定》的暂扣、吊销安全生产许可证的行政处罚，由安全生产许可证的颁发管理机关决定；其他行政处罚，由县级以上地方人民政府建设主管部门决定。

7.3 安全管理体系、制度以及实施办法

7.3.1 建立安全生产管理体系

为了贯彻“安全第一、预防为主、综合治理”的方针，建立、健全安全生产责任制和群防群治制度，确保工程项目施工过程中的人身和财产安全，减少一般事故的发生，应结合工程的特点，建立施工项目安全生产管理体系。

7.3.1.1 建立安全生产管理体系的原则

(1) 要适用于建设工程施工项目全过程的安全管理和控制。

(2) 依据《中华人民共和国建筑法》,职业安全卫生管理体系标准,国际劳工组织167号公约及国家有关安全生产的法律、行政法规和规程进行编制。

(3) 建立安全生产管理体系必须包含的基本要求和内容。项目经理部应结合各自实际情况加以充实,建立安全生产管理体系,确保项目的施工安全。

(4) 建筑施工企业应加强对施工项目的安全管理,指导、帮助项目经理部建立、实施并保持安全生产管理体系。施工项目安全生产管理体系必须由总承包单位负责策划建立,生产分包单位应结合分包工程的特点,制订相适宜的安全保证计划,并纳入接受总承包单位安全管理体系的管理。

7.3.1.2 建立安全生产管理体系的目标

建立安全生产管理体系的目标如图7-2所示。

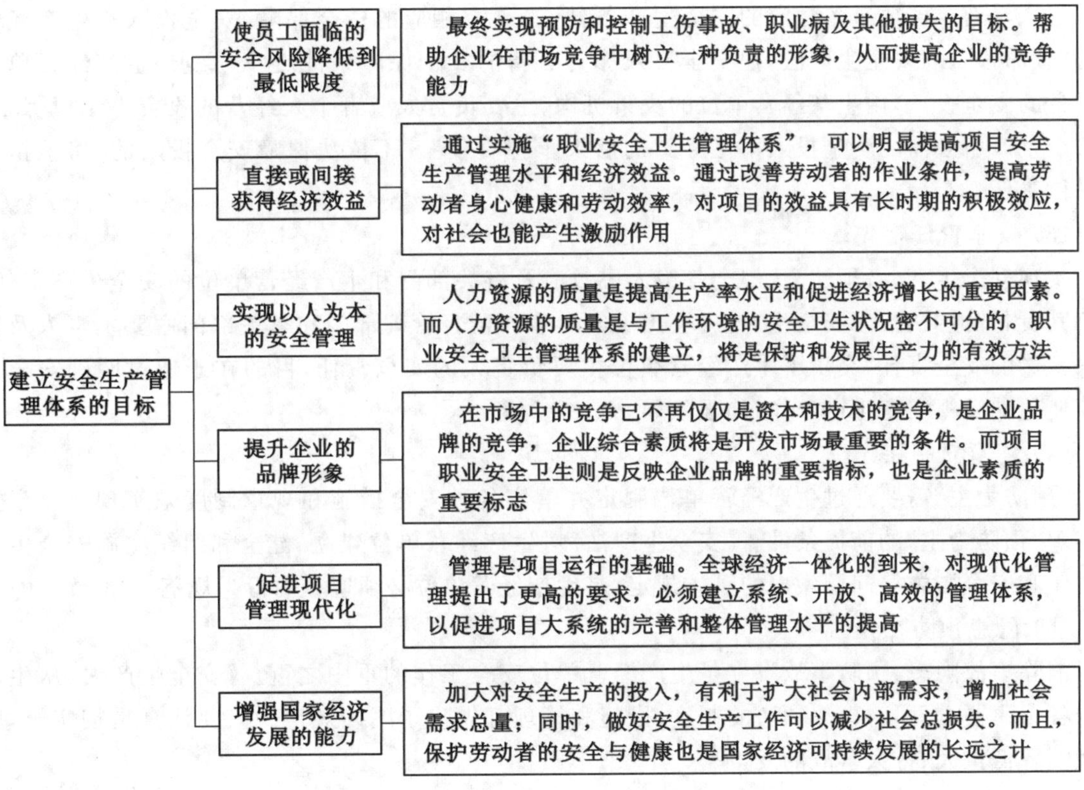

图7-2 建立安全生产管理体系的目标

7.3.1.3 建立安全生产管理体系的作用

(1) 职业安全卫生状况是经济发展和社会文明程度的反映,是所有劳动者获得安全与健康的保证,是社会公正、安全、文明、健康发展的基本标志,也是保持社会安定、团结和经济可持续发展的重要条件。

(2) 安全生产管理体系对企业环境的安全卫生状态规定了具体的要求和限定，通过科学管理，使工作环境符合安全卫生标准的要求。

(3) 安全生产管理体系的运行主要依赖于逐步提高、持续改进，是一个动态、自我调整和完善的管理系统，同时也是职业安全卫生管理体系的基本思想。

(4) 安全生产管理体系是项目管理体系中的一个子系统，其循环也是整个管理系统循环的一个子系统。

7.3.2 安全生产管理方针

安全生产的各项制度应本着如下原则进行。

(1) 安全意识在先。

基于各种原因，我国公民的安全意识相对淡薄。关爱生命、关注安全是全社会政治、经济和文化生活的主题之一。重视和实现安全生产，必须有很强的安全意识。

(2) 安全投入在先。

生产经营单位要具备法定的安全生产条件，必须有相应的资金保障，安全投入是生产经营单位的“救命钱”。《安全生产法》把安全投入作为必备的安全保障条件之一，要求“生产经营单位应当具备的安全投入，由生产经营单位的决策机构、主要负责人或者个人经营的投资人予以保证，并对安全生产所必需的资金投入不足导致的后果承担责任”。不依法保障安全投入的，将承担相应的法律责任。

(3) 安全责任在先。

实现安全生产，必须建立、健全各级人民政府及有关部门和生产经营单位的安全生产责任制，各负其责，齐抓共管。《安全生产法》突出了安全生产监督管理部门和有关部门主要负责人及监督执法人员的安全责任，突出了生产经营单位主要负责人的安全责任，目的在于通过明确安全责任来促使他们重视安全生产工作，加强领导。

(4) 建章立制在先。

“预防为主”需要通过生产经营单位制定并落实各种安全措施和规章制度来实现。建章立制是实现“预防为主”的前提条件。《安全生产法》对生产经营单位建立、健全和组织实施安全生产规章制度和安全措施等问题做出的具体规定，是生产经营单位必须遵守的行为规范。

(5) 隐患预防在先。

消除事故隐患、预防事故发生是生产经营单位安全工作的重中之重。《安全生产法》从生产经营的各个主要方面，对事故预防的制度、措施和管理都做出了明确规定。只要认真贯彻实施，就能够大幅降低重大、特大事故的发生率。

(6) 监督执法在先。

各级人民政府及其安全生产监督管理部门和有关部门强化安全生产监督管理，加大行政执法力度，是预防事故、保证安全的重要条件。安全生产监督管理工作的重点、关口必须前移，放在事前、事中监管上。要通过事前、事中监管，依照法定的安全生产条件，把住安全准入“门槛”，坚决把那些不符合安全生产条件或者不安全因素多、事故隐患严重的生产经营单位排除在安全准入“门槛”之外。

7.3.3 安全生产管理组织机构

(1) 公司安全管理机构。

建筑公司要设专职安全管理部门,配备专职人员。公司安全管理部门是公司一个重要的施工管理部门,是公司经理贯彻执行安全施工方针、政策和法规,实行安全目标管理的具体工作部门,是领导的参谋和助手。建筑公司施工队以上的单位,要设专职安全员或安全管理机构,公司的安全技术干部或安全检查干部应列为施工人员,不能随便调动。

根据国家建筑施工企业资质等级相关规定,建筑一、二级公司的安全员,必须持有中级岗位合格证书;三、四级公司安全员全部持有初级岗位合格证书。安全施工管理工作技术性、政策性、群众性很强,因此安全管理人员应挑选责任心强、有一定的经验和相当文化程度的工程技术人员担任,以利于促进安全科技活动,进行目标管理。

(2) 项目处安全管理机构。

公司下属的项目处,是组织和指挥施工的单位,对管理施工、管理安全有着极为重要的影响。项目处经理是本单位安全施工工作第一责任者,要根据本单位的施工规模及职工人数设置专职安全管理机构或配备专职安全员,并建立项目处领导干部安全施工值班制度。

(3) 工地安全管理机构。

工地应成立以项目经理为负责人的安全施工管理小组,配备专(兼)职安全管理员,同时要建立工地领导成员轮流安全施工值日制度,解决和处理施工中的安全问题和进行巡回安全监督检查。

(4) 班组安全管理组织。

班组是做好安全施工的前沿阵地,加强班组安全建设是公司加强安全施工管理的基础。各施工班组要设不脱产安全员,协助班组长搞好班组安全管理。各班组要坚持岗位安全检查、安全值日和安全日活动制度,同时要坚持做好班组安全记录。由于建筑施工点多、面广、流动、分散,一个班组人员往往不会集中在一处作业。因此,工人要提高自我保护意识和自我保护能力,在同一作业面的人员要互相关照。

7.3.4 安全生产责任制

7.3.4.1 总包、分包单位的安全责任

钢铁公司
高炉技改案例

(1) 总包单位的职责。

① 项目经理是项目安全生产的第一负责人,必须认真贯彻、执行国家和地方的有关安全法规、规范、标准,严格按文明安全工地标准组织施工生产,确保实现安全控制指标和文明安全工地达标计划。

② 建立、健全安全生产保证体系,根据安全生产组织标准和工程规模设置安全生产机构,配备安全检查人员,并设置5~7人(含分包)的安全生产委员会或安全生产领导小组,定期召开会议(每月不少于一次),负责对本工程项目安全生产

工作的重大事项及时做出决策，组织督促检查实施，并将分包的安全人员纳入总包管理，统一活动。

③ 根据工程进度情况除进行不定期、季节性的安全检查外，工程项目经理部每半月由项目执行经理组织一次检查，每周由安全部门组织各分包方进行专业（或全面）检查。对查到的隐患，责成分包方和有关人员立即或限期进行消除整改。

④ 工程项目部（总包方）与分包方应在工程实施前或进场的同时及时签订含有明确安全目标和职责条款划分的经营（管理）合同或协议书；当不能按期签订时，必须签订临时安全协议。

⑤ 根据工程进展情况和分包进场时间，应分别签订年度或一次性的安全生产责任书或责任状，做到总分包在安全管理上责任划分明确，有奖有罚。

⑥ 项目部实行“总包方统一管理，分包方各负其责”的施工现场管理体制，负责对发包方、分包方和上级各部门或政府部门的综合协调管理工作。工程项目经理对施工现场的管理工作负全面领导责任。

⑦ 项目部有权限期责令分包方将不能尽责的施工管理人员调离本工程，重新配备符合总包要求的施工管理人员。

(2) 分包单位的职责。

① 分包单位的项目经理、主管副经理是安全生产管理工作的第一责任人，必须认真贯彻执行总包方在执行的有关规定、标准以及总包方的有关决定和指示，按总包方的要求组织施工。

② 建立、健全安全保障体系。根据安全生产组织标准设置安全机构，配备安全检查人员，每50人要配备一名专职安全人员，不足50人的要设兼职安全人员，并接受工程项目安全部门的业务管理。

③ 分包方在编制分包项目或单项作业的施工方案或冬雨期方案措施时，必须同时编制安全消防技术措施，并经总包方审批后方可实施，如改变原方案，必须重新报批。

④ 分包方必须执行逐级安全技术交底制度和班组长班前安全讲话制度，并跟踪检查管理。

⑤ 分包方必须按规定执行安全防护设施、设备验收制度，并履行书面验收手续，建档存查。

⑥ 分包方必须接受总包方及其上级主管部门的各种安全检查并接受奖罚。在生产例会上应先检查、汇报安全生产情况。在施工生产过程中，切实把好安全教育、检查、措施、交底、防护、文明、验收等七关，做到预防为主。

⑦ 对安全管理纰漏多、施工现场管理混乱的分包单位除进行罚款处理外，对于问题严重、屡禁不止，甚至不服从管理的分包单位，予以解除经济合同。

(3) 业主指定分包单位的职责。

① 必须具备与分包工程相应的企业资质，并具备“建筑施工企业安全资格认可证”。

② 建立、健全安全生产管理机构，配备安全员；接受总包方的监督、协调和指导，实现总包方的安全生产目标。

③ 独立完成安全技术措施方案的编制、审核和审批，对自行施工范围内的安全措施、设施进行验收。

④ 对分包范围内的安全生产负责，对所辖职工的身体健康负责，为职工提供安全的作业环境，自带设备与手持电动工具的安全装置齐全、灵敏、可靠。

⑤ 履行与总包方和业主签订的总分包合同及“安全管理责任书”中的有关安全生产条款。

⑥ 自行完成所辖职工的合法用工手续。

⑦ 自行开展总包方所规定的各项安全活动。

7.3.4.2 租赁双方的安全责任

(1) 大型机械(塔式起重机、外用电梯等)租赁、安装、维修单位的职责。

① 各单位必须具备相应资质。

② 所租赁的设备必须具备统一编号,其机械性能良好,安全装置齐全、灵敏、可靠。

③ 在当地施工时,租赁外埠塔式起重机和施工用电梯或外地分包自带塔式起重机和施工用电梯,使用前必须在本地建设主管部门登记备案并取得统一临时编号。

④ 租赁、维修单位对设备的自身质量和安装质量负责,定期对其进行维修、保养。

⑤ 租赁单位向使用单位配备合格的司机。

(2) 承租方对施工过程中设备的使用安全负责。承租方对施工过程中设备的使用安全责任,应参照相关安全生产管理条例的规定。

安全生产责任制

7.3.4.3 交叉施工(作业)的安全责任

(1) 总包和分包的工程项目负责人,对工程项目中的交叉施工(作业)负总的指挥、领导责任。总包对分包、分包对分项承包单位或施工队伍,要加强安全消防管理,科学组织交叉施工,在没有针对性的书面技术交底、方案和可靠防护措施的情况下,禁止上下交叉施工作业,防止和避免发生事故。

(2) 总包与分包、分包与分项外包的项目工程负责人,除在签署合同或协议中明确交叉施工(作业)各方的责任外,还应签订安全消防协议书或责任状,划分交叉施工中各方的责任区和各方的安全消防责任,同时应建立责任区及安全设施的交接和验收手续。

(3) 交叉施工作业上部施工单位应为下部施工人员提供可靠的隔离防护措施,确保下部施工作业人员的安全。在隔离防护设施未完善前,下部施工作业人员不得进行施工。隔离防护设施完善后,经上下方责任人和有关人员验收合格后,才能进行施工作业。

(4) 工程项目或分包的施工管理人员在交叉施工前,对交叉施工的各方做出明确的安全责任交底,各方必须在交底后组织施工作业。安全责任交底中,应对各方的安全消防责任、安全责任区的划分,安全防护设施的标准、维护等内容做出明确要求,并经常监督和检查执行情况。

(5) 交叉施工作业中的隔离防护设施及其他安全防护设施由安全责任方提供。当安全责任方因故无法提供防护设施时,可由非责任方提供,责任方负责日常维护和支付租赁费用。

(6) 交叉施工作业中的隔离防护设施及其他安全防护设施的完善和可靠性,应由责任方负责。由于隔离防护设施或安全防护存在缺陷而导致的人身伤害及设备、设施、料具的损失责任,由责任方承担。

(7) 工程项目或施工区域出现交叉施工作业安全责任不清或安全责任区划分不明确时,总包和分包应积极、主动地进行协调和管理。各分包单位之间进行交叉施工,其各方应积极主动予以配合,在责任不清、意见不统一时,由总包的工程项目负责人或工程调度部门出面协调、管理。

(8) 在交叉施工作业中，防护设施(如电梯井门、护栏、安全网、坑洞口盖板等)完善验收后，非责任方不经总包、分包或有关责任方同意，不准任意改动。因施工作业必须改动时，写出书面报告，须经总、分包和有关责任方同意才准改动，但必须采取相应的防护措施。工作完成或下班后必须恢复原状，否则非责任方负一切后果责任。

(9) 电气焊割作业严禁与油漆、喷漆、防水、木工等进行交叉作业，在工序安排上应先安排焊割等明火作业。如果必须先进行油漆、防水作业，施工管理人员在确认排除有燃爆可能的情况下，再安排电气焊割作业。

(10) 凡进总包施工现场的各分包单位或施工队伍，必须严格执行总包方所执行的标准、规定、条例、办法，按标准化文明安全工地组织施工。对于不按总包方要求组织施工、现场管理混乱、隐患严重、影响文明安全工地整体达标或给交叉施工作业的其他单位造成不安全问题的分包单位或施工队伍，总包方有权给予经济处罚或终止合同，清出现场。

7.3.5 安全生产教育

7.3.5.1 安全生产教育的对象

(1) 工程项目经理、项目执行经理、项目技术负责人：工程项目主要管理人员必须经过当地政府或上级主管部门组织的安全生产专项培训，培训时间不得少于 24 h，经考核合格后，持“安全生产资质证书”上岗。

(2) 工程项目基层管理人员：工程项目基层管理人员每年必须接受公司安全生产年审，经考试合格后持证上岗。

(3) 分包负责人、分包队伍管理人员：必须接受政府主管部门或总包单位的安全培训，经考试合格后持证上岗。

(4) 特种作业人员：必须经过专门的安全理论培训和安全技术实际训练，经理论和实际操作的双项考核，合格者持“特种作业操作证”上岗作业。

(5) 操作工人：新入场工人必须经过三级安全教育，考试合格后持上岗证上岗作业。

7.3.5.2 安全生产教育的内容

(1) 安全生产思想教育。

安全生产思想教育内容如图 7-3 所示。

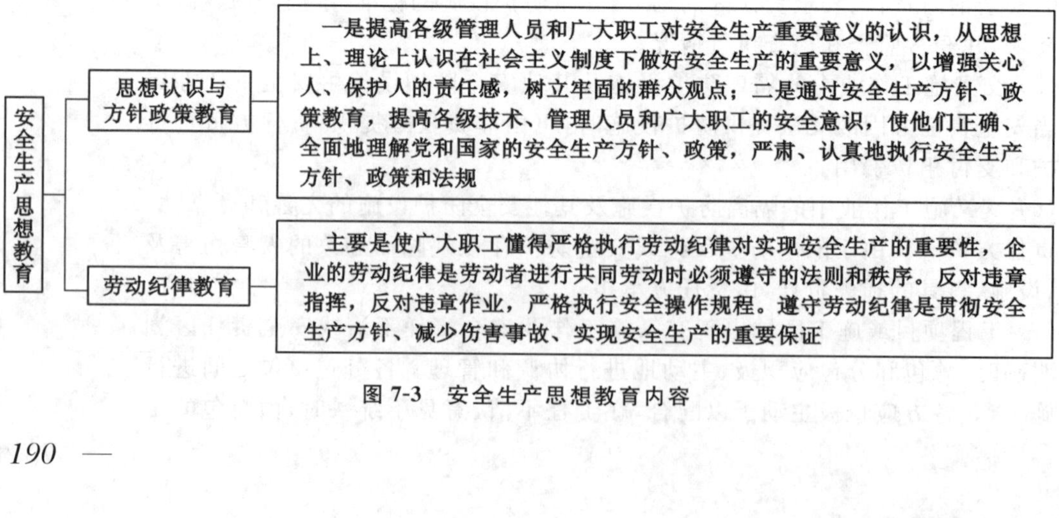

图 7-3 安全生产思想教育内容

(2) 安全生产知识教育。

企业所有职工必须具备安全生产知识。因此,全体职工都必须接受安全生产知识教育和每年按规定学时进行安全培训。安全生产知识教育的主要内容是:企业的基本生产概况;施工(生产)流程、方法;企业施工(生产)危险区域及其安全防护的基本知识和注意事项;机械设备、厂(场)内运输的有关安全知识;有关电气设备(动力照明)的基本安全知识;高处作业安全知识;生产(施工)中使用的有毒、有害物质的安全防护基本知识;消防制度及灭火器材应用的基本知识;个人防护用品的正确使用知识等。

(3) 安全生产技能教育。

安全生产技能教育,就是结合本工种专业特点,实现安全操作、安全防护所必须具备的基本技术知识要求。每个职工都要熟悉本工种、本岗位专业安全技能知识。安全生产技能知识是比较专门、细致和深入的知识。它包括安全技术、劳动卫生和安全操作规程。国家规定,建筑登高架设、起重、焊接、电气、爆破、压力容器、锅炉等特种作业人员必须进行专门的安全技术培训。宣传先进经验,既是教育职工找差距的过程,又是学习、赶超先进的过程;事故教育可以从事故教训中吸取有益的东西,防止以后类似事故的重复发生。

(4) 法制教育。

法制教育就是要采取各种有效形式,对全体职工进行安全生产法制教育,从而提高职工遵纪守法的自觉性,以达到安全生产的目的。

7.3.5.3 常见安全生产教育的形式

(1) 新工人"三级安全教育"。

三级安全教育是企业必须坚持的安全生产基本教育制度。新工人(包括新招收的合同工、临时工、学徒工、农民工及实习和代培人员)必须进行公司、项目、作业班组三级安全教育,时间不得少于 40 h。

三级安全教育由安全、教育和劳资等部门配合组织进行。经教育考试合格者才准许进入生产岗位;不合格者必须补课、补考。对新工人的三级安全教育情况,要建立档案(印制职工安全生产教育卡)。新工人工作一个阶段后,还应进行重复性的安全再教育,加深对安全的感性、理性知识的认识。

三级安全教育的主要内容包括以下三个方面。

① 公司进行安全知识、法规、法制教育,主要内容如下:

a. 党和国家的安全生产方针、政策。

b. 安全生产法规、标准和法制观念。

c. 本单位施工(生产)过程及安全生产规章制度、安全纪律。

d. 本单位安全生产形势、历史上发生的重大事故及应吸取的教训。

e. 发生事故后如何抢救伤员、排险、保护现场和及时进行报告。

② 项目部进行现场规章制度和遵章守纪教育,主要内容如下:

a. 本单位(工区、工程处、车间)施工(生产)特点及施工(生产)安全基本知识。

b. 本单位(包括施工、生产场地)安全生产制度、规定及安全注意事项。

c. 本工种的安全技术操作规程。

d. 机械设备、电气安全及高处作业等安全基本知识。

e. 防火、防雷、防尘、防爆知识及紧急情况安全处置和安全疏散等知识。

f. 防护用品发放标准及防护用具、用品使用的基本知识。

③ 班组安全生产教育由班组长主持进行，或由班组安全员及指定技术熟练、重视安全生产的老工人讲解。进行本工种岗位安全操作及班组安全制度、纪律教育的主要内容如下：

a. 本班组作业特点及安全操作规程。

b. 班组安全活动制度及纪律。

c. 爱护和正确使用安全防护装置(设施)及个人劳动防护用品。

d. 本岗位易发生事故的不安全因素及其防范对策。

e. 本岗位的作业环境及使用的机械设备、工具的安全要求。

(2) 特种作业安全教育。

从事特种作业的人员必须经过专门的安全技术培训，经考试合格取得操作资格证后，方准独立作业。

(3) 班前安全活动交底(班前讲话)。

班前安全讲话作为施工队伍经常性安全教育活动之一，各作业班组长于每班工作开始前(包括夜间工作前)，必须对本班组全体人员进行不短于 15 min 的班前安全活动交底。班组长要将安全活动交底内容记录在专用的记录本上，各成员在记录本上签名。

班前安全活动交底的内容应包括以下三点：

① 本班组安全生产须知。

② 本班组工作中的危险点和应采取的对策。

③ 上一班组工作中存在的安全问题和应采取的对策。

在特殊性、季节性和危险性较大的作业前，责任工长要参加班前安全讲话并对工作中应注意的安全事项进行重点交底。

(4) 周一安全活动。

周一安全活动作为施工项目经常性安全活动之一，每周一开始工作前应对全体在岗工人开展至少 1 h 的安全生产及法制教育活动。活动形式可采取看录像、听报告、分析事故案例、图片展览、急救示范、智力竞赛、热点辩论等。工程项目主要负责人要进行安全讲话，主要包括以下内容：

① 上周安全生产形势、存在问题及对策。

② 最新安全生产信息。

③ 重大和季节性的安全技术措施。

④ 本周安全生产工作的重点、难点和危险点。

⑤ 本周安全生产工作目标和要求。

(5) 季节性施工安全教育。

进入雨期及冬期施工前，在现场经理的部署下，由各区域责任工程师负责组织本区域内施工的分包队伍管理人员及操作工人进行专门的季节性施工安全技术教育，时间不得少于 2 h。

(6) 节假日安全教育。

节假日前后，应特别注意各级管理人员及操作者的思想动态，有意识、有目的地进行教育，稳定他们的情绪，预防事故的发生。

(7) 特殊情况安全教育。

施工项目出现以下几种情况时，工程项目经理应及时安排有关部门和人员对施工工人进行安全生产教育，时间不得少于 2 h。

① 因故改变安全操作规程。

② 实施重大和季节性安全技术措施。

③ 更新仪器、设备和工具，推广新工艺、新技术。

④ 发生因工伤亡事故、机械损坏事故及重大未遂事故。

⑤ 出现其他不安全因素，安全生产环境发生了变化。

7.3.6 安全生产技术措施

7.3.6.1 安全生产技术措施的编制

(1) 编制依据。

① 国家和政府有关安全生产的法律、法规和有关规定。

② 建筑工程安全技术操作规程，技术规范、标准、规章制度。

③ 企业的安全管理规章制度。

(2) 编制原则。

安全生产技术措施和方案的编制，必须考虑现场的实际情况、施工特点及周围作业环境，措施要有针对性。凡施工过程中可能发生的危险因素及建筑物周围外部环境不利因素等，都必须从技术上采取具体且有效的措施予以预防。同时，安全生产技术措施和方案必须有设计、计算、详图、文字说明。

(3) 编制要求。

施工安全生产技术措施编制要求如表 7-2 所示。

表 7-2 施工安全生产技术措施编制要求

类别	内容
及时性	(1) 安全性措施在施工前必须编制好，并且经过审核批准后正式下达施工单位，以指导施工。 (2) 在施工过程中，设计发生变更时，安全技术措施必须及时变更或做补充，否则不能施工。 (3) 施工条件发生变化时，必须变更安全技术措施内容，并及时经原编制、审批人员办理变更手续，不得擅自变更
针对性	(1) 凡在施工生产中可能出现的危险因素，要根据施工工程的结构特点，从技术上采取措施，消除危险，保证施工的安全进行。 (2) 要针对不同的施工方法和施工工艺，制定相应的安全技术措施。 (3) 针对使用的各种机械设备、用电设备可能给施工人员带来的危险因素，从安全保险装置、限位装置等方面采取安全技术措施。 (4) 针对施工中有毒、有害、易燃、易爆等作业可能给施工人员造成的危害，制定相应的防范措施。 (5) 针对施工现场及周围环境中可能给施工人员及周围居民带来危险的因素，以及材料、设备运输的困难和不安全因素，制定相应的安全技术措施
具体性	(1) 安全技术措施必须明确、具体，能指导施工，绝不能搞口号式、一般化。 (2) 安全技术措施中必须有施工总平面图，在图中必须对危险的油库、易燃材料库、变电设备以及材料、构件的堆放位置，塔式起重机、井字架或龙门架、搅拌台的位置等，按照施工需要和安全组织的要求明确定位，并提出具体要求。 (3) 安全技术措施及方案必须由工程项目责任工程师或工程项目技术负责人指定的技术人员进行编制。 (4) 安全技术措施及方案的编制人员必须掌握工程项目概况、施工方法、场地环境等第一手资料，并熟悉有关安全生产法规和标准，具有一定的专业水平和施工经验

(4) 编制内容。

① 一般工程安全技术措施。

a. 深坑、桩基施工与土方开挖方案。

b. ±0.000 m 以下结构施工方案。

c. 工程临时用电技术方案。

d. 结构施工临边、洞口及交叉作业、施工防护安全技术措施。

e. 塔式起重机、施工外用电梯、垂直提升架等的安装与拆除安全技术方案(含基础方案)。

f. 大模板施工安全技术方案(含支撑系统)。

g. 高大、大型脚手架,整体式爬升(或提升)脚手架及卸料平台安全技术方案。

h. 特殊脚手架、吊篮架、悬挑架、挂架等安全技术方案。

i. 钢结构吊装安全技术方案。

j. 防水施工安全技术方案。

k. 设备安装安全技术方案。

l. 新工艺、新技术、新材料施工安全技术措施。

m. 防火、防毒、防爆、防雷安全技术措施。

n. 临街防护、临近外架供电线路、地下供电、供气、通风、管线、毗邻建筑物防护等安全技术措施。

o. 主体结构、装修工程安全技术方案。

p. 群塔作业安全技术措施。

q. 中小型机械安全技术措施。

r. 安全网的架设范围及管理要求。

s. 冬雨期施工安全技术措施。

t. 场内运输道路及人行通道的布置。

② 单位工程安全技术措施。

对于结构复杂、危险性大、特殊性较多的特殊工程,应单独编制安全技术方案。如爆破、大型吊装、沉箱、沉井、烟囱、水塔、各种特殊架设作业、高层脚手架、井架和拆除工程等,必须单独编制安全技术方案,并应有设计依据、计算、详图、文字说明。

③ 季节性施工安全技术措施。

a. 高温作业安全措施:夏季气候炎热,高温持续时间较长,制定防暑降温安全措施。

b. 雨期施工安全方案:雨期施工,制定防止触电、防雷、防坍塌、防台风安全技术措施。

c. 冬期施工安全方案:冬期施工,制定防风、防火、防滑、防煤气中毒、防亚硝酸钠中毒的安全措施。

7.3.6.2 安全技术方案(措施)的审批与变更管理

(1) 安全技术方案(措施)的审批管理。

① 一般工程安全技术方案(措施)由项目经理部工程技术部门负责人审核,项目经理部总(主任)工程师审批,报公司项目管理部、安全监督部备案。

② 重要工程(含较大专业施工)方案由项目(或专业公司)总(主任)工程师审核,公司项目管理部、安全监督部复核,由公司技术发展部或公司总工程师委托技术人员审批,并在公司项目管理部、安全监督部备案。

③ 大型、特大工程安全技术方案(措施)由项目经理部总(主任)工程师组织编制,报技术发展部、项目管理部、安全监督部审核,由公司总(副总)工程师审批,并在上述三个部门备案。

④ 深坑(超过 5 m)、桩基础施工方案,整体爬升(或提升)脚手架方案经公司总工程师审批后,还须报当地建设主管部门施工管理处备案。

⑤ 业主指定分包单位所编制的安全技术措施方案在完成报批手续后,报项目经理部技术部门(或总工程师、主任工程师)备案。

(2) 安全技术方案(措施)的变更管理。

① 施工过程中如发生设计变更,原定的安全技术措施也必须随之变更,否则不准予以施工。

② 施工过程中确实需要修改拟订的安全技术措施时,必须经原编制人同意,并办理修改审批手续。

7.3.6.3　安全技术交底

安全事故预防与处理

沟槽坍塌事故案例

安全技术交底是指导工人安全施工的技术措施,是项目安全技术方案的具体落实。安全技术交底一般由技术管理人员根据分部分项工程的具体要求、特点和危险因素编写,是操作者的指令性文件,因而要具体、明确、针对性强,不得用施工现场的安全纪律、安全检查等制度来代替,在进行工程技术交底的同时进行安全技术交底。

安全技术交底与工程技术交底一样,实行分级交底制度,具体内容如下:

(1) 大型或特大型工程由公司总工程师组织有关部门向项目经理部和分包商(含公司内部专业公司)进行交底。交底内容包括工程概况、特征,施工难度,施工组织,采用的新工艺、新材料、新技术,施工程序与方法,关键部位应采取的安全技术方案或措施等。

(2) 一般工程由项目经理部总(主任)工程师会同现场经理向项目有关施工人员(项目工程管理部、工程协调部、物资部、合约部、安全总监及区域责任工程师、专业责任工程师等)和分包商(含公司内部专业公司)行政及技术负责人进行交底,交底内容同前款。

(3) 分包商(含公司内部专业公司)技术负责人要对其管辖的施工人员进行详尽的交底。

(4) 项目专业责任工程师要对所管辖的分包商的工长进行分部工程施工安全措施交底,对分包工长向操作班组所进行的安全技术交底进行监督与检查。

(5) 专业责任工程师要对劳务分承包方的班组进行分部分项工程安全技术交底,并监督指导其安全操作。

(6) 各级安全技术交底都应按规定程序实施书面交底签字制度并存档,以备查用。

7.3.6.4　安全生产应急预案

(1) 工程项目部应针对工程特点,进行重大危险源的辨识,应制定防触电、防坍塌、防高处坠落、防起重机械伤害、防火灾、防物体打击等主要内容的专项应急救援预案，并对施工现场易发生重大安全事故的部位、环节进行监控；

(2) 施工现场应建立应急救援组织，培训、配备应急救援人员，定期组织员工进行应急救援演练；

(3) 按应急救援预案要求，配备应急救援器材和设备。

独立思考

独立思考答案

7-1　项目经理作为施工企业项目安全第一责任人，请问其该如何建立安全体系？

7-2　简述我国安全生产管理的基本方针。

7-3　安全生产教育的形式有哪些？

7-4　简述建筑安全生产许可制度。

7-5　某工地焊接一膨胀水箱。焊工在完成了4/5的工作量下班后，工地负责人安排油漆工将焊好的部分刷上防锈漆。因场地通风不良，到第二天油漆未干。焊工上班后，未采取相应措施继续施焊，造成水箱内油漆挥发气体爆炸燃烧，现场又没有灭火器，焊工被严重灼伤。

① 判断：工地负责人应严格按焊接要求组织生产，合理安排工序，进行有针对性的安全技术交底，不能强令工人冒险作业。(　　)

② 判断：施工现场动火前、动火过程中要严格进行环境安全检查。(　　)

③ 判断：施工现场油漆作业与焊接作业可以同时进行。(　　)

④ 单选：下列施工现场消防器材的配备说法正确的是(　　)。

A. 临时搭设的建筑物区域内，每100 m^2 配备5只10 L灭火器

B. 大型临时设施总面积超过50000 m^2，应备有专供消防用的消防桶、积水池、黄沙池等设施，上述设施周围不得堆放物品

C. 临时木工间、油漆间每隔25 m^2 配备一只种类合适的灭火器

⑤ 多选：下列施工现场关于防火管理的说法正确的有(　　)。

A. 施工现场防火工作要接受当地行政主管部门和当地公安消防机构的监督和指导

B. 高处焊、割作业时要有专人监焊，5级以上大风时停止施焊

C. 装修工程施工期间，在施工范围内不准吸烟

D. 易燃易爆物品仓库的照明可以使用普通灯具

8 建筑工程施工安全技术

内容提要

本章着重介绍了土石方工程、地基及基础处理工程、基坑工程、桩基工程、地下防水工程、砌体工程、钢结构工程、钢筋工程、混凝土工程、模板工程、脚手架工程等的施工安全技术。

5 分钟
看完本章

能力要求

通过本章的学习，学生应能编制和审查土石方工程施工专项施工方案，能参与编写、审查脚手架施工专项施工方案；能准备脚手架施工安全交底资料，组织安全技术交底活动，并记录和收录安全技术交底活动的安全管理档案资料。

8.1 地基与基础工程施工安全技术

8.1.1 土石方工程

8.1.1.1 场地平整

(1) 一般规定。

① 作业前应查明地下管线、障碍物等情况，制定处理方案后方可开始场地平整工作。

② 土石方施工区域应在行车、行人可能经过的路线点处设置明显的警示标志。有爆破、塌方、滑坡、深坑、高空滚石、沉陷等危险的区域应设置防护栏栅或隔离带。

③ 施工现场临时用电应符合现行行业标准《施工现场临时用电安全技术规范》(JGJ 46—2005)的规定。

④ 施工现场临时供水管线应埋设在安全区域，冬期应有可靠的防冻措施。

供水管线穿越道路时应有可靠的防振防压措施。

(2) 场地平整作业要求。

① 场地内有洼坑或暗沟时，应在平整时填埋压实。未及时填实的，必须设置明显的警示标志。

② 雨期施工时，现场应根据场地泄排量设置防洪排涝设施。

③ 施工区域不宜积水。当积水坑深度超过 500 mm 时，应设安全防护措施。

④ 有爆破施工的场地应设置保证人员安全撤离的通道和庇护场所。

⑤ 在房屋旧基础或设备旧基础的开挖清理过程中，应符合下列规定：

a. 当旧基础埋置深度大于 2.0 m 时，不宜采用人工开挖和清除。

b. 对旧基础进行爆破作业时，应按相关标准的规定执行。

c. 土质均匀且地下水位低于旧基础底部，开挖深度不超过下列限值时，其挖方边坡可做成直立壁不加支撑，开挖深度超过下列限值时，应按规定放坡或采取支护措施。

(a)稍密的杂填土、素填土、碎石类土、砂土，1 m；

(b)密实的碎石类土(充填物为黏土)，1.25 m；

(c)可塑状的黏性土，1.5 m；

(d)硬塑状的黏性土，2 m。

⑥ 当现场堆积物高度超过 1.8 m 时，应在四周设置警示标志或防护栏；清理时严禁掏挖。

⑦ 在河、沟、塘、沼泽地(滩涂)等场地施工时，应了解淤泥、沼泽的深度和成分，并应符合下列规定：

a. 施工中应做好排水工作，对有机质含量较高、有刺激性臭味及淤泥厚度大于 1.0 m 的场地，不得采用人工清淤。

b. 根据淤泥、软土的性质和施工机械的质量，可采用抛石挤淤或木(竹)排(筏)铺垫等措施，确保施工机械移动作业安全。

c. 施工机械不得在淤泥、软土上停放、检修。

d. 第一次回填土的厚度不得小于 0.5 m。

⑧ 围海造地填土时，应遵守下列安全技术规定：

a. 填土的方法、回填顺序应根据冲(吹)填方案和降排水要求进行。

b. 配合填土作业人员，应在冲(吹)填作业范围外工作。

c. 第一次回填土的厚度不得小于 0.8 m。

(3) 场内道路。

① 施工场地修筑的道路应坚固、平整。

② 道路宽度应根据车流量进行设计且不宜少于双车道，道路坡度不宜大于 10°。

③ 路面高于施工场地时，应设置明显可见的路险警示标志；其高差超过 600 mm 时应设置安全防护栏。

④ 道路交叉路口车流量超过 300 车次/天时，宜在交叉路口设置交通指示灯或指挥岗。

8.1.1.2 土石方爆破

(1) 一般规定。

① 土石方爆破工程应由具有相应爆破资质和安全生产许可证的企业承担。爆破作业人员应取得有关部门颁发的资格证书，做到持证上岗。爆破工程作业现场应由具有相应资格的技术人员负责指导施工。

② A级、B级、C级和对安全影响较大的D级爆破工程均应编制爆破设计书，并对爆破方案进行专家论证。

③ 爆破前应对爆区周围的自然条件和环境状况进行调查，了解危及安全的不利环境因素，采取必要的安全防范措施。

④ 爆破作业环境有下列情况时，严禁进行爆破作业：

a. 爆破可能产生不稳定边坡、滑坡、崩塌的危险。

b. 爆破可能危及建(构)筑物、公共设施或人员的安全。

c. 恶劣天气条件下。

⑤ 爆破作业环境有下列情况时，不应进行爆破作业：

a. 药室或炮孔温度异常，而无有效针对措施。

b. 作业人员和设备撤离通道不安全或堵塞。

⑥ 装药工作应遵守下列规定：

a. 装药前应对药室或炮孔进行清理和验收。

b. 爆破装药量应根据实际地质条件和测量资料计算确定；当炮孔装药量与爆破设计量差别较大时，应经爆破工程技术人员核算同意后方可调整。

c. 应使用木质或竹质炮棍装药。

d. 装起爆药包、起爆药柱和敏感度高的炸药时，严禁投掷或冲击。

e. 装药深度和装药长度应符合设计要求。

f. 装药现场严禁烟火和使用手机。

⑦ 填塞工作应遵守下列规定：

a. 装药后必须保证填塞质量，深孔或浅孔爆破不得采用无填塞爆破。

b. 不得使用石块和易燃材料填塞炮孔。

c. 填塞时不得破坏起爆线路，发现有填塞物卡孔时应及时进行处理。

d. 不得用力捣固直接接触药包的填塞材料或用填塞材料冲击起爆药包。

e. 分段装药的炮孔，其间隔填塞长度应按设计要求执行。

⑧ 严禁硬拉或拔出起爆药包中的导爆索、导爆管或电雷管脚线。

⑨ 爆破警戒范围由设计确定。在危险区边界，应设有明显标志，并派出警戒人员。

⑩ 爆破警戒时，应确保指挥部、起爆站和各警戒点之间有良好的通信联络。

⑪ 爆破后应检查有无盲炮及其他险情。当有盲炮及其他险情时，应及时上报并处理，同时在现场设立危险标志。

(2) 浅孔爆破作业要求。

① 浅孔爆破宜采用台阶法爆破。在台阶形成之前进行爆破时应加大警戒范围。

② 装药前应进行验孔，对于炮孔间距和深度偏差大于设计允许范围的炮孔，应由爆破技术负责人提出处理意见。

③ 装填的炮孔数量，应以当天一次爆破为限。

④ 起爆前，现场负责人应对防护体和起爆网路进行检查，并对不合格处提出整改措施。

⑤ 起爆后，应至少 5 min 后方可进入爆破区检查。当发现问题时，应立即上报并提出处理措施。

(3) 深孔爆破作业要求。

① 深孔爆破装药前必须进行验孔，同时应将炮孔周围(半径为 0.5 m 范围内)的碎石、杂物清

除干净;对孔口岩石不稳固者,应进行维护。

② 有水炮孔应使用抗水爆破器材。

③ 装药前应对第一排各炮孔的最小抵抗线进行测定,当有与设计最小抵抗线差距较大的部位时,应采取调整药量或间隔填塞等相应的处理措施,使其符合设计要求。

④ 深孔爆破宜采用电爆网路或导爆管网路起爆,大规模深孔爆破应预先进行网路模拟试验。

⑤ 在现场分发雷管时,应认真检查雷管的段别编号,并应由有经验的爆破员和爆破工程技术人员连接起爆网路,并经现场爆破和设计负责人检查验收。

⑥ 装药和填塞过程中,应保护好起爆网路;当发生装药卡堵时,不得用钻杆捣捅药包。

⑦ 起爆后,应至少过 15 min 并等待炮烟消散后方可进入爆破区检查。当发现问题时,应立即上报并提出处理措施。

(4) 光面爆破或预裂爆破作业要求。

① 高陡岩石边坡应采用光面爆破或预裂爆破开挖。钻孔、装药等作业应在现场爆破工程技术人员指导监督下,由熟练爆破员操作。

② 施工前应做好测量放线和钻孔。

③ 光面爆破或预裂爆破宜采用不耦合装药,应按设计装药量、装药结构制作药串。药串加工完毕后应标明编号,并按药串编号送入相应炮孔内。

④ 填塞时应保护好爆破引线,填塞质量应符合设计要求。

⑤ 光面(预裂)爆破网路采用导爆索连接引爆时,应对裸露地表的导爆索进行覆盖,降低爆破冲击波和爆破噪声。

8.1.1.3 边坡工程

(1) 对土石方开挖后不稳定或欠稳定的边坡应根据边坡的地质特征和可能发生的破坏形态,采取有效处置措施。

(2) 土石方开挖应按设计要求自上而下分层实施,严禁随意开挖坡脚。

(3) 开挖至设计坡面及坡脚后,应及时进行支护施工,尽量减少暴露时间。

(4) 在山区挖填方时,应遵守下列规定:

① 土石方开挖应确保施工作业面不积水。

② 在挖方的上侧和回填土尚未压实或临时边坡不稳定的地段不得停放、检修施工机械和搭建临时建筑。

③ 在挖方的边坡上如发现岩(土)内有倾向挖方的软弱夹层或裂隙面,则应立即停止施工,并应采取防止岩(土)下滑措施。

(5) 山区挖填方工程不宜在雨期施工。确需在雨期施工时,应编制雨期施工方案,并应遵守下列规定:

① 随时掌握天气变化情况,暴雨前应采取防止边坡坍塌的措施。

② 雨期施工前,应对施工现场原有排水系统进行检查、疏浚或加固,并采取必要的防洪措施。

③ 雨期施工中,应随时检查施工场地和道路的边坡被雨水冲刷情况,做好防止滑坡、坍塌工作,保证施工安全;道路路面应根据需要加铺炉渣、沙砾或其他防滑材料,确保施工机械作业安全。

(6) 在有滑坡的地段进行挖方时,应遵守下列规定:

① 遵循先整治后开挖的施工程序。

② 不得破坏开挖上方坡体的自然植被和排水系统。

③ 应先做好地面和地下排水设施。

④ 严禁在滑坡体上部堆土、堆放材料、停放施工机械或搭设临时设施。

⑤ 应遵循由上至下的开挖顺序，严禁在滑坡的抗滑段通长大断面开挖。

⑥ 爆破施工时，应采取减振和监测措施，以防止爆破震动对边坡和滑坡体的影响。

(7) 冬期施工应及时清除冰雪，采取有效的防冻、防滑措施。

(8) 人工开挖时应遵守下列规定：

① 作业人员相互之间应保持安全作业距离。

② 打锤与扶钎者不得对面工作，打锤者应戴防滑手套。

③ 作业人员严禁站在石块滑落的方向撬挖或上下层同时开挖。

④ 作业人员在陡坡上作业应系安全绳。

边坡支护坍塌案例

8.1.2 地基及基础处理工程

(1) 灰土垫层、灰土桩等施工，粉化石灰和石灰过筛，必须戴口罩、风镜、手套、套袖等防护用品，并站在上风头；向坑(槽、孔)内夯填灰土前，应先检查电线绝缘是否良好，接地线、开关应符合要求，夯打时严禁夯击电线。

(2) 夯实地基起重机应支垫平稳，遇软弱地基，须用长枕木或路基板支垫。提升夯锤前应卡牢回转刹车，以防夯锤起吊后吊机转动失稳，发生倾翻事故。

(3) 夯实地基时，现场操作人员要戴安全帽；夯锤起吊后，吊臂和夯锤下15 m范围内不得站人，非工作人员应远离夯击点 30 m 以外，以免夯击时飞石伤人。

(4) 深层搅拌机的入土切削和提升搅拌，一旦发生卡钻或停钻现象，应立即切断电源，将搅拌机强制提起之后，才能启动电机。

(5) 已成的孔尚未夯填填料之前，应加盖板，以免人员或物件掉入孔内。

(6) 当使用交流电源时，应特别注意各用电设施的接地防护装置；施工现场附近有高压线通过时，必须根据机具的高度、线路的电压，详细测定其安全距离，防止高压放电而发生触电事故；夜班作业应有足够的照明以及备用安全电源。

8.1.3 基坑工程

由于高层建筑、地下空间的开发，基坑工程的规模越来越大，深度越来越深，深基坑坍塌已经成为工程中最频繁发生的事故。

基坑工程安全检查评定应符合《建筑基坑工程监测技术标准》(GB 50497—2019)、《建筑基坑支护技术规程》(JGJ 120—2012)、《建筑施工土石方工程安全技术规范》(JGJ 180—2009)和《危险性较大的分部分项工程安全管理规定》(中华人民共和国住房和城乡建设部令第 37 号)及《住房城乡建设部办公厅关于实施〈危险性较大的分部分项工程安全管理规定〉有关问题的通知》(建办质〔2018〕31 号)的规定。

基坑工程检查评定保证项目应包括施工方案、基坑支护、降排水、基坑开挖、坑边荷载、安全防护；一般项目应包括基坑监测、支撑拆除、作业环境、应急预案。

(1) 基坑工程保证项目的检查评定。

① 施工方案。

a. 基坑工程施工应编制专项施工方案,开挖深度超过 3 m 或虽未超过 3 m 但地质条件、周围环境和地下管线复杂,或影响毗邻建、构筑物安全的基坑(槽)的土方开挖、支护、降水工程,应单独编制专项施工方案;

b. 专项施工方案应按规定进行审核、审批;

c. 开挖深度超过 5 m(含 5 m)的深基坑土方开挖、支护、降水工程,属于超过一定规模的危险性较大的分部分项工程范围,应组织专家进行论证;

d. 当基坑周边环境或施工条件发生变化时,专项施工方案应重新进行审核、审批。

② 基坑支护。

a. 人工开挖的狭窄基槽,开挖深度较大并存在边坡塌方危险时,应采取支护措施;

b. 地质条件良好、土质均匀且无地下水的自然放坡的坡率应符合规范要求;

c. 基坑支护结构应符合设计要求;

d. 基坑支护结构水平位移应在设计允许范围内。

③ 降排水。

a. 当基坑开挖深度范围内有地下水时,应采取有效的降排水措施;

b. 基坑边沿周围地面应设排水沟,放坡开挖时,应对坡顶、坡面、坡脚采取降排水措施;

c. 基坑底四周应按专项施工方案设排水沟和集水井,并应及时排除积水。

④ 基坑开挖。

a. 基坑支护结构必须在达到设计要求的强度后,方可开挖下层土方,严禁提前开挖和超挖;

b. 基坑开挖应按设计和施工方案的要求,分层、分段、均衡开挖;

c. 基坑开挖应采取措施防止碰撞支护结构、工程桩或扰动基底原状土土层;

d. 当采用机械在软土场地作业时,应采取铺设渣土或砂石等硬化措施。

⑤ 坑边荷载。

a. 基坑边堆置土、料具等荷载应在基坑支护设计允许范围内;

b. 施工机械与基坑边沿的安全距离应符合设计要求。

⑥ 安全防护。

a. 开挖深度超过 2 m 及 2 m 以上的基坑周边必须安装防护栏杆,防护栏杆的安装应符合规范要求。

b. 基坑内应设置供施工人员上下的专用梯道。梯道应设置扶手栏杆,梯道的宽度不应小于 1 m,梯道搭设应符合规范要求。

c. 降水井口应设置防护盖板或围栏,并应设置明显的警示标志。

(2) 基坑工程一般项目的检查评定。

① 基坑监测。

a. 基坑开挖前应编制监测方案,并应明确监测项目、监测报警值、监测方法和监测点的布置、监测周期等内容。

b. 监测的时间间隔应根据施工进度确定。当监测结果变化速率较大时,应加密观测次数。

c. 基坑开挖监测工程中,应根据设计要求提交阶段性监测报告。

② 支撑拆除。

a. 基坑支撑结构的拆除方式、拆除顺序应符合专项施工方案的要求;

b. 当采用机械拆除时，施工荷载应小于支撑结构承载能力；

c. 人工拆除时，应按规定设置防护设施；

d. 当采用爆破拆除、静力破碎等拆除方式时，必须符合国家现行相关规范的要求。

③ 作业环境。

a. 基坑内土方机械、施工人员的安全距离应符合规范要求；

b. 上下垂直作业应按规定采取有效的防护措施；

c. 在电力、通信、燃气、上下水等管线 2m 范围内挖土时，应采取安全保护措施，并应设专人监护；

d. 施工作业区域应采光良好，当光线较弱时应设置有足够照度的光源。

8.1.4 桩基工程

8.1.4.1 打(沉)桩

(1) 打桩前，应对邻近施工范围内的原有建筑物、地下管线等进行检查，对有影响的工程，应采取有效的加固防护措施或隔振措施，施工时加强观测，以确保施工安全。

(2) 打桩机行走道路必须平整、坚实，必要时铺设道砟，经压路机碾压密实。

(3) 打(沉)桩前应先全面检查机械各个部件及润滑情况，钢丝绳是否完好，发现问题及时解决；检查后要进行试运转，严禁带病工作。

(4) 打(沉)桩机架安设应铺垫平稳、牢固。吊桩就位时，桩必须达到 100%强度，起吊点必须符合设计要求。

(5) 起吊时吊点必须正确，速度要均匀，桩身应平稳，必要时桩架应设缆风绳。

(6) 桩身附着物要清除干净，起吊后，人员不准在桩下通过。

(7) 打桩时桩头垫料严禁用手拨正，不得在桩锤未打到桩顶就起锤或过早刹车，以免损坏桩机设备。

(8) 吊装与运桩发生干扰时，应停止运桩。

(9) 套送桩时，应使送桩、桩锤和桩三者中心在同一轴线上。

(10) 拔送桩时，应选择合适的绳口，操作时必须缓慢加力，随时注意桩架、钢丝绳的变化情况。

(11) 送桩拔出后，地面孔洞必须及时回填或加盖。

(12) 在夜间施工时，必须有足够的照明设施。

8.1.4.2 灌注桩

(1) 现场场地应平整、坚实，松软地段应铺垫碾压。

(2) 进行高空作业时，应系好安全带，混凝土灌注时，装、拆导管人员必须戴安全帽。

(3) 成孔机电设备应由专人负责管理，凡上岗者均应持操作合格证。

(4) 电器设备要设漏电开关，并保证接地有效、可靠，机械传动部位防护罩应齐全、完好。

(5) 登高检修与保养的操作人员，必须穿软底鞋，并将鞋底淤泥清除干净。

(6) 冲击成孔作业的落锤区应严加管理，任何人不准进入。

(7) 主钢丝绳应经常检查，三股中发现断丝数大于 10 丝时，应立即更换。

(8) 使用伸缩钻杆作业时，应经常检查限位结构，严防脱落伤人或落入孔洞中；检查时避免用手指伸入探摸，严防扎伤。

(9) 钻杆与钻头的连接应经常检查，防止松动脱落伤人。

(10) 采用泥浆护壁时,应使泥浆循环系统保持正常状态,及时清扫场地上的浆液,做好现场防滑工作。

(11) 使用取土筒钻孔作业时,应注意卸土作业方向,操作人员应站在上风,防止卸土时底盖伤人。

(12) 灌注桩在已成孔尚未灌注混凝土前,应用盖板封严或设置护栏,以防掉土或人员坠入孔内,造成重大人身安全事故。

(13) 吊置钢筋笼时,要合理选择捆绑吊点,并应拉好尾绳,保证平稳起吊,准确入孔,严防伤人。

8.1.5 地下防水工程

(1) 现场施工负责人和施工员必须十分重视安全生产,牢固树立"安全促进生产,生产必须安全"的思想,切实做好预防工作。所有施工人员必须经安全培训,考核合格方可上岗。

(2) 施工员在下达施工计划的同时,应下达具体的安全措施。每天出工前,施工员要针对当天的施工情况,布置施工安全工作,并强调安全注意事项。

(3) 落实安全施工责任制度、安全施工教育制度、安全施工交底制度、施工机具设备安全管理制度等,并落实到岗位,责任到人。

(4) 防水混凝土施工期间应以漏电保护、防机械事故和保护为安全工作重点,切实做好防护措施。

(5) 遵章守纪,杜绝违章指挥和违章作业,现场设立安全措施及有针对性的安全宣传牌、标语和安全警示标志。

(6) 进入施工现场必须佩戴安全帽,作业人员衣着灵活紧身,禁止穿硬底鞋、高跟鞋作业,高空作业人员应系好安全带,禁止酒后操作、吸烟和打架斗殴。

(7) 特殊工种必须持证上岗。

(8) 由于卷材中某些组成材料和胶黏剂具有一定的毒性和易燃性,因此,在材料保管、运输、施工过程中,要注意防火和预防职业中毒、烫伤事故发生。

(9) 涂料配料施工现场应有安全及防火措施,所有施工人员都必须严格遵守操作要求。

(10) 涂料在贮存、使用全过程应注意防火。

(11) 清扫及砂浆拌和过程要避免灰尘飞扬。

(12) 现场焊接时,在焊接下方应设防火斗。

(13) 施工过程中做好基坑和地下结构的临边防护,防止抛物、滑坡和出现坠落事故。

(14) 高温天气施工,要有防暑降温措施。

(15) 施工中废弃物质要及时清理,外运至指定地点,避免污染环境。

8.2 主体工程施工安全技术

8.2.1 钢筋加工与安装

8.2.1.1 钢筋加工制作及连接机械

钢筋机械是用于加工钢筋和钢筋骨架等作业的机械,按作业方式可分为钢筋加工机械、钢筋焊接机械、钢筋强化机械、钢筋预应力机械。

常用的钢筋加工机械为钢筋切断机、钢筋弯曲机、钢筋调直机等。钢筋切断机有机械传动式和液压式两种，它是把钢筋原材料和已矫直的钢筋切断成所需长度的专用机械。钢筋弯曲机又称冷弯机，它是对经过调直、切断后的钢筋，加工成构件中所需要配置的形状，如端部弯钩、梁内弯筋、起弯钢筋等。钢筋调直机用于将成盘的钢筋和经冷拔的低碳钢筋调直，它具有一机多用的功能，能在一次操作中完成钢筋调直、输送、切断，并兼有清除表面氧化皮和污迹的作用。

钢筋焊接机械主要有对焊机、点焊机和手工弧焊机。

(1) 钢筋切断机安全使用要点。

① 接送料的工作平台应和切刀下部保持水平，工作台的长度应根据待加工材料长度设置。

② 机械未达到正常运转时，不可切料。切料时必须使用切刀的中小部位，紧握钢筋，对准刃口迅速投入。送料时应在固定刀片一侧握紧并压住钢筋，以防钢筋末端弹出伤人。严禁用两手分在刀片两边握住钢筋俯身送料。

③ 不得剪切直径及强度超过机械铭牌额定的钢筋和烧红的钢筋。一次切断多根钢筋时，其截面面积应在规定范围内。

④ 切断短料时，手和切刀之间的距离应保持在 150 mm 以上，如手握端小于 400 mm 时，应采用套管或夹具将钢筋短头压住或夹牢。

⑤ 运转中，严禁用手直接清除切刀附近的断头和杂物。钢筋摆动周围和切刀周围不得停留非操作人员。

(2) 钢筋调直机安全使用要点。

① 在调直块未固定、防护罩未盖好前不得送料。作业中严禁打开各部防护罩及调整间隙。

② 当钢筋送入后，手与曳轮必须保持一定的距离，不得接近。

③ 送料前应将不直的料头切除。导向筒前应装一根 1 m 长的钢管，钢筋必须先穿过钢管再送入调直筒前端的导孔内。

(3) 钢筋弯曲机安全使用要点。

① 芯轴、挡铁轴、转盘等应无裂纹和损伤。防护罩应坚固、可靠。经空运转确认正常后，方可作业。

② 作业时，将钢筋需弯一端插入在转盘固定销的间隙内，另一端紧靠机身固定销，并用手压紧，检查确认机身固定销安放在挡住钢筋的一侧，方可开动。

③ 作业中，严禁更换轴芯、销子和变换角度以及调速等作业，也不得进行清扫和加油。

④ 严禁在弯曲钢筋的作业半径内和机身不设固定销的一侧站人。弯曲好的半成品，应堆放整齐，弯钩不得朝上。

(4) 对焊机安全使用要点。

① 使用前要先检查手柄、压力机构、夹具等是否灵活、可靠，根据被焊钢筋的规格调好工作电压，通入冷却水并检查有无漏水现象。

② 调整断路限位开关，使其在焊接到达预定挤压量时能自动切断电源。

(5) 点焊机安全使用要点。

① 焊机通电后，应检查电气设备、操作机构、冷却系统、气路系统及机体外壳有无漏电等现象。

② 焊机工作时，气路系统、水冷却系统应畅通。气体必须保持干燥，排水温度不应超过 40 ℃，排水量可根据季节调整。

(6) 交流弧焊机安全使用要点。

① 多台弧焊机集中使用时,应分接在三相电源网络上,使三相负载平衡。多台焊机的接地装置,应分别由接地极处引接,不得串联。

② 移动弧焊机时,应切断电源,不得用拖拉电缆的方法移动焊机。如焊接中突然停电,应立即切断电源。

(7) 直流弧焊机安全使用要点。

① 数台焊机需同一场地作业时,应逐台启动,避免启动电流过大而引起电源开关跳闸。

② 运行中,如需调节焊接电流和极性开关时,不得在负荷时进行。调节时,不得过快、过猛。

(8) 钢筋直螺纹套接安全要点。

① 滚丝机应按规定设置,放置平稳,安全就位。

② 滚丝钢管架平台搭设必须牢固、平稳。

③ 钢筋短头使用磨光机时,工人应戴安全防护用具,以免钢筋碎屑伤人。

④ 钢筋套丝连接时,应注意螺纹正反方向,必须将一端钢筋固定不动,另一端拧紧螺纹,操作时,应相互磨合,不能单独操作,以免钢筋摆动伤人。

8.2.1.2 钢筋运输、安装与绑扎安全技术要求

① 钢筋制作棚必须符合安全要求,工作台必须稳固,制作棚内设置的照明灯具及用电线路应符合有关规定,照明灯具必须加装防护网罩。制作棚内的各种原材料、半成品、废料等应按规格、品种分别堆放整齐。

② 参加钢筋搬运和安装的人员,衣着必须灵便。人工抬运钢筋时,两人必须同肩,步伐一致;上坡和拐弯时,要前呼后应,步伐放慢,并注意钢筋头尾摆动,防止碰撞人身和电线;到达目的地时,两人同时轻轻放下,严禁反肩抛掷。多人运送钢筋时,起落、转停动作要一致。

③ 人工垂直传递钢筋时,上下作业人员不得在同一垂直方向上,并必须有可靠的立足点,高处传递时必须搭设符合要求的操作平台。

④ 在建筑物内堆放钢筋应分散。钢筋在模板上短时堆放,不宜集中,且不得妨碍交通,脚手架上严禁堆放钢筋。在新浇的楼板混凝土强度未达到 1.2 MPa 前,严禁堆放钢筋。

⑤ 人工调直钢筋时,铁锤的木柄要坚实牢固,不得使用破头、缺口的锤子,敲击时用力应适中,前后不准站人。

⑥ 人工錾断钢筋时,作业前应仔细检查使用的工具,以防伤人。

⑦ 钢筋除锈时,操作人员要戴好防护眼镜、口罩、手套等防护用品,并将袖口扎紧。

⑧ 使用电动除锈时,应先检查钢丝刷固定有无松动,检查封闭式防护罩装置、吸尘设备和电气设备的绝缘及接零或接地保护是否良好,防止机械和触电事故。送料时,操作人员要侧身操作,严禁在除锈机前方站人,长料除锈要两人操作,互相呼应,紧密配合。

⑨ 拉直钢筋,卡头要卡牢,地锚要结实牢固,拉筋 2 m 区域内禁止行人。人工绞磨钢筋拉直,要步调一致,稳步进行,缓慢松解,不得一次松开,以防回弹伤人。

⑩ 在制作台上使用齿口板弯曲钢筋时,操作台必须可靠,三角板应与操作台面固定牢固。弯曲长钢筋时,应两人抬上桌面,齿口板放在弯曲处后扣紧,操作者要紧握扳手,脚站稳,用力均匀,以防扳手滑移或钢筋突断伤人。

⑪ 在高处、深坑绑扎钢筋和安装骨架时,须搭设脚手架和马道。圆盘展开拉直剪断钢筋时,应脚踩两端剪断,避免断筋弹起伤人。

⑫ 绑扎立柱、墙体钢筋和安装骨架，不得站在骨架上和墙体上安装或攀登骨架上下。柱筋高度在 4 m 内，质量不大，可在地面或楼面上绑扎，整体竖起；柱筋高于 4 m 以上应搭设工作台。安装人员宜站在建筑物内侧，严禁操作人员背朝外侧和攀在柱筋上操作。

⑬ 绑扎高层建筑圈梁、挑檐、外墙、边柱钢筋，或 2 m 以上无牢固立脚点和大于 45°斜屋面、陡坡安装钢筋时，应系好安全带。

⑭ 绑扎基础和楼层钢筋时，应按施工规定，摆放好钢筋支架或马凳，架起上层钢筋，不得任意减少支架或马凳。

⑮ 吊运钢筋骨架和半成品时，下方禁止站人，必须待吊物降落离地 1 m 以内，方准靠近，就位固定后，方可摘钩。

⑯ 在操作台上安装钢筋时，工具、箍筋等离散材料必须放稳妥，以免坠落伤人。

⑰ 高处安装钢筋，应避免在高处修整及扳弯粗钢筋，如必须操作，则应巡视周边环境是否安全，并系好安全带，操作时人要站稳，手应抓紧扳手或采取防止扳手脱落的措施，防止扳手脱落伤人。

⑱ 安装钢筋，周边不得有电气设备及线路。需要弯曲和调头时，应巡视周边环境情况，严禁钢筋碰撞电气设备。

8.2.2 模板安拆

8.2.2.1 模板工程使用材料

模板工程的使用材料一般有钢材、木材及铝合金等。

(1) 钢材的选用。

钢材的选用应根据设计要求、模板体系的重要性、荷载特征、连接方法等不同情况，选择其钢号和材质。钢材、钢管、钢铸件、钢管扣件连接用的焊条、混合钢模板及配件制作质量均应符合相应现行国家标准的规定。

(2) 面板材料。

面板材料除采用钢、木外，还可采用胶合板、复合纤维板、塑料板、玻璃钢板等，承重常用胶合板应符合《混凝土模板用胶合板》(GB/T 17656—2018)的有关规定。

(3) 模板的组成。

一般模板通常由 3 部分组成：模板面、支撑结构(包括水平支撑结构、垂直支撑结构)和连接配件(包括穿墙螺栓、模板面连接卡扣、模板面与支撑构件以及支承构件之间连接零配件等)。

8.2.2.2 模板工程设计方案

模板使用时需要经过设计计算。模板的结构设计，必须能承受作用在支模结构上的垂直荷载和水平荷载(包括混凝土的侧压力、振捣和倾倒混凝土时产生的侧压力、风力等)。在所有可能产生的荷载中要选择最不利的组合验算模板整体结构，包括模板面、支撑结构、连接原件的强度、稳定性和刚度。在模板结构设计上首先必须保证模板支撑系统形成空间稳定的结构体系，模板设计的内容如下。

(1) 根据混凝土施工工艺和季节性施工措施，确定其构造和所承受的荷载。

(2) 绘制模板设计图、支撑设计布置图、细部构造和异型模板大样图。

(3) 按模板承受荷载的最不利组合对模板进行验算。

(4) 制定模板安装及拆除的程序和方法。

(5) 编制模板及构件的规格、数量汇总表和周转使用计划。

8.2.2.3 模板工程施工方案

模板工程施工方案内容如下：

(1) 该工程现浇混凝土工程的概况。

(2) 拟选定的模板类型。

(3) 模板支撑体系的设计计算及布料点的设置。

(4) 绘制模板施工图。

(5) 模板搭设的程序、步骤及要求。

(6) 浇筑混凝土时的注意事项。

(7) 模板拆除的程序及要求。

对高度超过 8 m，或跨度超过 18 m，或施工总荷载大于 10 kN/m^2，或集中线荷载大于 15 kN/m 的模板支架，应组织专家论证，必要时应编制应急预案。

8.2.2.4 常用扣件式钢管模板支架的设计与施工

(1) 材料。

模板支架的钢管应采用标准规格 ϕ48 mm×3.5 mm，壁厚不得小于 3.0 mm。钢管上严禁打孔，其质量应符合现行国家标准的规定。扣件式钢管模板支架应采用可锻铸铁制作的扣件，其材质应符合现行国家标准《钢管脚手架扣件》(GB 15831—2006)的规定。搭设模板支架用冷钢管扣件，使用前必须进行抽样检测，抽检数量按有关规定执行，未经检测或检测不合格的一律不得使用。有裂缝、变形或螺栓出现滑丝的扣件严禁使用。

(2) 构造要求。

模板支架必须设置纵横向扫地杆，纵向扫地杆应采用直角扣件，固定在距底座上皮不大于200 mm处的立杆上；横向扫地杆也应采用直角扣件，固定在紧靠纵向扫地杆下方的立杆上。当立杆基础不在同一高度上时，必须将高处的纵向扫地杆向低处延长两跨与立杆固定，高低差不应大于 1 m。靠边坡上方的立杆轴线到边坡的距离不应小于 500 mm。立杆接长除顶部可采用搭接外，其余各步接头必须采用对接扣件连接。

立杆对接、搭接应符合下列规定：立杆上的对接扣件应交错布置，两根相邻立杆的接头不应设置在同步内；搭接长度不应小于 1 m，应采用不少于两个旋转扣件固定，端部扣件盖板的边缘至杆端距离不应小于 100 mm。节点处必须设置一根横向水平杆，用直角扣件扣接且严禁拆除。主节点两个直角扣件的中心距离不应大于 150 mm。

(3) 设计计算。

设计计算主要内容如下：

① 水平杆件计算。

② 立杆稳定性计算。

③ 连接扣件抗滑承载力计算。

④ 立杆地基承载力计算。

设计计算具体方法及内容必须符合《建筑施工模板安全技术规程》(JGJ 162—2008)、《建筑施工扣件式钢管脚手架安全技术规范》(JGJ 130—2011)等规范的规定。属于高大模板的，还必须符合《建设工程高大模板支撑系统施工安全监督管理导则》(建质〔2009〕254 号)的规定。

8.2.2.5 模板的安装

(1) 模板支架的搭设:底座、垫板均应准确地放在定位线上,垫板采用厚度不小于 50 mm 的木垫板,也可采用槽钢。

(2) 基础及地下工程模板安装时应符合下列要求。

① 地面以下支模应先检查土壁的稳定情况,当有裂纹及塌方危险迹象时,应采取安全措施后方可作业。当深度超过 2 m 时,应为操作人员设置上下扶梯。图 8-1 所示为钢管扣件支模架垮塌事故现场情形。

图 8-1 钢管扣件支模架垮塌事故现场情形

② 距基槽(坑)边缘 1 m 内不得堆放模板。向基槽(坑)内运料应使用起重机、溜槽或绳索;上、下人员应互相呼应,运下的模板严禁立放于基槽(坑)壁上。

③ 斜支撑与侧模间的夹角不应小于 45°,支撑在土壁上的斜支撑应加设垫板,底部的扶木应与斜支撑连接牢固。高大长脖基础若采用分层支模,其下层模板应经就位校正并支撑稳固后,再进行上一层模板的安装。

④ 两侧模板间应用水平支撑连成整体。

(3) 柱模板的安装应符合下列要求。

① 现场拼装柱模时,应及时加设临时支撑进行固定,4 片柱模就位组拼经对角线校正无误后,应立即自下而上安装柱箍。

② 若为整体预组合柱模,吊装时应采用卡环与柱模连接,不得用钢筋钩代替。

③ 柱模校正(用 4 根斜支撑或用连接在柱模顶四角带花篮螺栓的缆风绳,底端与楼板筋拉环固定进行校正)后,应采用斜撑或水平撑进行四周支撑,以确保整体稳定。当高度超过 4 m 时,应群体或成列同时支模,并应将支撑连成一体,以形成整体框架体系。单根支模时,柱宽大于 500 mm,应每边在同一标高上不得少于两根斜支撑或水平撑,与地面间的夹角为 45°～60°,下端还应有防滑移的措施。

④ 边柱、角柱模板的支撑,除满足上述要求外,在模板里面还应于外边对应的点设置既能承拉又能承压的斜撑。

(4) 墙模板的安装应符合下列要求。

① 用散拼定型模板支模时，应自下而上进行，必须在下一层模板全部紧固后，方准安装上一层模板。当下层不能独立安设支撑件时，应采取临时固定措施。

② 采用预拼装的大块墙模板进行支模安装时，严禁同时起吊两块模板，并应边就位边校正边连接，固定后方可摘钩。

③ 安装电梯井内墙模前，必须于板底下 200 mm 处满铺一层脚手板。

④ 模板未安装对拉螺栓前，板面应向后倾一定角度。安装过程应随时拆换支撑或加支撑，以保证墙模随时处于稳定状态。

⑤ 拼接时的 U 形卡应正反交替安装，间距不得大于 300 mm；两块模板对接接缝处的 U 形卡应满装。

⑥ 对拉螺栓与墙模板应垂直，松紧一致，并能保证墙厚尺寸正确。

⑦ 墙模板内外支撑必须坚固、可靠，应确保模板的整体稳定。当墙模板外面无法设置支撑时，应于里面设置能承受拉和压的支撑。多排并列且间距不大的墙模板，当其支撑互成一体时，应有防止浇筑混凝土时引起临近模板变形的措施。

(5) 独立梁和整体楼盖梁结构模板安装应符合下列要求。

① 安装独立梁模板时，应设操作平台，高度超过 3.5 m 时，应搭设脚手架并设防护栏。严禁操作人员站在独立梁底模或柱模支架上操作及上下通行。

② 底模与横楞应拉结好，横楞与支架、立柱应连接牢固。

③ 安装梁侧模时，应边安装边与底模连接，侧模大于两块高时，应设临时斜撑。

④ 起拱应在侧模内外楞连接牢固前进行。

⑤ 单片预组合梁模，钢楞与面板的拉结应按设计规定制作，并按设计吊点试吊无误后方可正式吊运安装，待侧模与支架支撑稳定后方准摘钩。

⑥ 支架立柱底部基土应按规定处理，单排立柱时，应于单排立柱的两边每隔 3 m 加设斜支撑，且每边不得少于两根。

(6) 楼板或平台板模板的安装应符合下列要求。

① 预组合模板采用桁架支模时，桁架与支点连接应牢固、可靠，同时桁架支承应采用平直通长的型钢或方木。

② 预组合模板块较大时，应加钢楞后吊运。当组合模板为错缝拼配时，板下横楞应均匀布置，并应在模板端穿插销。

③ 单块模板就位安装，必须待支架搭设稳固，板下横楞与支架连接牢固后进行。

④ U 形卡应按设计规定安装。

(7) 其他结构模板的安装应符合下列要求。

① 安装圈梁、阳台、雨篷及挑檐等模板时，其支撑应独立设置，不得支搭在施工脚手架上。

模板倒塌案例

② 安装悬挑结构模板时，应搭设脚手架或悬挑工作台，并应设置防护栏杆和安全网。作业处的下方不得有人通行或停留。

③ 在悬空部位作业时，操作人员应系好安全带。

8.2.2.6 模板拆除

拆模时，混凝土的强度应符合设计要求。模板及其支架拆除的顺序及安全措施应按施工技术方案执行。模板及其支架拆除的顺序及相应的施工安全措施对避免重大工程事故非常重要，在制定施工技术方案时应考虑周全。模板及其支架拆除时，混凝土结构可能尚未形成设计要求的受力体系，必要时应加设临时支撑。后浇带模板的拆除及支顶易被忽视而造成结构缺陷，应特别注意。

过早拆模、混凝土强度不足而造成混凝土结构构件沉降变形、缺棱掉角、开裂，甚至塌陷的情况时有发生。底模拆除时的混凝土强度要求见表8-1。

表8-1 底模拆除时的混凝土强度要求

构件类型	构件跨度/m	达到设计的混凝土立方体抗压强度标准值的百分率/%
板	≤2	≥50
	>2,≤8	≥75
	>8	≥100
梁、拱、壳	≤8	≥75
	>8	≥100
悬臂构件	—	≥100

不承重的侧模板，包括梁、柱、墙的侧模板，只要混凝土强度能保证其表面及棱角不因拆除模板而受损即可拆除。

拆模之前必须有拆模申请，并根据同条件养护试块强度记录达到规定时，技术负责人方可批准拆模。

模板拆除的顺序和方法，应根据模板设计的规定进行。若无设计规定，可按先支的后拆，后支的先拆，先拆非承重的，后拆承重的顺序进行拆除。

拆除的模板必须随拆随清理，以免钉子扎脚，阻碍运行，发生事故。

拆除的模板向下运行传递，不能采取猛敲，以致大片坍落的方法拆除。用起重机吊运拆除模板时，模板应堆码整齐并捆牢，才可吊运，否则在空中散落是很危险的。拆除的部件及操作平台上的一切物品，均不得从高空抛下。

8.2.3 混凝土浇筑

8.2.3.1 混凝土搅拌机的安全使用要点

(1) 固定式搅拌机应安装在牢固的台座上，当长期固定时，应埋置地脚螺栓；当短期使用时，应在机座上铺设枕木并找平、放稳。

(2) 固定式搅拌机的操纵台，应使操作人员能看到各部分工作情况。电动搅拌机的操纵台，应垫上橡胶板或干燥木板。

(3) 移动式搅拌机的停放位置应选择平整、坚实的场地，周围应有良好的排水沟渠。就位后，应放下支腿，将机架顶起达到水平位置，使轮胎离地。当使用时间较长时，应将轮胎卸下妥善保管，轮轴端部用油布包扎好，并用枕木将机架垫起支牢。

(4) 对需设置上料斗地坑的搅拌机，其坑口周围应垫高夯实，应防止地面水流入坑内。上料轨道架的底端支撑面应夯实或铺砖，轨道架的后面应采用木料加以支撑，应防止作业时轨道变形。

(5) 料斗放到最低位置时，在料斗与地面之间应加垫木。

(6) 作业前重点检查项目应符合下列要求。

① 电源电压升降幅度不超过额定值的5%。

② 电动机和电气元件的接线牢固；电动机及金属构架应按有关规定，做保护接零或保护接地。

③ 各传动机构、工作装置、制动器等均紧固可靠，开式齿轮、皮带轮等均有防护罩。

④ 齿轮箱的油质、油量应符合规定。

(7) 作业前，应先启动搅拌机空载运转，应确认搅拌筒或叶片旋转方向，与筒体上箭头所示方向一致。对反转出料的搅拌机，应使搅拌筒正、反转运转数分钟，并应无冲击抖动现象和异常噪声。

(8) 作业前，应进行料斗提升试验，应观察并确认离合器和制动器灵活、可靠。

(9) 应检查骨料规格，并应与搅拌机性能相符，超出许可范围的不得使用。

(10) 进料时，严禁将头或手伸入料斗与机架之间。运转中，严禁用手或工具伸入搅拌筒内扒料。

(11) 搅拌机作业中，当料斗升起时，严禁任何人在料斗下停留或通过；当需要在料斗下检修或清理料坑时，应将料斗提升后，用保险铁链或插入销锁住。

(12) 作业中，应观察机械运转情况，当有异常或轴承温升过高等现象时，应停机检查；当需检修时，应将搅拌筒内的混凝土清除干净，然后进行检修。

(13) 加入强制式搅拌机的骨料最大粒径不得超过允许值，并应防止卡料。每次搅拌时，加入搅拌筒的物料不应超过规定的进料容量。

(14) 强制式搅拌机的搅拌叶片与搅拌筒底及侧壁的间隙，应经常检查并确认符合规定，当间隙超过标准时，应及时调整。当搅拌叶片磨损超过标准时，应及时修补或更换。

(15) 作业后，应对搅拌机进行全面清理；当操作人员需进入筒内清理、维修时，必须切断电源或卸下熔断器，锁好开关箱，挂上“禁止合闸”标牌，并应有专人在外监护。

(16) 作业后，应将料斗降落到坑底，当需升起时，应用保险铁链或插销扣牢。

(17) 冬期作业后，应将水泵、放水开关、量水器中的积水排尽。

(18) 搅拌机在场内移动或远距离运输时，应将进料斗提升到上止点，用保险铁链或插销锁住。

8.2.3.2 混凝土搅拌输送车

混凝土搅拌输送车是运输混凝土的专用车辆，它在运输过程中，装载混凝土的搅拌筒慢速旋转，有效地使混凝土不断受到搅动，防止产生分层离析现象，因而能保证混凝土的输送质量。混凝土搅拌输送车的搅拌筒驱动装置有机械式和液压式两种，当前普遍采用液压式。由于发动机的动力引出形式不同，混凝土搅拌输送车还可分为飞轮取力、前端取力、前端卸料以及搅拌用发动机单独驱动等形式。

8.2.3.3 混凝土泵及泵车

混凝土泵是将混凝土沿管道连续输送到浇筑工作面的一种混凝土输送机械。混凝土泵车是将混凝土泵装置安装在汽车底盘上，并用液压折叠式臂架(又称布料杆)管道来输送混凝土。臂架具有变幅、曲折和回转3个动作，在其活动范围内可任意改变混凝土浇筑工作面，在有效幅度内进行水平和垂直方向的混凝土输送，从而降低劳动强度，提高生产率，保证混凝土质量。

混凝土泵按其移动方式可分为拖式、固定式(图 8-2)、臂架式和车载式等，其中拖式混凝土泵最常用。其按驱动方法分为活塞式、挤压式和风动式，其中活塞式又可分为机械式和液压式。

挤压式混凝土泵适用于泵送轻质混凝土，由于其压力小，故泵送距离短。机械式混凝土泵结构笨重，寿命短，能耗大。目前使用较多的是液压活塞式混凝土泵。

图 8-2 固定式混凝土泵

混凝土泵车按其底盘结构可分为整体式、半挂式和全挂式，使用较多的是整体式。

混凝土泵及泵车的安全使用要点如下：

(1) 泵机必须放置在坚固平整的地面上，如必须在倾斜地面停放，可用轮胎制动器车轮，倾斜度不得超过 3°。

(2) 料斗网格上不得堆满混凝土，要控制供料流量，及时清除超粒径的骨料及异物。

(3) 搅拌轴卡住不转时，要暂停泵送，及时排除故障。

(4) 供料中断时间，一般不宜超过 1 h。

(5) 作业后如管路装有止流管，应插好止流插杆，防止垂直或向上倾斜管路中的混凝土倒流。

(6) 在管路末端装上安全盖，其孔口应朝下。

(7) 洗泵时，应打开分配阀阀窗，开动料斗搅拌装置，做空载推送动作。同时在料斗箱中冲水，直至料斗、阀箱、混凝土缸全部洗净，然后清洗泵的外部。若泵机几天内不用，应拆开工作缸橡胶活塞，把水放净，如果水质浑浊，必须清洗供水系统。

8.2.3.4 混凝土振动器

混凝土振动器是一种借助动力，通过一定装置作为振源产生频繁的振动，并使这种振动传给混凝土，以振动捣实混凝土的设备。

混凝土振动器的种类繁多，按传递振动的方式可分为内部式(插入式)、外部式(附着式)、平板式等；按振源的振动子形式可分为行星式、偏心式、往复式等；按使用振源的动力可分为电动式、内燃式、风动式、液压式等。

8.2.3.5 混凝土工程安全注意事项

(1) 搬运水泥要从上至下，呈梯形搬取，使用人员需戴防护镜、手套、口罩等防护用品。

(2) 临时堆放备用水泥,不得堆叠过高,如需堆放在平台上,应不超过平台的允许承载能力。

(3) 手推车子向料斗倒料,应有挡车措施,不得用力过猛和撒把。禁止车子堆料过多和推到挑沿、阳台上直接倒料。

(4) 用龙门架、井架运输时,小车把不得伸出笼外,车轮前后要挡牢,稳起稳落。

(5) 浇灌框架、梁、柱混凝土,应设置操作平台,不得直接站在模板或支撑上操作;浇灌深基础时,应检查边坡土质安全,如有异常,应报告施工负责人及时处理、加固。

(6) 使用混凝土振动器时,应穿绝缘胶鞋,戴绝缘手套。

(7) 泵送混凝土应遵守有关规定,管道的架子必须牢固,泵送管要自成体系,不得与脚手架等连接,作业人员不得用肩扛、手抱输送管,应使用溜绳拖曳。输送前必须试送,检修必须卸压。

(8) 浇筑养护,不得倒退工作,并注意梯口、预留洞口和建筑物边沿,防止坠落事故。覆盖养护时,应先将预留孔洞采取可靠措施封盖。

(9) 使用混凝土外加剂时,如遇有毒、有刺激性及挥发性物质,要保持通风,操作人员应戴防毒面具。

(10) 预应力灌浆应严格按照规定压力进行,输浆管应畅通,阀门接头要严密、牢固。

8.2.4 砌筑工程

(1) 脚手架上堆料不得超过规定荷载,堆砖高度不得超过 3 块砖;在同一块脚手板上不得超过两人以上同时砌筑作业。

(2) 不准用不稳固的工具或物体垫高作业,不准使用施工用木模板、钢模板等代替脚手板。

(3) 所用工具必须放妥放稳,灰桶、吊锤、靠尺等不准乱放乱丢,防止掉落伤人。

(4) 砍砖时为避免碎砖跳出伤及他人,应蹲着面向墙面砍砖。

(5) 如遇雨天,下班前要做好防雨遮盖措施,以防大雨将砌筑砂浆冲洗掉,使砌体倒塌。

(6) 砌基础前必须检查槽壁土质是否稳定,如发现有土壁裂纹、水浸化冻或变形等坍塌危险,应立即报告施工现场负责人处理,不得冒险作业。对槽边有可能坠落的危险物,应先进行清理,清理后方可作业。

(7) 在加固支撑的基槽内砌筑基础时,特别在雨后及排水过程中,应随时检查支撑有无松动、变形,如发现异状,应立即重新加固,加固后方可操作。

(8) 拆除基槽内的支撑时,应随着基础砌筑进度由下向上逐步拆除。

(9) 在深基槽砌筑时,上下基槽必须设工作梯或斜道,不得任意攀跳基槽,更不得蹬踩砌体或加固土壁的支撑上下。

(10) 墙身砌体高度超过地坪 1.2 m 以上时,应使用脚手架。在一层以上或高度超过 3.2 m 时,如采用内脚手架,外面必须搭设防护栅、安全网;如采用外脚手架,应设护身栏杆和挡脚板,并架设密目网后方可砌筑。利用原架做外沿勾缝时,应对架子重新检查及加固。

(11) 不准在护身栏杆上坐人,不准在正在砌筑的墙上行走。

(12) 不准站在墙顶上刮缝及清扫墙面或检查墙角垂直等工作。禁止脚手板高出墙顶吊悬砌筑,以防操作人员疲劳、头晕,掉下摔伤。

(13) 砌筑山墙时,应尽量争取当天完成。如当天不能完成,应设双面支撑,以免被风吹倒或变形。

(14) 砌筑砌块时,操作人员要双手抓紧,注意防止压伤手指,当砌块搬上墙后,要放平放稳,以防掉下,砸伤手脚。

(15) 工作完毕,要做到工完料清,及时清理工作面上的碎砖、砌块及建筑垃圾。

8.2.5 屋面工程

(1) 屋面施工作业前,无女儿墙屋面的周围边沿和预留孔洞处,必须按"洞口、临边"防护规定进行安全防护,如图8-3所示。施工中由临边向内施工,严禁由内向外施工。

图 8-3 临边洞口防护

(2) 施工现场操作人员必须戴好安全帽,防水层和保温层施工人员禁止穿硬底和带钉子的鞋。

(3) 易燃材料必须贮存在专用仓库或专用场地并设专人进行管理。

(4) 库房及现场施工隔气层、保温层时,严禁吸烟和使用明火,并配备消防器材和灭火设施。

(5) 屋面材料垂直运输或吊运中应严格遵守相应的安全操作规程。

(6) 屋面没有女儿墙,在屋面上施工作业时作业人员应面对檐口,由檐口往里施工,以防不慎坠落。

(7) 清扫垃圾及砂浆拌合物过程中要避免灰尘飞扬;对建筑垃圾,特别是有毒、有害物质,应按时定期地清理到指定地点,不得随意堆放。

(8) 屋面施工作业时,严禁从高处向下乱扔杂物,以防砸伤他人。

(9) 雨雪、大风天气应停止作业,待屋面干燥、风停后,方可继续工作。

8.2.6 钢结构工程

8.2.6.1 钢零件及钢部件加工

(1) 一切材料、构件的堆放必须平整、稳固,应放在不妨碍交通和吊装安全的地方,边角余料应及时清除。

(2) 机械和工作台等设备的布置应便于安全操作,通道宽度不得小于1 m。

(3) 切割机械、砂轮、电动工具、气电焊等设备都必须设有安全防护装置。

(4) 电气设备和电动工具必须保证绝缘良好,露天电气开关要设防雨箱并加锁。

(5) 凡是受力构件用电焊点固后，在焊接时不准在点焊处起弧，以防熔化塌落。

(6) 焊接、切割锰钢、合金钢、有色金属部件时，应采取防毒措施。接触焊件时，应用橡胶绝缘板或干燥的木板隔离，并隔离容器内的照明灯具。

(7) 焊接、切割、气刨前，应清除现场的易燃易爆物品。离开操作现场前，应切断电源，锁好闸箱。

(8) 在现场进行射线探伤时，周围应设警戒区，并挂“危险”标志牌，现场操作人员应背离射线10 m以外。在30°投射角范围内，一切人员要远离50 m以上。

(9) 构件就位时应用撬棍拨正，不得用手扳或站在不稳固的构件上操作，严禁在构件下面操作。

(10) 用撬杠拨正物件时，必须手压撬杠，禁止骑在撬杠上，不得将撬杠放在肋下，以免回弹伤人。高空使用撬杠不能向下使劲过猛。

(11) 用尖头扳子拨正配合螺栓孔时，必须插入一定深度方能撬动构件，如发现螺栓孔不符合要求，不得用手指塞入检查。

(12) 保证电气设备绝缘良好。在使用电气设备时，首先应该检查是否有保护接地，接好保护接地后再进行操作。另外，电线的外皮、电焊钳的手柄，以及一些电动工具都要保证有良好的绝缘。

(13) 带电体与地面、带电体之间，带电体与其他设备和设施之间，均需要保持一定的安全距离，如常用的开关设备的安装高度应为1.3～1.5 m；起重吊装的索具、重物等与导线的距离不得小于1.5 m(电压在4 kV及其以下)。

(14) 工地或车间的用电设备，一定要按要求设置熔断器、断路器、漏电开关等器件。如熔断器的熔丝熔断后，必须查明原因，由电工更换，不得随意加大熔丝断面或用铜丝代替。

(15) 手持电动工具，必须加装漏电开关，在金属容器内施工必须采用安全低电压。

(16) 推拉闸刀开关时，一般应带好干燥的皮手套，头部要偏斜，以防推拉开关时被电火花灼伤。

(17) 使用电气设备时操作人员必须穿胶底鞋和戴胶皮手套，以防触电。

(18) 工作中，当有人触电时，不要赤手接触触电者，应该迅速切断电源，然后立即组织抢救。

8.2.6.2 钢结构焊接工程

(1) 电焊机要设单独的开关，开关应放在防雨的闸箱内，拉合闸时应戴手套侧向操作。

(2) 焊钳与把线必须绝缘良好，连接牢固，更换焊条应戴手套。在潮湿地点工作，应站在绝缘胶板或木板上。

(3) 焊接预热工件时，应有石棉布或挡板等隔热措施。

(4) 把线、地线禁止与钢丝绳接触，更不得用钢丝绳或机电设备代替零线。所有地线接头，必须连接牢固。

(5) 更换场地移动把线时，应切断电源，并不得手持把线爬梯登高。

(6) 清除焊渣、采用电弧气刨清根时，应戴防护眼镜或面罩，以防止铁渣飞溅伤人。

(7) 多台焊机在一起集中施焊时，焊接平台或焊件必须接地，并应有隔光板。

(8) 雷雨天气时，应停止露天焊接工作。

(9) 施焊场地周围应清除易燃易爆物品，或进行覆盖、隔离。

(10) 必须在易燃易爆气体或液体扩散区施焊时，应经有关部门检验许可后，方可施焊。

(11) 工作结束,应切断焊机电源,并检查操作地点,确认无起火危险后,方可离开。

8.2.6.3 钢结构安装工程

(1) 一般规定。

① 每台提升油缸上装有液压锁,以防油管破裂,重物下坠。

② 液压和电控系统采用联锁设计,以免提升系统由于误操作造成事故。

③ 控制系统具有异常自动停机、断电保护等功能。

④ 雨天或五级风以上天气停止提升。

⑤ 钢绞线在安装时,地面应划分安全区,以避免重物坠落,造成人员伤亡。

⑥ 在正式施工时,应划定安全区,高空要有安全操作通道,并设有扶梯、栏杆。

⑦ 在提升过程中,应指定专人观察地锚、安全锚、油缸、钢绞线等工作情况;若有异常,直接报告控制中心。

⑧ 施工过程中,要密切观察网架结构的变形情况。

⑨ 提升过程中,未经许可不得擅自进入施工现场。

(2) 防止高空坠落。

① 吊装人员应戴安全帽,高空作业人员应系好安全带,穿防滑鞋,带工具袋。

② 吊装工作区应有明显标志,并设专人警戒,与吊装无关人员严禁入内。起重机工作时,起重臂杆旋转半径范围内,严禁站人。

③ 运输吊装构件时,严禁在被运输、吊装的构件上站人指挥和放置材料、工具。

④ 高空作业施工人员应站在操作平台或轻便梯子上工作。吊装屋架应在上弦设临时安全防护栏杆或采取其他安全措施。

⑤ 登高用梯子吊篮,临时操作台应绑扎牢靠,梯子与地面间夹角以 60°～70°为宜,操作台跳板应铺平绑扎,严禁出现挑头板。

(3) 防止坠物伤人。

① 高空往地面运输物件时,应用绳捆好吊下。吊装时,不得在构件上堆放或悬挂零星物件。零星材料和物件必须用吊笼或钢丝绳、保险绳捆扎牢固,才能吊运和传递,不得随意抛掷材料物件、工具,防止滑脱伤人或发生意外事故。

② 构件绑扎必须绑牢固,起吊点应通过构件的重心位置,吊升时应平稳,避免振动或摆动。

③ 起吊构件时,速度不应太快,不得在高空停留过久,严禁猛升猛降,以防构件脱落。

④ 构件就位后临时固定前,不得松钩,不得解开吊装索具。构件固定后,应检查连接牢固和稳定情况,确认连接安全、可靠后,方可拆除临时固定工具和进行下步吊装。

⑤ 风雪天、霜雾天和雨期吊装,高空作业应采取必要的防滑措施,如在脚手板、走道、屋面铺麻袋或草垫,夜间作业应有充分照明。

⑥ 设置吊装禁区,禁止与吊装作业无关的人员入内。地面操作人员,应尽量避免在高空作业正下方停留、通过。

(4) 防止起重机倾翻。

① 起重机行驶的道路,必须平整、坚实、可靠,停放地点必须平坦。

② 起重吊装指挥人员和起重机驾驶人员必须经考试合格持证上岗。

③ 吊装时,指挥人员应位于操作人员视力能及的地点,并能清楚地看到吊装的全过程。起重机驾驶人员必须熟悉信号,按指挥人员的各种信号进行操作,并不得擅自离开工作岗位,遵守现场

秩序，服从命令听指挥。指挥信号应事先统一规定，发出的信号要鲜明、准确。

④ 在风力大于或等于六级时，禁止在露天进行起重机移动和吊装作业。

⑤ 当所要起吊的重物不在起重机起重臂的正下方时，禁止起吊。

⑥ 起重机停止工作时，应刹住回转和行走机构，关闭和锁好司机室门。吊钩上不得悬挂构件，并升到高处，以免摆动伤人和造成吊车失稳。

(5) 防止吊装结构失稳。

① 构件吊装应按规定的吊装工艺和程序进行，未经计算和可靠的技术措施，不得随意改变或颠倒工艺程序安装结构构件。

② 构件吊装就位，应经初校和临时固定或连接可靠后才可卸钩，最后固定后方可拆除临时固定工具；高宽比很大的单个构件，未经临时或最后固定组成稳定单元体系前，应设溜绳或斜撑拉(撑)固。

③ 构件固定后不得随意撬动或移动位置，如需重校，必须回钩。

④ 多层结构吊装或分节柱吊装，应吊装完一层(或一节柱)后，将下层(下节)灌浆固定后，方可安装上层或上一节柱。

8.2.6.4 压型金属板工程

(1) 压型钢板施工时两端要同时拿起，轻拿轻放，避免滑动或翘头，施工剪切下来的料头要放置稳妥，随时收集，避免坠落。非施工人员禁止进入施工楼层，避免焊接弧光灼伤眼睛或晃眼造成摔伤，焊接辅助施工人员应戴墨镜配合施工。

(2) 施工时下一楼层应有专人监控，防止其他人员进入施工区和焊接火花坠落造成失火。

(3) 施工中工人不可聚集，以免集中荷载过大，造成板面损坏。

(4) 施工的工人不得在屋面奔跑、打闹、抽烟和乱扔垃圾。

(5) 当天吊至屋面上的板材应安装完毕，如果有未安装完的板材应做临时固定，以免被风刮下，造成事故。

(6) 早上屋面易有露水，坡屋面上板材面滑，应特别注意采取防滑措施。

(7) 现场切割过程中，切割机械的底面不宜与彩板面直接接触，最好垫以薄三合板材。

(8) 吊装中不要将彩板与脚手架、柱子、砖墙等碰撞和摩擦。

(9) 在屋面上施工的工人应穿胶底不带钉子的鞋。

(10) 操作工人携带的工具等应放在工具袋中，如放在屋面上应放在专用的布或其他片材上。

(11) 不得将其他材料散落在屋面上，或污染板材。

(12) 板面在切割和钻孔时会产生铁屑，这些铁屑必须及时清除，不可过夜。因为铁屑在潮湿空气条件下或雨天中会立即锈蚀，在彩板面上形成一片片红色锈斑，附着于彩板面上，形成后很难清除。此外，其他切除的彩板头、铝合金拉铆钉上拉断的铁杆等应及时清理。

(13) 在用密封胶封堵缝时，应将附着面擦干净，以使密封胶在彩板上有良好的结合面。

(14) 电动工具的连接插座应加防雨措施，避免造成事故。

8.2.6.5 钢结构涂装工程

(1) 配制使用乙醇、苯、丙酮等易燃材料的施工现场，应严禁烟火和使用电炉等明火设备，并应配置消防器材。

(2) 配制硫酸溶液时，应将硫酸注入水中，严禁将水注入硫酸中；配制硫酸乙酯时，应将硫酸慢慢注入酒精中，并充分搅拌，温度不得超过 60 ℃，以防酸液飞溅伤人。

(3) 防腐涂料的溶剂，常易挥发出易燃易爆的蒸气，当达到一定浓度后，遇火易引起燃烧或爆炸，施工时应加强通风以降低积聚浓度。

(4) 涂漆施工场地要有良好的通风，如在通风条件不好的环境涂漆，必须安装通风设备。

(5) 因操作不小心，涂料溅到皮肤上时，可用木屑加肥皂水擦洗；最好不用汽油或强溶剂擦洗，以免引起皮肤发炎。

(6) 使用机械除锈工具（如钢丝刷、粗锉、风动或电动除锈工具）清除锈层、工业粉尘、旧漆膜时，为避免眼睛被玷污或受伤，要戴防护眼镜，并戴防尘口罩，以防呼吸道被感染。

(7) 在涂装对人体有害的漆料（如红丹的铅中毒、天然大漆的漆毒、挥发型漆的溶剂中毒等）时，需要戴防毒口罩、封闭式眼罩等保护用品。

(8) 在喷涂硝基漆或其他挥发型易燃性较大的涂料时，严禁使用明火，严格遵守防火规则，以免失火或引起爆炸。

(9) 高空作业时要系安全带，双层作业时要戴安全帽；要仔细检查跳板、脚手杆、吊篮、云梯、绳索、安全网等施工用具有无损坏，捆扎牢不牢固，有无腐蚀或搭接不良等隐患；每次使用之前均应在平地上做起重试验，以免造成事故。

(10) 施工场所的电线要按防爆等级的规定安装；电动机的启动装置与配电设备，应该是防爆式的，要防止漆雾飞溅在照明灯泡上。

(11) 不允许把盛装涂料、溶剂或用剩的漆罐开口放置；浸染涂料或溶剂的破布及废棉纱等物，必须及时清除；涂漆环境或配料房要保持清洁，出入通畅。

(12) 操作人员涂漆施工时，如感觉头痛、心悸或恶心，应立即离开施工现场，到通风良好、空气新鲜的地方，如仍然感到不适，应速去医院检查治疗。

8.3 脚手架工程施工安全技术

8.3.1 扣件式钢管脚手架

8.3.1.1 搭设要求

(1) 底座安放。

脚手架的放线定位应根据立柱的位置进行。脚手架的立柱不能直接立在地面上，立柱下必须加设底座或垫块，如图 8-4 所示。底座安放应符合下列要求：

① 底座、垫板均应准确地放在定位线上。

② 垫块应采用长度不小于 2 跨、厚度不小于 50 mm、宽度不小 200 mm 的木垫板。

(2) 立杆搭设。

① 相邻立杆的对接应符合下列规定：

a. 当立杆采用对接接长时，立杆的对接扣件应交错布置，两根相邻立杆的接头不应设置在同步内，同步内隔一根立杆的两个相隔接头在高度方向错开的距离不宜小于 500 mm（图 8-5 中立杆接头未错开，不符合要求）；各接头中心至主节点的距离不宜大于步距的 1/3。

b. 当立杆采用搭接接长时，搭接长度不应小于 1 m，并应采用不少于 2 个旋转扣件固定。端部

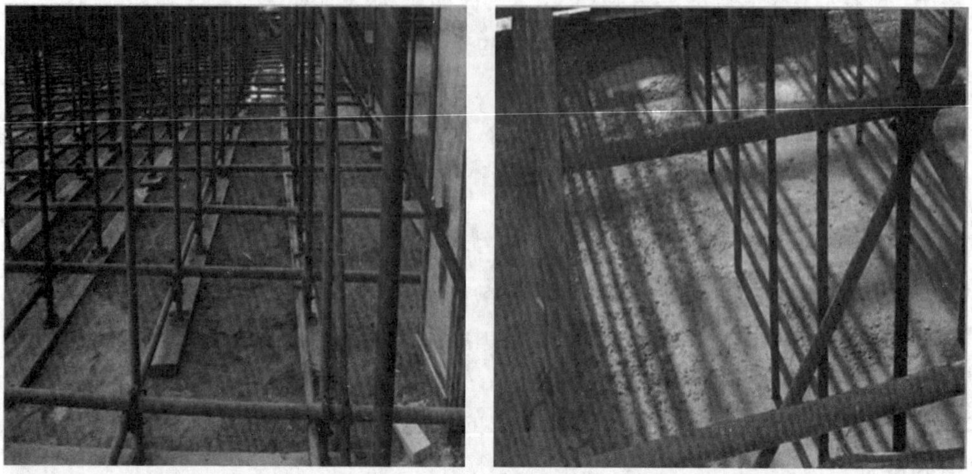

(a)　　(b)

图 8-4　脚手架底座及扫地杆

(a) 正确;(b) 不正确

图 8-5　立杆接头未错开

扣件盖板的边缘至杆端距离不应小于 100 mm。

② 脚手架开始搭设立杆时,应每隔 6 跨设置一根抛撑,直至连墙件安装稳定后,方可根据情况拆除。

③ 当架体搭设至有连墙件的主节点时,在搭设完该处的立杆、纵向水平杆、横向扫地杆后,应立即设置连墙件。

(3) 纵向水平杆搭设。

① 脚手架纵向水平杆应随立杆按步搭设,并应采用直角扣件与立杆固定。

② 纵向水平杆的搭设应符合相关规定。

③ 在封闭型脚手架的同一步中,纵向水平杆应四周交圈设置,并应用直角扣件与内外角部立杆固定。

(4) 横向水平杆搭设。

① 作业层上非主节点处的横向水平杆,宜根据支承脚手板的需要等间距设置,最大间距不应大于纵距的 1/2。

② 当使用冲压钢脚手板、木脚手板、竹串片脚手板时，双排脚手架的横向水平杆两端均应采用直角扣件固定在纵向水平杆上；单排脚手架的横向水平杆的一端应用直角扣件固定在纵向水平杆上，另一端应插入墙内，插入长度不应小于180 mm。

③ 当使用竹笆脚手板时，双排脚手架的横向水平杆的两端，应用直角扣件固定在立杆上；单排脚手架的横向水平杆的一端应用直角扣件固定在立杆上，另一端插入墙内，插入长度不应小于180 mm。

④ 主节点处必须设置一根横向水平杆，用直角扣件扣接且严禁拆除。

⑤ 双排脚手架横向水平杆的靠墙一端至墙装饰面的距离不应大于100 mm。

⑥ 单排脚手架的横向水平杆不应设置在下列部位：

a. 设计上不允许留脚手眼的部位。

b. 过梁上与过梁两端成60°角的三角形范围内及过梁净跨度1/2的高度范围内。

c. 宽度小于1 m的窗间墙。

d. 梁或梁垫下及其两侧各500 mm的范围内。

e. 砖砌体的门窗洞口两侧200 mm和转角处450 mm的范围内，其他砌体的门窗洞口两侧300 mm和转角处600 mm的范围内。

f. 墙体厚度小于或等于180 mm的部位。

g. 独立或附墙砖柱，空斗砖墙、加砌块墙等轻质墙体。

h. 砌筑砂浆强度等级小于或等于M2.5的砖墙。

(5) 纵向、横向扫地杆搭设。

① 脚手架必须设置纵、横向扫地杆。纵向扫地杆应采用直角扣件固定在距钢管底端不大于200 mm处的立杆上。横向扫地杆应采用直角扣件固定在紧靠纵向扫地杆下方的立杆上。

② 脚手架立杆基础不在同一高度上时，必须将高处的纵向扫地杆向低处延长两跨与立杆固定，高低差不应大于1 m。靠边坡上方的立杆轴线到边坡的距离不应小于500 mm。

(6) 连墙件安装。

① 连墙件的布置应符合下列规定：

a. 应靠近主节点设置，偏离主节点的距离不应大于300 mm。

b. 应从底层第一步纵向水平杆处开始设置，当该处设置有困难时，应采用其他可靠措施固定。

c. 应优先采用菱形布置，或采用方形、矩形布置。

② 开口型脚手架的两端必须设置连墙件，连墙件的垂直间距不应大于建筑物的层高，并且不应大于4 m。

③ 连墙件中的连墙杆应呈水平设置，当不能水平设置时，应向脚手架一端下斜连接。

④ 连墙件必须采用可承受拉力和压力的构造。对高度在24 m以上的双排脚手架，应采用刚性连墙件与建筑物连接。

⑤ 当脚手架下部暂不能设连墙件时应采取防倾覆措施。当搭设抛撑时，抛撑应采用通长杆件，并用旋转扣件固定在脚手架上，与地面的倾角应在45°～60°之间；连接点中心至主节点的距离不应大于300 mm。抛撑应在连墙件搭设后再拆除。

⑥ 架高超过40 m且有风涡流作用时，应采取抗上升翻流作用的连墙措施。

⑦ 连墙件的安装应随脚手架搭设同步进行，不得滞后安装。

⑧ 当单、双排脚手架施工操作层高出相邻连墙件两步以上时，应采取确保脚手架稳定的临时拉结措施，直到上一层连墙件安装完毕后再根据情况拆除。

(7) 门洞搭设。

① 单、双排脚手架门洞宜采用上升斜杆、平行弦杆桁架结构形式，斜杆与地面间的倾角 α 应在 45°～60°之间。

② 单排脚手架门洞处，应在平面桁架的每一节间设置一根斜腹杆；双排脚手架门洞处的空间桁架，除下弦平面外，应在其余 5 个平面内设置一根斜腹杆。

③ 斜腹杆宜采用旋转扣件固定在与之相交的横向水平杆的伸出端上，旋转扣件中心线至主节点的距离不宜大于 150 mm。

④ 当斜腹杆在 1 跨内跨越两个步距时，宜在相交的纵向水平杆处增设一根横向水平杆，将斜腹杆固定在其伸出端上。

⑤ 斜腹杆宜采用通长杆件，当必须接长使用时，宜采用对接扣件连接，也可采用搭接。

⑥ 单排脚手架过窗洞时应增设立杆或增设一根纵向水平杆。

⑦ 门洞桁架下的两侧立杆应为双管立杆，副立杆高度应高出门洞口 1～2 步。

⑧ 门洞桁架中伸出上下弦杆的杆件端头，均应增设一个防滑扣件，该扣件宜紧靠主节点处的扣件。

(8) 剪刀撑(图 8-6)与横向斜撑搭设。

图 8-6 剪刀撑

① 双排脚手架应设剪刀撑与横向斜撑，单排脚手架应设剪刀撑。

② 每道剪刀撑跨越立杆的根数应按表 8-2 的规定确定。

表 8-2 **剪刀撑跨越立杆的最多根数**

剪刀撑斜杆与地面间的倾角 α	45°	50°	60°
剪刀撑跨越立杆的最多根数 n	7	6	5

③ 每道剪刀撑宽度不应小于 4 跨，且不应小于 6 m，斜杆与地面间的倾角宜在 45°～60°之间。

④ 高度在 24 m 以下的单、双排脚手架，均必须在外侧两端、转角及中间间隔不超过 15 m 的立面上，各设置一道剪刀撑，并应由底至顶连续设置。

⑤ 高度在 24 m 及 24 m 以上的双排脚手架应在外侧全立面连续设置剪刀撑。

⑥ 剪刀撑斜杆的接长应采用搭接或对接。

⑦ 剪刀撑斜杆应用旋转扣件固定在与之相交的横向水平杆的伸出端或立杆上，旋转扣件中心线至主节点的距离不宜大于 150 mm。

⑧ 双排脚手架横向斜撑的设置应符合下列规定：

a. 横向斜撑应在同一节间，由底至顶层呈“之”字形连续布置。

b. 开口型双排脚手架的两端均必须设置横向斜撑。

c. 高度在 24 m 以下的封闭型双排脚手架可不设横向斜撑；高度在 24 m 以上的封闭型脚手架，除拐角应设置横向斜撑外，中间应每隔 6 跨设置一道。

⑨ 开口型双排脚手架的两端均必须设置横向斜撑。

(9) 扣件安装。

① 扣件规格应与钢管外径相同。

② 螺栓拧紧扭力矩不应小于 40 N·m，且不应大于 65N·m。

③ 在主节点处固定横向水平杆、纵向水平杆、剪刀撑、横向斜撑等用的直角扣件、旋转扣件中心点的相互距离不应大于 150 mm。

④ 对接扣件开口应朝上或朝内。

⑤ 各杆件端头伸出扣件盖板边缘的长度不应小于 100 mm。

(10) 斜道搭设。

① 人行并兼作材料运输的斜道的形式宜按下列要求确定：

a. 高度不大于 6 m 的脚手架，宜采用“一”字形斜道。

b. 高度大于 6 m 的脚手架，宜采用“之”字形斜道。

② 斜道应附着外脚手架或建筑物设置。

③ 运料斜道宽度不应小于 1.5 m，坡度不应大于 1∶6；人行斜道宽度不应小于 1 m，坡度不应大于 1∶3。

④ 拐弯处应设置平台，其宽度不应小于斜道宽度。

⑤ 斜道两侧及平台外围均应设置栏杆及挡脚板。栏杆高度应为 1.2 m，挡脚板高度不应小于 180 mm。

⑥ 运料斜道两端、平台外围和端部均应按规范规定设置连墙件；每两步应加设水平斜杆，并按规范规定设置剪刀撑和横向斜撑。

⑦ 斜道脚手板构造应符合下列规定：

a. 脚手板横铺时，应在横向水平杆下增设纵向支托杆，纵向支托杆间距不应大于 500 mm。

b. 脚手板顺铺时，接头宜采用搭接，下面的板头应压住上面的板头，板头的凸棱处宜采用三角木填顺。

c. 人行斜道和运料斜道的脚手板上应每隔 250～300 mm 设置一根防滑木条，木条厚度应为 20～30 mm。

(11) 栏杆和挡脚板(图 8-7)搭设。

① 栏杆和挡脚板均应搭设在外立杆的内侧。

② 上栏杆上皮高度应为 1.2 m。

③ 挡脚板高度不应小于 180 mm。

④ 中栏杆应居中设置。

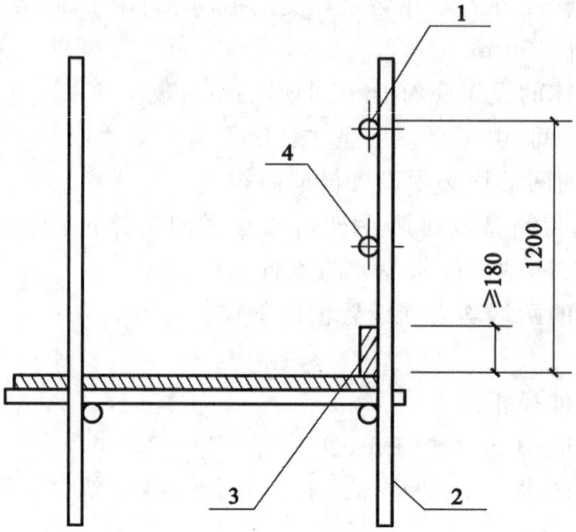

图 8-7 栏杆与挡脚板构造

1—上栏杆;2—外立杆;3—挡脚板;4—中栏杆

8.3.1.2 拆除要求

(1) 扣件式钢管脚手架拆除应按专项方案施工,拆除前应做好下列准备工作:

① 应全面检查脚手架的扣件连接、连墙件、支撑体系等是否符合构造要求。

② 应根据检查结果补充完善脚手架专项方案中的拆除顺序和措施,经审批后方可实施。

③ 拆除前应对施工人员进行交底。

④ 应清除脚手架上的杂物及地面障碍物。

(2) 单、双排脚手架拆除作业必须由上而下逐层进行,严禁上下同时作业;连墙件必须随脚手架逐层拆除,严禁先将连墙件整层或数层拆除后再拆脚手架;分段拆除高差大于两步时,应增设连墙件加固。

(3) 当脚手架拆至下部最后一根长立杆的高度(约 6.5 m)时,应先在适当位置搭设临时抛撑加固后,再拆除连墙件。当单、双排脚手架采取分段、分立面拆除时,对不拆除的脚手架两端,应先按规定设置连墙件和横向斜撑加固。

(4) 架体拆除作业应设专人指挥,当有多人同时操作时,应明确分工、统一行动,且应具有足够的操作面。

(5) 卸料时各构配件严禁抛掷至地面。

(6) 运至地面的构配件应按规定及时检查、整修与保养,并应按品种、规格分别存放。

8.3.1.3 安全管理

(1) 扣件式钢管脚手架安装与拆除人员必须是经考核合格的专业架子工。架子工应持证上岗。

(2) 搭拆脚手架人员必须戴安全帽,系安全带,穿防滑鞋。

(3) 脚手架的构配件质量与搭设质量,应按规定进行检查验收,并应确认合格后使用。

(4) 钢管上严禁打孔。

(5) 作业层上的施工荷载应符合设计要求,不得超载;不得将模板支架、缆风绳、泵送混凝土和砂浆的输送管等固定在架体上;严禁悬挂起重设备,严禁拆除或移动架体上安全防护设施。

(6) 当有6级及以上大风、浓雾、雨或雪天气时应当停止脚手架搭设与拆除作业。下雨或雪后上架作业应有防滑措施,并应扫除积雪。

(7) 夜间不宜进行脚手架搭设与拆除作业。

(8) 脚手架的安全检查与维护,应按有关规定进行。

(9) 脚手板应铺设牢靠、严实,并应用安全网双层兜底。施工层以下每隔10 m应用安全网封闭。

(10) 单、双排脚手架沿架体外围应用密目式安全网全封闭,密目式安全网宜设置在脚手架外立杆的内侧,并应与架体绑扎牢固。

(11) 在脚手架使用期间,严禁拆除下列杆件:

① 主节点处的纵、横向水平杆,纵、横向扫地杆。

② 连墙件。

(12) 当在脚手架使用过程中开挖脚手架基础下的设备基础或管沟时,必须对脚手架采取加固措施。

(13) 临街搭设脚手架时,外侧应有防止坠物伤人的防护措施。

(14) 在脚手架上进行电、气焊作业时,应有防火措施和专人看守。

(15) 工地临时用电线路的架设及脚手架接地、避雷措施等,应按现行行业标准《施工现场临时用电安全技术规范》(JGJ 46—2005)的有关规定执行。

(16) 搭拆脚手架时,地面应设围栏和警戒标志,并应派专人看守,严禁非操作人员入内。

8.3.2 门式钢管脚手架

8.3.2.1 搭设要求

(1) 门式钢管脚手架(图8-8)搭设程序。

图8-8 门式钢管脚手架

① 门式脚手架的搭设应与施工进度同步,一次搭设高度不宜超过最上层连墙件的两步,且自

由高度不应当大于 4 m。

② 门式脚手架的组装应自一端向另一端延伸，应自下而上按步架设，并应逐层改变搭设方向；不应自两端向中间搭设或自中间向两端搭设。

③ 每搭设完两步门式脚手架后，应校验门架的水平度及立杆的垂直度。

(2) 门式钢管脚手架及配件搭设。

① 门式脚手架应能配套使用，在不同组合情况下，均应保证连接方便、可靠，且应具有良好的互换性。

② 不同型号的门架与配件严禁混合使用。

③ 上下榀门架立杆应在同一轴线位置上，门架立杆轴线的对接偏差不应大于 2 mm。

④ 门式脚手架的内侧立杆离墙面净距不宜大于 150 mm；当大于 150 mm 时，应采取内设挑架板或其他隔离防护的安全措施。

⑤ 门式脚手架顶端栏杆宜高出女儿墙上端或檐口上端 1.5 m。

⑥ 配件应与门式脚手架配套，并应与门架连接可靠。

⑦ 门式脚手架的两侧应设置交叉支撑，并应与门架立杆上的锁销锁牢。

⑧ 上下榀门架的组装必须设置连接棒，连接棒与门架立杆配合间隙不应大于 2 mm。

⑨ 门式脚手架上下榀门架间应设置锁臂，当采用插销式或弹销式连接棒时，可不设锁臂。

⑩ 门式脚手架作业层应连续满铺与门架配套的挂扣式脚手板，并应当有防止脚手板松动或脱落的措施。当脚手板上有孔洞时，孔洞的内切圆直径不应大于 25 mm。

⑪ 底部门架的立杆下端宜设置固定底座或可调底座。

⑫ 可调底座和可调托座的调节螺杆直径不应小于 35 mm，可调底座的调节螺杆伸出长度不应大于 200 mm。

⑬ 交叉支撑、脚手板应与门架同时安装。

⑭ 连接门架的锁臂、挂钩必须处于锁住状态。

⑮ 钢梯的设置应符合专项施工方案组装布置图的要求，底层钢梯底部应加设钢管并应用扣件扣紧在门架立杆上。

⑯ 在施工作业层外侧周边应设置 180 mm 高的挡脚板和两道栏杆，上道栏杆高度应为 1.2 m，下道栏杆应居中设置。挡脚板和栏杆均应设置在门架立杆的内侧。

(3) 加固件搭设。

① 门式脚手架剪刀撑的设置必须符合下列规定：

a. 当门式脚手架搭设高度在 24 m 以下时，在脚手架的转角处、两端及中间间隔不超过 15 m 的外侧立面必须各设置一道剪刀撑，并应由底至顶连续设置。

b. 当脚手架搭设高度超过 24 m 时，在脚手架全外侧立面上必须设置连续剪刀撑。

c. 对于悬挑脚手架，在脚手架全外侧立面上必须设置连续剪刀撑。

② 剪刀撑的构造应符合下列规定：

a. 剪刀撑斜杆与地面间的倾角宜为 45°～60°。

b. 剪刀撑应采用旋转扣件与门架立杆扣紧。

c. 剪刀撑斜杆应采用搭接接长，搭接长度不宜小于 1000 mm，搭接处应采用 3 个及 3 个以上旋转扣件扣紧。

d. 每道剪刀撑的宽度不应大于 6 个跨距，且不应大于 10 m；也不应小于 4 个跨距，且不应小于 6 m。设置连续剪刀撑的斜杆水平间距宜为 6～8 m。

③ 门式脚手架应在门架两侧的立杆上设置纵向水平加固杆，并应采用扣件与门架立杆扣紧。水平加固杆设置应符合下列要求：

a. 在顶层、连墙件设置层必须设置。

b. 当脚手架每步铺设挂扣式脚手板时，至少每 4 步应设置一道，并宜在有连墙件的水平层设置。

c. 当脚手架搭设高度小于或等于 40 m 时，至少每两步门架应设置一道；当脚手架搭设高度大于 40 m 时，每步门架应设置一道。

d. 在脚手架的转角处、开口型脚手架端部的两个跨距内，每步门架应设置一道。

e. 悬挑脚手架每步门架应设置一道。

f. 在纵向水平加固杆设置层面上应连续设置。

④ 门式脚手架的底层门架下端应设置纵、横向通长的扫地杆。纵向扫地杆应固定在距门架立杆底端不大于 200 mm 处的门架立杆上，横向扫地杆宜固定在紧靠纵向扫地杆下方的门架立杆上。

⑤ 水平加固杆、剪刀撑等加固杆件必须与门架同步搭设。

⑥ 水平加固杆应设于门架立杆内侧，剪刀撑应设于门架立杆外侧。

(4) 连墙件安装。

① 连墙件设置的位置、数量应按专项施工方案确定，并应按确定的位置设置预埋件。

② 在门式脚手架的转角处或开口型脚手架端部，必须增设连墙件，连墙件的垂直间距不应大于建筑物的层高，且不应大于 4.0 m。

③ 连墙件应靠近门式脚手架的横杆设置，距门架横杆不宜大于 200 mm。连墙件应该固定在门架的立杆上。

④ 连墙件宜水平设置，当不能水平设置时，与脚手架连接的一端，应低于与建筑结构连接的一端，连墙杆的坡度宜小于 1∶3。

⑤ 连墙件的安装必须随脚手架搭设同步进行，严禁滞后安装。

⑥ 当脚手架操作层高出相邻连墙件两步以上时，在连墙件安装完毕前必须采用确保脚手架稳定的临时拉结措施。

(5) 通道口。

① 门式脚手架通道口高度不宜大于 2 个门架高度，宽度不宜大于 1 个门架跨距。

② 门式脚手架通道口应采取加固措施，并应符合下列规定：

a. 当门式脚手架通道口宽度为一个门架跨距时，在通道口上方的内外侧应设置水平加固杆，水平加固杆应延伸至通道口两侧各一个门架跨距，并应在两个上角内外侧加设斜撑杆。

b. 当门式脚手架通道口宽度为 2 个及 2 个以上跨距时，在通道口上方应设置经专门设计和制作的托架梁，并应加强两侧的门架立杆。

③ 门式脚手架通道口的搭设应符合规定的要求，斜撑杆、托架梁及通道口两侧的门架立杆加强杆件应与门架同步搭设，严禁滞后安装。

(6) 斜梯。

① 作业人员上下脚手架的斜梯应采用挂扣式钢梯，并宜采用"之"字形设置，一个梯段宜跨越两步或三步门架再行转折。

② 钢梯规格应与门架规格配套，并应与门架挂扣牢固。

③ 钢梯应设栏杆扶手、挡脚板。

(7) 加固杆、连墙件等杆件与门架采用扣件连接时，应符合如下规定：

① 扣件规格应与所连接钢管的外径相匹配。

② 扣件螺栓拧紧扭力矩值应为 40～65 N·m。

③ 杆件端头伸出扣件盖板边缘长度不应小于 100 mm。

8.3.2.2 拆除要求

(1) 架体的拆除应按照拆除方案进行施工，并应在拆除前做好下列准备工作：

① 应对将拆除的架体进行拆除前的检查。

② 根据拆除前的检查结果补充完善拆除方案。

③ 清除架体上的材料、杂物及作业面的障碍物。

(2) 拆除作业必须符合下列规定：

① 架体的拆除应从上而下逐层进行，严禁上下同时作业。

② 同一层的构配件和加固杆件必须按先上后下、先外后内的顺序进行拆除。

③ 连墙件必须随脚手架逐层拆除，严禁先将连墙件整层或数层拆除后再拆架体。拆除作业过程中，当架体的自由高度大于两步时，必须加设临时拉结杆件。

④ 连接门架的剪刀撑等加固杆件必须在拆卸该门架时拆除。

(3) 拆卸连接部件时，应先将止退装置旋转至开启位置，然后拆除，不得硬拉，严禁敲击。拆除作业中，严禁使用手锤等硬物击打。

(4) 当门式脚手架需分段拆除时，架体不拆除部分的两端应按规定采取加固措施后再拆除。

(5) 门式脚手架与配件应采用机械或人工运至地面，严禁抛投。

(6) 拆卸的门式脚手架与配件、加固杆等不得集中堆放在未拆架体上，应及时检查、整修与保养，并宜按照品种、规格分别存放。

8.3.2.3 安全管理

(1) 搭拆门式脚手架或横板支架应由专业架子工操作，并应按特种作业人员考核管理规定考核合格，持证上岗。上岗人员应定期进行体检，凡不适合登高作业者，不得上架操作。

(2) 搭拆架体时，施工作业层应铺设脚手板，操作人员应站在临时设置的脚手板上进行作业，并应按规定使用安全防护用品，穿防滑鞋。

(3) 门式脚手架作业层上严禁超载。

(4) 严禁将模板支架、缆风绳、混凝土泵管、卸料平台等固定在门式脚手架上。

(5) 6 级及 6 级以上大风天气应停止架上作业；雨、雪、雾天应停止脚手架的搭拆作业；雨、雪、霜后上架作业时应采取有效的防滑措施，并应扫除积雪。

(6) 门式脚手架在使用期间，当预见可能有强风天气所产生的风压值超出设计的基本风压值时，对架体应当采取临时加固措施。

(7) 在门式脚手架使用期间，脚手架基础附近严禁进行挖掘作业。

(8) 门式脚手架在使用期间，不应拆除加固杆、连墙件、转角处连接杆、通道口斜撑杆等加固杆件。

(9) 当施工需要，脚手架的交叉支撑可在门架一侧局部临时拆除，但在该门架单元上下应设置水平加固杆或挂扣式脚手板，在施工完成后应立即恢复安装交叉支撑。

(10) 应避免装卸物料对门式脚手架产生偏心、振动和冲击荷载。

(11) 门式脚手架外侧应设置密目式安全网，网间应严密，防止坠物伤人。

(12) 门式脚手架与架空输电线路的安全距离、工地临时用电线路架设及脚手架接地、防雷措施，应按现行行业标准《施工现场临时用电安全技术规范》(JGJ 46—2005)的有关规定执行。

(13) 在门式脚手架上进行电、气焊作业时，必须有防火措施和专人看护。

(14) 不得攀爬门式脚手架。

(15) 搭拆门式脚手架或模板支架作业时，必须设置警戒线、警戒标志，并应派专人看守，严禁非作业人员入内。

(16) 对门式脚手架应进行日常性的检查和维护，架体上的建筑垃圾或杂物应及时清理。

8.3.3 碗扣式钢管脚手架

8.3.3.1 一般要求

(1) 碗扣式钢管脚手架(图 8-9)钢管规格应为 ϕ48 mm×3.5 mm，钢管壁厚应为 3.5 mm。

(2) 立杆连接处外套管与立杆间隙应小于或等于 2 mm，外套管长度不得小于 160 mm，外伸长度不得小于 110 mm。

(3) 钢管焊接前应进行调直除锈，钢管直线度应小于 $1.5L/1000$(L 为使用钢管的长度)。

(4) 焊接应在专用工装上进行。

(5) 构配件外观质量应符合下列要求：

① 钢管应平直光滑，无裂纹、锈蚀、分层、结疤、毛刺等缺陷，不得采用横断面接长的钢管。

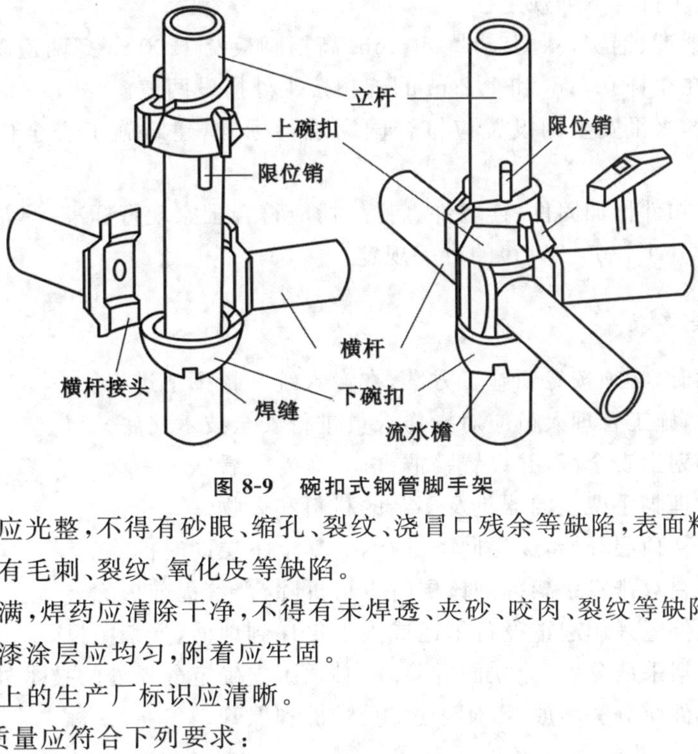

图 8-9 碗扣式钢管脚手架

② 铸造件表面应光整，不得有砂眼、缩孔、裂纹、浇冒口残余等缺陷，表面粘砂应清除干净。

③ 冲压件不得有毛刺、裂纹、氧化皮等缺陷。

④ 各焊缝应饱满，焊药应清除干净，不得有未焊透、夹砂、咬肉、裂纹等缺陷。

⑤ 构配件防锈漆涂层应均匀，附着应牢固。

⑥ 主要构配件上的生产厂标识应清晰。

(6) 架体组装质量应符合下列要求：

① 立杆的上碗扣应能上下窜动、转动灵活，不得有卡滞现象。

② 立杆与立杆的连接孔处应能插入 10 个连接销。

③ 碗扣节点上应在安装 1～4 个横杆时，上碗扣均能锁紧。

④ 当搭设不少于二步三跨 1.8 m×1.8 m×1.2 m(步距×纵距×横距)的整体脚手架时，每一框架内横杆与立杆的垂直度偏差应小于 5 mm。

(7) 可调底座底板的钢板厚度不得小于 6 mm，可调托撑钢板厚度不得小于 5 mm。

(8) 可调底座及可调托撑丝杆与调节螺母啮合长度不得少于 6 扣，插入立杆内的长度不得小于 150 mm。

8.3.3.2 搭设要求

(1) 底座和垫板应准确地放置在定位线上；垫板宜采用长度不小于立杆 2 跨、厚度不小于 50 mm的木板；底座的轴心线应与地面垂直。

(2) 双排脚手架搭设应按立杆、横杆、斜杆、连墙件的顺序逐层搭设，底层水平框架的纵向直线度偏差应小于架体长度的 1/200；横杆间水平度偏差应小于架体长度的 1/400。

(3) 双排脚手架的搭设应分阶段进行，每段搭设后必须经检查验收合格后，方可投入使用。

(4) 双排脚手架的搭设应与建筑物的施工同步上升，并应高于作业面 1.5 m。

(5) 当双排脚手架高度 H 小于或等于 30 m 时，垂直度偏差应小于或等于 $H/500$；当高度 H 大于 30 m 时，垂直度偏差应小于或等于 $H/1000$。

(6) 当双排脚手架内外侧加挑梁时，在一跨挑梁范围内不得超过 1 名施工人员操作，严禁堆放物料。

(7) 连墙件必须随双排脚手架升高时在规定的位置处设置，严禁任意拆除。

(8) 作业层设置应符合下列规定：

① 脚手板必须铺满、铺实，外侧应设 180 mm 高挡脚板及 1200 m 高两道防护栏杆。

② 防护栏杆应在立杆 0.6 m 和 1.2 m 的碗扣接头处搭设两道。

③ 作业层下部的水平安全网设置应符合国家现行标准《建筑施工安全检查标准》(JGJ 59—2011)的规定。

(9) 当采用钢管扣件作加固件、连墙件、斜撑时，应符合国家现行标准《建筑施工扣件式钢管脚手架安全技术规范》(JGJ 130—2011)的有关规定。

8.3.3.3 拆除要求

(1) 脚手架拆除时，必须按专项施工方案，在专人统一指挥下进行。

(2) 拆除作业前，施工管理人员应对操作人员进行安全技术交底。

(3) 拆除时必须划出安全区，并设置警戒标志，派专人看守。

(4) 拆除前应清理脚手架上的器具及多余的材料和杂物。

(5) 拆除作业应从顶层开始，逐层向下进行，严禁上下层同时拆除。

(6) 连墙件必须在双排脚手架拆到该层时方可拆除，严禁提前拆除。

(7) 拆除的构配件应采用起重设备吊运或人工传递到地面，严禁抛掷。

(8) 当双排脚手架采取分段、分立面拆除时，必须事先确定分界处的技术处理方案。

(9) 拆除的构配件应分类堆放，以便于运输、维护和保管。

8.3.3.4 安全管理

(1) 作业层上的施工荷载应符合设计要求，不得超载，不得在脚手架上集中堆放模板、钢筋等物料。

(2) 混凝土输送管、布料杆、缆风绳等不得固定在脚手架上。

(3) 遇6级及6级以上大风、雨雪、大雾天气时，应停止脚手架的搭设与拆除作业。

(4) 脚手架使用期间，严禁擅自拆除架体结构杆件；如必须拆除，应经修改施工方案并报请原方案审批人批准，确定补救措施后方可实施。

(5) 严禁在脚手架基础及邻近处进行挖掘作业。

(6) 脚手架应与输电线路保持安全距离，施工现场临时用电线路架设及脚手架接地防雷措施等应按国家现行标准《施工现场临时用电安全技术规范》(JGJ 46—2005)的有关规定执行。

(7) 搭设脚手架人员必须持证上岗。上岗人员应定期体检，合格者方可持证上岗。

(8) 搭设脚手架人员必须戴安全帽，系安全带，穿防滑鞋。

8.3.4 工具式脚手架

8.3.4.1 一般要求

(1) 工具式脚手架安装前，应根据工程结构、施工环境等特点编制专项施工方案，并应经总承包单位技术负责人审批、项目总监理工程师审核后实施。

(2) 总承包单位必须将工具式脚手架专业工程发包给具有相应资质等级的专业队伍，并应签订专业承包合同，明确总包、分包或租赁等各方的安全生产责任。

(3) 工具式脚手架专业施工单位应当建立、健全安全生产管理制度，制订相应的安全操作规程和检验规程，应制订设计、制作、安装、升降、使用、拆除和日常维护保养等的管理规定。

(4) 工具式脚手架专业施工单位应设置专业技术人员、安全管理人员及相应的特种作业人员。特种作业人员应经专门培训，并应经建设行政主管部门考核合格，取得特种作业操作资格证书后，方可上岗作业。

(5) 施工现场使用工具式脚手架应由总承包单位统一监督，并应符合下列规定：

① 安装、升降、使用、拆除等作业前，应向有关作业人员进行安全教育，并应监督对作业人员的安全技术交底。

② 应对专业承包人员的配备和特种作业人员的资格进行审查。

③ 安装、升降、拆卸等作业时，应派专人进行监督。

④ 应组织工具式脚手架的检查验收。

⑤ 应定期对工具式脚手架使用情况进行安全巡检。

(6) 监理单位应对施工现场的工具式脚手架使用状况进行安全监理并记录，出现隐患应要求及时整改，并应符合下列规定：

① 应对专业承包单位的资质及有关人员的资格进行审查。

② 在工具式脚手架的安装、升降、拆除等作业时应进行监督。

③ 应当参加工具式脚手架的检查验收。

④ 应定期对工具式脚手架使用情况进行安全巡检。

⑤ 如果发现存在隐患，应要求限期整改，对拒不整改的，应及时向建设单位和建设行政主管部门报告。

(7) 工具式脚手架所使用的电气设施、线路及接地、避雷措施等应符合现行行业标准《施工现场临时用电安全技术规范》(JGJ 46—2005)的规定。

(8) 进入施工现场的附着式升降脚手架产品应具有国务院建设行政主管部门组织鉴定或验收的合格证书。

(9) 工具式脚手架的防坠落装置应经法定检测机构标定后方可使用；使用过程中，使用单位应定期对其有效性和可靠性进行检测。安全装置受冲击载荷后应进行解体检验。

(10) 临街搭设时，外侧应有防止坠物伤人的防护措施。

(11) 安装、拆除时，在地面应设围栏和警戒标志，并派专人看守，非操作人员不得入内。

(12) 在工具式脚手架使用期间，不得拆除下列杆件。

① 架体上的杆件。

② 与建筑物连接的各类杆件(如连墙件、附墙支座)等。

(13) 作业层上的施工荷载应符合设计要求，不得超载；不得将模板支架、缆风绳、泵送混凝土和砂浆的输送管等固定在架体上；不得用其悬挂起重设备。

(14) 遇 5 级及 5 级以上大风和雨天，不得提升或下降工具式脚手架。

(15) 当施工中发现工具式脚手架故障和存在安全隐患时，应及时排除；当可能危及人身安全时，应停止作业，由专业人员进行整改。整改后的工具式脚手架应重新进行验收检查，合格后方可使用。

(16) 剪刀撑应随立杆同步搭设。

(17) 扣件的螺栓拧紧力矩不应小于 40 N·m，且不应大于 65 N·m。

(18) 各地建筑安全主管部门及产权单位和使用单位应对工具式脚手架建立设备技术档案，其主要内容应包含机型、编号、出厂日期、验收、检修、试验、检修记录及故障事故的情况。

(19) 工具式脚手架在施工现场安装完成后应进行整机检测。

(20) 工具式脚手架作业人员在施工过程中应戴安全帽，系安全带，穿防滑鞋，酒后不得上岗作业。

8.3.4.2 附着式升降脚手架

(1) 安全装置。

附着式升降脚手架(图 8-10)必须具有防倾覆、防坠落和同步升降控制的安全装置。

① 防倾覆装置应符合下列规定：

a. 防倾覆装置中应包括导轨和两个以上与导轨连接的可滑动的导向件。

b. 在防倾导向件的范围内应设置防倾覆导轨，且应与竖向主框架可靠连接。

c. 在升降和使用两种工况下，最上和最下两个导向件之间的最小间距不得小于 2.8 m 或架体高度的 1/4。

d. 应具有防止竖向主框架倾斜的功能。

e. 应采用螺栓与附墙支座连接，其装置与导轨之间的间隙应小于 5 mm。

② 防坠落装置必须符合下列规定：

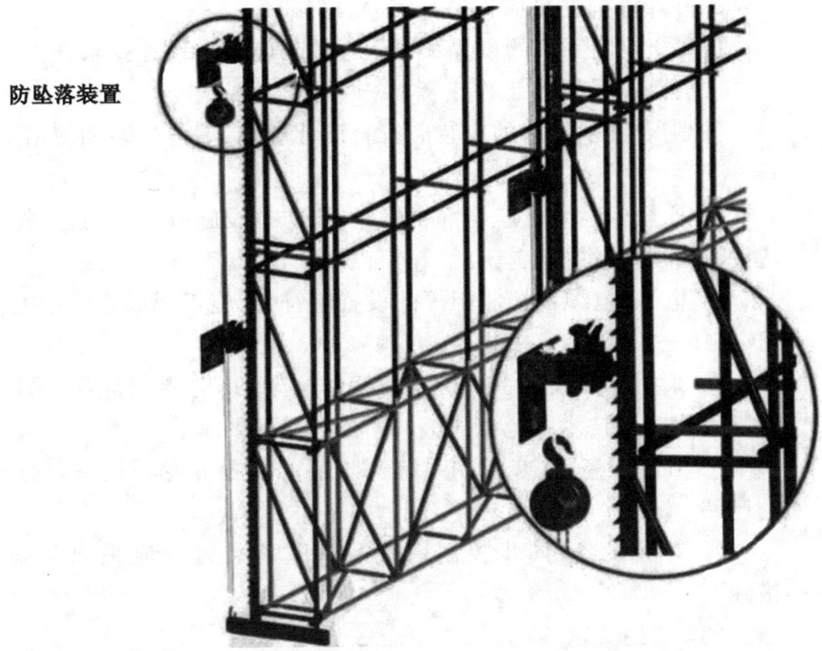

图 8-10　附着式升降脚手架

a. 防坠落装置应设置在竖向主框架处并附着在建筑结构上，每一升降点不得少于一个防坠落装置，防坠落装置在使用和升降工况下都必须起作用。

b. 防坠落装置必须采用机械式的全自动装置，严禁使用每次升降都须重组的手动装置。

c. 防坠落装置技术性能除应满足承载能力要求外，还应符合《建筑施工工具式脚手架安全技术规范》(JGJ 202—2010)中相关规定。

d. 防坠落装置应具有防尘、防污染的措施，并应灵敏、可靠和运转自如。

e. 防坠落装置与升降设备必须分别独立固定在建筑结构上。

f. 钢吊杆式防坠落装置，钢吊杆规格应由计算确定，且不应小于 ϕ25 mm。

③ 同步控制装置应符合下列规定：

a. 附着式升降脚手架升降时，必须配备有限制荷载或水平高差的同步控制系统。

b. 连续式水平支承桁架，应采用限制荷载自控系统；简支静定水平支承桁架，应采用水平高差同步自控系统；当设备受限时，可选择限制荷载自控系统。

(2) 安装要求。

① 附着式升降脚手架应按专项施工方案进行安装，可采用单片式主框架的架体，也可采用空间桁架式主框架的架体。

② 附着式升降脚手架在首层安装前应设置安装平台，安装平台应有保障施工人员安全的防护设施，安装平台的水平精度和承载能力应满足架体安装的要求。安装时应符合下列规定：

a. 相邻竖向主框架的高差不应大于 20 mm。

b. 竖向主框架和防倾导向装置的垂直偏差不应大于 5‰，且不得大于 60 mm。

c. 预留穿墙螺栓孔和预埋件应垂直于建筑结构外表面，其中心误差应小于 15 mm。

d. 连接处所需要的建筑结构混凝土强度应由计算确定，但不应小于 C10。

e. 升降机构连接应正确且牢固、可靠。

f. 安全控制系统的设置和试运行效果应符合设计要求。

g. 升降动力设备工作正常。

③ 附着支承结构的安装应符合设计规定，不得少装和使用不合格螺栓及连接件。

④ 安全保险装置应全部合格，安全防护设施应齐备，且应符合设计要求，并应设置必要的消防设施。

⑤ 电源、电缆及控制柜等的设置应符合《施工现场临时用电安全技术规范》(JGJ 46—2005)的有关规定。

⑥ 采用扣件式脚手架搭设的架体构架，其构造应符合《建筑施工扣件式钢管脚手架安全技术规范》(JGJ 130—2011)的要求。

⑦ 升降设备、同步控制系统及防坠落装置等专项设备，均应采用同一厂家的产品。

⑧ 升降设备、同步控制系统及防坠落装置等应采取防雨、防砸、防尘等措施。

(3) 使用要求。

① 附着式升降脚手架应按设计性能指标进行使用，不得随意扩大使用范围；架体上的施工荷载应符合设计规定，不得超载，不得放置影响局部杆件安全的集中荷载。

② 附着式升降脚手架架体内的建筑垃圾和杂物应及时清理干净。

③ 附着式升降脚手架在使用过程中不得进行下列作业：

a. 利用架体吊运物料。

b. 在架体上拉结吊装缆绳(或缆索)。

c. 在架体上推车。

d. 任意拆除结构件或松动连接件。

e. 拆除或移动架体上的安全防护设施。

f. 利用架体支撑模板或卸料平台。

g. 其他影响架体安全的作业。

④ 当附着式升降脚手架停用超过 3 个月时，应提前采取加固措施。

⑤ 当附着式升降脚手架停用超过 1 个月或遇 6 级及 6 级以上大风后复工时，应进行检查，确认合格后方可使用。

⑥ 螺栓连接件、升降设备、防倾装置、防坠落装置、电控设备、同步控制装置等应每月进行维护保养。

(4) 拆除要求。

附着式升降脚手架坠落案例

① 附着式升降脚手架的拆除工作应按照专项施工方案及安全操作规程的有关要求进行。

② 应对拆除作业人员进行安全技术交底。

③ 拆除时应有可靠的防止人员或物料坠落的措施，拆除的材料及设备不得抛掷。

④ 拆除作业应在白天进行。遇 5 级及 5 级以上大风和大雨、大雪、浓雾和

雷雨等恶劣天气时，不得进行拆除作业。

8.3.4.3 高处作业吊篮

(1) 安装要求。

① 高处作业吊篮安装时应按专项施工方案，在专业人员的指导下实施。

② 安装作业前，应划定安全区域，并应排除作业障碍。

③ 高处作业吊篮组装前应确认结构构件、紧固件已配套且完好，其规格型号和质量应符合设计要求。

④ 高处作业吊篮所用的构配件应是同一厂家的产品。

⑤ 在建筑物屋面上进行悬挂机构的组装时，作业人员应与屋面边缘保持 2 m 以上的距离。组装场地狭小时应采取防坠落措施。

⑥ 悬挂机构宜采用刚性联结方式进行拉结固定。

⑦ 悬挂机构前支架严禁支撑在女儿墙上、女儿墙外或建筑物挑檐边缘。

⑧ 前梁外伸长度应符合高处作业吊篮使用说明书的规定。

⑨ 悬挑横梁应前高后低，前后水平高差不应大于横梁长度的 2%。

⑩ 配重件应稳定可靠地安放在配重架上，并应有防止随意移动的措施。严禁使用破损的配重件或其他替代物。配重件的重量应符合设计规定。

⑪ 安装时钢丝绳应沿建筑物立面缓慢下放至地面，不得抛掷。

⑫ 当使用两个以上的悬挂机构时，悬挂机构吊点水平间距与吊篮平台的吊点间距应相等，其误差不应大于 50 mm。

⑬ 悬挂机构前支架应与支撑面保持垂直，脚轮不得受力。

⑭ 安装任何形式的悬挑结构，其施加于建筑物或构筑物支承处的作用力，均应符合建筑结构的承载能力，不得对建筑物和其他设施造成破坏和不良影响。

⑮ 高处作业吊篮安装和使用时，在 10 m 范围内如有高压输电线路，应按照现行行业标准《施工现场临时用电安全技术规范》(JGJ 46—2005)的规定采取隔离措施。

(2) 使用要求。

① 高处作业吊篮应设置作业人员专用的挂设安全带的安全绳及安全锁扣。安全绳应固定在建筑物可靠位置上，不得与吊篮上任何部位有连接。

② 吊篮宜安装防护棚，防止高处坠物伤害作业人员。

③ 吊篮应安装上限位装置，宜安装下限位装置。

④ 使用吊篮作业时，应排除影响吊篮正常运行的障碍。在吊篮下方可能造成坠落物伤害的范围，应设置安全隔离区和警告标志，人员或车辆不得停留、通行。

⑤ 在吊篮内从事安装、维修等作业时，操作人员应佩戴工具袋。

⑥ 使用境外吊篮设备时应有中文使用说明书，产品的安全性能应符合我国的行业标准。

⑦ 不得将吊篮作为垂直运输设备，不得采用吊篮运送物料。

⑧ 吊篮内的作业人员不应超过 2 个。

⑨ 吊篮正常工作时，人员应从地面进入吊篮内，不得从建筑物顶部、窗口等处或其他孔洞处出入吊篮。

⑩ 在吊篮内的作业人员应佩戴安全帽，系安全带，并应将安全锁扣正确挂置在独立设置的安全绳上。

⑪ 吊篮平台内应保持荷载均衡，不得超载运行。

⑫ 吊篮做升降运行时，工作平台两端高差不得超过 150 mm。

⑬ 使用离心触发式安全锁的吊篮在空中停留作业时，应将安全锁锁定在安全绳上；空中启动吊篮时，应先将吊篮提升使安全绳松弛后再开启安全锁。不得在安全绳受力时强行扳动安全锁开启手柄，不得将安全锁开启手柄固定于开启位置。

⑭ 吊篮悬挂高度在 60 m 及 60 m 以下的，宜选用长边不大于 7.5 m 的吊篮平台；悬挂高度在 100 m 及 100 m 以下的，宜选用长边不大于 5.5 m 的吊篮平台；悬挂高度在 100 m 以上的，宜选用长边不大于2.5 m的吊篮平台。

⑮ 进行喷涂作业或使用腐蚀性液体进行清洗作业时，应对吊篮的提升机、安全锁、电气控制柜采取防污染保护措施。

⑯ 悬挑结构平行移动时，应将吊篮平台降落至地面，并应使其钢丝绳处于松弛状态。

⑰ 在吊篮内进行电焊作业时，应对吊篮设备、钢丝绳、电缆采取保护措施；不得将电焊机放置在吊篮内；电焊缆线不得与吊篮任何部位接触；电焊钳不得搭挂在吊篮上。

⑱ 在高温、高湿等不良气候和环境条件下使用吊篮时，应采取相应的安全技术措施。

⑲ 当在吊篮施工遇有雨雪、大雾、风沙及 5 级以上大风等恶劣天气时，应停止作业，并应将吊篮平台停放至地面，应对钢丝绳、电缆进行绑扎固定。

⑳ 当施工中发现吊篮设备故障和安全隐患时，应及时排除，可能危及人身安全时应停止作业，并应由专业人员进行维修。维修后的吊篮应重新进行检查验收，合格后方可使用。

㉑ 下班后不得将吊篮停留在半空中，应将吊篮放至地面；人员离开吊篮、进行吊篮维修或每日收工后应将主电源切断，并应将电气柜中各开关置于断开位置并加锁。

(3) 拆除要求。

① 高处作业吊篮拆除时应按照专项施工方案，并应在专业人员的指挥下实施。

② 拆除前应将吊篮平台下落至地面，并应将钢丝绳从提升机、安全锁中退出，切断总电源。

③ 拆除支承悬挂机构时，应对作业人员和设备采取相应的安全措施。

④ 拆卸分解后的构配件不得放置在建筑物边缘，应采取防止坠落的措施。零散物品应放置在容器中。不得将吊篮任何部件从屋顶处抛下。

8.3.4.4 外挂防护架

(1) 安装要求。

① 根据专项施工方案的要求，在建筑结构上设置预埋件。预埋件应经验收合格后方可浇筑混凝土，并应做好隐蔽工程记录。

② 安装防护架时，应先搭设操作平台。

③ 防护架应配合施工进度搭设，一次搭设的高度不应超过相邻连墙件以上两个步距。

④ 每搭完一步架后，应校正步距、纵距、横距及立杆的垂直度，确认合格后方可进行下一道工序。

⑤ 竖向桁架安装宜在起重机械辅助下进行。

⑥ 同一片防护架的相邻立杆的对接扣件应交错布置，在高度方向错开的距离不宜小于500 mm；各接头中心至主节点的距离不宜大于步距的 1/3。

⑦ 纵向水平杆应通长设置，不得搭接。

⑧ 当安装防护架的作业层高出辅助架两步时，应搭设临时连墙杆，待防护架提升时方可拆除。

临时连墙杆可采用2.5～3.5 m长钢管，一端与防护架第三步相连，一端与建筑结构相连。每片架体与建筑结构连接的临时连墙杆不得少于2处。

⑨ 防护架应将设置在桁架底部的三角臂和上部的刚性连墙件及柔性连墙件分别与建筑物上的预埋件相连。

(2) 提升要求。

① 防护架的提升索具应使用现行国家标准《重要用途钢丝绳》(GB 8918—2006)规定的钢丝绳。钢丝绳直径不应小于12.5 mm。

② 提升防护架的起重设备能力应满足要求，公称起重力矩值不得小于400 kN·m，其额定起升重量的90%应大于架体重量。

③ 钢丝绳与防护架的连接点应在竖向桁架的顶部，连接处不得有尖锐凸角等。

④ 提升钢丝绳的长度应能保证提升平稳。

⑤ 提升速度不得大于3.5 m/min。

⑥ 在防护架从准备提升到提升到位交付使用前，除操作人员外，其他人员不得从事临边防护等作业。操作人员应佩戴安全带。

⑦ 当防护架提升、下降时，操作人员必须站在建筑物内或相邻的架体上，严禁站在防护架上操作；架体安装完毕前，严禁上人。

⑧ 每片架体均应分别与建筑物直接连接；不得在提升钢丝绳受力前拆除连墙件，不得在施工过程中拆除连墙件。

⑨ 当采用辅助架时，第一次提升前应在钢丝绳收紧受力后，才能拆除连墙件及与辅助架相连接的扣件。指挥人员应持证上岗，信号工、操作工应服从指挥、协调一致，不得缺岗。

⑩ 防护架在提升时，必须按照"提升一片、固定一片、封闭一片"的原则进行。严禁提前拆除两片以上的架体、分片处的连接杆、立面及底部封闭设施。

⑪ 在防护架每次提升后，必须逐一检查扣件紧固程度；所有连接扣件拧紧力矩必须达到40～65 N·m。

(3) 拆除要求。

① 外挂防护架拆除的准备工作应遵守以下规定：

a. 对防护架的连接扣件、连墙件、竖向桁架、三角臂应进行全面检查，并应符合构造要求。

b. 应根据检查结果补充完善专项施工方案中的拆除顺序和措施，并应经总包和监理单位批准后方可实施。

c. 应对操作人员进行拆除安全技术交底。

d. 应清除防护架上杂物及地面障碍物。

② 外挂防护架拆除时应遵守以下规定：

a. 应采用起重机械把防护架吊运到地面进行拆除。

b. 拆除的构配件应按品种、规格随时码堆存放，不得抛掷。

8.3.4.5 承插型盘扣式钢管脚手架

(1) 搭设与拆除要求。

① 扣件式脚手架立杆应定位准确，并应配合施工进度搭设，一次搭设高度不应超过相邻连墙件以上两步。

② 连墙件应随脚手架高度上升在规定位置处设置，不得任意拆除。

③ 作业层设置应符合下列要求：

a. 应满铺脚手板。

b. 外侧应设挡脚板和防护栏杆，防护栏杆可在每层作业面立杆的 0.5 m 和 1.0 m 的盘扣节点处布置上、中两道水平杆，并应在外侧满挂密目安全网。

c. 作业层与主体结构间的空隙应设置内侧防护网。

④ 加固件、斜杆应与脚手架同步搭设。采用扣件钢管做加固件、斜撑时应符合现行行业标准《建筑施工扣件式钢管脚手架安全技术规范》(JGJ 130—2011)的有关规定。

⑤ 当脚手架搭设至顶层时，外侧防护栏杆高出顶层作业层的高度不应小于 1500 mm。

⑥ 当搭设悬挑外脚手架时，立杆的套管连接接长部位应采用螺栓作为立杆连接件固定。

⑦ 脚手架可分段搭设、分段使用，应由施工管理人员组织验收，并应确认符合方案要求后使用。

⑧ 脚手架应经单位工程负责人确认并签署拆除许可令后拆除。

⑨ 脚手架拆除时应划出安全区，设置警戒标志，派专人看管。

⑩ 拆除前应清理脚手架上的器具、多余的材料和杂物。

⑪ 脚手架拆除应按"后装先拆、先装后拆"的原则进行，严禁上下同时作业。连墙件应随脚手架逐层拆除，分段拆除的高度差不应大于两步。如因作业条件限制，出现高度差大于两步，则应增设连墙件加固。

(2) 安全管理。

① 扣件式脚手架的搭设人员应持证上岗。

② 支架搭设作业人员应正确佩戴安全帽、系上安全带和穿上防滑鞋。

③ 脚手架使用期间，不得擅自拆除架体结构杆件。如需拆除，必须报请工程项目技术负责人以及总监理工程师同意，确定防控措施后方可实施。

④ 严禁在脚手架基础开挖深度影响范围内进行挖掘作业。

⑤ 拆除的支架构件应安全地传递至地面，严禁抛掷。

⑥ 在脚手架上进行电、气焊作业时，必须有防火措施和专人监护。

⑦ 脚手架应与架空输电线路保持安全距离，工地临时用电线路架设及脚手架接地、防雷击措施等应按现行行业标准《施工现场临时用电安全技术规范》(JGJ 46—2005)的有关规定执行。

8.4 高处作业安全技术

凡在坠落高度基准面 2 m 以上(含 2 m)有可能坠落的高处进行的作业均称为高处作业。其含义有两个：一是相对概念，可能坠落的底面高度大于或等于 2 m，就是说无论在单层、多层或高层建筑物作业，即使是在平地，只要作业处的侧面有可能导致人员坠落的坑、井、洞或空间，其高度达到 2 m 及其以上，就属于高处作业；二是高低差距标准定为 2 m，因为一般情况下，当人在 2 m 以上的高度坠落时，就很可能会造成重伤，甚至死亡。

(1) 一般规定。

① 技术措施及所需料具要完整地列入施工计划。

② 进行技术教育和现场技术交底。

③ 所有安全标志、工具和设备等，在施工前逐一检查。

④ 做好对高处作业人员的培训考核等。

(2) 高处作业的级别。

高处作业的级别可分为 4 级：即高处作业在 2.5～5 m 时，为一级高处作业；5～15 m 时为二级高处作业；15～30 m 时，为三级高处作业；大于 30 m 时，为特级高处作业。高处作业又分为一般高处作业和特殊高处作业，其中特殊高处作业又分为 8 类。

特殊高处作业的分类如下：

① 在阵风风力 6 级(风速 10.8 m/s)以上的情况下进行的高处作业，称为强风高处作业。

② 在高温或低温环境下进行的高处作业，称为异温高处作业。

③ 降雪时进行的高处作业，称为雪天高处作业。

④ 降雨时进行的高处作业，称为雨天高处作业。

⑤ 室外完全采用人工照明时进行的高处作业，称为夜间高处作业。

⑥ 在接近或接触带电体条件下进行的高处作业，称为带电高处作业。

⑦ 在无立足点或无牢靠立足点的条件下进行的高处作业，称为悬空高处作业。

⑧ 对突然发生的各种灾害事故进行抢救的高处作业，称为抢救高处作业。

一般高处作业是指除特殊高处作业以外的高处作业。

(3) 高处作业的标记。

高处作业的分级以级别、类别和种类做标记。一般高处作业做标记时，写明级别和种类；特殊高处作业做标记时，写明级别和类别，种类可省略不写。

(4) 高处作业时的安全防护技术措施。

① 凡是进行高处作业施工的，应使用脚手架、平台、梯子、防护围栏、挡脚板、安全带和安全网等。作业前应认真检查所用的安全设施是否牢固、可靠。

② 凡从事高处作业的人员，应接受高处作业安全知识的教育；特殊高处作业人员应持证上岗，上岗前应依据有关规定进行专门的安全技术交底。采用新工艺、新技术、新材料和新设备的，应按规定对作业人员进行相关安全技术教育。

高处作业坠落事故案例

③ 高处作业人员应体检合格后方可上岗。施工单位应为作业人员提供合格的安全帽、安全带等必备的个人安全防护用具，作业人员应按规定正确佩戴和使用。

独立思考

8-1 试分析某项目模板支架立杆失稳，引起支撑系统整体倒塌的直接原因和间接原因。

独立思考答案

8-2 高处作业时的安全防护技术措施有哪些？

8-3 某工程为框架结构，由于施工工期非常紧张，未搭设外架，各楼层临边也未设防护栏杆，被责令整改。为了加快整改速度，工地在人手不足的情况下，临时借用外单位的持特种作业证的架子工若干名，帮助搭设各楼层防护设施。借用人员到位后，工地立即安排开始搭设作业，情况如下：① 由于各框架柱之间净距为 7 m，在其间增设两根栏杆柱，并焊接固定。② 设防护栏杆两道，下横杆离地高度为 0.5 m，上横杆离地高度为 0.9 m，该防护栏杆在半年后，由于其他作业的需要，在安全员的同意下，部分被临时拆除了。③ 为了美观，所有栏杆统一刷丹红防锈漆一道。

根据以上情况，指出该工地的错误做法。

9 施工机械与临时用电安全技术

内容提要

本章着重介绍了施工机械安全管理的一般规定，塔式起重机、物料提升机、施工升降机的安全使用要求，起重吊装安全技术以及施工现场临时用电安全技术要求。

5 分钟
看完本章

能力要求

通过本章的学习，学生应能够编制塔式起重机、物料提升机、施工升降机的安装与拆除专项施工方案以及起重吊装专项施工方案，能够根据《建筑施工安全检查标准》(JGJ 59—2011)中的施工用电安全检查评分表对施工用电组织安全检查和评分。

9.1 施工机械安全技术

9.1.1 施工机械安全技术管理的一般规定

(1) 施工企业技术部门应在工程项目开工前编制包括主要施工机械设备安装防护技术的安全技术措施，并报工程项目监理单位审查批准。

(2) 施工企业应认真贯彻执行经审查批准的安全技术措施。

(3) 施工项目总承包单位应对分包单位、机械租赁方执行安全技术措施的情况进行监督。分包单位、机械租赁方应接受项目经理部的统一管理，严格履行各自的机械设备安全技术管理方面的职责。

(4) 施工单位对进入施工现场的机械设备的安全装置和操作人员的资质进行审验，不合格的机械和无资质的人员不得进入施工现场。

(5) 严禁拆除机械设备上的自动控制机构、力矩限位器等安全装置，以及监测、指示、仪表、报警器等自动报警、信号装置。其调试和故障的排除应由专业人员负责进行。施工机械的电气设备必须由专职电工进行维护和检修。

(6) 机械设备在冬季使用时,应执行建筑机械冬期使用的有关规定。

(7) 处在运行和运转中的机械严禁对其进行维修、保养或调整等作业。

(8) 机械设备应按时进行保养,当发现有漏保、失修或超载带病运转等情况时,有关部门应当停止使用。

(9) 机械操作人员和配合人员都必须按规定穿戴劳动保护用品,长发不得外露;高空作业必须系安全带,不得穿硬底鞋和拖鞋;严禁从高处往下投掷物件。

(10) 机械进入作业地点后,施工技术人员应向机械操作人员进行施工任务及安全技术措施交底。操作人员应熟悉作业环境和施工条件,听从指挥,遵守现场安全规定。

(11) 当使用机械设备与安全发生矛盾时,必须服从安全的要求。

9.1.2 垂直运输机械安全技术管理

垂直运输机械在建筑施工中担负施工现场垂直运(输)送材料、设备和人员上下的重要工作,它是施工安全技术措施中不可缺少的重要环节。垂直运输设施种类繁多,一般归结为塔式起重机、物料提升架、施工升降机、混凝土泵和小型提升机械五大类。

9.1.2.1 塔式起重机

塔式起重机是一种塔身直立,起重臂铰接在塔帽下部,能够作360°回转的起重机,通常用于房屋建筑和设备安装的场所,具有适用范围广、起升高度高、回转半径大、工作效率高、操作简便、运转可靠等特点。

由于塔式起重机机身较高,其稳定性就较差,并且拆装转移较频繁以及技术要求较高,也给施工安全带来一定困难,操作不当或违章拆装极有可能发生塔机倾覆的机毁人亡事故,造成严重的经济损失和人身伤亡。因此,机械操作、安装、拆卸人员和机械管理人员必须全面掌握塔机的技术性能,从思想上引起高度重视,从业务上掌握正确的安装、拆卸、操作的技能,保证塔机的正常运行,确保安全生产。

(1) 塔式起重机的安全装置。

① 起重力矩限制器。

起重力矩限制器是防止塔机超载的安全装置,避免塔机由于严重超载而引起塔机的倾覆或折臂等恶性事故。

② 起重量限制器。

起重量限制器的作用是防止塔机的吊物重量超过最大额定荷载,避免发生机械损坏事故。

③ 起升高度限位器。

起升高度限位器是用来限制吊钩接触到起重臂头部或载重小车之前,或是下降到最低点(地面或地面以下若干米)以前,使起升机构自动断电并停止工作。

④ 幅度限位器。

动臂式塔机的幅度限位器的作用是当臂架变幅到仰角极限位置时(一般与水平夹角为63°~73°时)切断变幅机构的电源,使其停止工作,同时还设有机械止挡,以防臂架因起幅中的惯性而后翻。

小车运行变幅式塔机的幅度限位器用来防止运行小车超过最大或最小幅度的两个极限位置。一般小车变幅限位器是安装在臂架小车运行轨道的前后两端,用行程开关达到控制目的。

⑤ 塔机行走限制器。

塔机行走限制器是行走式塔机的轨道两端尽头所设的止挡缓冲装置,利用安装在台车架上或底架上的行程开关碰撞轨道两端前的挡块切断电源来使塔机停止行走，防止脱轨造成塔机倾覆事故。

⑥ 钢丝绳防脱槽装置。

钢丝绳防脱槽装置主要是防止当传动机构发生故障时，造成钢丝绳不能够在卷筒上顺排，以致越过卷筒端部凸缘，发生咬绳等事故。

⑦ 回转限制器。

有些上回转的塔机安装了回转不能超过 270°和 360°的限制器，防止电源线扭断，造成事故。

⑧ 风速仪。

风速仪能自动记录风速，当超过六级风速时自动报警，使操作司机及时采取必要的防范措施，如停止作业、放下吊物等。

⑨ 电气控制中的零位保护和紧急安全开关。

所谓零位保护，是指塔机操纵开关与主令控制器联锁，只有在全部操纵杆处于零位时开关才能接通，从而防止无意操作。

紧急安全开关则是一种能及时切断全部电源的安全装置。

⑩ 夹轨钳。

夹轨钳装设在台车金属结构上，用以夹紧钢轨，防止塔机在大风情况下被风吹动而行走造成塔机出轨倾翻事故。

⑪ 吊钩保险。

吊钩保险是安装在吊钩挂绳处的一种防止起重千斤绳由于角度过大或挂钩不妥时，造成起吊千斤绳脱钩，吊物坠落事故的装置。

吊钩保险一般采用机械卡环式，用弹簧来控制挡板，阻止千斤绳滑钩。

(2) 塔式起重机的安装与拆卸。

① 施工方案与资质管理。

特种设备(塔机、井架、龙门架、施工电梯等)的装拆必须编制具有针对性的施工方案，内容应包括：工程概况、施工现场情况、安装前的准备工作及注意事项、安装与拆卸的具体顺序和方法、装拆和指挥人员组织、安全技术要求及安全措施等。

装拆塔式起重机的企业，必须具备装拆作业的资质，作业人员必须经过专门培训并取得上岗证。

安装调试完毕，还必须进行自检、试车及验收，按照检验项目和要求注明检验结果。检验项目应包括特种设备主体结构组合、安全装置的检测、起重钢丝绳与卷筒、吊物平台篮或吊钩、制动器、减速器、电器线路、配重块、空载试验、额定载荷试验、110%的载荷试验、经调试后各部位运转情况、检验结果等。塔机验收合格后，才能交付使用。

使用前必须制定特种设备管理制度，包括设备经理的岗位职责、起重机管理员的岗位职责、起重机安全管理制度、起重机驾驶员岗位职责、起重机械安全操作规程、起重机械的事故应急措施救援预案、起重机械安拆安全操作规程等。

② 塔式起重机的基础。

固定式塔式起重机的基础是确保塔机安全的必要条件。它担负着塔机的自重荷载和运行荷载，更重要的是要考虑风荷载。一是基础所在地基的承载力是否能达到设计要求，是否需要进行地基处理；二是塔机基础的自重、配筋、混凝土强度等级是否满足相应型号塔机的技术指标。基础的形式和大小应根据施工现场土质差异而定。

③ 安装拆卸的安全注意事项。

a. 对装拆人员的要求。

(a) 参加塔式起重机装拆人员，必须经过专业培训考核，持有效的操作证上岗。

(b) 装拆人员严格按照塔式起重机的装拆方案和操作规程中的有关规定、程序进行装拆。

(c) 装拆作业人员严格遵守施工现场安全生产的有关制度，正确使用劳动防护用品。

b. 对塔式起重机装拆的管理要求。

(a) 装拆塔式起重机的施工企业，必须具备装拆作业的资质，并按装拆塔式起重机资质的等级装拆相对应的塔式起重机。

(b) 施工企业必须建立塔式起重机的装拆专业班组，并且配有起重工(装拆工)、电工、起重指挥员、塔式起重机操纵司机和维修钳工等。

(c) 进行塔式起重机装拆，施工企业必须编制专项的装拆安全施工组织设计和装拆工艺要求，并经过企业技术主管领导的审批。

(d) 塔式起重机装拆前，必须向全体作业人员进行装拆方案和安全操作技术的书面和口头交底，并履行签字手续。

(3) 塔式起重机使用安全要求。

① 起重机的安装、顶升、拆卸必须按照原厂规定进行，并制订安全作业措施方案，由专业队(组)在队(组)长统一指导下进行，并要有技术和安全人员在场监护。

② 起重机安装后，在无荷载情况下，塔身与地面的垂直度偏差值不得超过 3/1000。

③ 起重机专用的临时配电箱，宜设置在轨道中部附近，电源开关应符合规定要求。电缆卷筒必须运转灵活、安全可靠，不得拖缆。

④ 起重机应进行接地、接零。

⑤ 起重机必须安装行走、变幅、吊钩高度等限位器和力矩限制器等安全装置，并保证灵敏、可靠。对有升降式驾驶室的起重机，断绳保护装置必须可靠。

⑥ 起重机的塔身上，不得悬挂标语牌。

⑦ 作业前重点检查内容如下：

a. 机械结构的外观情况，各传动机构正常；各齿轮箱、液压箱的液位应符合标准。

b. 主要部位连接螺栓应无松动，钢丝绳磨损情况及穿绕滑轮应符合规定。

c. 供电电缆应无破损。

⑧ 在中波无线电广播发射天线附近施工时，与起重机接触的人员，应穿戴绝缘手套和绝缘鞋。

⑨ 检查电源电压达到 380V，其变动范围不得超过±20V，送电前启动控制开关应在零位。接通电源，检查金属结构部分无漏电方可上机。

⑩ 空载运转，确认行走、回转、起重、变幅等各机构的制动器、安全限位、防护装置等正常后，方可作业。

⑪ 提升重物后，严禁自由下降。重物就位时，可用微动机构或使用制动器使之缓慢下降。

⑫ 提升的重物平移时，应高出其跨越的障碍物 0.5 m 以上。

⑬ 两台或两台以上塔吊靠近作业时，应保证两机之间的最小防碰安全距离。

a. 移动塔吊，任何部位(包括起吊的重物)之间的距离不得不小于 5 m。

b. 两台同是水平臂架的塔吊，臂架与臂架的高差应至少不小于 6 m。

c. 处于高位的起重机(吊钩升至最高点)与低位的起重机之间，在任何情况下，其垂直方向的间距不得小于 2 m。

⑭ 当施工因场地作业条件的限制，不能满足要求时，应同时采取如下两种措施：

a. 组织措施，对塔吊作业及行走路线进行规定，由专设的监护人员进行监督执行。

b. 技术措施，应采取设置限位装置缩短臂杆、升高(下降)塔身等措施，防止塔吊因误操作而造成超越规定的作业范围，发生碰撞事故。

⑮ 旋转臂架式起重机的任何部位或被吊物边缘与10 kV以下的架空线路边线最小水平距离不得小于2 m；塔式起重机活动范围应避开高压供电线路，相距应不小于6 m；当塔吊与架空线路之间间距小于安全距离时，必须采取防护措施，并悬挂醒目的警告标志牌。夜间施工应有36 V彩泡(或红色灯泡)，当起重机作业半径在架空线路上方经过时，其线路的上方也应有防护措施。

⑯ 作业后，起重机应停放在轨道中间位置，臂杆应转到顺风方向，并放松回转制动器。小车及平衡重应移到非工作状态位置。吊钩提升到离臂杆顶端2～3 m处。

⑰ 将每个控制开关拨至零位，依次断开各路开关，关闭操作室门窗，下机后切断电源总开关，打开高空指示灯。

⑱ 锁紧夹轨器，使起重机与轨道固定，如遇8级大风，则应另拉缆风绳与地锚或建筑物固定。

⑲ 任何人员上塔帽、吊臂、平衡臂的高空部位检查或修理时，必须佩戴安全带。

⑳ 塔吊司机属于特种作业人员，必须经过专门培训，取得操作证。司机学习塔型与实际操纵的塔型应一致。严禁未取得操作证的人员操作塔吊。

㉑ 指挥人员必须经过专门培训，取得指挥证。严禁无证人员指挥。

㉒ 高塔作业应结合现场实际改用旗语或对讲机进行指挥。

㉓ 塔式起重机司机必须严格按照操作规程的要求和规定执行，上班前例行保养、检查，一旦发现安全装置不灵敏或失效必须进行整改，符合安全使用要求后方可作业。

塔机倒塌事故案例

9.1.2.2 物料提升机

物料提升机包括井式提升架(简称“井架”)、龙门式提升架(简称“龙门架”)、塔式提升架(简称“塔架”)和独杆升降台等，它们的共同特点为：

① 提升采用卷扬机，卷扬机设于架体外。

② 安全设备一般只有防冒顶、防坐冲和停层保险装置，只允许用于物料提升，不得载运人员。

③ 用于10层以下时，多采用缆风绳固定；用于超过10层的高层建筑施工时，必须采取附墙方式固定，成为无缆风绳高层物料提升架，并可在顶部设液压顶升构造，实现井架或塔架标准节的自升接高。

塔架是一种采用类似塔式起重机的塔身和附墙构造，两侧悬挂吊笼或混凝土斗，可自升的物料提升架。此外，还有一种用于烟囱等高耸构筑物施工的、随作业平台升高的井架式物料提升机，同时可供人员上下使用，在安全设施方面需相应加强，如增加限速装置和断绳保护等，以确保人员上下的安全。

图 9-1　井架

(1) 提升机的基本构造。

井架和龙门架主要由架体、天梁、吊篮、导轨、天轮、电动卷扬机以及各类安全装置组成，如图 9-1 所示。

(2) 安全防护装置。

① 安全停靠装置。

当吊篮运行到位时，该装置应能可靠地将吊篮定位，并能承担吊篮自重、额定荷载及运卸料人员和装卸物料时的工作荷载。此时起升钢丝绳应不受力。安全停靠装置的形式不一，有机械式、电磁式、自动或手动型等。

② 断绳保护装置。

吊篮在运行过程中发生钢丝绳突然断裂或钢丝绳尾端固定点松脱，吊篮会从高处坠落，严重时将造成机毁人亡的后果。断绳保护装置就是在上述情况发生时，此装置即刻动作，将吊篮卡在架体上，使吊篮不坠落，避免发生严重的事故。断绳保护装置的形式较多，最常见的是弹闸式，其他还有偏心夹棍式、杠杆式和挂钩式等。无论哪种形式，都应能可靠地将吊篮在下坠时固定在架体上，其最大滑落行程在吊篮满载时不得超过 1 m。

③ 吊篮安全门。

吊篮的上下料口处应装设安全门，此门应制成自动开启型。当吊篮落地或停层时，安全门能自动打开，而在吊篮升降运行中此门处于关闭状态，成为一个四边都封闭的“吊篮”，以防止所运载的物料从吊篮中滚落。

④ 上极限限位器。

上极限限位器是为防止司机误操作或机械、电气故障引起吊篮上升高度失控造成事故而设置的安全装置。该装置应能有效地控制吊篮允许提升的最高极限位置，此极限位置应控制在天梁最低处以下。当吊篮上升达到极限位置时，限位器随即动作，切断电源，使吊篮只能下降，不能上升。

⑤ 紧急断电开关。

紧急断电开关应设在司机便于操作的位置，在紧急情况下，能及时切断提升机的总控制电源。

⑥ 信号装置。

该装置由司机控制，能与各楼层进行简单的音响或灯光联络，以确定吊篮的需求情况。

高架提升机除应满足上述安全装置外，还应满足以下要求。

① 下极限限位器：该装置是控制吊篮下降的最低极限位置的装置。在吊篮下降到最低限定位置时，即吊篮下降至尚未碰到缓冲器之前，此限位器自动切断电源，并使吊篮在重新启动时只能上升，不能下降。

② 缓冲器：在架体底部坑内设置的，为缓解吊篮下坠或下极限限位器失灵时产生的冲击力的一种装置。该装置应能承受并吸收吊篮满载时和规定速度下所产生的相应冲击力。缓冲器可采用弹簧或弹性实体。

③ 超载限制器：该装置是为保证提升机在额定载重量之内安全使用而设置的。当荷载达到额定荷载时，即发出报警信号，提醒司机和运料人员注意。当荷载超过额定荷载时，应能切断电源，使吊篮不能启动。

④ 通信装置：架体高度较高，吊篮停靠楼层数较多，司机不能清楚地看到楼层上人员需要或分辨不清哪层楼面发出信号时，必须装设通信装置。通信装置必须是一个闭路的双向电气通信系统，司机应能听到或看清每一站的需求联系，并能与每一站人员通话。

当低架提升机的架设是利用建筑物内部垂直通道，如采光井、电梯井、设备或管道井时，在司机不能看到吊篮运行情况下，也应该装设通信联络装置。

(3) 物料提升机的安全使用与管理。

① 提升机安装后，应由主管部门组织有关人员按规范和设计的要求进行检查验收，确定合格后发给使用证，方可交付使用。

② 由专职司机操作。升降机司机应经专门培训，人员要相对稳定，每班开机前，应对卷扬机、钢丝绳、地锚、缆风绳进行检查，并进行空车运行，确认安全装置安全可靠后方能投入工作。

③ 每月进行一次定期检查。

④ 严禁人员攀登、穿越提升机架体和乘坐吊篮上下。

⑤ 物料在吊篮内应均匀分布，不得超出吊篮，严禁超载使用。

⑥ 设置灵敏可靠的联系信号装置，司机在通信联络信号不明时不得开机，作业中无论任何人发出紧急停车信号，均应立即执行。

⑦ 装设摇臂把杆的提升机，吊篮与摇臂把杆不得同时使用。

⑧ 提升机在工作状态下，不得进行保养、维修、排除故障等工作，若要进行则应切断电源并在醒目处挂“有人检修、禁止合闸”的标志牌，必要时应设专人监护。

⑨ 卷扬机应安装在平整、坚实的位置上，宜远离危险作业区，视线应良好。因施工条件限制，卷扬机安装位置距施工作业区较近时，其操作棚的顶部应按规定的防护棚要求架设。

⑩ 作业结束时，司机应降下吊篮，切断电源，锁好控制电箱门，防止其他无证人员擅自启动提升机。

吊篮脚手架倾斜事故案例

9.1.2.3 施工升降机

施工升降机是高层建筑施工中供施工人员上下及运送建筑材料和工具设备必备的和重要的垂直运输设施。施工升降机又称为施工电梯，是一种使工作笼(吊笼)沿导轨作垂直(或倾斜)运动的机械，如图 9-2 所示。施工升降机在中、高层建筑施工中采用较为广泛，另外还可作为仓库、码头、船坞、高塔、高烟囱长期使用的垂直运输机械。

施工升降机按其传动形式可分为齿轮齿条式、钢丝绳式和混合式三种。

(1) 施工升降机的安全装置。

① 限速器。

齿条驱动的建筑施工升降机，为了防止吊笼坠落均装有锥鼓式限速器，并可分为单向式和双向式两种，单向限速器只能沿吊笼下降方向起限速作用，双向限

图 9-2 施工升降机

速器则可以沿吊笼的升降两个方向起限速作用。

当齿轮达到额定限制转速时，限速器内的离心块在离心力与重力作用下，推动制动轮并逐渐增大制动力矩，直到将工作笼制动在导轨架上为止。在限速器制动的同时，导向板切断驱动电动机的电源。限速器每次动作后，必须进行复位，即使离心块与制动轮的凸齿脱开，并确认传动机构的电磁制动作用可靠，方能重新工作。限速器应按规定期限进行性能检测。

② 缓冲弹簧。

在建筑施工升降机底笼的底盘上装有缓冲弹簧，以便当吊笼发生坠落事故时，减轻吊笼的冲击，同时保证吊笼和配重下降着地时呈柔性接触，缓冲吊笼和配重着地时的冲击。缓冲弹簧有圆锥卷弹簧和圆柱螺旋弹簧两种。一般情况下，每个吊笼对应的底架上装有两个圆锥卷弹簧，也有采用四个圆柱螺旋弹簧的。

③ 上、下极限限位器。

上、下极限限位器是在上、下限位器不起作用时，当吊笼运行超过限位开关和越程(越程是指限位开关与极限限位开关之间所规定的安全距离)时，能及时切断电源使吊笼停车。极限限位器是非自动复位型，动作后需手动复位才能使吊笼重新启动。极限限位器安装在导轨器或吊笼上。

④ 安全钩。

安全钩是为防止吊笼到达预先设定位置后继续向上运行，上限位器和上极限限位器因各种原因不能及时动作，导致吊笼冲击导轨架顶部而发生倾翻坠落事故设置的。安全钩是安装在吊笼上部的重要的也是最后一道安全装置，它能使吊笼上行到导轨架顶部的时候，安全钩钩住导轨架，保证吊笼不发生倾翻坠落事故。

⑤ 急停开关。

当吊笼在运行过程中发生各种原因的紧急情况时，司机能在任何时候按下急停开关，使吊笼停止运行。急停开关必须是非自行复位的安全装置，安装在吊笼顶部。

⑥ 吊笼门、底笼门联锁装置。

施工升降机的吊笼门、底笼门均装有电气联锁开关，它们能有效地防止因吊笼或底笼门未关闭就启动运行而造成人员坠落和物料滚落，施工升降机只有当吊笼门和底笼门完全关闭时才能启动运行。

⑦ 楼层通道门。

施工升降机与各楼层均搭设了运料和人员进出的通道，在通道口与升降机结合部位必须设置楼层通道门。此门在吊笼上下运行时处于常闭状态，只有当吊笼停靠时才能由吊笼内的人打开。应做到楼层内的人员无法打开此门，以确保通道口处在封闭的条件下不出现危险的边缘。楼层通道门的高度应不低于 1.8 m，门的下沿离通道面不应超过 50 mm。

⑧ 通信装置。

由于司机的操作室位于吊笼内，无法知道各楼层的需求情况和分辨不清哪个层面发出信号，因此必须安装一个闭路的双向电气通信装置，司机应能听到或看到每一层的需求信号。

⑨ 地面出入口防护棚。

施工升降机在安装完毕时，应及时搭设地面出入口的防护棚。防护棚搭设的材质要选用普通脚手架钢管，防护棚长度不应小于 5 m，有条件的可与地面通道防护棚连接起来；宽度应不小于升降机底笼最外部尺寸。其顶部材料可采用 50 mm 厚木板或两层竹笆，上下竹笆间距应不小于 600 mm。

(2) 施工升降机的安装与拆卸。

① 施工升降机每次安装与拆卸作业之前，企业应根据施工现场工作环境及辅助设备情况编制安装拆卸方案，经企业技术负责人审批同意后方能实施。

② 每次安装或拆除作业之前，应对作业人员按不同的工种和作业内容进行详细的技术、安全交底。参与装拆作业的人员必须持有专门的资格证书。

③ 升降机的装拆作业必须是经当地建设行政主管部门认可、持有相应的装拆资质证书的专业单位实施。

④ 升降机每次安装后，施工企业应当组织有关职能部门和专业人员对升降机进行必要的试验和验收。确认合格后应当向当地建设行政主管部门认定的检测机构申报，经专业检测机构检测合格后，才能正式投入使用。

(3) 施工升降机的安全使用和管理。

① 施工企业必须建立健全施工升降机的各类管理制度，落实专职机构和专职管理人员，明确各级安全使用和管理责任制。

② 驾驶升降机的司机应为经有关行政主管部门培训合格的专职人员，严禁无证操作。

③ 司机应做好日常检查工作，即在电梯每班首次运行时，应分别作空载和满载试运行，将梯笼升高至地面设计高度处停车，检查制动器的灵敏性和可靠性，确认正常后方可投入使用。

④ 建立和执行定期检查和维修保养制度，每周或每旬对升降机进行全面检查，对查出的隐患按“三定”原则落实整改。整改后须经有关人员复查确认符合安全要求后，方能使用。

⑤ 梯笼乘人、载物时，应尽量使荷载均匀分布，严禁超载使用。

⑥ 升降机运行至最上层和最下层时，严禁以碰撞上、下限位开关来实现停车。

⑦ 司机因故离开吊笼及下班时，应将吊笼降至地面，切断总电源并锁上电箱门，以防止其他无证人员擅自开动吊笼。

⑧ 风力达 6 级以上，应停止使用升降机，并将吊笼降至地面。

⑨ 各停靠层的运料通道两侧必须有良好的防护。楼层门应处于常闭状态，其高度应符合规范要求，任何人不得擅自打开或将头伸出门外；当楼层门未关闭时，司机不得开动电梯。

⑩ 确保通信装置完好，司机应当在确认信号后方能开动升降机。作业中无论任何人在任何楼

层发出紧急停车信号，司机都应当立即执行。

⑪ 升降机应按规定单独安装接地保护和避雷装置。

⑫ 严禁在升降机运行状态下进行维修、保养工作。若需维修，必须切断电源并在醒目处挂上“有人检修，禁止合闸”的标志牌，并有专人监护。

9.1.2.4 起重吊装安全技术

吊装作业是指建筑施工中的结构安装和设备安装工程。由于起重吊装作业是专业性较强且危险性较大的工作，稍为疏忽就易发生伤亡事故，因此《建筑施工安全检查标准》(JGJ 59—2011)中增加了“起重吊装安全检查评分表”这一项内容，意在加强和重视吊装作业的安全工作。

(1) 施工方案。

起重吊装包括结构吊装和设备吊装，其属于高处危险作业，作业条件多变，专业性强，施工技术也比较复杂。施工前应根据工程实际编制专项施工方案，内容应包括：现场环境、工程概况、施工工艺、起重机械的选型依据、起重扒杆的设计计算、地锚设计、钢丝绳及索具的设计选用、地基承载力及道路的要求、构件堆放就位图以及吊装过程中的各种安全防护措施以及应急救援预案等。作业方案必须针对工程状况和现场实际具有指导性，并经上级技术部门审批确认符合要求。

(2) 起重吊装。

① 起重机(图 9-3～图 9-5)。

图 9-3 履带式起重机

图 9-4 轮胎式起重机

图 9-5 汽车式起重机

a. 起重机械按施工方案要求选型，运到现场重新组装后，应进行试运转试验和验收，确认符合要求并有记录、签字。

b. 起重机经检测合格后，可以继续使用并持有有关部门定期核发的准用证。

c. 经检查确认安全装置(包括超高限位器、力矩限制器、臂杆幅度指示器及吊钩保险装置)均符合要求。当该机说明书中尚有其他安全装置时应按说明书规定进行检查。

② 起重扒杆。

a. 起重扒杆的选用应符合作业工艺要求，扒杆的规格尺寸通过设计计算确定，其设计计算应按照有关规范标准进行，并经上级技术部门审批。

b. 扒杆选用的材料、截面以及组装形式，必须按设计图纸要求进行，组装后应经有关部门检验确认符合要求。

c. 扒杆与钢丝绳、滑轮、卷扬机等组合好后，应先进行检查、试吊，确认符合设计要求，并做好试吊记录。

③ 钢丝绳与地锚。

a. 钢丝绳的结构形式、规格、强度要符合机型要求。钢丝绳在卷筒上要连接牢固，按顺序整齐排列，当钢丝绳全部放出时，筒上至少要留三圈以上。起重钢丝绳磨损、断丝超标按《起重机械安

全规程　第1部分:总则》(GB 6067.1—2010)的规定检查报废。

b. 扒杆滑轮及地面导向滑轮的选用,应与钢丝绳的直径相适应,其直径比值不应小于15,各组滑轮必须用钢丝绳牢靠固定,滑轮出现翼缘破损等缺陷时应及时更换。

c. 缆风绳应使用钢丝绳,其安全系数 $K=3.5$,规格应符合施工方案要求,缆风绳应与地锚牢固连接。

d. 地锚的埋设做法应经计算确定,地锚的位置及埋深应符合施工方案要求和扒杆作业时的实际角度。移动扒杆时,也必须使用经过设计计算的正式地锚,不准随意拴在电杆、树木和构件上。

④ 吊点。

a. 根据重物的外形、重心及工艺要求选择吊点,并在方案中进行规定。

b. 吊点是在重物起吊、翻转、移位等作业中都必须使用的,吊点应与重物的重心在同一垂直线上,且吊点应在重心之上(吊点与重物重心的连线和重物的横截面垂直),使重物垂直起吊,禁止斜吊。

c. 当采用几个吊点起吊时,应使各吊点的合力作用点在重物重心的位置之上。必须正确计算每根吊索的长度,使重物在吊装过程中始终保持稳定位置。当构件无吊鼻,需用钢丝绳捆绑时,必须对棱角处采取保护措施,防止切断钢丝。钢丝绳做吊索时,其安全系数 $K=6\sim8$。

⑤ 司机、指挥人员。

a. 起重机司机属于特种作业人员,应经正式培训考核并取得合格证书。合格证书或培训内容,必须与司机所驾驶起重机类型相符。

b. 汽车吊、轮胎吊必须由起重机司机驾驶,严禁同车的汽车司机与起重机司机相互替代(司机持有两种证的除外)。

c. 起重机的信号指挥人员应经正式培训考核并取得合格证书。其信号应符合国家标准《起重机　手势信号》(GB/T 5082—2019)的规定。

d. 起重机在地面,而吊装作业在高处作业的情况下,必须专门设置信号传递人员,以确保司机能清晰准确地看到和听到指挥信号。

⑥ 地基承载力。

a. 起重机作业区路面的地基承载力应符合该机说明书要求,并应对相应的地基承载力报告结果进行审查。

b. 作业道路平整度坚实,一般情况纵向坡度不大于3‰,横向坡度不大于1‰。行驶或停放起重机时,应与沟渠、基坑保持5 m以外,且不得停放在斜坡上。

c. 当地面平整与地耐力不能满足要求时,应采用路基箱、道木等铺垫措施,以确保机车的作业条件。

⑦ 起重作业。

a. 起重机司机应熟知施工作业中所起吊重物的重量,并有交底记录。

b. 司机必须熟知该机车起吊高度及幅度情况下的实际起吊重量,并清楚机车中各装置正确使用,熟悉操作规程,做到不超载作业。

c. 作业面平整、坚实。支脚全部伸出垫牢。机车平稳,不倾斜。

d. 不准斜拉、斜吊。重物启动上升时应动作缓慢进行,不得突然起吊形成超载。

e. 不得起吊埋于地下和黏在地面与其他物体上的重物。

f. 多台机共同工作,必须随时掌握各起重机起升的同步性,单机负载不得超过该机额定起重量的80%。

g.起重机首次起吊或重物重量变换后首次起吊时，应先将重物吊离地面200～300 mm后停住，检查起重机的工作状态，在确认起重机稳定、制动可靠、重物吊挂平衡牢固后，方可继续起升。

⑧ 高处作业。

a.起重吊装于高处作业时，应按规定设置安全措施防止高处坠落，包括各洞口盖严盖牢，临边作业应搭设防护栏杆、封挂密目网等。结构吊装时，可设置移动式节间安全平网，随节间吊装，平网可平移到下一节间，以保护节间高处作业人员的安全。

b.吊装作业人员在高处移动和作业时，必须系牢安全带。独立悬空作业人员除有安全网的防护外，还应以安全带作为防护措施的补充。例如在屋架安装过程中，屋架的上弦不允许作业人员行走，当走下弦时，必须将安全带系牢在屋架上的脚手杆上（这些脚手杆是在屋架吊装之前临时绑扎的）；在行车梁安装过程中，作业人员从行车梁上行走时，其一侧护栏可采用钢索，作业人员将安全带扣牢在钢索上使其随人员滑行，确保作业人员移动安全。

c.作业人员上下应有专用爬梯或斜道，不允许攀爬脚手架或建筑物上下。爬梯的制作和设置应符合高处作业规范“攀登作业”的有关规定。

⑨ 作业平台。

a.悬空作业处应有牢靠的立足处，并必须视具体情况，配置防护栏网、栏杆或其他安全设施。高处作业人员必须站在符合要求的脚手架或平台上作业。

b.脚手架或作业平台应有搭设方案，临边应设置防护栏杆和封挂密目网。

c.脚手架的选材和铺设应严密、牢固并符合脚手架的搭设规定。

⑩ 构件堆放。

a.构件堆放应平稳，底部按设计位置设置垫木。楼板堆放高度一般不应超过1.6 m。

b.构件多层叠放时，柱子不超过2层，梁不超过3层，大型屋面板、多孔板为6～8层，钢屋架不超过3层。各层的支承垫木应在同一垂直线上，各堆放构件之间应留不小于0.7 m宽的通道。

c.重心较高的构件（如屋架、大梁等），除在底部设垫木外，还应在两侧加设支撑，或将几榀大梁以方木和钢丝将其连成一体，提高其稳定性，侧向支撑沿梁长度方向不得少于三道。墙板堆放架应经设计计算确定，并确保地面抗倾覆要求。

⑪ 警戒。

a.起重吊装作业前，应根据施工组织设计要求划定危险作业区域，设置醒目的警示标志，防止无关人员进入。

b.除设置标志外，还应视现场作业环境，专门设置监护人员，防止高处作业或交叉作业时造成的落物伤人事故。

⑫ 操作工。

a.起重吊装作业人员包括起重工、电焊工等，均属于特种作业人员，必须经有关部门培训考核并发给合格证书方可操作。

b.起重吊装工作属于专业性强、危险性大的工作，其工作应由有关部门认证的专业队伍进行，工作时应由有经验的人员担任指挥。

（3）常用起重机械的安全使用要求。

① 起重机械安全使用的一般要求。

a.司机和指挥人员要经过专业培训，考核合格后持证上岗。

b.操作人员对起吊的构件重量不明时要进行核实，不能盲目起吊。

c.起重机在输电线路近旁作业时，应采取安全保护措施。起重机与架空输电导线间的安全距离应符合施工现场外电线路的安全距离的要求。

d. 一般起重机司机设有两个人，一人在机上进行操作，一人在机车周围监护。在进行构件安装时可设高空和地面两个指挥人员。

e. 起重机使用的钢丝绳，其结构、形式、规格和强度要符合该机型的要求。

② 履带式起重机的安全使用要求。

a. 当履带起重机在接近满负荷作业时，要避免将起重机的臂杆回转至与履带成垂直方向的位置，以防止失稳，造成起重机倾覆。

b. 在满负荷作业时，不得行车。如需短距离移动，吊车所吊的负荷不得超过允许起重量的70%，同时所吊重物要在行车的正前方，重物离地不大于500 mm，并拴好溜绳，控制重物的摆动，缓慢行驶，方能达到安全作业。

c. 履带式起重机作业时的臂杆仰角，一般不超过78°，臂杆的仰角过大，易造成起重机后倾或发生将构件拉斜的现象。

d. 起重作业后应将臂杆降至40°～60°，并转至顺风方向，以防止遇大风将臂杆吹向后仰，发生翻车和折杆的事故。

e. 正确安装和使用安全装置。履带式起重机的安全装置有重量限位器、超高限位器、力矩限制器、防臂杆后仰装置和防背杆支架。

③ 轮胎式起重机的安全使用要求。

a. 在不打支腿情况下作业或吊重行走，需减小起重量。

b. 道路需平整、坚实，轮胎的气压要符合要求。

c. 荷载要按原机车性能的规定进行，禁止带负荷长距离行走。

d. 重物吊离地面不得超过500 mm，并拴好溜绳缓慢行驶。

轮胎式起重机的安全装置与履带式起重机相同。

④ 汽车式起重机使用的安全要求。

a. 作业时利用水平气泡将支承回转面调平，若在地面松软不平或斜坡上工作，一定要在支腿垫盘下面垫以木块或铁板，也可以在支腿垫盘下备有定型规格的铁板，将支腿位置调整好。

b. 一般情况下，汽车式起重机在车前作业区不允许吊装作业。

c. 操作中严禁侧拉，防止臂杆侧向受力。

d. 在吊装柱子作业时，不宜采用滑行法起吊。

e. 起重机在吊物时，其重量应小于额定负荷的1/5～1/3。汽车式起重机的主要安全装置有力矩限制器、过卷扬装置、水平气泡等。

(4) 吊装作业的事故隐患及安全技术。

① 吊装作业的事故隐患及原因分析。

a. 没有根据工程情况编制具有针对性的作业方案或虽有方案但过于简单不能具体指导作业，且无企业技术负责人的审批。

b. 对选用的起重机械或起重扒杆没有进行检查和试吊，使用中无法满足起吊要求，若强行起吊必然发生事故。

c. 司机、指挥员和起重工未经培训，无证上岗，不懂专业知识。

d. 钢丝绳选用不当或地锚埋设不合理。

e. 高处作业时无防护措施，造成人员的高处坠落或落物伤人。

f. 吊装作业时违章作业，不遵守“十不吊”的要求。

② 吊装作业的安全技术要求。

a. 吊装作业前，应根据施工现场的实际情况，编制有针对性的施工方案，并经上级主管部门审批同意后方能施工；作业前，应向参与作业的人员进行安全技术交底。

b. 司机、指挥员和起重人员必须经过培训，经有关部门考核合格后，方能上岗作业。高处作业时必须按高处作业的要求系好安全带，并做好必要的防护工作。

c. 对吊装区域不安全因素和不安全的环境，要进行检查、清除或采取保护措施，如对输电线路的妨碍，如何确保与高压线路的安全距离；作业周围是否涉及主要通道、警戒线的范围、场地的平整度；作业中如遇大风将采取何种措施等。

d. 做好吊装作业前的准备工作是十分重要的，如检查起吊用具和防护设施，辅助用具的准备、检查，确定吊物回转半径范围、吊物的落点等情况。

e. 吊装中要熟悉和掌握捆绑技术及捆绑的要点，应根据形状找中心，确定吊点的数目和绑扎点，捆绑中要考虑吊索间的夹角；起吊过程中必须做到“十不吊”的规定。各地区对“十不吊”的理解和提法不一样，但绝大部分是保证起重吊装作业的安全要求，参与吊装作业的指挥员、司机要严格遵守。

f. 严禁任何人在已起吊的构件下停留或穿行，已吊起的构件不准长时间在空中停留。

g. 起重作业人员在吊装过程中要选择安全位置，防止吊物冲击、晃动、坠落伤人事故发生。

h. 起重指挥人员必须坚守岗位，准确、及时传递信号，司机要对指挥员发的信号、吊物的捆绑情况、运行通道、起降的空间确认无误后才能进行操作。多人捆扎时，只能由一人负责指挥。

i. 采用桅杆吊装时，四周不得有障碍物，缆风绳不得跨越架空线，如相距过近，必须搭设防护架。

常用施工机具安全技术要求

j. 起吊作业前，应对机械进行检查，安全装置要完好、灵敏。起吊满载或接近满载时，应先将吊物吊起离地 500 mm 处停机检查，检查起重设备的稳定性、制动器的可靠性、吊物的平稳性、绑扎的牢固性，确认无误后方可再行起吊。吊运中起降要平稳，不能忽快忽慢和突然制动。

k. 对自制或改装的起重机械、桅杆起重设备，在使用前，要认真检查和试验、鉴定，确认合格后方准使用。

9.2 施工现场临时用电安全技术

9.2.1 临时用电安全管理基本要求

9.2.1.1 临时用电施工组织设计

(1) 临时用电组织设计的范围。

按照《施工现场临时用电安全技术规范》(JGJ 46—2005)的规定，临时用电设备在5台及5台以上或设备总容量在50 kW及50 kW以上者，应编制临时用电施工组织设计；临时用电设备在5台以下和设备总容量在50 kW以下者，应制定安全用电技术措施及电气防火措施。这是施工现场临时用电管理应遵循的第一项技术原则。

(2) 临时用电组织设计的程序。

① 临时用电工程图纸应单独绘制，临时用电工程应按图施工。

② 临时用电组织设计编制及变更时，必须履行“编制、审核、批准”程序，由电气工程技术人员组织编制，经相关部门审核及具有法人资格企业的技术负责人批准后实施。变更用电组织设计时应补充有关图纸资料。

③ 临时用电工程必须经编制、审核、批准部门和使用单位共同验收，合格后方可投入使用。

(3) 临时用电组织设计的主要内容。

① 现场勘测。

② 确定电源进线、变电所或配电室、配电装置、用电设备位置及线路走向。

③ 进行负荷计算。

④ 选择变压器。

⑤ 设计配电系统。

a. 设计配电线路，选择导线或电缆。

b. 设计配电装置，选择电器。

c. 设计接地装置。

d. 绘制临时用电工程图纸，主要包括用电工程总平面图、配电装置布置图、配电系统接线图、接地装置设计图。

e. 设计防雷装置。

f. 确定防护措施。

g. 制定安全用电措施和电气防火措施。

(4) 临时用电施工组织设计审批。

① 施工现场临时用电施工组织设计必须由施工单位的电气工程技术人员编制，技术负责人审核。封面上要注明工程名称、施工单位、编制人并加盖单位公章。

② 施工单位所编制的施工组织设计，必须符合《施工现场临时用电安全技术规范》(JGJ 46—2005)中的有关规定。

③ 临时用电施工组织设计必须在开工前15 d内报上级主管部门审核，批准后方可进行临时用电施工。施工时要严格执行审核后的施工组织设计，按图施工。当需要变更施工组织设计时，应补充有关图纸资料，同样需要上报主管部门批准，待批准后，按照修改前后的临时用电施工组织设计对照施工。

9.2.1.2 电工及用电人员的要求

(1) 电工必须经过国家现行标准考核，合格后才能持证上岗工作；其他用电人员必须通过相关职业健康安全教育培训和技术交底，考核合格后方可上岗工作。

(2) 安装、巡检、维修或拆除临时用电设备和线路，必须由电工完成，并应有人监护。

(3) 电工等级应同工程的难易程度和技术复杂性相适应。

(4) 各类用电人员应掌握安全用电基本知识和所用设备的性能。

(5) 使用电气设备前必须按规定穿戴和配备好相应的劳动防护用品，并应检查电气装置和保护设施，严禁设备带“缺陷”运转。

(6) 用电人员保管和维护所用设备，发现问题及时报告解决。

(7) 现场暂时停用设备的开关箱必须分断电源隔离开关，并应关门上锁。

(8) 用电人员移动电气设备时，必须经电工切断电源并做好妥善处理后再进行。

9.2.1.3 临时用电安全技术交底

对于现场中一些固定机械设备的防护和操作应进行如下交底：

(1) 开机前，认真检查开关箱内的控制开关设备是否齐全有效，漏电保护器是否可靠，发现问题及时向工长汇报，工长派电工处理。

(2) 开机前，仔细检查电气设备的接零保护线端子有无松动，严禁赤手触摸一切带电绝缘导线。

(3) 严格执行安全用电规范，凡一切属于电气维修、安装的工作，必须由电工来操作，严禁非电工进行电工作业。

(4) 施工现场临时用电施工必须执行施工组织设计和职业健康安全操作规程。

9.2.2 外电防护

(1) 在建工程不得在外电架空线路正下方施工，搭设作业棚，建造生活设施或堆放构件、架具、材料及其他杂物等。

(2) 施工现场开挖沟槽边缘与外电埋地电缆沟槽边缘之间的距离不得小于 0.5 m。

(3) 防护设施宜采用木、竹或其他绝缘材料搭设，不宜采用钢管等金属材料搭设。防护设施应坚固、稳定，且对外电线路的隔离防护应达到 IP30 级。

(4) 架设防护设施时，必须经有关部门批准，采取线路暂时停电或其他可靠的职业健康安全技术措施，并应有电气工程技术人员和专职安全人员监护。

(5) 在外电架空线路附近开挖沟槽时，必须会同有关部门采取加固措施，防止外电架空线路电杆倾斜、悬倒。

(6) 电气设备现场周围不得存放易燃易爆物、污染源和腐蚀介质，否则应予以清除或做防护处理，其防护等级必须与环境条件相适应。

(7) 电气设备设置场所应能避免物体打击和机械损伤，否则应做防护处理。

9.2.3 配电室

(1) 配电室应靠近电源，并应设在灰尘少、潮气少、振动小、无腐蚀介质、无易燃易爆物及道路畅通的地方。

(2) 成列的配电柜和控制柜两端应与重复接地线及保护零线做电气连接。

(3) 配电室和控制室应能自然通风，并应采取防止雨雪侵入和动物进入的措施。

(4) 配电室内的布置要符合以下要求：

① 配电柜正面的操作通道宽度，单列布置或双列背对背布置不小于 1.5 m，双列面对面布置不小于 2 m。

② 配电柜后面的维护通道宽度，单列布置或双列面对面布置不小于 0.8 m，双列背对背布置不小于 1.5 m；个别建筑物有结构凸出的地方，则此点通道宽度可减小 0.2 m。

③ 配电柜侧面的维护通道宽度不小于 1 m。

④ 配电室的顶棚与地面的距离不低于 3 m。

⑤ 配电室内设置值班室或检修室时,该室边缘至配电柜的水平距离大于 1 m,并采取屏障隔离。

⑥ 配电室内的裸母线与地面垂直距离小于 2.5 m 时,采用遮栏隔离,遮栏下面通道的高度不小于 1.9 m。

⑦ 配电装置的上端距顶棚不小于 0.5 m。

⑧ 配电室内的母线涂刷有色油漆,以标志相序。以配电柜正面方向为基准,其涂色应符合表 9-1的规定。

表 9-1 **母线涂色**

相别	颜色	垂直排列	水平排列	引下排列
L_1(A)	黄	上	后	左
L_2(B)	绿	中	中	中
L_3(C)	红	下	前	右
N	淡蓝	—	—	—

⑨ 配电室的建筑物和构筑物的耐火等级不低于 3 级,室内配置砂箱和可用于扑灭电气火灾的灭火器。

⑩ 配电室的门向外开,并配锁。

⑪ 配电室的照明分别设置正常照明和事故照明。

(5) 配电柜应装设电度表,并应装设电流表、电压表。电流表与计费电度表不得共用一组电流互感器。

(6) 配电柜应装设电源隔离开关及短路、过载、漏电保护电器。电源隔离开关分断时应有明显可见分断点。

(7) 配电柜应编号,并应有用途标记。

(8) 配电柜或配电线路停电维修时,应挂接地线,并应悬挂“禁止合闸,有人工作”停电标志牌。停送电必须由专人负责。

(9) 配电室应保持整洁,不得堆放任何妨碍操作、维修的杂物。

9.2.4 电缆线路

(1) 电缆中必须包含全部工作芯线和用作保护零线或保护线的芯线。需要三相四线制配电的电缆线路必须采用五芯电缆。五芯电缆必须包含淡蓝、绿/黄两种颜色绝缘芯线。淡蓝色芯线必须用作 N 线,绿/黄双色芯线必须用作 PE 线,严禁混用。

(2) 电缆线路应采用埋地或架空敷设,严禁沿地面明设,并应避免机械损伤和介质腐蚀。埋地电缆路径应设方位标志。

(3) 电缆埋地敷设宜选用铠装电缆,当选用无铠装电缆时,应能防水、防腐。架空敷设宜选用无铠装电缆。

(4) 埋地电缆在穿越建筑物,构筑物,道路,易受机械损伤、介质腐蚀场所及引出地面从 2.0 m 高到地下 0.2 m 处,必须加设防护套管,防护套管内径不应小于电缆外径的 1.5 倍。

(5) 在建工程内的电缆线路必须采用电缆埋地引入，严禁穿越脚手架引入。电缆垂直敷设应充分利用在建工程的竖井、垂直孔洞等，并宜靠近用电负荷中心，固定点每楼层不得少于一处。电缆水平敷设宜沿墙或门口刚性固定，最大弧垂距地不得小于 2.0 m。

(6) 装饰装修工程或其他特殊阶段应补充编制单项施工用电方案。电源线可沿墙角、地面敷设，但应采取防机械损伤和电火措施，可采用穿阻燃绝缘管或线槽等遮护的办法。

(7) 电缆直接埋地敷设的深度不应小于 0.7 m，并应在电缆紧邻上、下、左、右侧均匀敷设不小于 50 mm 厚的细砂，然后覆盖砖或混凝土板等硬质保护层。

(8) 埋地电缆与其附近外电电缆和管沟的平行间距不得小于 2 m，交叉间距不得小于 1 m。

(9) 埋地电缆的接头应设在地面上的接线盒内，接线盒应能防水、防尘、防机械损伤，并应远离易燃、易爆、易腐蚀场所。

(10) 架空电缆应沿电杆、支架或墙壁敷设，并采用绝缘子固定，绑扎线必须采用绝缘线，固定点间距应保证电缆能承受自重所带来的荷载，敷设高度应符合《施工现场临时用电安全技术规范》(JGJ 46—2005)关于架空线路敷设高度的要求，但沿墙壁敷设时最大弧垂距地不得小于 2.0 m。

(11) 架空电缆严禁沿脚手架、树木或其他设施敷设。

9.2.5 室内配线

(1) 室内配线应根据配线类型，采用瓷瓶、瓷(塑料)夹、嵌绝缘槽、穿管或钢索敷设。

(2) 室内非埋地明敷主干线距地面高度不得小于 2.5 m。

(3) 架空进户线的室外端应采用绝缘子固定，过墙处应穿管保护，距地面高度不得小于2.5 m，并应采取防雨措施。

(4) 室内配线所用导线或电缆的截面面积应根据用电设备或线路的计算负荷确定，但铜线截面面积不应小于 1.5 mm^2，铝线截面面积不应小于 2.5 mm^2。

(5) 钢索配线的吊架间距不应大于 12 m。采用瓷夹固定导线时，导线间距不应小于 35 mm，瓷夹间距不应大于 800 mm；采用瓷瓶固定导线时，导线间距不应小于 100 mm，瓷瓶间距不应大于 1.5 m；采用护套绝缘导线或电缆时，可直接敷设于钢索上。

施工触电事故案例

9.2.6 施工照明

9.2.6.1 *一般场所*

(1) 现场照明宜选用额定电压为 220 V 的照明器，采用高光效、长寿命的照明光源。对需大面积照明的场所，应采用高压汞灯、高压钠灯或混光用的卤钨灯等。

(2) 照明变压器必须使用双绕组型安全隔离变压器，严禁使用自耦变压器。

(3) 照明系统宜使三相负荷平衡，其中每一单相回路上，灯具和插座数量不应超过25个，负荷电流不宜超过15 A。

(4) 室外220 V灯具距地面不得低于3 m，室内220 V灯具距地面不得低于2.5 m。

(5) 普通灯具与易燃物距离不应小于300 mm；聚光灯、碘钨灯等高热灯具与易燃物距离不应小于500 mm，且不得直接照射易燃物。达不到规定距离时，应采取隔热措施。

(6) 碘钨灯及钠、铊、铟等金属卤化物灯具的安装高度应在3 m以上，灯线应固定在接线柱上，不得靠近灯具表面。

(7) 螺口灯头及其接线应符合下列要求：

① 灯头的绝缘外壳无损伤、无漏电。

② 相线接在与中心触头相连的一端，零线接在与螺纹口相连的一端。

(8) 在建工程的照明灯具宜采用拉线开关控制，开关安装位置宜符合下列要求：

① 拉线开关距地面高度为2～3 m，与出入口的水平距离为0.15～0.2 m，拉线的出口向下。

② 其他开关距地面高度为1.3 m，与出入口的水平距离为0.15～0.2 m。

(9) 携带式变压器的一次侧电源线应采用橡皮护套或塑料护套铜芯软电缆，中间不得有接头，长度不宜超过3 m，其中绿/黄双色线只可做PE线使用，电源插销应有保护触头。

9.2.6.2 特殊场所

(1) 下列特殊场所应使用安全电压照明器：

① 隧道，人防工程，高温、有导电灰尘、比较潮湿或灯具离地面高度低于2.5 m的场所等的照明，电源电压不应大于36 V。

② 潮湿和易触及带电体场所的照明，电源电压不得大于24 V。

③ 特别潮湿场所、导电良好的地面、锅炉或金属容器内的照明，电源电压不得大于12 V。

(2) 使用行灯应符合下列要求：

① 电源电压不大于36 V。

② 灯体与手柄应坚固，绝缘良好并耐热耐潮湿。

③ 灯头与灯体结合牢固，灯头无开关。

④ 灯泡外部有金属保护网。

⑤ 金属网、反光罩、悬吊挂钩固定在灯具的绝缘部位上。

(3) 路灯的每个灯具应单独装设熔断器保护，灯头线应做防水弯。

(4) 荧光灯管应采用管座固定或用吊链悬挂，荧光灯的镇流器不得安装在易燃的结构物上。

(5) 投光灯的底座应安装牢固，按需要的光轴方向将枢轴拧紧固定。

(6) 灯具内的接线必须牢固，灯具外的接线必须做可靠的防水绝缘包扎。

(7) 灯具的相线必须经开关控制，不得将相线直接引入灯具。

(8) 对夜间影响飞机飞行或车辆通行的在建工程及机械设备，必须设置醒目的红色信号灯，其电源应设在施工现场总电源开关的前侧，并应设置外电线路停止供电时的应急自备电源。

(9) 无自然采光的地下大空间施工场所，应编制单项照明用电方案。

独立思考答案

独立思考

9-1　塔式起重机的安全装置有哪些？

9-2　简述吊装作业的事故隐患及原因分析。

9-3　如何避免在施工现场发生临时用电安全事故？

9-4　哪些项目需要编制临时用电施工组织设计？

10　施工现场防火安全管理

内容提要

本章着重介绍了施工现场防火安全管理的一般规定及要求，特殊施工场地防火要求以及季节性防火要求，施工现场防火检查以及灭火方法等。

5 分钟
看完本章

能力要求

通过本章的学习，学生应能熟悉施工现场防火检查和灭火措施，指导并安排施工现场防火和灭火的相关事项。

10.1　施工现场防火安全管理概述

10.1.1　火灾发展变化规律及防治途径

10.1.1.1　火灾的发展变化规律

(1) 初起期。

火灾从无到有，可燃物热解。

(2) 发展期。

火势由小到大，满足时间平方规律，即火灾热释放速率随时间的平方非线性发展，是轰燃的发生阶段。

(3) 最盛期。

通风控制火灾，火势大小由建筑物的通风情况决定。

(4) 熄灭期。

火灾由最盛期开始消减，直至熄灭。

10.1.1.2 火灾的防治途径

(1) 设计与评估。

在建筑工程施工前就考虑火灾，进行安全设计，对已有的建筑和工程可以进行危险性评估，从而确定人员和财产的火灾安全性能。

(2) 阻燃。

对建筑材料和结构进行阻燃处理，降低火灾发生的概率和发展的速率。

(3) 火灾探测。

一旦火灾发生，要准确、及时地发现它，并克服误报警因素。

(4) 灭火。

发现火灾之后，要合理配置资源，迅速、安全地扑灭火灾。

10.1.2 防火安全管理的一般规定

(1) 施工现场防火工作，必须认真贯彻"以防为主，防消结合"的方针，立足于自防自救，坚持安全第一，实行"谁主管，谁负责"的原则，在防火业务上要接受当地行政主管部门和当地公安消防机构的监督和指导。

(2) 施工单位应对职工进行经常性的防火宣传教育，普及消防知识，增强消防观念，自觉遵守各项防火规章制度。

(3) 施工应根据工程的特点和要求，在制定施工方案或施工组织设计的同时制定消防防火方案，并按规定程序实行审批。

(4) 施工现场必须设置防火警示标志，施工现场办公室内应挂有防火责任人、防火领导小组成员名单、防火制度。

(5) 施工现场实行层级消防责任制，落实各级防火责任人，各负其责。项目经理是施工现场防火负责人，全面负责施工现场的防火工作，由公司发给任命书。施工现场必须成立防火领导小组，由防火负责人任组长，成员由项目相关职能部门人员组成，防火领导小组定期召开防火工作会议。

(6) 施工单位必须建立和健全岗位防火责任制，明确各岗位的防火负责区和职责，使职工懂得本岗位火灾的危险性，懂得防火措施，懂得灭火方法，会报警，会使用灭火器材，会处理事故苗头。

(7) 按规定实施防火安全检查，对查出的火险隐患及时整改，本部门难以解决的要及时上报。

(8) 施工现场必须根据防火的需要配置相应种类、数量的消防器材、设备和设施。

10.1.3 防火安全管理的职责

10.1.3.1 项目消防安全领导小组的职责

(1) 在公司级防火责任人的领导下，把工地的防火工作纳入生产管理中，做到生产计划、布置、检查、总评、评比"五同时"。

(2) 负责工地的防火教育工作，普及消防知识，保证各项防火安全制度的贯彻执行。

(3) 定期组织消防检查，发现隐患及时整改，对项目部解决不了的火险隐患，提出整改意见，报公司防火负责人。

(4) 督促配置必要的消防器材，要保证随时完整好用，不准随便挪作他用。

(5) 发生火灾事故后，责任人提出处理意见，及时上报公司或公安消防机关。

(6) 定期召开各班组防火责任人会议，分析防火工作，布置防火安全工作。

10.3.1.2 义务消防队队员的职责

(1) 积极宣传消防工作的方针、意见和安全消防知识。

(2) 模范地遵守和执行防火安全制度，认真做好工地的防火安全工作，发现问题及时整改或向上级汇报。

(3) 要熟悉工地的要害部位、火灾危害性及水源、道路、消防器材设置等情况，并定期进行消防业务学习和技术培训。

(4) 做好消防器材、消防设备的维修和保养工作，保证灭火器材的完好使用。

(5) 严格动火审批制度，并实行谁审批谁负责原则，明确职责，认真履行。

(6) 熟练掌握各种灭火器材的应用和适用范围，每年举行不少于两次的灭火学习。

(7) 实行全天候值班巡逻制度，发现问题及时处理整改，定期向消防领导小组书面汇报现场消防安全工作情况。

(8) 对违反消防安全管理条件的单位、个人按规定给予处罚。

10.1.3.3 班组防火负责人的职责

(1) 贯彻落实消防领导小组及义务消防队布置的防火工作任务，检查和监督本班组人员执行安全制度情况。

(2) 严格执行项目部制定的各项消防安全管理制度、动火制度及有关奖罚条例等。

(3) 教会有关操作人员正确使用灭火器材，掌握适用范围。

(4) 督促做好本班组的防火安全检查工作，做好工完场清，不留火险隐患，杜绝事故发生。

(5) 负责本班组人员所操作的机械电气设备的防火安全装置运转和安全使用管理工作。

(6) 发现问题及时处理，发生事故立即补救，并及时向义务消防队和消防领导小组汇报。

10.2 施工现场防火安全管理的要求

10.2.1 消防器材安全管理

10.2.1.1 常用灭火器材及其适用范围

(1) 泡沫灭火器：适用于油脂、石油产品及一般固体物质的初起火灾。

(2) 酸碱灭火器：适用于竹、木、棉、毛、草、纸等一般可燃物质的初起火灾。

(3) 干粉灭火器：适用于石油及其产品、可燃气体和电气设备的初起火灾。

(4) 二氧化碳灭火器：适用于贵重设备、档案资料、仪器仪表、600 V以下电器及油脂火灾。

(5) "2111"灭火器：适用于油脂、精密机械设备、仪表、电子仪器设备、文物、图书、档案等贵重物品的初起火灾。

(6) 水：适用范围较广，但不得用于以下几个方面。

① 非水溶性可燃、易燃物体火灾。

② 与水反应产生可燃气体，可引起爆炸的物质起火。

③ 直流水不得用于带电设备和可燃粉尘集聚处的火灾，以及储存大量浓硫酸、浓硝酸场所的火灾。

10.2.1.2 施工现场消防器材管理要求

(1) 各种消防梯经常保持完整完好。

(2) 水枪经常检查，保持开关灵活，喷嘴畅通，附件齐全无锈蚀。

(3) 水带充水后防骤然折弯，不被油类污染，用后清洗晾干，收藏时应单层卷起，竖放在架上。

(4) 各种管接口和扪盖应接装灵便、松紧适度，无泄漏，不得与酸、碱等化学品混放，使用时不得摔、压。

(5) 消火栓按室内、室外(地上、地下)的不同要求定期进行检查和及时加注润滑油，消火栓井应经常清理，冬季应采取防冻措施。

(6) 工地设有火灾探测和自动报警灭火系统时，应由专人管理，保证其处于完好状态。

10.2.2 电气防火安全管理

(1) 施工现场的一切电气设备、线路必须由持有上岗操作证的电工安装、维修，并严格执行有关规定。

(2) 电线绝缘层老化、破损要及时更换。

(3) 严禁在外脚手架上架设电线和使用碘钨灯，因施工需要在其他位置使用碘钨灯时，架设要牢固，碘钨灯距易燃物不小于 50 cm，且不得直接照射易燃物。当间距不够时，应采取隔热措施，施工完毕要及时拆除。

(4) 临时建筑设施的电气设备安装要求如下：

① 电线必须与铁制烟囱保持不小于 50 cm 的距离。

② 电气设备和电线不准超过安全负荷，接头处要牢固，绝缘性良好，室内外电线架设应有瓷管或瓷瓶与其他物体隔离，室内电线不得直接敷设在可燃物、金属物上，要套防火绝缘线管。

③ 照明灯具下方一般不准堆放物品，其垂直下方与堆放物品水平距离不得小于 50 cm。

④ 临时建筑设施内的照明必须做到"一灯一制一保险"，不准使用 60 W 以上的照明灯具，宿舍内照明应按每 10 m^2 有一盏不小于 40 W 的照明灯具，并安装带保险的插座。

⑤ 每栋临时建筑以及临时建筑内每个单元的用电必须设有电源总开关和漏电保护开关，做到人离电断。

⑥ 凡是能够产生静电引起爆炸或火灾的设备容器，必须设置消除静电的装置。

10.2.3 电焊、气割的防火安全管理

(1) 从事电焊、气割的操作人员，应经专门培训，掌握焊割的安全技术、操作规程，经考试合格，取得操作合格证后方可持证上岗。学徒工不能单独操作，应在师傅的监护下进行作业。

(2) 严格执行动火审批程序和制度，操作前应办理动火申请手续，经单位领导同意及消防或安全技术部门检查批准，领取动火许可证后方可进行作业。

(3) 动火审批人员要认真负责，严格把关。审批前要深入动火地点查看，确认无火险隐患后再行审批。批准动火应采取定时(时间)、定位(层、段、档)、定人(操作人、看火人)、定措施(应采取的具体防火措施)，部位变动或仍需继续操作，应事先更换动火证。动火证只限当日操作人使用，并随身携带，以备消防保卫人员检查。

(4) 进行电焊、气割前,应由施工员或班组长向操作人员进行消防安全技术措施交底,任何领导不能以任何借口让电、气焊工人进行冒险操作。

(5) 装过或有易燃、可燃液体、气体及化学危险物品的容器、管道和设备,在未彻底清洗干净前,不得进行焊割。

(6) 严禁在有可燃气体、粉尘或禁止用火的危险性场所焊割。在这些场所附近进行焊割时,应按有关规定保持防火距离。

(7) 遇有5级及5级以上大风天气时,应停止高空和露天焊割作业。

(8) 要合理安排工艺和编制施工进度,在有可燃材料保温的部位,不准进行焊割作业。必要时,应在工艺安排和施工方法上采取严格的防火措施。焊割不准在油漆、喷漆、脱漆等易燃、易爆物品和可燃物上作业。

(9) 焊割结束或离开操作现场时,应切断电源、气源。赤热的焊嘴以及焊条头等,禁止放在易燃、易爆物品和可燃物上。

(10) 禁止使用不合格的焊割工具和设备,电焊的导线不能与装有气体的容器接触,也不能与气焊的软管或气体的导管放在一起。焊把线和气焊的软管不得从生产、使用、储存易燃、易爆物品的场所或部位穿过。

(11) 焊割现场应配备灭火器材,危险性较大的应由专人现场监护。

(12) 电焊工的操作要求如下:

① 电焊工在操作前,要严格检查所用工具(包括电焊机设备、线路敷设、电缆线的接点等),使用的工具均应符合标准,保持完好状态。

② 电焊机应有单独开关,装在防火、防雨的闸箱内,电焊机应设防雨棚(罩)。开关的保险丝容量应为该机的1.5倍。保险丝不准用铜丝或铁丝代替。

③ 焊割部位应与氧气瓶、乙炔瓶、乙炔发生器及各种易燃、可燃材料隔离,两瓶之间间距不得小于5 m,与明火之间间距不得小于10 m。

④ 电焊机应设专用接地线,直接放在焊件上,接地线不准在建筑物、机械设备、各种管道、避雷引下线和金属架上借路使用,防止接触火花,造成起火事故。

⑤ 电焊机一、二次线应用线鼻子压接牢固,同时应加装防护罩,防止松动、短路放弧等引燃可燃物。

⑥ 严格执行防火规定和操作规程,操作时采取相应的防火措施,与看火人员密切配合,防止火灾。

(13) 焊工的操作要求如下:

① 乙炔发生器、乙炔瓶、氧气瓶和焊割工具的安全设备必须齐全有效。

② 乙炔发生器、乙炔瓶、液化石油气罐和氧气瓶在新建、维修工程内存放,应设置专用房间单独分开存放并有专人管理,要有灭火器材和防火标志。

③ 乙炔发生器和乙炔瓶等与氧气瓶应保持距离,在乙炔发生器旁严禁一切火源。夜间添加电石时,应使用防爆手电筒照明,禁止用明火照明。

④ 乙炔发生器、乙炔瓶和氧气瓶不准放在高低压架空线路下方或变压器旁。在高空焊割的,也不要放在焊割部位的下方,应保持一定的水平距离。

⑤ 乙炔瓶、氧气瓶应直立使用,禁止平放卧倒使用,油类物品不要接触氧气瓶、导管及其零部件。

⑥ 氧气瓶、乙炔瓶严禁暴晒、撞击，防止受热膨胀。防止油类物质落在氧气瓶上。开启阀门时要缓慢，防止升压过速产生高温、火花引起爆炸和火灾。

⑦ 乙炔发生器、回火阻止器及导管发生冻结时，只能用蒸汽、热水等解冻，严禁使用火烤或金属敲打。确定气体导管及其分配装置有无漏气现象时，应用气体探测仪或用肥皂水等简单方法测试，严禁用明火测试。

⑧ 操作乙炔发生器和电石桶时，应使用不产生火花的工具，在乙炔发生器上不能装有纯铜的配件。加入乙炔发生器的水，不能含油脂，以免油脂与氧气接触发生反应，引起燃烧或爆炸。

⑨ 防爆膜失去作用后，要按照规定规格、型号进行更换，严禁任意更换防爆膜规格、型号，禁止使用胶皮等代替防爆膜。浮桶式乙炔发生器上面不准堆压其他物品。

⑩ 电石应存放在电石库内，不准在潮湿场所和露天存放。

⑪ 焊割时要严格执行操作规程和程序。焊割操作时先开乙炔气点燃，然后开氧气进行调火。操作完毕时按相反程序关闭。瓶内气体不能用尽，必须留有余气。

⑫ 工作完毕，应将乙炔发生器内电石、污水及其残渣清除干净，倒在指定的安全地点，并要排除内腔和其他部分的气体。禁止电石、污水到处乱放、乱排。

(14) 监护人职责。

① 清理焊割部位附近的易燃、可燃物品；对不能清除的易燃、可燃物品要用水浇湿或盖上石棉布等非易燃材料，以隔绝火星。

② 坚守岗位，要与电、气焊工密切配合，随时关注焊割周围的情况，一旦起火及时扑救。

③ 在高空焊割时，要用非燃材料做成接火盘和风挡，以接住和控制火花的溅落。

④ 在焊割过程中要随时进行检查，操作结束后，要对焊割地点进行仔细检查确认无危险后方可离开。在隐蔽场所或部位(如闷顶、隔墙、电梯井、通风道、电缆沟和管道井等)焊割操作完毕后，0.5～4 h 内要反复检查，以防引燃起火。

⑤ 备好适用的灭火器材和防火设备(石棉布、接火盘、风挡等)，做好灭火准备。

⑥ 发现电、气焊操作人员违反电、气焊防火管理规定、操作规程或动火部位有火灾、爆炸危险时，有权责令其停止操作，收回动火许可证及操作证，及时向领导汇报。

室内爆燃起火事故案例

10.2.4 建筑木工的防火安全要求

建筑工地的木工作业场所要严禁动用明火，工人吸烟要到休息室。工作场地和个人工具箱内严禁存放油料和易燃、易爆物品。要经常对工作间内的电气设备及线路进行检查，发现短路、电气打火和线路绝缘老化、破损等情况要及时找电工维修。电锯、电刨子等木工设备在作业时，注意勿使刨花、锯末等物将电机盖上。熬水胶使用的炉子，应在单独房间进行，用后要立即熄灭。

木工作业要严格执行建筑安全操作规程，完工后必须将现场清理干净，剩下的木料堆放整齐，锯末、刨花要堆放在指定的地点，并且不能在现场存放时间过长，防止自燃起火。

10.2.5　涂漆、喷漆和油漆工的防火安全要求

(1) 喷漆、涂漆的场所应有良好的通风，防止形成爆炸极限浓度，引起火灾或爆炸。

(2) 喷漆、涂漆的场所内禁止一切火源，应采用防爆的电气设备。

(3) 禁止与焊工同时间、同部位地上下交叉作业。

(4) 油漆工不能穿易产生静电的工作服。接触涂料、稀释剂的工具应采用防火花型的。

(5) 浸有涂料、稀释剂的破布、纱团、手套和工作服等，应及时清理，不能随意堆放，防止因化学反应而生热，发生自燃。

防水涂料调配时发生的火灾事故案例

(6) 在施工中必须严格遵守操作规程和程序。

(7) 在维修工程施工中，使用脱漆剂应采用不燃性脱漆剂。若因工艺或技术上的要求，使用易燃性脱漆剂，一次涂刷脱漆剂量不宜过多，控制在能使漆膜起皱膨胀为宜。清除掉的漆膜要及时妥善处理。

(8) 对使用中能分解、发热自燃的物料，要妥善管理。

10.2.6　仓库保管员的防火安全要求

(1) 仓库保管员要牢记“仓库防火安全管理规则”。

(2) 熟悉存放物品的性质、储存中的防火要求及灭火方法，要严格按照其性质、包装、灭火方法、储存防火要求和密封条件等分别存放。性质相抵触的物品不得混存在一起。

(3) 严格按照“五距”储存物资，即垛与垛间距不小于1 m；垛与墙间距不小于0.5 m；垛与梁、柱的间距不小于0.3 m；垛与散热器、供暖管道的间距不小于0.3 m；照明灯具垂直下方与垛的水平间距不得小于0.5 m。

(4) 库存物品应分类、分垛储存，主要通道的宽度不小于2 m。

(5) 露天存放物品应当分类、分堆、分组和分垛，并留出必要的防火间距。甲、乙类桶装液体，不宜露天存放。

(6) 物品入库前应当进行检查，确定无火种等隐患后，方准入库。

(7) 库房门窗等应当严密，物资不能储存在预留孔洞的下方。

(8) 库房内照明灯具不准超过60 W，并做到人走断电、锁门。

(9) 库房内严禁吸烟和使用明火。

(10) 库房管理人员在每日下班前，应对经管的库房巡查一遍，确认无火险隐患后，关好门窗，切断电源后方准离开。

(11) 随时清扫库房内的可燃材料，保持地面清洁。

(12) 严禁在仓库内兼设办公室、休息室或更衣室、值班室以及进行各种加工作业等。

10.3 特殊施工场地防火要求

10.3.1 地下工程施工

地下工程施工中，除遵守正常施工中的各项防火安全管理制度和要求外，还应遵守以下防火安全要求。

(1) 施工现场的临时电源线不宜直接敷设在墙壁或土墙上，应用绝缘材料架空安装。配电箱应采取防水措施，潮湿地段或渗水部位照明灯具应采取相应措施或安装防潮灯具。

(2) 施工现场应有不少于两个出入口或坡道，长距离施工应适当增加出入口的数量。施工区面积不超过 50 m^2，且施工人员不超过 20 人时，可只设一个直通地上的安全出口。

(3) 安全出入口、疏散走道和楼梯的宽度应按其通过人数每 100 人不小于 1 m 的净宽计算。每个出入口的疏散人数不宜超过 250 人。安全出入口、疏散走道、楼梯的最小净宽不应小于 1 m。

(4) 疏散走道、楼梯及坡道内，不宜设置突出物或堆放施工材料和机具。

(5) 疏散走道、安全出入口、疏散马道(楼梯)、操作区域等部位，应设置火灾事故照明灯。火灾事故照明灯在上述部位的最低光照度应不低于 5 lx。

(6) 疏散走道及其交叉口、拐弯处、安全出口处应设置疏散指示标志灯。疏散指示标志灯的间距不宜过大，距地面高度应为 1～1.2 m，标志灯正前方 0.5 m 处的地面照度不应低于 1 lx。

(7) 火灾事故照明灯和疏散指示灯工作电源断电后，应能自动投合。

(8) 地下工程施工区域应设置消防给水管道和消火栓，消防给水管道可以与施工用水管道合用。特殊地下工程不能设置消防用水时，应配备足够数量的轻便消防器材。

(9) 大面积油漆粉刷和喷漆应在地面施工，局部的粉刷可在地下工程内部进行，但一次粉刷的量不宜过多，同时在粉刷区域内禁止一切火源，并应加强通风。

(10) 禁止中压式乙炔发生器在地下工程内部使用及存放。

(11) 地下工程施工前必须制订应急疏散计划。

10.3.2 古建筑修缮

(1) 电源线、照明灯具不应直接敷设在古建筑的柱、梁上。照明灯具应安装在支架上或吊装，同时加装防护罩。

(2) 古建筑的修缮，若是在雨期施工，应考虑安装避雷设备(因修缮时原有避雷设备拆除)对古建筑及架子进行保护。

(3) 加强用火管理，对电、气焊实施一次动焊的审批制度和管理。

(4) 在室内油漆彩画时，应逐项进行，每次安排油漆彩画量不宜过大，以达不到局部形成爆炸极限为前提。油漆彩画时应禁止一切火源。夏季对剩下的油皮子要及时处理，防止因高温产生自燃。施工中的油棉丝、手套、油皮子等不要乱扔，应集中进行处理。

(5) 冬季进行油漆彩画时，不应使用炉火进行采暖，应尽量使用暖气采暖。

(6) 古建筑施工中，剩余的可燃材料(刨花、锯末、贴金纸)较多，应随时随地进行清理，做到活完脚下清。

(7) 易燃、可燃材料应选择在安全地点存放，不宜靠近树林等。

(8) 施工现场应考虑消防给水设施、水池或消防水桶。

10.3.3 设备安装与调试施工

(1) 在设备安装与调试施工前，应进行详细调查，根据设备安装与调试施工中的火灾危险性及特点，制定消防保卫工作方案，规定必要的制度和措施，制订调试运行过程中单项的和整体的调试运行工作计划或方案，做到定人、定岗、定要求。

(2) 在有易燃、易爆气体和液体附近进行用火作业前，应先用测量仪器测试可燃气体的爆炸浓度，然后进行动火作业。动火作业时间长时应设专人随时进行测试。

(3) 调试过的可燃、易燃液体和气体的管道、塔、容器、设备等，在进行修理时，必须使用惰性气体或蒸汽进行置换和吹扫，用测量仪器测试爆炸浓度后，方可进行修理。

(4) 调试过程中，应组织一支专门的应急力量，随时处理一些紧急事故。

(5) 在有可燃、易燃液体、气体附近的用电设备，应采用与该场所相匹配防火等级的临时用电设备。

(6) 调试过程中，应准备一定数量的填料、堵料及工具、设备，以应对滴、漏、跑、冒现象的发生，减少火灾和险患的发生。

10.4 季节性安全管理要求

10.4.1 冬期施工

冬期施工，主要制定防火、防滑、防冻、防煤气中毒、防亚硝酸钠中毒、防风的安全措施。

10.4.1.1 防火要求

(1) 加强冬季防火安全教育，提高全体人员的防火意识。普遍教育与特殊防火工种的教育相结合，根据冬期施工防火工作的特点，入冬前对电气焊工、司炉工、木工、油漆工、电工、炉火安装和管理人员、警卫巡逻人员进行有针对性的教育和考试。

(2) 冬期施工中，国家级重点工程、地区级重点工程、高层建筑工程及起火后不易扑救的工程，禁止使用可燃材料作为保温材料，应采用不燃或难燃材料进行保温。

(3) 一般工程可采用可燃材料进行保温，但必须严格进行管理。使用可燃材料进行保温的工程，必须设专人进行监护、巡逻检查。人员的数量应根据使用可燃材料的数量、保温的面积而定。

(4) 冬期施工中，保温材料定位以后，禁止一切用火、用电作业，且照明线路、照明灯具应远离可燃的保温材料。

(5) 冬期施工中，保温材料使用完以后，要随时进行清理，集中进行存放保管。

(6) 冬季现场供暖锅炉房，宜建造在施工现场的下风方向，远离在建工程、易燃可燃建筑、露天可燃材料堆场、料库等；锅炉房应采用不低于二级耐火等级。

(7) 烧蒸汽锅炉的人员必须要经过专门培训取得司炉证后才能独立作业。烧热水锅炉的人员也要经过培训合格后方能上岗。

(8) 冬期施工的加热采暖方法，应尽量使用暖气，如果用火炉，必须事先提出方案和防火措施，经消防保卫部门同意后方能开火。但在油漆、喷漆作业，油漆调料间，木工房，料库，使用高分子装修材料的装修阶段，禁止用火炉采暖。

(9) 各种金属与砖砌火炉，必须完整良好，不得有裂缝，各种金属火炉与模板支柱、斜撑、拉杆等可燃物和易燃保温材料的距离不得小于 1 m，已做保护层的火炉与可燃物的距离不得小于 70 cm。各种砖砌火炉壁厚不得小于 30 cm。在没有烟囱的火炉上方不得有拉杆、斜撑等可燃物，必要时须架设铁板等非燃材料隔热，其隔热板应比炉顶外围的每一边都多出 15 cm 以上。

(10) 在木地板上安装火炉，必须设置炉盘，有脚的火炉炉盘厚度不得小于 12cm，无脚的火炉炉盘厚度不得小于 18 cm。炉盘应伸出炉门前 50 cm，伸出炉后左右各 15 cm。

(11) 各种火炉应根据需要设置高出炉身的火挡。各种火炉的炉身、烟囱和烟囱出口等部分与电源线和电气设备应保持 50 cm 以上的距离。

(12) 炉火必须由受过安全消防常识教育的专人看守，每人看管火炉的数量不宜过多。

(13) 火炉看火人严格执行检查值班制度和操作程序。火炉着火后，不准离开工作岗位，值班时间不允许睡觉或做与工作无关的事情。

(14) 移动各种加热火炉时，必须先将火熄灭后方准移动。掏出的炉灰必须立即用水浇灭后倒在指定地点。禁止用易燃、可燃液体点火。填的煤不应过多，以不超出炉口上沿为宜，防止热煤掉出引起可燃物起火。不准在火炉上熬炼油料、烘烤易燃物品。

(15) 工程的每层都应配备灭火器材。

(16) 用热电法施工，要加强检查和维修，防止触电和火灾。

10.4.1.2 防滑要求

(1) 冬期施工中，在施工作业前，对斜道、通行道、爬梯等作业面上的霜冻、冰块、积雪要及时清除。

(2) 冬期施工中，现场脚手架搭设接高前必须将钢管上的积雪清除，等到霜冻、冰块融化后再施工。

(3) 冬期施工中，若通道防滑条有损坏要及时补修。

10.4.1.3 防冻要求

(1) 入冬前，按照冬期施工方案材料要求提前备好保温材料，对施工现场怕受冻材料和施工作业面(如现浇混凝土)按技术要求采用保温措施。

(2) 冬期施工工地应尽量安装地下消火栓，在入冬前应进行一次试水，加少量润滑油。

(3) 消火栓用草帘、锯末等覆盖，做好保温工作，以防冻结。

(4) 冬天下雪时，应及时扫除消火栓上的积雪，以免雪化后将消火栓井盖冻住。

(5) 高层临时消防竖管应进行保温或将水放空，消防水泵内应考虑采暖措施，以免冻结。

(6) 入冬前，应做好消防水池的保温工作，随时进行检查，发现冻结时应进行破冻处理。一般方法是在水池上盖上木板，木板上再盖上 40～50 cm 厚的稻草、锯末等。

(7) 入冬前，应将泡沫灭火器、清水灭火器等放入有采暖的地方，并套上保温套。

10.4.1.4 防中毒要求

(1) 冬季取暖炉的防煤气中毒设施，必须齐全、有效，建立验收合格证制度，经验收合格发证后，方准使用。

(2) 冬期施工现场，加热采暖和宿舍取暖用火炉时，要注意经常通风换气。

(3) 对亚硝酸钠要加强管理，严格执行发放制度，要按定量改成小包装，并加上水泥、细砂、粉煤灰等，将其改变颜色，以防止误食中毒。

10.4.2 雨期施工

雨期施工，主要制定防触电、防雷、防坍塌、防火、防台风的安全措施。

10.4.2.1 防触电要求

(1) 雨季到来之前，应对现场每个配电箱、用电设备、外敷电线、电缆进行一次彻底的检查，采取相应的防雨、防潮保护。

(2) 配电箱必须防雨、防水，电气布置符合规定，电气元件不应破损，严禁带电明露。机电设备的金属外壳，必须采取可靠的接地或接零保护。

(3) 外敷电线、电缆不得有破损，电源线不得使用裸导线和塑料线，也不得沿地面敷设，防止因短路造成起火事故。

(4) 雨季到来前，应检查手持电动工具漏电保护装置是否灵敏。工地临时照明灯、标志灯，其电压不超过 36 V。特别潮湿的场所以及金属管道和容器内的照明灯不超过 12 V。

(5) 阴雨天气，电气作业人员应尽量避免露天作业。

10.4.2.2 防雷要求

(1) 雨季到来前，塔机、外用电梯、钢管脚手架、井架、龙门架等高大设施，以及在施工的高层建筑工程等应安装可靠的避雷设施。

(2) 塔式起重机的轨道，一般应设两组接地装置；对较长的轨道，应每隔 20 m 补做一组接地装置。

(3) 高度在 20 m 及 20 m 以上的井字架、门式架等垂直运输的机具金属构架上，应将一侧的中间立杆接高，高出顶端 2 m 作为接闪器，在该立杆的下部设置接地线与接地极相连，同时应将卷扬机的金属外壳可靠接地。

(4) 高大建筑工程的脚手架，沿建筑物四角及四边利用钢脚手架本身加高 2～3 m 做接闪器，下端与接地极相连，接闪器间距不应超过 24 m。如施工的建筑物中都有突出高点，也应做类似的避雷针。随着脚手架的升高，接闪器也应及时加高。防雷引下线不应少于 2 处。

(5) 雷雨季节拆除烟囱、水塔等高大建(构)筑物脚手架时，应待正式工程防雷装置安装完毕并已接地后，再拆除脚手架。

(6) 塔吊等施工机具的接地电阻应不大于 4 Ω，其他防雷接地电阻一般不大于 10 Ω。

10.4.2.3 防坍塌要求

(1) 暴雨、台风前后，应检查工地临时设施、脚手架、机电设施有无倾斜，基土有无变形、下沉等现象，发现问题及时修理加固，有严重危险的，应立即排除。

(2) 雨季中，应尽量避免挖土方、管沟等作业，已挖好的基坑和沟边应采取挡水措施和排水措施。

(3) 雨后施工前，应检查沟槽边有无积水，坑槽有无裂纹或土质松动现象，防止积水渗漏，造成塌方。

10.4.2.4　防火要求

(1) 雨季中，生石灰、石灰粉的堆放应远离可燃材料，防止因受潮或雨淋产生高热而引起周围可燃材料起火。

(2) 雨季中，稻草、草帘、草袋等堆垛不宜过大，垛中应留通气孔，顶部应防雨，防止因受潮、遇雨发生自燃。

(3) 雨季中，电石、乙炔气瓶、氧气瓶、易燃液体等应在库内或棚内存放，禁止露天存放，防止因受雷雨、日晒发生起火事故。

10.4.3　暑期施工

夏季气候炎热，高温时间持续较长，主要制定防火防暑降温的安全措施。

(1) 合理调整作息时间，避开中午高温时间工作，严格控制工人加班、加点，工人的工作时间要适当缩短，保证工人有充足的休息和睡眠时间。

(2) 对容器内和高温条件下的作业场所，要采取措施，做好通风和降温。

(3) 对露天作业集中和固定场所，应搭设歇凉棚，防止热辐射，并要经常洒水降温。高温、高处作业的工人，须经常进行健康检查，发现有作业禁忌证者应及时调离高温和高处作业岗位。

(4) 要及时供应符合卫生要求的茶水、清凉含盐饮料、绿豆汤等。

(5) 要经常组织医护人员深入工地进行巡回医疗和预防工作。关注年老体弱、患过中暑者和血压较高的工人身体情况的变化。

(6) 及时给职工发放防暑降温的急救药品和劳动保护用品。

10.5　施工现场防火检查及灭火

10.5.1　施工现场防火检查

10.5.1.1　防火检查内容

(1) 检查用火、用电和易燃易爆物品及其他重点部位生产、储存、运输过程中的防火安全情况和临建结构、平面布置、水源、道路是否符合防火要求。

(2) 检查火险隐患整改情况。

(3) 检查义务和专职消防队组织及活动情况。

(4) 检查各级防火责任制、岗位责任制、八大工种责任书和各项防火安全制度执行情况。

(5) 检查三级动火审批及动火证、操作证，检查消防设施、器材管理及使用情况。

(6) 检查防火安全宣传教育、外包工管理等情况。

(7) 检查十项标准是否落实，基础管理是否健全，防火档案资料是否齐全，发生事故后是否按“三不放过”原则进行处理。

10.5.1.2　火险隐患整改的要求

(1) 领导重视。火险隐患能不能及时进行整改，关键在于领导。有些重大火险隐患，之所以成了“老检查、老问题、老不改”的“老大难”问题，与领导不够重视防火安全分不开。事实证明，只检查不整改，势必养患成灾，届时想改也来不及了。一旦发生了火灾事故，与整改隐患相比，在人力、物力、财力等各个方面所付出的代价要高出很多。因此，迟改不如早改。

(2) 边查边改。对检查出来的火险隐患，要求施工单位能立即纠正的就立即纠正，不要拖延。

(3) 对不能立即解决的火险隐患，检查人员逐件登记，定项、定人、定措施，限期整改，并建立立案、销案制度。

(4) 对重大火险隐患，经施工单位自身的努力仍得不到解决的，公安消防监督机关应该督促他们及时向上级主管机关报告，求得解决，同时采取可靠的临时性措施。对能够整改而又不认真整改的部门、单位，公安消防监督机关应发出重大火险隐患通知书。

(5) 对遗留下来的建筑规划无消防通道、水源等方面的问题，一时确实无法解决的，公安消防监督机关应提请有关部门纳入建设规划，加以解决。在没有解决前，要采取临时性的补救措施，以保证安全。

10.5.2 施工现场灭火方法

施工现场的灭火方法主要包括以下四种。

(1) 窒息灭火法。

此方法是阻止空气流入燃烧区，或用不燃物质(气体)冲淡空气，使燃烧物质断绝氧气的助燃而使火熄灭。

采取窒息法扑救火灾时，应注意以下事项：

① 燃烧部位的空间必须较小，容易堵塞封闭，且在燃烧区域内没有氧化剂物质的存在。

② 采取水淹方法扑救火灾时，必须考虑水对可燃物质作用后，不致产生不良的后果。

③ 采取窒息法灭火后，必须在确认火已熄灭时，方可打开孔洞进行检查，严禁因过早打开封闭的房间或生产装置，而使新鲜空气流入燃烧区，引起新的燃烧，导致火势迅猛发展。

④ 在条件允许的情况下，为阻止火势迅速蔓延，争取灭火战斗的准备时间，可采取临时性的封闭窒息措施或先不开门窗，使燃烧速度控制在最低程度，待组织好扑救力量后再打开门窗，解除窒息封闭措施。

⑤ 采用惰性气体灭火时，必须保证燃烧区域内惰性气体的含量，使燃烧区域内氧气的含量控制在14%以下，以达到灭火的目的。

(2) 冷却灭火法。

此方法是将灭火剂直接喷洒在燃烧物体上，使可燃物质的温度降低到燃点以下，以终止燃烧。在火场上，除了用冷却法扑灭火灾外，在必要的情况下可用冷却剂冷却建筑构件、生产装置、设备容器等，防止建筑结构变形，造成更大的损失。

(3) 隔离灭火法。

此方法是将燃烧物体与附近的可燃物质隔离或疏散，使燃烧失去可燃物质而停止燃烧。采取隔离灭火法的具体措施是将燃烧区附近的可燃、易燃和助燃物质，转移到安全地点；关闭阀门，阻止气体、液体流入燃烧区；设法阻拦流散的易燃、可燃液体或扩散的可燃气体，拆除与燃烧区相毗连的可燃建筑物，形成防止火势蔓延的间距。

(4) 抑制灭火法。

与前三种灭火方法不同，此方法是使灭火剂参与燃烧反应过程，使燃烧过程中产生的游离基消失，从而形成稳定分子或低活性的游离基，使燃烧反应停止。目前，抑制灭火法常用的灭火剂有1211、1202、1301灭火剂。

10.5.3 消防设施布置要求

(1) 消防给水的设置原则。

① 高度超过 24 m 的工程。

② 层数超过 10 层的工程。

③ 重要的及施工面积较大的工程。

(2) 消防给水管网布置要求。

① 工程临时竖管不应少于两条,呈环状布置,每根竖管的直径应根据要求的水柱股数,按最上层消火栓出水计算,但不小于 100 mm。

② 高度小于 50 m,每层面积不超过 500 m^2 的普通塔式住宅及公共建筑,可设一条临时竖管。

(3) 临时消火栓布置要求。

① 工程内临时消火栓应分设于各层明显且便于使用的地点,并保证消火栓的充实水柱能达到工程内的任何部位。栓口出水方向宜与墙壁成 90°角,离地面 1.2 m。

② 消火栓口径应为 65 mm,配备的水带每节长度不宜超过 20 m,水枪喷嘴口径不应小于19 mm。每个消火栓处宜设启动消防水泵的按钮。

③ 临时消火栓的布置应保证充实水柱能到达工程内任何部位。

(4) 施工现场灭火器的配备要求。

① 一般临时设施区,每 100 m^2 配备两个 10 L 灭火器;大型临时设施区总面积超过 1200 m^2 的,应备有专供消防用的消防桶、积水桶(池)、黄沙池等器材设施。

② 木工间、油漆间、机具间等每 25 m^2 应配置一个合适的灭火器,油库、危险品仓库应配备足够数量、种类的灭火器。

③ 仓库或堆料场内,应根据灭火对象的特性,分组布置酸碱、泡沫、清水、二氧化碳等灭火器。每组灭火器不少于 4 个,每组灭火器之间的距离不大于 30 m。

独立思考

独立思考答案

10-1 施工现场常用的灭火方法有哪些?

10-2 高层建筑防火安全措施有哪些?

10-3 某室内装修作业中使用的地板硝基漆散发大量的爆炸性混合气体在室内聚集,达到了很高的浓度。某装配电工使用点燃喷做电线接头的防氧化处理,引起混合气体爆燃起火,造成一名职工死亡。请分析事故原因。

10-4 某项目在调配聚氨酯底层防水涂料时,使用汽油替代二甲苯作稀释剂,调配过程中发生燃爆,引燃室内堆放着的防水(易燃)材料,造成火灾并产生有毒烟雾,致使 5 人中毒窒息死亡,1 人受伤。请分析事故原因。

11　安全管理与文明施工

内容提要

本章着重介绍了施工现场安全管理的基本要求，环境管理体系的运行模式，环境管理的程序，施工现场环境保护的基本要求，施工现场保卫工作的重要性及内容，简单介绍了现场文明施工的基本要求、基本条件和工作内容。

5 分钟
看完本章

能力要求

通过本章的学习，学生应掌握施工现场安全管理和环境管理的基本要求，能够根据《建筑施工安全检查标准》(JGJ 59—2011)中的文明施工安全检查评分表对文明施工组织安全检查和评分。

11.1　施工现场安全管理的基本要求

11.1.1　项目经理部的工作要求

(1) 项目经理部应在施工前先了解经过施工现场的地下管线，标出位置，并加以保护。施工时发现文物、古迹、爆炸物、电缆等，应当停止施工，保护现场，及时向有关部门报告，并按照规定进行处理。

(2) 施工中需要停水、停电、封路而影响环境时，应经有关部门批准，事先告示。在行人、车辆通过的地方施工，应当设置沟、井、坎、洞覆盖物和标志。

(3) 项目经理部应对施工现场的环境因素进行分析，对可能产生的污水、废气、噪声、固体废弃物等污染源采取措施，并进行控制。

(4) 建筑垃圾和渣土应堆放在指定地点，定期进行清理。装载建筑材料、垃圾或渣土的运输机械，应采取防止尘土飞扬、撒落或流溢等的有效措施。施工现场应根据需要设置机动车辆冲洗设施，冲洗的污水应进行处理。

(5) 除有符合规定的装置外，不得在施工现场熔化沥青和焚烧油毡、油漆，亦不得焚烧其他可产生有毒、有害烟尘和恶臭气味的废弃物。项目经理部应按规定有效地处理有毒、有害物质。禁止将有毒、有害废弃物现场回填。

(6) 项目经理部应依据施工条件,按照施工总平面图、施工方案和施工进度计划的要求,认真进行所负责区域的施工平面图的规划、设计、布置、使用和管理。

11.1.2 施工现场布置的要求

(1) 施工现场的场容管理应符合施工平面图设计的安排和物料器具定位管理标准的要求。

(2) 现场的主要机械设备、脚手架、密封式安全网与围挡、模具,施工临时道路、各种管线,施工材料制品堆场及仓库,土方及建筑垃圾堆放区,变配电间,消火栓,警卫室,现场的办公、生产和生活临时设施等布置,均应符合施工平面图的要求。

(3) 如图 11-1 所示,现场入口处的醒目位置应公示下列内容:

① 工程概况。

② 防火须知。

③ 职业健康安全生产与文明施工规定。

④ 施工平面图。

⑤ 项目经理部组织机构图及主要管理人员名单。

图 11-1 施工现场“五牌一图”

(4) 施工现场周边应当按当地有关要求设置围挡和相关的职业健康安全预防设施。危险品仓库附近应有明显标志及围挡设施。

(5) 施工现场应设置畅通的排水沟渠系统,保持场地道路干燥、坚实。施工现场的泥浆和污水未经处理不得直接排放。地面宜做硬化处理。有条件时,可对施工现场进行绿化布置。

11.2 施工现场环境管理

11.2.1 环境管理体系的运行模式

环境管理体系建立在一个由“策划、实施、检查、评审和改进”等环节所构成的动态循环过程的基础上，是一个不断完善的过程，如图 11-2 所示。

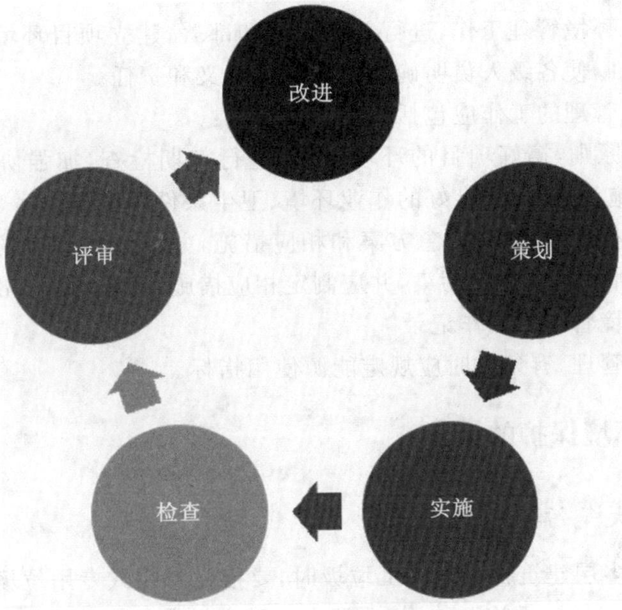

图 11-2 环境管理体系运行模式

11.2.2 环境管理的程序

企业应根据批准的建设项目环境影响报告，通过对环境因素的识别和评估，确定管理目标及主要指标，并在各个阶段贯彻实施。项目的环境管理应遵循下列程序：

(1) 确定项目环境管理目标。

(2) 进行项目环境管理策划。

(3) 实施项目环境管理策划。

(4) 验证并持续改进。

11.2.3 施工现场环境保护的基本要求

(1) 把环保指标以责任书的形式层层分解到有关单位和个人，列入承包合同和岗位责任制，建立一个懂行、善管的环保自我监控体系。

(2) 要加强检查，加强对施工现场粉尘、噪声、废气的监测和监控工作。要与文明施工现场管理一起检查、考核、奖罚，及时采取措施消除粉尘、废气和污水的污染。

(3) 施工单位要制定有效措施，控制人为噪声、粉尘的污染；采取技术措施控制烟尘、污水、噪声污染。建设单位应该负责协调外部关系，同当地居委会、村委会、办事处、派出所、居民、施工单位、环保部门等加强联系。

(4) 要有技术措施，严格执行国家的法律、法规。在编制施工组织设计时，必须有环境保护的技术措施。在施工现场平面布置和组织施工过程中，都要贯彻执行国家、地区、行业和企业有关防止空气污染、水源污染、噪声污染等环境保护的法律、法规和规章制度。

(5) 建筑工程施工由于技术、经济条件限制，对环境的污染不能控制在规定范围内的，建设单位应当同施工单位事先报请当地人民政府建设行政主管部门和环境行政主管部门批准。

11.2.4 项目经理部环境管理的工作内容

由项目经理部负责环境管理工作，进行总体策划和部署，建立项目环境管理组织机构，制定相应制度和措施，组织培训，使各级人员明确环境保护的意义和责任。

项目经理部对环境管理的工作应包括以下几个方面：

(1) 按照分区划块原则，搞好项目的环境管理，进行定期检查，加强协调，及时解决发现的问题，实施纠正和预防措施，保持现场良好的作业环境、卫生条件和工作秩序，做到污染预防。

(2) 对环境因素进行控制，制订应急方案和相应措施，并保证信息通畅，预防可能出现非预期的损害。在出现环境事故时，应消除污染，并应制定相应措施，防止环境二次污染。

(3) 应保存有关环境管理的工作记录。

(4) 进行现场节能管理，有条件时应规定能源使用指标。

11.2.5 施工现场环境保护的措施

11.2.5.1 防止大气污染的措施

(1) 高层建筑物和多层建筑物清理施工垃圾时，要搭设封闭式专用垃圾道，采用容器吊运或将永久性垃圾道随结构安装好以供施工使用，严禁高空随意抛撒。

(2) 施工现场道路采用焦渣、级配砂石、粉煤灰级配砂石、沥青混凝土或水泥混凝土等铺设，有条件的可利用永久性道路，并指定专人定期洒水清扫，形成制度，防止道路扬尘。

(3) 袋装水泥、白灰、粉煤灰等易飞扬的细颗散粒状材料应库内存放；室外临时露天存放时，必须下垫上盖，严密遮盖，防止扬尘。

(4) 散装水泥、粉煤灰、白灰等细颗粉状材料，应存放在固定容器(散灰罐)内；没有固定容器时，应设封闭式专库存放，并具备可靠的防扬尘措施。

(5) 运输水泥、粉煤灰、白灰等细颗粉状材料时，要采取遮盖措施，防止沿途遗撒、扬尘。卸运时，应采取相应措施，以减少扬尘。

(6) 车辆应不带泥沙出施工现场，可采取的措施包括：在大门口铺一段石子，定期过筛清理；做一段水沟冲刷车轮；人工拍土，清扫车轮、车帮；挖土装车不超装；车辆行驶不猛拐，不急刹车，防止撒土；卸土后注意关好车厢门；场区和场外安排人员清扫洒水，基本做到不撒土、不扬尘，减少对周围环境的污染。

(7) 除设有符合规定的装置外，禁止在施工现场焚烧油毡、橡胶、塑料、皮革、树叶、枯草、各种包装等，以及其他会产生有毒、有害烟尘和恶臭气体的物质。

(8) 机动车都要安装 PCA 阀，尾气排放超标的车辆要安装净化消声器，确保不冒黑烟。

(9) 工地茶炉、大灶、锅炉，尽量采用消烟除尘型茶炉、锅炉和消烟节能回风灶，烟尘降至所允许排放的范围。

(10) 工地搅拌站除尘是治理的重点。有条件的要修建集中搅拌站，由计算机控制进料、搅拌、输送全过程，在进料仓上方安装除尘器，可使水泥、砂、石中的粉尘降低99%以上。采用现代化先进设备是解决工地粉尘污染的根本途径。

(11) 工地采用普通搅拌站时，应先将搅拌站封闭严密，尽量不使粉尘外泄、扬尘污染环境，并在搅拌机拌筒出料口安装活动胶皮罩，通过高压静电除尘器或旋风滤尘器等除尘装置将风尘分开净化，达到除尘目的。最简单易行的是将搅拌站封闭后，在拌筒出料口上方和地上料斗侧面装几组喷雾器喷头，利用水雾除尘。

(12) 拆除旧有建筑物时，应适当洒水，防止扬尘。

11.2.5.2 防止水污染的措施

(1) 禁止将有毒、有害废弃物作土方回填。

(2) 施工现场搅拌站废水、现制水磨石的污水、电石(碳化钙)的污水须经沉淀池沉淀后再排入城市污水管道或河流。最好采取措施将沉淀水回收利用，然后用于工地洒水降尘。上述污水未经处理不得直接排入城市污水管道或河流中。

(3) 现场存放油料时，必须对库房地面进行防渗处理，如采用防渗混凝土地面、铺油毡等。使用时要采取措施，防止油料跑、冒、滴、漏，污染水体。

(4) 施工现场100人以上的临时食堂，污染物排放时可设置简易有效的隔油池，定期掏油和杂物，防止污染。

(5) 工地临时厕所、化粪池应采取防渗漏措施。中心城市施工现场的临时厕所可采取水冲式厕所、蹲坑上加盖，并有防蝇、灭蝇措施，防止污染水体和环境。

(6) 化学药品、外加剂等要妥善保管，库内存放，防止污染环境。

11.2.5.3 防止噪声污染的措施

(1) 严格控制人为噪声，进入施工现场不得高声喊叫、无故甩打模板、乱吹哨，限制高音喇叭的使用，最大限度地减少噪声扰民。

(2) 凡在人口稠密区进行强噪声作业时，须严格控制作业时间，一般晚10点到次日早6点之间停止强噪声作业。确系特殊情况必须昼夜施工时，尽量采取降低噪声措施，并会同建设单位与当地居委会、村委会或当地居民协调，发出安民告示，取得群众谅解。

(3) 尽量选用低噪声设备与加工工艺代替高噪声设备与加工工艺，如低噪声振捣器、风机、电动空压机、电锯等。

(4) 在声源处安装消声器消声，即在通风机、鼓风机、压缩机、燃气轮机、内燃机及各类排气放空装置等进出风管的适当位置设置消声器。常用的消声器有阻性消声器、抗性消声器、阻抗复合消声器、穿微孔板消声器等。具体选用哪种消声器，应根据所需消声量、噪声源频率特性和消声器的声学性能及空气动力特性等因素而定。

(5) 采取吸声、隔声、隔振和阻尼等声学处理的方法来降低噪声。

① 吸声是利用吸声材料(如玻璃棉、矿渣棉、毛毡、泡沫塑料、吸声砖、木丝板、甘蔗板等)和吸声结构(如穿孔共振吸声结构、微穿孔板吸声结构、薄板共振吸声结构等)吸收通过的声音，以减少室内噪声的反射来降低噪声。

② 隔声是把发声的物体、场所用隔声材料(如砖、钢筋混凝土、钢板、厚木板、矿棉被等)封闭起

来，与周围隔绝。常用的隔声结构有隔声间、隔声机罩、隔声屏等。有单层隔声和双层隔声两种结构。

③ 隔振就是防止振动能量从振源传递出去。隔振装置主要包括金属弹簧、隔振器、隔振垫（如剪切橡胶、气垫）等。常用的材料还有软木、矿渣棉、玻璃纤维等。

④ 阻尼就是用内摩擦损耗大的一些材料来消耗金属板的振动能量并变成热能散失，从而抑制金属板的弯曲振动，使辐射噪声大幅度地削减。常用的阻尼材料有沥青、软橡胶和其他高分子涂料等。

11.3 施工现场安保管理

11.3.1 施工现场保卫工作的重要性

项目现场保卫工作对现场的安全及工程质量、成品保护有着重要的意义，必须予以充分的重视。一般施工现场的保卫工作应由项目总承包单位负责或委托给施工总承包单位负责。

项目现场的保卫工作，要求施工现场必须设立门卫，根据需要设置警卫，负责施工现场安全保卫工作，并采取必要的措施。主要管理人员应在施工现场佩戴证明其身份的标志物，严格对现场人员的进出进行管理。

11.3.2 施工现场保卫工作的内容

(1) 建立完整可行的保卫制度，包括领导分工、管理机构、管理程序和要求、防范措施等。组建一支精干负责、有快速反应能力的警卫人员队伍，并与当地公安机关取得联系，求得支持。当前不少单位组建了经济民警队伍，是一种比较好的形式。

(2) 项目现场应设立围墙、大门和标牌（特殊工程及有保密要求的除外），防止与施工无关的人员随意进出现场。围墙、大门、标牌的设立应符合政府主管部门的有关规定。

(3) 严格门卫管理。管理单位应发给现场施工人员专门的出入证件，凭证件出入现场。大型重要工程根据需要可实行分区管理，即根据工程进度，将整个施工现场划分为若干区域，分设出入口，每个区域使用不同的出入证件。对出入证件的发放管理要严肃认真，并应定期更换。

(4) 一般情况下项目现场谢绝参观，不接待会客。对临时来到现场的外单位人员、车辆等要做好登记工作。

11.4 现场文明施工

文明施工是指保持施工场地整洁、卫生，施工组织科学，施工程序合理的一种施工活动。实现文明施工，不仅要着重做好现场的场容管理工作，还要相应地做好现场材料、机械、安全、技术、保卫、消防和生活卫生等方面的管理工作。一个工地的文明施工水平是该工地乃至所在企业各项管理工作水平的综合体现。

11.4.1 文明施工的基本要求

(1) 工地主要入口要设置简朴、规整的大门，门旁必须设立明显的标牌，标明工程名称、施工单位和工程负责人姓名等内容。

(2) 施工现场建立文明施工责任制，划分区域，明确管理负责人，实行挂牌制，做到现场清洁整齐。

(3) 施工现场场地平整，道路坚实畅通，有排水措施，基础、地下管道施工完后要及时回填平整，清除积土。

(4) 现场施工临时水电要有专人管理，不得有长流水、长明灯。

(5) 施工现场的临时设施，包括生产、办公和生活用房、仓库、料场、临时上下水管道以及照明、动力线路，要严格按施工组织设计确定的施工平面图布置、搭设或埋设整齐。

(6) 工人操作地点和周围必须清洁整齐，做到活完脚下清、工完场地清，丢撒在楼梯、楼板上的砂浆混凝土要及时清除，落地灰要回收过筛后使用。

(7) 砂浆、混凝土在搅拌、运输、使用过程中要做到不洒、不漏、不剩，使用地点盛放砂浆、混凝土必须有容器或垫板，如有洒、漏要及时清理。

(8) 要有严格的成品保护措施，严禁损坏污染成品，堵塞管道。高层建筑要设置临时便桶，严禁在建筑物内大小便。

(9) 建筑物内清除的垃圾渣土，要通过临时搭设的竖井或利用电梯井或采取其他措施稳妥下卸，严禁从门、窗口向外抛掷。

(10) 施工现场不准乱堆垃圾及杂物，应在适当地点设置临时堆放点，并定期外运。清运渣土垃圾及流体物品，要采取遮盖防漏措施，运送途中不得遗撒。

(11) 根据工程性质和所在地区的不同情况，采取必要的围护和遮挡措施，并保持外观整洁。

(12) 针对施工现场情况设置宣传标语和黑板报，并适时更换内容，切实起到表扬先进、促进后进的作用。

(13) 施工现场严禁居住家属，严禁居民、家属、小孩在施工现场穿行、玩耍。

(14) 现场使用的机械设备，要按平面布置规划固定点存放，遵守机械安全规程，经常保持机身及周围环境清洁，机械的标记、编号明显，安全装置可靠。

(15) 清洗机械排出的污水要有排放措施，不得随地流淌。

(16) 在用的搅拌机、砂浆机旁必须设有沉淀池，不得将浆水直接排入下水道及河流等处。

(17) 塔式起重机轨道按规定铺设整齐稳固，塔边要封闭，道砟不外溢，路基内外排水畅通。

(18) 施工现场应制定不扰民措施，针对施工特点设置防尘和防噪声设施，夜间施工必须经当地主管部门批准。

(19) 施工现场裸土应覆盖，应设置喷洒装置，设置 PM2.5 监测装置，防止扬尘污染。

11.4.2 文明施工的基本条件

(1) 有整套的施工组织设计（或施工方案）。

(2) 有健全的施工指挥系统和岗位责任制度。

(3) 工序衔接交叉合理，交接责任明确。

(4) 有严格的成品保护措施和制度。

(5) 大小临时设施和各种材料、构件、半成品按平面布置堆放整齐。

(6) 施工场地平整，道路畅通，排水设施得当，水电线路整齐。

(7) 机具设备状况良好，使用合理，施工作业符合消防和安全要求。

文明施工案例

11.4.3 文明施工的工作内容

(1) 进行现场文化建设。

(2) 规范场容，保持作业环境整洁、卫生。

(3) 创造有序生产的条件。

(4) 减小对居民和环境的不利影响。

项目经理部应对现场施工人员进行培训、教育，提高其文明意识和素质，树立良好的形象，并按照文明施工标准定期进行评定、考核和总结。

独立思考答案

独立思考

11-1 简述施工现场防治大气污染的措施。

11-2 结合本章内容，请列举建筑常见的重要环境因素，并简述其控制措施。

11-3 请思考并设计建筑工程施工安全检查表。

参 考 文 献

[1] 中国建设监理协会. 建设工程质量控制. 北京:中国建筑工业出版社,2017.

[2] 钟汉华,李玉洁,蔡明俐. 建筑工程质量与安全管理. 2 版. 南京:南京大学出版社,2016.

[3] 朱飞龙. 建筑工程质量常见问题图文精解. 北京:机械工业出版社,2016.

[4] 高向阳. 建筑工程质量与安全事故分析. 北京:化学工业出版社,2017.

[5] 金孝权. 建筑结构工程常见质量问题防治指南. 北京:中国建筑工业出版社,2016.

[6] 中华人民共和国住房和城乡建设部,中华人民共和国国家质量监督检验检疫总局. 建筑工程施工质量验收统一标准:GB 50300—2013. 北京:中国建筑工业出版社,2014.

[7] 中华人民共和国住房和城乡建设部. 建筑施工安全检查标准:JGJ 59—2011. 北京:中国建筑工业出版社,2012.

[8] 中华人民共和国住房和城乡建设部,中华人民共和国国家质量监督检验检疫总局. 建筑施工安全技术统一规范:GB 50870—2013. 北京:中国计划出版社,2013.